安徽省"十三五"旅游业发展规划及专项规划

安徽省旅游发展委员会 ◎编
安徽师范大学旅游发展与规划研究中心

中国旅游出版社

迈向旅游强省建设的新时代

将《安徽省"十三五"旅游业发展规划及专项规划》汇集成册出版是件好事。

五年一个阶段,"十三五"注定是一个不平凡的阶段,中国特色社会主义建设在这个阶段的中期进入新时代。本规划系列,编制于前,实施于时,好在本质及内容均与其适应,可以继续实施。

"九层之台,起于累土。"这个规划是站在"十二五"台阶上的。规划列举了"十二五"取得的成就,通过五年努力,我省旅游战略性支柱产业地位初步确立,旅游业对经济社会发展贡献不断增大,旅游产业竞争力显著增强,旅游整体品牌形象日渐鲜明,旅游现代治理体系初步建立,实现了旅游资源大省向旅游大省的历史性跨越,为建设旅游强省打下了坚实基础。

"逝者如斯夫!不舍昼夜。"时代不会停留,发展永远向前。我们要深入学习领会党的十九大精神,贯彻落实习近平新时代中国特色社会主义思想,在其中找方向、找思路、找举措,以习近平关于旅游工作的重要思想全面指导"十三五"旅游发展。安徽省委十届六次全会全面贯彻落实党的十九大精神,提出"三个同步"的阶段性目标,即:到2020年,与全国同步全面建成小康社会;到2035年,与全国同步基本实现社会主义现代化,基本建成现代化五大发展美好安徽;到本世纪中叶,与全国同步实现社会主义现代化,建成现代化五大发展美好安徽。我省旅游业发展与全省发展同频共振,"十三五"期间要基本建成旅游强省,将旅游业培育成为人民群众更加满意的现代服务业、经济发展的重要增长极和重要支柱产业;到2035年,全面建成旅游强省;到本世纪中叶,达到现代化旅游强省水平。

规划就是法规。《安徽省"十三五"旅游业发展规划》已经安徽省政府办公厅批准颁布,成为我省未来一个时期旅游发展的纲领性文件。全省旅游系统要牢固树立规划的刚性意识,在旅游建设发展的实际工作中全面贯彻执行。

规划重在落实,美好未来是干出来的。这个系列规划描绘的蓝图,有待于全省旅游行业系统通过脚踏实地的努力,一步一步地去实现。我们有理由相信,在省委、省政府的坚强领导下,在社会各界的大力支持下,经过全省旅游行业系统的团结拼搏,规划提出的宏伟目标一定能够实现。

安徽省旅游发展委员会主任 万以学

2017年11月

目录 CONTENTS

第一部分 安徽省"十三五"旅游业发展规划

第一篇 基本建成旅游强省 / 003
 一 "十二五"发展成就 / 003
 二 牢固树立创新协调绿色开放共享发展理念 / 007
 三 "十三五"主要目标 / 010

第二篇 创新现代旅游发展能力 / 014
 四 产业创新 建立旅游发展新格局 / 014
 五 产品创新 打造旅游产品新体系 / 020
 六 项目建设 形成旅游项目集群效应 / 025
 七 品牌创新 重塑目的地品牌新体系 / 031
 八 人才创新 建设旅游人才新皖军 / 034

第三篇 促进区域旅游协调发展 / 037
 九 空间协调 优化旅游发展布局 / 037
 十 旅游+信息化 构建智慧旅游新体系 / 040
 十一 公共服务 提升基础设施承载力 / 042

第四篇 构建旅游开放合作新格局 / 047
 十二 开放合作 打造旅游开放新高地 / 047
 十三 市场开拓 开创旅游营销新局面 / 048

第五篇 建设绿色旅游新家园 / 052
　　十四　绿色发展　提升旅游生态文明价值 / 052

第六篇 打造旅游惠民富民新局面 / 055
　　十五　旅游扶贫　奏响全面脱贫新篇章 / 055
　　十六　旅游惠民　实现人民福祉新提升 / 057

第七篇 中国旅游典范推送工程 / 059
　　十七　示范引领　创建国际旅游典范 / 059
　　十八　模式创新　建设国内试点示范 / 060

第八篇 加强规划实施保障 / 063
　　十九　完善体制　建立健全保障体系 / 063
　　二十　优化环境　落实旅游发展政策 / 064
　　二十一　创新融资　夯实金融保障体系 / 065

第二部分　安徽省"十三五"文化旅游发展规划

　　一　规划总纲 / 069
　　二　基础分析 / 071
　　三　发展战略 / 072
　　四　空间布局 / 074
　　五　品牌建设 / 075
　　六　开拓市场 / 105
　　七　保护与利用 / 107
　　八　保障措施 / 108

第三部分　安徽省"十三五"旅游小镇发展规划

　　一　规划总纲 / 115
　　二　基础分析 / 116
　　三　发展战略 / 124
　　四　空间布局 / 127
　　五　产业发展 / 128

六　产品体系 / 130
七　特色工程 / 133
八　市场开拓 / 136
九　设施规划 / 138
十　资源保护 / 140
十一　保障措施 / 143

第四部分　安徽省"十三五"山地旅游发展规划

一　规划总纲 / 149
二　基础分析 / 150
三　发展战略 / 153
四　空间布局 / 155
五　产业发展 / 160
六　产品体系 / 162
七　特色工程 / 165
八　市场开拓 / 170
九　保障措施 / 172

第五部分　安徽省"十三五"温泉旅游发展规划

一　规划总则 / 179
二　现状分析 / 180
三　发展战略 / 182
四　空间布局 / 184
五　产业发展 / 186
六　产品体系 / 189
七　项目建设 / 191
八　特色工程 / 194
九　市场开拓 / 196
十　资源保护 / 199
十一　保障措施 / 200

第六部分　皖南国际文化旅游示范区旅游发展规划

一　发展分析 / 207
二　建成中国全域旅游发展先行区 / 210
三　全域旅游空间布局 / 214
四　推进重点旅游工程建设 / 216
五　推进示范工程建设 / 230
六　完善旅游公共服务体系 / 240
七　建立健全智慧旅游体系 / 247
八　加强重点项目建设 / 248
九　提升旅游品牌形象 / 255
十　开拓旅游市场 / 257
十一　保障体系 / 260

第七部分　皖北文化生态旅游区旅游发展规划

第一篇　分析篇 / 267
一　旅游发展基础 / 267
二　旅游资源分析与评价 / 271
三　旅游市场开拓 / 274

第二篇　战略篇 / 277
四　总体要求 / 277

第三篇　规划篇 / 283
五　优化旅游空间布局 / 283
六　创新旅游产业发展 / 285
七　打造旅游产品体系 / 293
八　推进旅游重点项目 / 306
九　完善旅游公共服务体系 / 314
十　构建智慧旅游体系 / 318
十一　推进旅游区域联动发展 / 320
十二　重塑区域旅游品牌形象 / 322
十三　开创旅游市场营销 / 325

第四篇 **提升篇 / 328**
　　十四　推进旅游生态文明建设 / 328
　　十五　传承创新优秀文化 / 329
　　十六　提升旅游惠民共享 / 331

第五篇 **保障篇 / 333**
　　十七　加强旅游发展实施保障 / 333

后　记 / 337

《安徽省"十三五"旅游业发展规划及专项规划》编制大事记 / 339

第一部分

安徽省"十三五"旅游业发展规划

安徽省"十三五"旅游业发展规划及专项规划

第一篇 | 基本建成旅游强省

> "十三五"时期是全国旅游业加快发展的黄金机遇期和转型升级的战略关键期，也是我省加快培育旅游支柱产业、推进旅游强省建设的攻坚时期。依据全国及我省"十三五"国民经济与社会发展规划纲要要求，结合省情实际，制定《安徽省"十三五"旅游业发展规划》。

一 "十二五"发展成就

"十二五"期间，全省旅游业全面贯彻落实省委、省政府的决策部署，呈现出快速发展、结构优化、质量提升的良好态势，实现了由旅游资源大省到旅游大省的跨越，对全省经济社会发展的支撑作用显著提升。

（一）"十二五"发展成果

1. 综合实力大幅提升

"十二五"旅游发展主要目标基本完成。2015年，全省接待入境游客445万人次、国内游客4.4亿人次，年均分别增长17.5%、23.7%；旅游总收入4120亿元，年均增长29.1%。3项主要指标位次前移，分别位于全国第9、10、11位，进入全国第一方阵。旅游投资持续增长，实施"335"旅游建设行动计划，"十二五"期间累计完成投资8045亿元，是"十一五"投资总额的5.3倍，占全省累计固定资产投资的8.9%，推动建设5亿元以上重点旅游项目200个。战略地位日益增强，2015年旅游业增加值占全省GDP比重增至5.9%，对国民经济贡献率达8.7%。产业体系基本建立，2015年年末，国家A级旅游景区560家，其中4A级以上景区181家，星级旅游饭店441家，其中四星级以上饭店154家；新增旅行社518家，总数达1465家，3家进入全国百强；创建全国休闲农业和乡村旅游示范县8个、示范点17个；创建省级农家乐1241家，其中五星级155家，四星级229家；黄山风景区、九华天池风景区获批国家生态旅游示范区；环巢湖国家旅游休闲区试点在全国率先获批创建；创建首批省级旅游度假区7个、省级中医药健康旅游示范基地6个、省级研学旅行基地10个。产业实力壮大，2015年年末全省旅游企业超过2万家，较2010年增加60%以上，营业收入过亿元的旅游单体企业18家，旅游集团企业15家，安徽省旅游集团有限公司、黄山旅游集团有限公司连续6年进入中国旅游集团20强。

专栏1

"十二五"旅游发展主要指标实现情况

主要指标	规划目标	实现情况
全省接待入境游客量（万人次）	500	445
接待入境游客量年均增长（%）	23.5	17.5
旅游总收入（亿元）	3000	4120
旅游总收入年均增长（%）	24.5	29.1
旅游总收入占全省GDP比重（%）	12	18.7
旅游直接和间接就业人数（万人）	600	420
A级以上景区（家）	500	560
4A级以上景区（家）	150	181
旅行社（家）	1100	1465
星级饭店（家）	650	441
旅游强县（个）	50	24
星级农家乐（个）	800	1408

2. 发展效益显著增强

旅游的民生效益提升，全省居民人均出游人次由2010年的1.1次增加到2015年的3.4次，高于全国平均水平；旅游从业人员420万，占全社会就业人数近10%。其间，带动45万贫困人口脱贫，占全省同期脱贫人口的12%。旅游的生态效益显现，积极发展森林公园、湿地公园、水利风景区等生态型景区，引导资源型城市由传统产业向旅游业转型发展，改善了我省生态环境，提高了居民生态保护意识。旅游的文化促进效应凸显，研学旅游、文化演艺旅游等加快发展，促进了文化资源的旅游利用，实现了历史文化遗产的传承保护。

3. 创新活力加速释放

积极推进旅游创新发展，加快旅游业与工业、农业、林业、信息业等产业融合，积极吸引社会资本投资旅游业，大连万达、芜湖奇瑞等一批大集团、大企业跨行业参与我省旅游业发展。培育旅游新业态，新增九华山大愿文化园、黄山黎阳创客小镇、徽州民宿客栈等一批新产品、新业态；加快旅游资源整合，形成皖南世界遗产之旅、九华山朝圣之旅等多条精品线路；加强文旅融合，推出徽韵、宏村·阿菊、花鼓灯嘉年华大型实景演出等旅游演艺产品。创新区域合作，发起成立中国山岳旅游联盟，建立沪皖蒙旅游区域合作交流机制，持续推进鄂豫皖大别山红色旅游区域合作。

4. 改革发展稳步推进

旅游业"1+6"改革试点顺利完成，出台《安徽省人民政府关于促进旅游业改革发展的实施意见》，景区管理体制、市场营销等方面改革成效显著。旅游行政管理体制改革取得成效，六安、宣城等市改"旅游局"为"旅游发展委员会"；凤阳县、石台县、歙县和泾县实施了县域旅游综合改革。

积极改革景区管理体制,"黄山经验"在全省推广,大黄山国家公园建设有序推进,"大八公山"跨区域发展模式取得初步成效。深入推进营销机制改革,"1+N"整体形象宣传深入推进,入境旅游市场已覆盖100多个国家和地区,来皖游客2万人次以上的境外客源地增至20个。入境旅游更加便利,实施合肥、黄山航空口岸外国人落地签证和境外游客购物离境退税政策。

5. 发展环境明显优化

旅游业发展连续5年纳入省委和省政府重点工作,各级党委、政府高度重视旅游业发展,出台系列政策,支持旅游改革创新发展。优化旅游法制环境,全面贯彻落实旅游法,建立健全旅游综合协调等机制,制定修订20项省级标准和规范。推进人才队伍建设,加快人才培养和智库建设,积极优化旅游人才队伍。完善提升基础设施,优化交通干线和旅游目的地通达条件,形成了公、铁、水、空一体化的交通格局;改善乡村旅游通达条件,持续推进乡村旅游景区景点与等级公路"最后一公里"通达工程;积极开展旅游"厕所革命";完善旅游标识标牌系统;智慧旅游发展迅速,智慧旅游综合服务平台上线运行,成为全国旅游大数据应用试点省。联动发展、形成多极支撑格局,皖南国际文化旅游示范区(以下简称皖南示范区)建设扎实推进,环巢湖国家旅游休闲区创建有序展开,大别山多彩旅游品牌逐步形成,皖北文化生态旅游开发提速。

(二)"十三五"面临形势

1. 发展机遇

政策效应凸显。旅游产业政策的调控力和推动力不断增强。为顺应新常态下的经济社会发展要求,国家及我省出台、实施了系列推动旅游产业改革发展的政策措施,为优化我省旅游产业结构、推进旅游产业改革等提供了政策依据。国家及我省区域发展政策的旅游产业红利将加速释放,全省调结构、转方式、促升级行动提速,率先系统推进全面创新改革试验,有利于促进旅游产业转型升级,有利于推动旅游产业改革先行先试。农业、国土资源、财政、交通运输等部门提出了系列推进旅游产业发展的土地、金融、交通建设等政策,将有力地推动旅游业快速发展。

产业融合加速。旅游业与文化、商业、医疗、中医药、健康养老、教育、体育、农业、工业、金融等产业与行业融合发展趋势明显,深度不断强化,新业态、新产品不断涌现,产业融合发展基地和重大项目加快建设,为我省旅游业供给侧改革提供了强劲动力。

区域合作加强。国家深化对外区域合作,"一带一路"等国际合作战略持续推进,我省沿江近海的优势明显,为提升旅游国际化水平带来了重要战略机遇。省内外区域合作加强,长江经济带等国家战略惠及安徽,皖南示范区、皖江城市带承接产业转移示范区、大别山革命老区、中原经济区、合芜蚌自主创新示范区等提升至国家战略层面,我省实现国家区域战略全覆盖,旅游开放合作平台不断丰富。

旅游消费升级。旅游消费升级动力强劲,市场消费潜力巨大,旅游需求加速释放,居民旅游消费意愿和消费能力大幅提升。家庭旅游消费常态化,休闲度假旅游、文化旅游、红色旅游、老年旅游、研学旅游、中医药健康旅游等新的旅游消费热点将不断涌现。居民对旅游公共服务的便利性、保障性要求不断提高，对旅游相关的信息技术需求更加广泛。

交通网络优化。外部交通格局显著改善，加快实现皖江港口群的协作发展。全省高速公路将形成"四纵八横"的路网格局，多条新建高铁干线穿境而过，以合肥为中心的"米"字形高铁路网形成，合肥将成为全国重要的高铁枢纽。合肥国际空港功能提升，迁址扩建黄山屯溪机场，扩建九华山机场，新建若干民用机场、通用机场等，"空中走廊"日益完善。内部通达条件将大幅提升，在全省范围内推动实施农村道路畅通工程，旅游景区景点与等级公路的"最后一公里"瓶颈将极大改善。

2. 面临挑战

产品有效供给有待加强。产品开发层次不高，观光、文化、度假等旅游产品特色不强，类型单一。城市旅游、会议会展、文化创意、研学旅行、康体养生等新业态产品欠缺，旅游消费热点不足。产品国际化水平较低，国际化产品的开发、营销等较弱，国际市场影响力不强。

市场主体有待加强。旅游龙头企业规模不大、能力不强、影响不足，缺乏跨界融合的旅游产业集团和产业联盟。中小企业规模有限，多元化发展不足，投融资等企业服务支撑体系有待健全，旅游金融、创意、设计、咨询等企业较为缺乏。旅游创新创业力量有待提升，旅游创客基地等特色市场主体培育仍需加强。

区域均衡发展有待提升。各旅游板块间发展不平衡的问题突出，旅游市场规模、产业地位、企业实力、旅游基础配套等差距明显，各板块旅游要素缺乏有效整合、协调联动。城乡旅游统筹发展有待改善，城乡间的人才、交通、经济等旅游发展要素互联互通受限，全域旅游建设缺少有力支点。

人力资源有待加强。旅游人才队伍实力有待提高，高层次、复合型、创新型、国际化的旅游人才缺乏，旅游行政管理人员、职业经理人、乡村旅游人才等人才队伍亟须壮大。人才培养、培训体系需进一步完善，优质旅游院校、实训基地等有待加强。

公共服务有待完善。公共服务标准尚未健全，标准执行及评估等工作有待加强。全域畅游存在"最后一公里"交通瓶颈，立体化、多层次、一体化的旅游通达系统有待加强。信息化发展水平较低，智慧旅游系统、设施、平台等有待完善。旅游便民惠民措施不能较好地满足大众需求，惠民政策落实不到位，利民、便民设施建设仍需加强，旅游消费安全等保障措施有待提升。

体制机制有待健全。旅游行政管理体制有待进一步健全，旅游部门统筹协调、推进产业发展的能力有待提升。旅游业发展的土地、金融、人才等保障制度有待进一步落实。旅游创新创业、企业建设等市场体制机制有待落实，市场活力仍需进一步释放。

综合研判，全省"十三五"旅游业发展面临的机遇大于挑战，处于转型升级、跨越发展的战略机遇期，同时也面临着市场活力不足、供需矛盾突出等多种挑战。必须把握机遇，攻坚克难，科学有效地布局"十三五"期间的工作任务，不断开创我省旅游业发展的新局面。

二 牢固树立创新协调绿色开放共享发展理念

将"创新、协调、绿色、开放、共享"的发展理念贯穿旅游发展的全过程,在新理念的指导下实现旅游业的高水平发展,使旅游业成为践行新发展理念的重要产业。

(一)指导思想和主要目标

以党的十八大和十八届三中、四中、五中、六中全会精神为指导,深入学习贯彻习近平总书记系列重要讲话特别是视察安徽重要讲话精神,按照《国务院关于促进旅游业改革发展的若干意见》《国务院办公厅关于进一步促进旅游投资和消费的若干意见》《国务院"十三五"旅游业发展规划》以及《安徽省人民政府关于促进旅游业改革发展的实施意见》等要求,贯彻落实省委、省政府推进供给侧结构性改革、实施五大发展行动计划和建设五大发展美好安徽的战略决策部署,主动适应新常态,以五大发展理念为引领,以推进旅游业供给侧结构性改革为主线,实施全域旅游和"旅游+"等战略,坚持政府引导、市场主导,坚持创新驱动、项目带动,坚持产业融合、统筹推进,坚持以人为本、和谐发展。推动景点旅游向全域旅游转变,旅游产品向观光、休闲、度假并重转变,旅游开发向集约型转变,旅游服务向优质高效转变。提升全省旅游业信息化、标准化、特色化、现代化、国际化水平,全面打造"幸福旅游、美丽旅游、智慧旅游、信用旅游",冲刺万亿产业,基本建成旅游强省,在中部崛起中闯出旅游新路,为全面建成小康社会、打造创新型"三个强省"、建设五大发展美好安徽提供强力支撑。

(二)发展理念

1. 以创新为动力,打造旅游发展新引擎

坚持创新驱动,着力形成旅游投资消费的新思路、新举措和新成效。以制度为根本,探索旅游工作新机制,充分发挥市场在资源配置中的决定性作用。建立旅游市场新秩序,完善旅游企业退出机制。以旅游供给侧结构性改革为切入点,结合当前旅游消费热点,强化产品创新开发,创新旅游品牌新体系。探索多业化经营、多元化融资模式,培育市场新主体,构建产业新体系。引导各地创新重点项目,形成可复制、可推广的经验。创新旅游人才培养方式,提升旅游人才培养质量,着力增强旅游业发展新动能。

2. 以协调为杠杆,形成全域旅游新格局

坚持统筹协调,实现各个区域和城乡旅游联动并进,各类产品和各类要素协调发展。强化区域协

调发展，促进全域联动。打破行政区划边界，协同、错位发展。推进区域旅游一体化，建立跨区域发展新格局。加快要素协调完善，助力全体验旅游。推进旅游基础设施、旅游公共服务体系一体化建设，推进旅游信息互联互通，拓展"互联网+旅游"发展新空间。发展全域旅游，建设"全域安徽"，着力构建全域旅游、全面发展旅游的新格局。

3. 以绿色为方向，转变旅游发展方式

坚持保护优先，发挥旅游在生态建设中的作用。将生态文明融入旅游规划、开发、建设、经营和管理全过程。推动旅游资源开发向集约型转变，更加注重资源能源节约和生态环境保护，更加注重文化传承创新，实现可持续发展。实施主体功能区战略，对生态空间的旅游项目实施类型限制、空间规制和强度管制，推出一批绿色旅游示范区。大力开展以绿色旅游产品开发、绿色旅游制度建设、绿色旅游环境维护、绿色旅游技术运用、绿色旅游教育为特色的国家绿色旅游示范基地建设，形成绿色生产和生活新方式，着力提升生态文明价值。

4. 以开放为战略，拓展旅游发展新空间

坚持开放带动，综合运用、积极搭建旅游开放平台。充分利用国家平台，主动融入"一带一路"和长江经济带等国家战略。综合运用新技术、新媒体，创新旅游品牌营销模式，深度开发旅游客源市场。鼓励大型旅游企业积极开拓国际市场，建立完善境外多方合作平台，与国际知名旅游组织、境外旅游品牌企业合作，着力构建旅游开放合作新格局。

5. 以共享为目标，加大普惠民生力度

坚持共享发展，实施旅游精准扶贫，建立旅游扶贫数据库，支持旅游扶贫重点村合理开发、优化布局，增强其脱贫致富的内生动力和活力。落实好各类优惠政策，创造旅游休闲便利条件，形成旅游业发展、人民群众致富、宜游贫困村精准脱贫和旅游目的地居民、旅游者、旅游经营者满意度提高的多赢局面，着力推动旅游普惠民生。

（三）发展战略

1. 实施"美好安徽"一体化旅游新战略

一方面，打破行政区划界限，加强省内旅游板块开放融合，形成同频共振、协同发展的大格局。融入全省经济社会发展总体格局，打造"四地四轴"覆盖全省域的安徽旅游空间新布局，优化配置旅游要素，突出区域旅游特色。提升皖南示范区旅游国际化水平，将皖南示范区建成美丽中国建设先行区、世界一流旅游目的地、中国优秀传统文化传承创新区和中国全域旅游示范区。提升合肥经济圈旅游吸引力和服务水平，着力将合肥经济圈打造成华东、华中旅游协作的枢纽区，安徽旅游南北联动的中心区，全省旅游集散中心，在全国有影响力的旅游目的地。皖北文化生态旅游区依托中原经济区平台，策应皖北振兴，推动旅游发展环境整体提升，进一步优化旅游发展要素配置，构建中原文化旅游的重要标志区，将皖北地区建成苏鲁豫皖区域的重要休闲旅游目的地，成为国内一流旅游目的地。积

极开发大别山区红色文化、历史文化资源，发挥生态环境优势，建设全国知名的红色旅游胜地和重要的文化、生态、休闲旅游目的地。另一方面，加强与国内各旅游区域的合作，以旅游产品开发、市场开拓、公共服务等为重点，建立跨区域旅游合作模式和机制，拓展旅游业发展空间。

2. 实施"畅游安徽"智慧化旅游新战略

推动"畅游+智慧"，占领智慧旅游产业新高地。实施道路系统通畅、行程衔接顺畅、游客心情舒畅、旅游过程欢畅的"四畅"旅游战略。政企共建"畅游安徽"网络信息服务平台、智慧旅游公共服务平台，数据对社会适度开放。开创安徽旅游智慧时代，激活产业主体活力，鼓励支持各类创新主体在线旅游创业创新。加快智慧旅游标准化建设，推动各要素互联，做大基础平台。发挥安徽产业技术优势，以智慧旅游服务中心为依托，做强产业平台。实现航空、高铁、高速与景区景点交通的互联互通。加密国际国内航班航线，优化交通接驳服务，完善临空经济区旅游功能。实施等级公路与3A级以上景区及其他类型的景观园区、重点乡村旅游区等"最后一公里"通达工程。

3. 实施"国际安徽"品牌化旅游新战略

将旅游业打造成为带动安徽国际化发展的先导产业。坚持用国际化理念引领旅游业发展，用国际一流的标准和要求培育旅游市场、生产旅游产品、推进旅游管理服务、培育旅游企业、营造旅游综合环境，塑造旅游品牌和主题形象，不断增强旅游业的国际竞争力和美誉度。依托皖南示范区建设，坚持"四化"，即旅游产品国际化、服务标准国际化、市场营销国际化、合作发展国际化，打造中国旅游国际化发展先导区。拓展省内旅游企业与国际著名旅游企业、国际组织的合作，加强旅游服务标准与国际接轨，拓展旅游企业海外业务，提升安徽旅游企业的国际影响力。坚持"引进来"与"走出去"相结合，围绕丝绸之路旅游建设，中美、中俄、中法等旅游合作，增开国际邮轮和航空线路。

4. 实施"全域安徽"旅游发展战略

打造景点旅游向全域旅游转型的典型示范，构建以皖南国际化旅游示范区、环巢湖国家旅游休闲区、大别山自然生态旅游区为载体的全域旅游发展格局。着力建设"五个一批"，即开发一批国际水准旅游精品景区，发展一批具有国际竞争力的特色旅游商品，打造一批国际化旅游精品线路，创造一批顺应世界潮流的旅游业态，培育一批具有国际经营实力的领军企业。鼓励旅游企业并购重组和上市。积极建设大黄山国家公园，将皖南示范区核心区打造成为"东方瑞士"。紧抓环巢湖国家旅游休闲区创建契机，加大万达旅游城等一批重点旅游项目建设，推出旅游发展倍增计划，不断提升合肥经济圈城市商务休闲旅游水平，实现安徽中部旅游崛起。以六安茶谷等项目建设为突破口，结合大别山片区开发和精准扶贫，打造大别山国家旅游扶贫示范区。三大区域同频共振、全域统筹、引领发展，不断优化和提升安徽旅游发展格局。推动黄山、池州、宣城等一批市县创建国家全域旅游示范区。

5. 实施"旅游+""+旅游"融合发展战略

通过"旅游+生态化"，以黄山、九华山、天柱山等为依托，建设山地旅游产业集聚区。以巢湖、万佛湖、太平湖、八里河等为依托，建设湿地旅游休闲产业集聚区。以乡村自然生态与田园风光、遗产与建筑、景观意境为依托，建设乡村旅游产业集聚区。通过"旅游+第一产业"，以各地独具特色的水果、茶叶、中药材、蚕桑等资源为依托，建设农业旅游产业集聚区。以西汤池、半汤温泉、香泉、醉温泉等温泉资源为依托，建设温泉旅游产业集聚区。通过"旅游+新型工业化"，以合肥、芜湖为中心，建设旅游装备制造业集聚区。通过"旅游+第三产业"，以合肥、黄山、芜湖、蚌埠、池州等市会议会展场馆为依托，建设会议会展旅游产业集聚区。以文化娱乐产业园、主题公园、动漫游戏产业园、宗教文化产业园等为依托，建设文化创意产业集聚区。以黟县国际山地自行车节、环巢湖自行车公开赛等体育赛事为平台，建设体育旅游产业集聚区。以养生山庄、疗养温泉等康体养生基地为载体，建设中医药健康养生旅游产业集聚区。通过"旅游+新型城镇化"，建设一批特色旅游城镇。通过"旅游+信息化"，加强旅游互联网软硬件建设，加快智慧旅游景区、智慧旅游乡村建设，助推旅游交通体系智慧化发展，落实智慧旅游保障措施。通过"旅游+扶贫"，以大别山区和皖北地区为主战场，实施"3451"旅游扶贫工程，带动40万贫困人口脱贫，实现贫困地区共享发展。通过"旅游+教育"，建设若干研学体验基地。

6. 实施"创新安徽"示范化旅游新战略

建设新安徽，发展新旅游，引领新需求，打造新产品，塑造新形象，培育新产业。以改革促发展，深化旅游体制改革。实施中国旅游典范推送工程，创新省域旅游发展模式，引导市县旅游改革创新，总结新模式。加快旅游标准化体系建设，强化旅游国际标准的引入和实施，积极参与国际、国家、地方旅游标准制定修订，初步形成山地旅游、乡村旅游、全域旅游和健康旅游等安徽地方标准体系。发挥"率先、特色、引领、示范"作用，在省内外积极推广示范区模式、扶贫模式等。

三 "十三五"主要目标

全面贯彻落实省第十次党代会精神，按照到2020年全面建成小康社会的总要求，综合考虑未来发展趋势和条件，确定"十三五"时期全省旅游发展目标。

（一）总体目标

全面贯彻党的十八大和十八届三中、四中、五中、六中全会精神，深入贯彻习近平总书记系列重要讲话特别是视察安徽重要讲话精神以及安徽省第十次党代会精神，按照创新、协调、绿色、开放、共享发展的要求，把旅游业培育成重要支柱产业，统筹推进皖南示范区、合肥经济圈休闲旅游区、大别山自然生态旅游区和皖北文化生态旅游区建设，加快建设一批国际水准的旅游精品景区，打造一批国际化旅游精品线路，创造一批顺应世界潮流的旅游业态，发展一批具有国际竞争力的特色旅游商品，培育一批具有国际经营实力的领军企业。力争5年累计完成旅游项目投资1万亿元，到2020年国内外游客接待量突破8.8亿人次，入境游客达到800万人次，培育5~10个世界级文化旅游品牌，旅游总收入超过1万亿元。

1. "1+1"（一计划一工程）旅游强省决策部署

"1+1"决策部署旨在推进旅游强省建设，闯出中部崛起新路子。

"一计划"：5年累计完成旅游项目投资1万亿元，打造山地旅游、湿地旅游、农业旅游、旅游装备制造、会议会展旅游、文化创意旅游、温泉旅游、中医药养生旅游、乡村旅游、体育旅游等10大类产业集聚区，实现省旅游总收入达1万亿元的"111计划"。

"一工程"：重点推进一批国际和国内旅游示范工程，具体包括黄山旅游可持续发展、"万里茶道"旅游兴农、遗产文化旅游三个国际典范工程和"四个旅游"特色化、黄山国家公园体系建设试点、环巢湖国家旅游休闲区、大别山旅游精准扶贫、皖北塌陷区生态旅游、全球孔子学院研学体验基地、"幸福安徽"大众游、中国新型城镇化旅游、乡村旅游分类施策全域推进、生态旅游试点、低碳全域旅游、旅游商品品牌建设、中医药养生旅游等13项国内试点示范工程。

2. 分项目标

立足旅游强省目标和"1+1"决策部署，实现以下分目标：

（1）竞争力、影响力全面增强。到2020年，接待海内外游客8.8亿人次，全省旅游消费、旅游投资冲刺1万亿元，主要旅游经济指标进入全国前十、中部前列。城乡居民人均出游5次以上，旅游生产经营单位实现翻番，超过4万家，形成一批年营业收入10亿元、50亿元乃至100亿元的骨干旅游企业。皖南、合肥经济圈、大别山、皖北四大区域旅游协调发展，皖南示范区初步建成世界一流旅游目的地，环巢湖国家旅游休闲区基本建成，形成一批享誉国内外的旅游目的地、旅游产品和旅游区。

（2）硬环境、软环境全面改善。到2020年，形成衔接顺畅、网络发达、便捷舒适的综合交通体系。旅游交通"最后一公里"畅通，新建改扩建"最后一公里"500公里。建立设施齐全、功能配套、优质高效的公共服务体系，重点旅游景区、旅游城市、旅游线路上的旅游咨询中心全覆盖，旅游标识系统基本完善，旅游厕所达标。全面提升旅游智慧政务、智慧服务、智慧商务和智慧营销水平。旅游业发展的法治环境、市场环境和人文环境更加优良，依法治旅深入推进，文明旅游不断提升。

（3）贡献度、满意度全面提升。到2020年，旅游业增加值占GDP比重达到7%，对财政和税收收入的贡献率进一步提高。旅游业从业人员明显增加，惠及更多乡村和贫困人口。实施乡村旅游富民和精准脱贫工程，重点扶持300个宜游贫困村，通过旅游业引导40万人脱贫。主要旅游城市游客满意度进入全国前列，安徽旅游的国际国内知名度、美誉度显著提高，旅游目的地生态环境和生活水平显著改善。

（二）发展指标

专栏2　"十三五"主要发展指标

目标	指标	单位	2020年
经济目标	海内外游客人数	亿人次	8.8
	旅游消费、旅游投资	亿元	10000
	城乡居民人均出游次数	次	5次以上
	旅游业增加值占全省生产总值比重	%	7
经济目标	旅游生产经营单位	万家	4万家以上
	休闲度假类旅游项目投资占比	%	超过50%
	来皖游客逗留时间	天	2
	人均花费	元	1100
	旅游购物和娱乐消费占人均旅游消费的比重	%	40
品牌目标	省级旅游业集聚区	个	5个以上
	国家全域旅游示范区	个	20个以上
	国家5A级景区	家	16
	五星级饭店	家	36
	新增国家旅游度假区和生态旅游示范区	家	5
	全国服务业500强	家	3
	全国百强旅行社	家	4
	新增国家旅游服务标准化单位	个	10
	国家和省级服务业品牌	个	20
乡村旅游目标	旅游强县创建	个	30
	旅游乡镇创建	个	300
	旅游示范村创建	个	1000
	乡村旅游创客示范基地创建	个	100
	四星级以上农家乐创建	家	1000
	乡村旅游致富带头人	名	10000
旅游扶贫目标	扶持宜游贫困村	个	300
	旅游脱贫人口	万人	40
公共服务体系目标	新建改扩建"最后一公里"	公里	500
	改扩建旅游厕所	座	2000座以上
	新建改扩建旅游集散中心、咨询中心	个	50
	新建改扩建自驾车（房车）营地、露营地	个	150
	新建改扩建旅游景区停车位	个	50000

续表

目 标	指 标	单 位	2020年
旅游贡献度	文化综合贡献度		显著上升
	旅游生态效率		显著上升
	惠民休闲幸福指数		显著上升
	旅游业创新指数		显著上升

第二篇 | 创新现代旅游发展能力

四 产业创新 建立旅游发展新格局

以"旅游+"为路径,以信息技术为支撑,提升产业发展空间。打造龙头企业,支持中小微企业,发展特色产业。调整产业结构,转变增长方式,促进产业创新,延伸产业链条,培育产业集聚区。开辟产业集团化、多元化、专业化、特色化和集群化发展道路,打造旅游产业发展的新格局。

(一)打造龙头企业,培育中小微企业

1. 做大做强龙头,打造区域引擎

打造区域引擎,实现龙头提振。加快旅游市场主体建设,充分发挥市场配置旅游资源的决定性作用,积极推动旅游要素市场全面开放,着力引导和鼓励大型旅游企业通过兼并重组、品牌输出、连锁经营、发行债券、投资合作、融资上市等渠道做大做强。加快推进旅游企业股份制改革和上市步伐,积极引进国内外战略投资者,鼓励各类企业跨地区、跨行业、跨所有制兼并重组,打造跨界融合的旅游产业集团和产业联盟。重点培育安徽旅游集团有限公司、黄山旅游集团有限公司、黄山旅游发展股份有限公司、九华山旅游集团公司、九华山旅游发展股份有限公司、天柱山旅游发展有限公司等企业集团。打造一批大型旅游企业集团,全省年营业收入亿元以上旅游企业达到100家、10亿元以上50家,重点培育3~5家百亿元综合性旅游企业。

2. 发展中小微企业,促进多元发展

致力于旅游产业供给侧改革,完善旅游产业政策,积极支持中小微旅游企业发展,发挥其在自主创业、吸纳就业等方面的优势,夯实产业发展基础。健全中小微旅游企业财税、担保和股权投资支持体系,加快推进中小微旅游企业服务支撑体系建设。大力发展旅游"短板"要素产业,支持发展乡村旅游中小微企业,培育壮大旅游规划设计类等创意企业,大力支持旅游咨询服务类企业,培育在线旅游企业,发展旅游商品制造企业,支持中小微旅游企业向"小而精""小而专"等细分市场发展,提升中小微旅游企业核心竞争力,不断丰富产业业态,丰富供给侧供给要素,扩大产业整体规模,不断增强满足市场需求能力。

3. 培育特色产业,加快全域推进

因地制宜,大力发展特色产业,鼓励创新创业,形成大众创业、万众创新的旅游发展新格局。鼓

励多渠道、多层次筹措资金，引导财政、外资、工商资本、社会资本等多元投入发展旅游，形成全社会投资旅游产业发展格局。大力发展特色产业，优先培育创新产业，支持发展一批小微企业，鼓励更多大学生、返乡农民工、专业艺术人才、青年创业团队投身旅游创新创业。提升黄山黎阳创客小镇、黟县文化旅游创业园的建设水平，创建100个旅游创客示范基地，评选出1000个旅游"创客"。开展全省旅游文创产品设计大赛。

（二）加快产业升级，促进产业融合

1. 提升行业内涵，优化产业结构

提升旅游景区品质。实施精品战略，聚焦景区内涵建设，提升核心吸引力，加快基础设施、配套设施升级改造，提升景区信息化水平，增强旅游体验。实施特色战略，注重景区文化内涵挖掘，建设一批具有国际水准和竞争力的经典景区、特色景区。实施"引进来"战略，加大旅游招商力度，为景区发展提供保障。支持万佛湖景区、方特主题公园、巢湖中庙景区、采石矶景区、大桃花潭景区、敬亭山旅游度假区、牯牛降景区、齐山平天湖景区等一批5A级景区的创建。创建国家旅游度假区和国家生态旅游示范区各5家。

丰富住宿产业类型。稳步推进星级酒店、经济型酒店建设，支持发展分时度假、会议会展、产权式、公寓式、主题式等多业态多类型产业，大力发展旅游休闲度假村、特色精品酒店、主题文化酒店、绿色生态饭店、汽车旅馆、青年旅舍、房车自驾营地、家庭旅馆、乡村酒店、特色农家乐、特色民宿等多元住宿业态。促进高档酒店大众化、经济型酒店连锁化、乡村民宿规范化、度假设施主题化，逐步形成结构完善、布局合理的住宿接待体系。培育黄山旅游发展股份有限公司、九华山旅游发展股份有限公司、安徽金满楼酒店发展股份有限公司、安徽安兴发展有限责任公司、安徽古井集团有限责任公司等一批产业竞争力强和社会影响力大的本土酒店品牌，引进一批国际知名酒店品牌，推进住宿产业连锁化和集团化发展。力争到2020年，五星级饭店达到36家，主题文化酒店达到28家，各种住宿业态全面发展。

优化旅行社发展结构。支持大型旅行社通过兼并、收购等方式做大做强，支持中型旅行社通过市场和产品细分走专业化道路，鼓励小型旅行社利用信息化手段实现网络化发展，形成以大型旅行社集团化为主导、专业化中型旅行社为支撑、网络化小型旅行社为补充的旅行社体系。提高安徽中青旅有限责任公司、黄山中海国际旅行社管理公司、安徽环球国际旅行社有限责任公司和安徽好之旅国际旅行社股份有限公司集团化规模与水平。新增4家全国百强旅行社。

打造精品餐饮名店。以提升品质为核心，以特色化为手段，着力打造"111"旅游餐饮业分布格局。建设一批星级高档餐饮饭店，发展一批地方特色品牌餐饮连锁店，创建一批分布于核心景区周边的特色美食街区，做足做响"皖字号"餐饮品牌。开展安徽金牌旅游小吃、安徽最具特色和最具口碑菜肴（皖菜）评选与创建。重点支持合肥金满楼、福满楼、仙满楼、同庆楼，蚌埠金唐宫、喜福楼，马鞍山梦都，芜湖耿福兴和黄山徽商故里等餐饮品牌通过多种路径做大做强，形成多元化、多层次的餐饮服务体系。

开发特色旅游商品。重点支持专业机构和旅游商品生产企业设计、开发和生产具有地方特色和文化内涵的旅游商品，逐步打造"土特产品、旅游工艺品、旅游文化纪念品、中药材保健品"四大旅游商品系列。继续推出安徽旅游必购商品、特色商品各100件，争取20件获评中国百佳旅游商品，建设省级重点旅游商品研发基地3~5个。

丰富文化娱乐业态。积极发展旅游娱乐业，延伸旅游产业链，塑造一批有影响力的旅游娱乐品牌。引进高科技手段，培育数字出版、动漫游戏、移动多媒体、网络视听等新型文化业态，加快发展文化创意产业，建设各类文化娱乐主题园区。争取新建3个国家级特色文化产业示范区、8个国家级文化产业示范基地，创建100个省级文化产业示范基地。

2. 转变发展方式，提升发展质效

由门票经济向旅游产业经济转变。实现景点旅游向全域旅游转变，发展与旅游密切相关的产业，优化产品结构，延伸产业链条，实现旅游业多元化发展，推动旅游业"门票经济"向"产业经济"转型升级。

由遗产旅游主导向多元化发展转变。在继续发展遗产旅游的基础上，大力发展具有广阔市场空间的乡村旅游、富含创新动力的城市旅游、富有内涵高品质的文化旅游、满足现代消费需求的康体养生旅游等，实现旅游多元化发展。

由大众观光旅游向休闲度假旅游转变。建设国家级、省级旅游度假区，突出"生态、历史、民俗、体验、健康"等多元主题，开发"观光、娱乐、会议、专题、户外"等休闲度假产品，构建大休闲产业体系，推动旅游业转型升级，实现旅游产品向观光、休闲、度假并重转变。具备休闲度假功能的旅游区占全部旅游区的比重明显提高。

3. 推进供给侧改革，促进产业融合

加强供给侧结构性改革，增加有效供给，引导旅游需求，实现旅游供求的积极平衡。加大旅游与文化、商业、医疗、教育、体育、农业、工业、金融等产业的融合力度，形成旅游综合新产能。

大力推进旅游业与第一产业融合。利用乡村良好的生态环境、优美的田园风光、多彩的民俗地域文化以及特色地方产品，积极推进大农业与旅游业的融合发展，开发农业旅游资源，促进休闲农业、生态农业、观光农业的发展，带动农（渔）家乐、民宿、特色农庄等业态发展，实现农业与旅游业协调发展。

大力推进旅游业与第二产业融合。推进芜湖奇瑞、马钢集团、宣纸集团、铜陵有色等有资源技术优势的工业（制造业）与旅游业融合发展，开发工业企业在产品生产、劳动场景、厂区风貌、工业历史等方面旅游资源，提升工业旅游的社会经济效益。

大力推进旅游业与第三产业融合。加快旅游与体育、会展、影视等第三产业融合发展，满足多元化、个性化的市场需求，促进产品多元化、产业多样化发展。重点推进旅游与文化的产业融合，着力推进各类博物馆、示范基地、演艺基地、创作基地等建设。有序推进旅游与信息、物流等现代服务业的融合发展，促进旅游交通、旅游信息化等基础设施创新发展。促进旅游业与金融业融合发展，创新旅游发展资金筹措方式、拓宽旅游发展融资渠道，提供旅游发展金融产品和服务，为区域旅游发展提供资金保障。

（三）遴选重点产业，打造十大类产业集聚区

按照"遴选特色资源，培育产业链条，形成产业集聚"的发展思路，借助全要素拓展融合，实现产业特色化、创意化、集群化发展，建设一批布局集中、资源集约、功能多样的旅游产业集聚区。

1. 山地旅游产业集聚区

以山地观光、山地休闲、山地度假、山地养生、山地运动等为主题，创新健康养生、避暑休闲、度假疗养、山地运动、汽车露营、科普探险、修学旅行等新兴业态，延伸山地旅游产业链。以黄山、九华山、天柱山等为依托，建设一批山地旅游产业集聚区。

> **专栏3**
>
> **山地旅游产业集聚区**
>
> 环黄山山地休闲、九华山佛教养生、牯牛降生态养生、天目山西麓山地度假、大别山旅游度假、天柱山禅修养生、大琅琊山山地休闲、大皇藏峪山地休闲。

2. 湿地旅游产业集聚区

以湿地观光、湿地休闲、湿地度假、湿地科普、湿地探险、湿地运动和湿地疗养等为主题，培育健康养生、避暑休闲、户外运动、商务会议、研学旅行等新兴业态，延伸湿地生态旅游产业链。以巢湖、万佛湖、太平湖、八里河、三汊河等为依托，建设一批湿地旅游休闲产业集聚区。

> **专栏4**
>
> **湿地旅游休闲产业集聚区**
>
> 太平湖—桃花潭旅游度假、升金湖国际研学、安庆沿江湿地生态休闲、青龙湾生态旅游度假、南漪湖生态旅游度假区、六安大别山湖群生态旅游休闲、万佛湖国家旅游度假、环巢湖国家旅游休闲、白鹭岛国家旅游度假、焦岗湖湿地休闲、八里河湿地休闲、淮北坍陷湿地群、三汊河湿地。

3. 农业旅游产业集聚区

以观光农业、休闲农业、体验农业等为主题，大力发展农业景观游、农业园区游、农耕文化游、农事体验游、特色乡村游、现代农业游等新兴业态。以各地独具特色的水果、茶叶、中药材、蚕桑等资源为依托，延伸农业旅游产业链条，建设一批农业旅游产业集聚区。

> **专栏5**
>
> **农业旅游产业集聚区**
>
> 黄山绿色农业养生、皖东南特色农业休闲、沿江高科技农业休闲、大别山绿色农业养生、江淮岗丘花木旅游、皖东北现代林果休闲、皖西北田园生态休闲、皖北现代牧业休闲。

4. 旅游装备制造业集聚区

以市场需求为导向，以重点装备为核心，立足自主发展，结合引进消化，培育一批房车、新能源汽车、通用轻型飞机、机器人、邮轮游艇、景区索道、大型游乐设施、饭店用品等优势旅游装备制造企业，引进一批自由行、自驾游、探险旅游等旅游装备产品生产企业。以合肥、芜湖为中心，建设一批旅游装备制造业集聚区。

专栏6

旅游装备制造业集聚区

合肥旅游装备制造业：合肥智能语音基地、合肥新能源汽车产业集聚发展基地、合肥机器人产业园。

芜湖旅游装备制造业：芜湖机器人产业园、芜湖新能源汽车产业集聚发展基地、奇瑞房车产业发展基地、通用轻型飞机产业区。

---

5. 会议会展产业集聚区

以"山、河、湖、温泉"等特色旅游资源为载体，引进国内外大型会议会展企业，延伸会议会展旅游产业链条，发展餐饮业、商业、交通运输业、广告通信业等相关配套产业。以合肥、黄山、芜湖、蚌埠、池州等市会议会展场馆为依托，建设一批会议会展旅游产业集聚区。

专栏7

会议会展旅游产业集聚区

合肥会议会展旅游、黄山会议会展旅游、芜湖会议会展旅游、蚌埠会议会展旅游、池州会议会展旅游。

---

6. 文化创意产业集聚区

以红色文化、徽州文化、宗教文化、曲艺文化、诗歌文化、大明文化、建安文化、奇石文化等为主题，利用文化创意、文艺表演、文化展示、文化体验等手段，整合形成集创意、研究、生产、销售于一体的文化科技旅游产业链。以红色记忆、文化娱乐产业园、主题公园、动漫游戏产业园、宗教文化产业园等为依托，建设一批文化创意产业集聚区。

专栏8

文化创意旅游产业集聚区

六安大别山红色记忆产业、泾县大云岭新四军红色文化产业、凤阳小岗村红色记忆产业、合肥文化创意产业、皖南徽文化创意产业、池州佛文化创意产业、宣城文房四宝文化创意产业、安庆黄梅戏文化创意产业、铜陵铜文化创意产业、马鞍山李白诗歌文化创意产业、芜湖现代主题公园文化创意产业、淮南豆腐文化创意产业、蚌埠花鼓灯文化创意产业、灵璧奇石文化创意产业、皖北老庄文化创意产业、亳州古井酒文化创意产业等。

7. 温泉旅游产业集聚区

以康体养生、休闲度假、会议培训、温泉科普为主题，发展养生度假、康复疗养、观光休闲、会议培训、科普研学等新兴业态，拓展兼容生态型、观光型、休闲度假型、娱乐型、商务型温泉旅游项目。以西汤池、半汤温泉、香泉、醉温泉等温泉资源为依托，建设一批温泉旅游产业集聚区。

> **专栏 9**
>
> **温泉旅游产业集聚区**
>
> 黄山温泉旅游产业：黄山醉温泉、黄山风景区温泉等。
> 大别山温泉旅游产业：舒城西汤池、山七温泉、岳西天悦湾、霍山铜锣寨温泉、金寨西庄温泉等。
> 马鞍山北部温泉旅游产业：马鞍山香泉、昭关温泉等。
> 环巢湖温泉旅游产业：庐江东汤池温泉、巢湖半汤温泉等。

8. 中医药养生旅游产业集聚区

利用自然、人文、康体、农业等多种资源，结合中医药技术方法，通过康体养生、洗浴养生、药膳医疗等形式提供健康养生服务。以养生山庄、疗养温泉等康体养生基地为载体，建设一批中医药健康养生旅游产业集聚区。

> **专栏 10**
>
> **中医药养生旅游产业集聚区**
>
> 皖南中医养生旅游产业：黄山太极文化有限公司、新安健康产业园等。
> 皖东南中医美容休闲养生旅游产业：安徽宣木瓜文化旅游景区等。
> 大别山生态养生旅游产业：天下泽雨霍山石斛种植基地、岳西国际文化养生产业园等。
> 皖中中医温泉康复养生旅游产业：金孔雀温泉养生中心、合肥国际健康产业园、滁州菊花博览园等。
> 皖北中药养生旅游产业：华佗中医药博物馆、亳州健康养生基地等。

9. 乡村旅游产业集聚区

以休闲农业、绿色景观、田园度假、风情民俗、健康养生为主题，培育国家农业公园、国际驿站、乡村民宿、乡村庄园/酒店/会所、养生山吧、休闲农场/牧场、生态渔村、山水人家、洋家乐等新兴业态。以乡村自然生态与田园风光、遗产与建筑、人文民俗、景观意境为依托，建设一批乡村旅游产业集聚区。

> **专栏 11**
>
> **乡村旅游产业集聚区**
>
> 皖南古村落旅游产业：西递、宏村、呈坎、棠樾、龙川、查济等。
> 环黄山—太平湖—九华山乡村旅游产业：翡翠山庄、太平渔村、秋浦胜境、杏花村等。
> 沿江乡村旅游产业：甑山生态园、江南文化园、大浦乡村世界等。

> 大别山乡村旅游产业：大别山映山红文化大观园、天柱山卧龙山庄等。
> 环合肥乡村旅游产业：肥西老母鸡家园、丰乐生态园、非遗园等。
> 滁州乡村旅游产业：白鹭岛、小岗村、琅琊山大生态新农村实验区等。
> 沿淮乡村旅游产业：禾泉农庄、寿县康寿农家乐等。

10. 体育旅游产业集聚区

加快体育旅游产业集聚区和省级体育旅游基地规划建设；加强健身步道、全民健身中心、青少年户外活动营地、体育生态公园和体育特色小镇等运动休闲场地设施建设；以大众运动休闲和主题旅游度假为主要内容，以体育赛事活动引导户外旅游为纽带，以旅游带动体育赛事市场为模式，培育一批体育旅游精品景区和精品项目，延伸体育旅游产业链。进一步推动体育与文化、健康、旅游、养老等产业融合发展，大力发展水上、户外、航空、冰雪等体育健康休闲运动；以黄山登山赛、环巢湖国际马拉松、华佗五禽戏健身气功赛和"健康安徽"环江淮万人骑行大赛等为重点，打造一批自主品牌体育赛事活动；以探险、登山、露营等户外运动体育用品和可穿戴运动设备为重点，培育一批自主品牌运动休闲品牌用品。

> **专栏 12**
>
> **体育休闲产业集聚区**
>
> 皖南体育休闲产业：奇瑞黄山自驾游营地、太平湖体育健康特色小镇、绩溪徽杭古道、九华山等体育休闲健康产业园。
> 大别山体育休闲产业：六安南山、岳西石关、安庆天柱山等体育健康休闲产业园。
> 环巢湖体育休闲产业：环巢湖体育生态公园等。
> 皖北体育休闲产业：皖北民间民俗体育健身产业园等。

五 产品创新 打造旅游产品新体系

在巩固和提升传统业态旅游产品基础上，立足新资源观，采用"旅游+"模式，开发新业态旅游产品，形成传统旅游产品与新业态旅游产品并举发展态势。强化旅游产品的"安徽智造"，培育旅游消费新热点，推动旅游强省建设。

（一）巩固和提升传统旅游产品

继续发展观光、文化、度假等传统旅游产品。提升自然风光、城市风光、名胜古迹、古镇古村古街等观光旅游产品的品质和服务，丰富红色旅游、博物馆旅游、民俗旅游、宗教旅游等旅游产品的内涵和外延，强化农家乐、野营等传统乡村旅游产品的功能。加大 A 级景区的资金、科技、人才投入，推动景区提质增效。加强文化遗产、自然遗产、农业遗产等旅游产品的开发，丰富旅游产品类型，增强旅游产品的有效供给。

（二）培育和打造新业态旅游产品

立足旅游消费新需求，加强产业融合，塑造旅游新业态，创新旅游新产品，重点培育和打造14大类新业态旅游产品。

1. 文化创意旅游产品

影视动漫旅游产品。在重点旅游城市和重点景区，建设一批影视基地。在合肥、芜湖动漫基地建设的基础上，创建一批动漫基地。文化艺术创意产品。利用芜湖造船厂、两淮煤矿废弃地、铜陵铜矿遗址公园、大别山和皖南三线厂遗址等工业遗产，吸引艺术家入驻，建设创意工坊，形成文化艺术创意区。文化创意街区旅游产品。建设以雨耕山1887酒文化产业园、黎阳 in 巷创客小镇为代表的特色街区，推进融合现代剧院、茶馆等休闲元素的特色街区建设，吸引一批前店后坊形式的文化创意店入驻，形成全艺术产业链，发挥示范效应。

2. 现代旅游演艺产品

推动《徽韵》《阿菊》等旅游演艺产品推陈出新。5A级旅游景区至少推出1台常态化的旅游演艺节目。依托重点旅游城市、重点旅游景区，挖掘地方特色，借助现代高科技和舞台艺术手段，开发一批旅游演艺产品。

专栏13

现代旅游演艺产品

山水实景旅游演艺：黄山、九华山、天柱山、天堂寨、万佛湖、八里河、巢湖、徽杭古道等。
主题公园旅游演艺：芜湖方特、合肥万达旅游城、蚌埠花鼓灯嘉年华等。
剧场表演旅游演艺：依托全省重点旅游城市，编排艺术水准高的专场剧目。
传统曲艺旅游演艺：黄梅戏、庐剧、傩剧、徽剧等进剧场和景区。

---

3. 康体养生旅游产品

养老旅游产品。依托皖南、大别山区、皖北等良好的生态环境，积极开发老年人休闲养生产品，建设一批养老基地。健康养生旅游产品。充分利用中草药、温泉、特色农产品等养生资源，建设一批国家级和省级健康养生示范基地。户外运动休闲产品。依托山地和水域等资源，开发徒步、骑行、攀爬、登山、野营露营、游泳、漂流、垂钓等户外运动休闲产品。

4. 研学旅行产品

制定研学旅行标准，推动研学旅行产品规范发展。依托红色文化、自然和文化遗产资源、重大工程设施、知名院校、工矿企业、科研院所，建设六安大别山红色纪念园、大别山重大水利工程（佛子岭、梅山、响洪甸、磨子潭、龙河口五大水库和淠史杭灌区工程）、徽州书院、九华书院、老庄书院、建安书院等国家级研学旅行示范基地10个，省级研学旅行示范基地50个。合肥、亳州、安庆、马鞍山等市申报中国研学旅行目的地。将研学旅行、夏令营、冬令营等纳入中小学生教育范畴，建立健全中小学阶段研学旅行体系。制定研学旅行支持政策，积极创新研学旅行保险产品。

5. 风景道旅游产品

公路风景道旅游产品。依托现有的国、省、县道，加强自驾车服务中心、驿站、汽车营地等节点建设，形成自驾车风景廊道旅游产品，重点打造大别山国家风景道、环巢湖国家风景道、皖南国家风景道。实施乡村客运车改造为主客共享的观光车计划；完善高速公路服务区旅游功能，结合国、省道服务区建设，加强旅游功能。大力建设房车、汽车营地。高铁风景道旅游产品。依托合福、宁安等高铁线路，加强沿途景观塑造和环境整治，建设合肥高铁站、黄山高铁站、池州高铁站等落地自驾服务中心，开发高铁风景廊道自驾旅游产品。骑行风景道旅游产品。重点建设皖南、环巢湖、大别山等地骑行风景道。古道旅游产品。依托皖南古道开发徒步探险、古道研学等旅游产品。

6. 自驾车旅游产品

建设合肥、黄山、宣城、芜湖、蚌埠自驾游中心城市；建设一批自驾车营地、房车营地、露营地，形成皖南、环巢湖、皖江、大别山四大自驾车营地集中区；重点建设一批自驾车综合服务中心；推出多元化的自驾旅游精品线路。

7. 现代乡村田园旅游综合体产品

特色民宿。依托特色村镇，发展特色民宿。休闲农业庄园。依托花卉苗木基地、蔬菜基地和果树基地等现代农业基地，建设多类型现代休闲农业庄园。现代农业科技示范区。建设一批融观光、采摘、科研、农产品加工、生物育种和休闲度假等功能为一体的国家级现代农业科技示范区。

8. 现代主题公园产品

依托芜湖方特主题公园、芜湖新华联文化旅游项目，加强芜湖主题公园集群建设，塑造"欢乐芜湖"品牌，将芜湖市建设成为主题公园研发和人才培养基地。同时，在合肥万达旅游城、蚌埠花鼓灯嘉年华、滁州欢乐梦想主题公园等现代主题公园的基础上，建设一批现代主题公园。

9. 城市旅游综合体产品

融高端商业、金融中心、商务办公、度假酒店和休闲地产等业态于一体，建设合肥滨湖旅游综合体、芜湖主题公园旅游综合体、黄山文化旅游综合体等一批旅游综合体，塑造城市新地标。

10. 邮轮旅游产品

开发江海联运邮轮旅游产品。依托长江黄金水道，进一步优化邮轮港口布局，有序推进邮轮码头建设，建成邮轮母港、始发港、访问港等有机结合的邮轮港口体系，建设马鞍山、芜湖、铜陵、池州、安庆邮轮码头，重点建设池州邮轮母港，创办中国（池州）内河邮轮发展论坛。

11. 低空飞行旅游产品

建设合肥、黄山、池州、宣城、安庆、六安等通用机场，开发皖南山区、大别山区、环巢湖低空观光、航空运动、航空摄影、滑翔伞运动等低空飞行旅游产品。

12. 节事节庆旅游产品

利用中国黄山国际旅游节、中国（淮南）豆腐文化节、中国（马鞍山）李白诗歌节、中国（宣城）文房四宝文化旅游节、中国农民歌会、中国（安庆）黄梅戏艺术节、中国（蚌埠）花鼓灯艺术交流展、中国（铜陵）青铜文化博览会、中国非物质遗产传统技艺大展、中国安徽名优农产品交易会、中国科普产品交易博览会、九华山庙会、砀山梨花节、池州全国绿色健康运动大会、亳州芍花节、颍上管仲文化节、淮北石榴节、灵璧奇石文化节等重大节事节庆活动，开发具有全国影响力的节事节庆旅游产品。利用重要文化遗址、非物质文化遗产等资源，设立九华山峰会、黄山非物质文化遗产论坛、徽文化论坛、中国（黄山）旅游投资发展高峰论坛等一批具有国内外影响力的论坛。借助江淮汽车、奇瑞汽车品牌影响力，在合肥、芜湖联合举办具有国际影响力的A级汽车展销会。充分挖掘乡村民俗文化，大力发展乡村节事节庆产品。

13. 会议会展旅游产品

积极利用安徽新型城镇化快速发展的机遇，充分发挥合肥市作为长三角副中心城市和中国中部交通枢纽中心城市的作用，大力发展会议会展旅游产品，建成中国重要的会议会展城市。依托皖江经济带承接产业转移示范区核心城市地位，将芜湖市建设成文化创意、动漫、装备制造等全国性专业化会议会展城市。依托皖南示范区等国家战略平台，积极争取黄山市成为以绿色、人文、可持续发展为主题的世界性论坛的永久会址。

14. 线上旅游产品

虚拟旅游产品。4A级以上景区全部实现"虚拟旅游"，利用虚拟技术，重现长江文明、淮河文明等时空演变场景。旅游网络购物产品。发展在线旅游购物和餐饮服务平台，积极推广"线上下单、线下购物"的在线旅游购物模式和手机餐厅服务模式，推动"旅游+互联网"的跨界融合。在线度假租赁产品。依托在线度假租赁平台，由个人业主、房源承租者和商业机构为旅游者、商务度假者和其他居住需求消费者提供个性化设施和服务。

（三）开发精品旅游线路

围绕旅游强省建设目标，根据旅游产品特色和区域分布特点，以品牌景区为载体，以交通干线为依托，开发一批旅游精品线路。

1."4+2"国际旅游线路

(1) 4条区域内游线

专栏14

4条区域内游线

皖南世界遗产之旅——核心城市：黄山市。重点旅游区：黄山风景区、西递—宏村。核心产品：山岳观光、文化体验、休闲度假。

九华山文化之旅——核心城市：池州市。重点旅游区：九华山风景区。核心产品：宗教研学、禅修养生。

天柱山生态养生之旅——核心城市：安庆市。重点旅游区：天柱山风景区。核心产品：度假康养、山岳观光、禅修养生。

欢乐皖江之旅——核心城市：马鞍山市—芜湖市—铜陵市—池州市—安庆市。核心产品：文化体验、时尚游乐、主题城市休闲、山岳观光。

(2) 2条跨区域游线

专栏15

2条跨区域游线

中俄蒙万里茶道之旅——核心地区：福建—江西—安徽—河南—山西—河北—内蒙古—蒙古国—俄罗斯。核心产品：茶道体验、茶文化研学、生态旅游、遗迹旅游。

大运河遗产之旅——核心城市：杭州市—苏州市—扬州市—淮安市—宿州市—淮北市—商丘市—开封市—郑州市。核心产品：历史文化体验、运河风景观光、古城古镇观光。

2."8+6"国内精品线路

(1) 8条区域内游线

专栏16

8条区域内游线

红色文化之旅——核心城市：淮北市—六安市—合肥市—滁州市—宣城市。核心产品：不同时期红色记忆、红色体验。

徽州文化体验之旅——核心城市：黄山市—宣城市。核心产品：徽文化体验、徽文化研学、休闲度假、山水观光、户外运动。

"三山三湖"精品山水之旅——核心城市：黄山市—池州市—安庆市。核心产品：山水观光、宗教文化、湖泊度假、山地休闲。

多彩大别山之旅——核心城市：六安市—安庆市。核心产品：山岳观光、湖泊度假、红色缅怀、文化体验、研学旅行。

环巢湖休闲度假之旅——核心城市：马鞍山市—合肥市—六安市。核心产品：温泉度假、康体养生。

"淮河风情"之旅——核心城市：亳州市—阜阳市—六安市—淮南市—蚌埠市—滁州市。核心产品：淮河风光观光、淮河文明研学、湿地旅游、历史文化体验、淮河水利遗产遗址游。

皖东历史古迹之旅——核心城市：滁州市—蚌埠市。核心产品：中华传统文化体验、改革寻踪、民俗风情体验、山水休闲。

皖北文化之旅——核心城市：亳州市—宿州市—淮北市。核心产品：历史名人追踪、大运河遗址、文化研学。

（2）6条跨区域游线

专栏17

6条跨区域游线

名山名城名湖之旅——核心城市：黄山市—杭州市—上海市。核心产品：山水观光、徽式休闲、现代都市旅游。

新安江山水之旅——核心城市：黄山市—杭州市。核心产品：徒步观光、徽文化体验、新安江—富春江文化旅游、自驾旅游、风光摄影。

郑徐高铁廊道之旅——核心城市：郑州市—宿州市—淮北市—徐州市。核心产品：中原历史文化体验、农业观光、农业休闲。

中国最美高铁之旅——核心城市：合肥市—铜陵市—宣城市—黄山市—上饶市—南平市—福州市。核心产品：世界遗产、山水观光、文化体验。

宁安高铁之旅——核心城市：南京市—马鞍山市—芜湖市—铜陵市—池州市—安庆市。核心产品：都市旅游、休闲度假、佛教文化、山岳观光。

商合杭高铁之旅——核心城市：商丘市—亳州市—阜阳市—淮南市—合肥市—芜湖市—宣城市—杭州市。核心产品：中原历史文化体验、都市旅游、休闲度假、生态文化休闲。

六 项目建设 形成旅游项目集群效应

（一）项目建设思路

谋划一批重大旅游建设项目，以旅游项目的集群效应支撑万亿元旅游产业；建设一批旅游公共服务设施项目，优化居民、游客共享的旅游公共环境；建设一批市场主导型的旅游项目，促进旅游产业水平整体提升；培育一批新业态旅游项目，充分释放"旅游+"的活力。加大对重点旅游项目的指导和扶持力度，争取更多项目纳入国家重点项目库。提高休闲度假类旅游项目的投资比例，力争超过全部项目的45%。建立旅游投资管理专员制度，完善主要旅游项目调度、统计报告和督查考核等制度。

"十三五"期间，力争5年累计完成旅游项目投资1万亿元。

（二）重大建设项目

1. 省级层面重大项目

红色旅游提升项目。推动大别山红色旅游联合发展，将大别山建设成为具有显著影响力的红色旅游胜地。围绕大云岭新四军旧址、金寨红军广场、淮海战役总前委旧址、渡江战役总前委旧址、双堆集烈士陵园、凤阳小岗村、阜南王家坝等红色资源，加强基础配套设施建设，建设一批红色旅游体验地和爱国主义、社会主义精神文明教育重要基地。

旅游小镇项目。以新型城镇化为契机，重点推动肥西县三河镇、芜湖市三山区峨桥镇、芜湖县陶辛镇和六郎镇、桐城市孔城镇、潜山县天柱山镇、宿松县趾凤乡、岳西县温泉镇、黄山市黄山区汤口镇和谭家桥镇、黄山市徽州区西溪南镇、歙县许村镇和雄村镇、休宁县万安镇、黟县西递镇和宏村镇、九华山风景区九华镇、青阳县陵阳镇、东至县东流镇、宣城市宣州区水东镇、旌德县旌阳镇和白地镇、泾县桃花潭镇、马鞍山市雨山区采石镇、和县香泉镇、当涂县太白镇、金安区毛坦厂镇、金寨县天堂寨镇、霍山县佛子岭镇、六安市裕安区独山镇、铜陵市郊区大通镇、枞阳县浮山镇、颍上县八里河镇、淮北市烈山区烈山镇、濉溪县临涣镇、五河县沱湖乡、蚌埠市龙子湖区大明小镇等特色小镇建设，建设全省乃至全国闻名的文创小镇、艺术小镇、红色小镇、生态小镇、休闲小镇、养生小镇等旅游小镇。重点推进皖南特色小镇集群、环巢湖特色十二镇、六安茶谷小镇建设。

自驾游项目。率先启动建设合肥、黄山、芜湖市三大自驾游中心城市；以皖南、环巢湖、皖江、大别山为重点发展区域，兼顾皖北、皖中地区发展需求，建设150个自驾车（房车）营地、露营地，形成皖南、环巢湖、皖江、大别山四大自驾车营地集中区；建设大别山自驾车风景道、皖南自驾车风景道、环巢湖自驾车风景道；建设20个自驾车综合服务中心和500个自驾车服务驿站。

旅游装备制造业建设项目。以合肥、芜湖新能源汽车、机器人、轻型通用飞机等现代制造业为基础，建设房车、游轮、游艇和机器人等旅游装备产品研发生产基地。

旅游度假区备选名单遴选项目。建立旅游度假区备选名单遴选制度。支持合肥市半汤温泉旅游度假区、合肥市紫蓬旅游度假区、滁州市白鹭岛旅游度假区、黄山市太平湖旅游度假区、黄山市雨润旅游度假区、池州市杏花村文化旅游区、青阳九华山旅游度假区、安庆市嬉子湖旅游度假区、马鞍山市濮塘旅游度假区、马鞍山市褒禅山香泉旅游度假区、淮南市焦岗湖旅游度假区等创建国家级旅游度假区。推动芜湖市丫山花海石林景区、宣城市青龙湾景区、六安市佛子岭水利风景区、六安市万佛湖景区等创建省级旅游度假区。

5A级旅游景区备选名单遴选项目。建立5A级景区备选名单遴选制度。推动巢湖中庙景区、亳州古城景区、皇藏峪景区、寿州古城—八公山旅游区、焦岗湖风景区、淮北隋唐运河、芜湖方特主题公园、采石矶景区、浮山景区、琅琊山风景区、大桃花潭景区、青龙湾景区、太极洞景区、敬亭山旅游度假区、齐云山风景区、牯牛降景区、五千年文博园—花亭湖、佛子岭水利风景区、金寨红军纪念园、泾县大云岭红色文化园等创建5A级景区。

各类世界遗产申报备选名单遴选项目。建立各类世界遗产申报备选名单遴选项目制度。推动寿县古城墙—凤阳明中都皇城城墙、徽州古道群、江淮圩堡群申报世界文化遗产；九华山申报世界自然与文化双遗产；天柱山、扬子鳄国家级自然保护区等申报世界自然遗产；文房四宝及制作工艺等申报世界非物质文化遗产；渒史杭工程申报世界农业文化遗产暨世界灌溉工程遗产；六安茶谷茶文化系统申报世界农业文化遗产。

2. 皖南示范区重大旅游项目

大黄山国家公园建设项目。强化生态保护，加强管理体制、运营机制和人才队伍建设等方面的研究，推动大黄山国家公园体制机制建设。通过建立大黄山国家公园体系，将皖南古村落建筑群、牯牛降自然保护区、九华山和天目山等一批自然及文化遗产纳入大黄山国家公园保护与利用体系，探索新型资源保护和合理利用的发展之路，努力形成统一、规范、高效的管理体制和保护机制，自然资源产权归属更加明晰，保护和利用更加高效的典型区域。

世界遗产城市建设项目。以黄山世界遗产城市建设为抓手，将部分条件较好的徽州古村落扩展申报世界文化遗产，将齐云山拓展申报中国丹霞世界自然遗产。推动徽州古道群申报世界文化遗产、文房四宝及其制作工艺等申报世界非物质文化遗产、徽州文献申报世界记忆遗产，不断增加世界遗产数量；推进大黄山国家公园体系生态建设，建设黄山国际空港综合体，设立以绿色、人文和可持续发展为主题的世界性论坛永久会址，塑造国际会议品牌。

长江邮轮母港建设项目。依托池州港通江达海的区位优势，建设长江邮轮母港综合体，加强与上海、南京、武汉、重庆等长江重要港口的合作，为邮轮经济和邮轮旅游发展提供综合服务。举办池州世界内河邮轮高峰论坛，推动池州成为中国邮轮旅游发展实验区。

旅游轻轨建设项目。建设芜湖—黄山轻轨、皖南示范区"三山三湖"轻轨、池州高铁站至九华山轻轨等。

沿江现代农业产业带旅游提升项目。以沿江现代农业示范区和农业园为载体，加快旅游与科技、农业等融合发展，建设沿江现代农业园旅游集聚带。

3. 环巢湖国家旅游休闲区重大旅游项目

合肥旅游企业总部集聚区项目。引进国际品牌企业，培育大型本土化旅游企业，以资本注入、科技研发、人才培养和旅游创意为支撑，推进旅游企业总部集聚。

环巢湖世界级体育运动品牌建设项目。依托巢湖，举办环巢湖国际自行车公开赛、环巢湖国际骑游、国际帆船赛等世界级体育旅游项目。

巢湖半岛项目。支持合肥"巢湖半岛"建设，建设全国知名智慧型健康养生基地，推动健康、旅游、养老等产业发展。

安徽中部温泉旅游带建设项目。依托香泉、昭关、半汤、汤池、山七、天悦湾、陡沙河和西庄温泉，借助国家风景道串线连珠，建设系列温泉主题小镇和国际一流水准的温泉旅游带。

万达旅游城建设项目。聚合文化旅游资源，发展文化、旅游、商业、酒店等旅游业态，提高产业发展层次，催生和促进多种现代服务业态的发展繁荣，推动文化和旅游深度融合，提升环巢湖滨湖城市品位和知名度。

4. 皖北地区重大旅游项目

淮河生态经济带绿色旅游建设项目。依托淮河流域的湿地、黄河故道和现代农业等资源，发挥全流域资源禀赋和产业优势，建设一批现代乡村田园旅游综合体、特色庄园等绿色旅游项目。

皖东北现代林果休闲产业项目。围绕皖东北石榴、梨等特色林果产业，加快推进特色林果产业提质增效和转型升级，丰富旅游项目载体。以美丽乡村建设为依托，培育休闲观光农业品牌，建设集农业科技展示、休闲农业、特色民宿等功能为一体的现代林果产业集聚区。加强农业园区类4A级旅游景区、全国休闲农业和乡村旅游五星级示范企业（园区）、"国家标准化休闲农庄"等创建工作。

皖西北现代田园集聚区项目。以皖西北田园风光为依托，以老庄文化、淮河文化等人文资源为特色，深入推进特色农业发展，拓展农业产业链。结合美丽乡村建设，建设集田园风光、文化旅游和休闲度假等功能为一体的田园集聚区。加强涡河文化旅游带、颍河生态旅游带建设。

（三）"十三五"重点旅游项目

发挥市场主体作用，整合旅游资源，结合各地旅游特色，引入国际旅游品牌，加大旅游资本投入，打造系列重点旅游项目。通过重点项目建设，带动全省旅游经济发展，基本实现"旅游强省"发展目标。

专栏18

"十三五"重点旅游项目清单

地　区	项　目　名　称
合肥	巢湖中庙景区（创建5A级景区）；万达文旅城旅游综合体、华谊影视小镇、"风情安徽"演艺庄园、合钢1958文化创意产业园、合肥动漫主题公园、庐阳区水墨文化项目、撮镇文博城；环巢湖国家旅游休闲区、巢湖南岸滨湖旅游综合开发项目、汤池旅游度假区、半汤旅游度假区、龙泉山国际养生城、大连海昌海洋公园、祥源"花世界"；冶父山旅游区、四顶山旅游区、三河国家级生态湿地公园；合肥乡村旅游升级与提升系列工程
芜湖	芜湖新华联文化旅游项目（鸠兹古镇一期、二期，大白鲸海洋公园一期、二期）、方特五期项目、芜湖古城、芜湖荆方国际旅游度假区项目、芜湖城东旅游度假区项目、途居龙山房车露营地项目、信德三山房车露营地项目、丫山房车露营地项目、无为县三水涧景区项目、天井山国家森林公园建设项目、万年台景区建设项目、美丽五洲农业生态园项目、西九华景区项目、芜湖县陶辛水韵项目、八仙岛湿地公园项目、马仁奇峰景区三期建设项目、板子矶景区项目、丫山花海石林景区三期项目、大浦乡村世界三期项目、七华山旅游综合开发项目、大木山乡村旅游建设项目、鼎湖1876国际文化旅游广场项目、雨耕山文化旅游景区项目、白马生态公园项目、三山文化基地项目
蚌埠	湖上升明月、环龙子湖文化景观带、沱湖湿地旅游风景区、白乳泉景区、淮河蚌埠闸水利风景区、新一禾现代生态观光园；大禹文化主题旅游产业园、双墩文化遗址公园、垓下古战场遗址公园、禹墟遗址文化园、天河古镇、淮河水上风情文化旅游区、谷阳城遗址公园、古民居博览园、大明文化产业园、顺河历史文化名街、万绿文化山庄、蚌埠歌剧院与音乐厅、蚌埠印象、珠城艺术街区、欧美风情小镇、皖北数字出版印刷基地、图书文创智慧城、中国玉器艺术创作园、星宇文化产业园、白石山宗教文化旅游区、蚌埠非物质文化遗产创城中心；五河县天井湖旅游度假区、四方湖养生养老旅游度假区、皖北休闲露营基地项目、淮畔草原旅游度假区、自驾车营地、黑虎山休闲运动主题公园、大巩山休闲运动主题公园、芦山休闲运动主题公园、茨河湖休闲度假区、鹏欣水游城、嘉年华二期项目、五彩田园、新马桥旅游度假区、城南新区旅游休闲度假区、江南园林乡村生态休闲观光旅游项目；农民文化乐园工程、绿禾农业生态园、安惠山庄；皖北旅游集散中心、蚌埠义乌国际商贸城

续表

地 区	项 目 名 称
淮南	寿州古城—八公山旅游区、焦岗湖风景区（创建5A级景区）；舜耕山城市旅游休憩带、淮河滨河生态旅游区；焦岗湖影视城、田家庵1976城市记忆、九龙岗1949城市记忆、李郢孜伊斯兰风情文化街区、上窑旅游区、春申君战国文化园、志高动漫园；月亮岛水运动公园；寿县乡村旅游综合开发工程
马鞍山	采石矶景区（创建5A级景区）；凌家滩国家考古遗址公园、褒禅山香泉旅游度假区、采石古镇建设、大青山李白文化旅游区、濮塘度假区、濮塘森林公园、海信体育休闲产业园、濮塘小镇、香泉湖景区、鸡笼山—半月湖景区、昭关风情街、运漕古镇、老鹅汤美食村、太湖山景区、横山景区、台湾花博园、"创客+"文化创意产业园、玉文化产业园、太白岛整体开发项目、烟墩山文化创意产业园、石臼湖湿地公园、香泉温泉小镇、天门山景区
淮北	淮北隋唐运河（创建5A级景区）；南湖生态旅游区、临涣古城、濉溪老城石板街、龙脊山自然风景区、东湖生态园、华翊文创科教城、南翔云集文化特色街区、中湖国家级湿地公园、杜集南山景区、相山黄里景区
铜陵	浮山景区旅游开发（创建5A级景区）；凤凰山景区旅游开发、白荡湖—白云岩综合旅游开发、金榔太阳冲景区、大铜官山公园、陈瑶湖湿地公园、枞阳周潭镇枫林旅游综合开发、九华湖生态旅游开发、十里长冲旅游资源开发、金榔喀斯特公园、大山海世界综合旅游开发、三公山生态观光旅游、将军庙林场旅游开发、会宫晓春生态园扩建、环祠堂湖环境整治及景观打造、环天井湖国家级旅游度假区、莲花寺生态休闲度假山庄、友安健康休闲园、凤凰洲养生度假岛、大通文化旅游区、铜陵梧桐花谷文化生态旅游、陈瑶湖红色旅游开发、大通古镇和悦老街修复、大通古镇澜溪老街修复、铜官山盆景艺术文化园、岱鳌山文化旅游、铜文化创意产业园、浮山文化园、"铜官府"铜工业文化产业园、东乡武术文化产业园、徽韵古民居、铜官山化工遗址文创园、棚户区遗存、枞阳县摩崖石刻博览馆、枞阳县文广艺术中心、铜山镇南泉寺、枞阳浮山徽业风情小镇、天井小镇旅游街区、铜陵市北斗星城创意文化旅游；西湖欢乐世界、枞阳游乐中心；枞阳小缸窑生态休闲农庄、太阳岛休闲观光园旅游开发、永泉农庄旅游度假区
安庆	安徽禅源太湖旅游区（创建5A级景区）、大别山彩虹谷旅游区（创建5A级景区）和大司空山旅游区（创建5A级景区）司空山文化旅游综合开发项目；五千年文博园二期、大龙山国家森林公园旅游综合开发、禅源太湖旅游区、花亭湖综合开发、嬉子湖生态保护旅游开发工程、石莲洞国家森林公园；岳西国际养生文化产业园、天柱山万岁谷文化旅游养生养老中心、大别山滑雪乐园、石关生态旅游度假村；黄梅戏大观园、邓石如·邓稼先故居文化产业园、安庆历史文化街区、孔城老街旅游度假区、天柱山地质公园博物馆、孔雀东南飞文化产业基地；大观区美好甜园、天柱福元乡村民宿休闲区；安庆市旅游集散中心、安庆市旅游码头、大别山（安庆）国家旅游应急救援中心、大别山（岳西）旅游集散中心、中华禅宗文化旅游公路、环大别山旅游扶贫（红色旅游）公路
黄山	齐云山景区（创建5A级景区）；歙县徽州古城文化旅游与文化创意产业集聚区、国际茶文化园；黄山国际中心、新徽天地、黄山香茗中心、"欧洲之星"欢乐谷、徽州文化园国际旅游度假区、幸福新世界休闲养生度假一期项目、黄山汤口温泉小镇；黄山太平湖国际帆船俱乐部、塔岭半岛、黟县旅游休闲度假康体户外营地、黟县·浪潮区域基地、168国际徒步探险基地；"新安江山水之旅"提升工程、太平湿地保护开发工程、傍霞小镇、黄帝源休闲度假区、富礼乡村旅游休闲综合开发工程、西溪南古村落旅游综合开发工程
阜阳	阜阳城南新区双清湾文化中心、泉河生态经济示范区、颍州西湖、祥源·颍淮生态文化旅游区、泉河、沙颍河骑游绿道、颍泉泉水湾湿地公园、五河口水利风景区、宁老庄大地景观园、闻集旅游产业园、伍子胥文化公园、行流红色旅游小镇、阜阳花博园；颍东东湖湿地公园、碧桨湖国际文化旅游度假村、颍上中国管园、八里河景区提升改造工程、尤家花园—五里湖湿地景区提升工程、迪沟景区提升工程、太和沙颍湿地公园、嘉华年、沙颍河汽车露营地、阜南王家坝—淮河风情旅游区、王家坝国家级湿地公园；界首代桥两湾湿地公园、莲蒲湖湿地公园；临泉桃花岛旅游风景区、长官古镇、古沈国遗址公园
宿州	皇藏峪景区（创建5A级景区）；黄河故道文化生态旅游综合开发工程、泗州隋唐古运河文化旅游城、灵璧钟馗文化园、符离白居易文化产业园；萧县梅村生态园省级森林公园、萧县岱湖湿地公园、萧县鼎茂休闲农庄暨黄河故道园艺场、萧县葡萄主题公园、凤山森林公园、灵璧县现代农业博览园、泗县运河人家、石龙湖湿地、南湖休闲绿地综合体、蔡洼淮海战役会议旧址景区、华海旅游商品贸易区、砀山航空小镇

续表

地 区	项 目 名 称
滁州	琅琊山风景区（创建5A级景区）；清流关文化旅游综合开发、滁州1912文化商业街区、中国金丝楠木博物馆、舜田万亩农业科技园、滁州仪邦奥特莱斯广场、滁城遵阳街改造及遵阳民俗旅游文化街区、滁城古内城河景观带改造、琅琊山铜矿工业遗址开发、西涧文化旅游观光线、新昌农业生态园、滁州长城国际动漫旅游创意园、远望高科技影视文化园、双洪生态文化公园、滁州菊花博览园、施集葡萄泉万亩养生茶园、金鹏生态科技农业示范园、皇庆湖滁河风景道、皇甫山国家森林公园旅游综合开发、大皇甫山生态休闲旅游度假区、大柳草原生态旅游开发、儒林外史国际文化城、太平古镇文化旅游综合开发、神山国际养生度假区、牧龙山生态旅游度假区、大墅龙山养生旅游度假区、池杉湖湿地公园、白鹭岛生态旅游度假区、舞彩国际旅游度假区、半塔镇红色文化园、绿泉民族生态园、汊河都市乡村旅游区、长山杨郢徒步自驾旅游区、环屯仓水库风景区、长山东寺港生态养生旅游区、耘泰慧谷现代农业休闲旅游区、新四军江北指挥部旧址旅游区、楚汉古战场遗址文化园、金山文化生态旅游区、中原局三次会议旧址、包青天廉政文化公园、定远古城、定远盐化工业旅游、藕塘红色旅游小镇、江巷湖环湖旅游度假区、九连峰森林生态旅游度假区、小岗村乡村旅游区5A级创建提升、明中都皇故城国家考古遗址公园、大明皇家影视城、大明文化园、凤阳山旅游区综合开发、明皇陵景区综合提升、临淮关古镇综合开发、抹山文化旅游、八岭湖生态旅游区、燕子湾农业休闲旅游区、三界外景区、老嘉山休闲运动度假区、昔谷旅游度假区、绿林旅游营地、高邮湖湿地生态旅游度假区、金牛湖旅游度假区、天长地久文化创意产业园、金集茉莉花韵文化旅游区、釜山休闲生态度假区
六安	佛子岭水利风景区（创建5A级景区）、金寨红军纪念园（创建5A级景区）；独山红色旅游小镇、中国工农红军文化博览园、六安茶谷旅游开发工程、天堂寨旅游扶贫实验区；横排头观光度假区、大别山国际旅游度假区、天堂寨国际旅游度假区、响洪甸水上低碳娱乐基地、花石乡大草坪滑雪场；九十里山水画廊、青山湿地公园、临淮岗景区、马鬃岭旅游景区、梅山湖景区；大别山国家风景道、金寨县全域型NTS登山健身步道系统、大别山游客集散中心、大别山游客救援中心、金寨支线机场
宣城	大桃花潭景区（创建5A级景区）、太极洞景区（创建5A级景区）、敬亭山旅游度假区（创建5A级景区）、青龙湾景区（创建5A级景区）、泾县大云岭红色文化园（创建5A级景区）；宣城旅游创意产业中心、宣酒文化园、文房四宝创意产业园、旌德仙草产业园、绩溪徽菜产业园、宁国休闲食品产业园、广德旅游装备制造产业园；宣城书乡田园、敬亭山景区、中国鳄鱼湖景区、宛陵湖景区、卢湖竹海生态文化旅游、茅田山长寿休闲养生区、大石塘生态度假区、紫金寺禅修养生休闲区、东亭全域旅游提升项目、603航天文化体验区、灵山—天堂山养生度假区、宣木瓜创意农业产业园、观天下景区、查济景区、水墨汀溪景区、江村景区、朱旺景区、上庄景区、家朋生态旅游区、千秋畲族风情园景区；金太阳文化创意产业基地、南漪湖昆山生态旅游度假村、伍员山国际旅游度假区、恩龙世界木屋村·养心生态城；宣州南部田园乡村旅居基地、天目山西麓户外休闲基地、广德南部山区养生养老基地、旌德—绩溪徽派古村研学旅游基地、旌德黄山东线生态旅游基地、大桃花潭人文旅居基地、郎溪—广德现代农业休闲基地、徽杭古道、吴越古道、水阳江文化休闲绿廊、青弋江山水休闲廊道、桐汭河风景道、宁国市川藏线通达提升工程、环宣城徒步旅游古道群、青龙湾直升机场
池州	牯牛降景区（创建5A级景区）；九华山风景区遗产地保护提升工程、九华山大愿文化园、九华大峡谷、九华温泉、九华天池、莲峰云海；杏花村文化旅游区、万罗山景区、醉山野景区、独龙峡谷旅游区、霄坑大峡谷景区、九天仙寓南溪古寨、狮形山苗圃生态园、馨园现代农业科技示范园暨清溪观光旅游示范基地、江心洲回族特色生态文化旅游区；秋浦河温泉养老公寓、怪潭景区中医疗养中心、仙寓山富硒养生基地、灵芝民俗百艺文旅小镇、池州自驾游（房车）基地、升金湖自驾车营地、怪潭房车宿营地、西海温泉度假村；环升金湖湿地绿道、长江游轮港、平天湖旅游度假区
亳州	古城旅游区保护与开发工程（创建5A级景区）、涡河生态文化旅游带、涡河古道滨水品质提升工程；曹操故居、华佗故居、陈抟文化产业园、庄子文化产业园、一河两岸老子文化景观综合体、亳州民营博物馆群、中视江淮风情产业园、石弓山遗址公园、城父千年古镇；康美华佗国际中药城研学旅行基地、中华药博园；亳州温泉度假区、蝴蝶泉生态文化休闲旅游度假区、玉皇湾水上乐园、三圩湿地生态园、南湖湿地公园；西淝河休闲观光农业产业园、乡村旅游升级与提升系列工程

七 品牌创新 重塑目的地品牌新体系

依托"美好安徽，迎客天下"的安徽旅游形象，创新城市旅游品牌，巩固六大传统旅游品牌，培育十大新兴旅游品牌，重塑目的地品牌体系。引领消费需求，提升安徽旅游核心竞争力。

（一）构建区域旅游目的地品牌体系

整合现有品牌资源，塑造全省、四大板块、16个设区的市三级区域目的地品牌体系，形成以全省品牌为统领，四大板块品牌和16个设区的市品牌为支撑的区域旅游目的地品牌体系。

1. 省域品牌

在"美丽中国"的国家旅游形象基础上，构建"美好安徽，迎客天下"的全省旅游品牌形象。挖掘省级层面目的地品牌独有的内涵，突出整体形象的塑造。发挥"美好安徽"的品牌带动功能，挖掘"美好安徽"的休闲与度假价值、"迎客天下"的文化与体验价值，完善目的地品牌内涵。依托"绚烂文化，和谐山水"的特色旅游资源，以世界遗产旅游、徽文化体验、佛教文化体验、红色文化体验、户外运动和养生度假等产品为核心，打造国际文化休闲目的地、国际山水度假目的地、国际宗教旅游目的地，完善省级层面旅游目的地品牌建设。

2. 四大板块旅游目的地品牌

树立皖南、合肥经济圈、皖北、大别山四大板块旅游目的地品牌。塑造"山水皖南，文化徽州"为主题的皖南示范区旅游品牌，突出山水休闲旅游；塑造以"锦绣山湖，华彩皖都"为主题的合肥经济圈旅游品牌，突出都市旅游；塑造"生态六安，红色皖西"的大别山扶贫旅游示范区品牌，突出红色生态旅游；塑造"黄淮风情，皖北传奇"的皖北文化生态旅游品牌，突出文化生态旅游体验。

3. 16个设区的市旅游目的地品牌

在全省整体旅游品牌统领下，依托四大板块，建设市级层面旅游目的地品牌体系。探索城市的独特性、差异性发展道路，形成独具特色的市级旅游品牌。确保城市形象的一致性和持续性。加强城市品牌建设和城市形象塑造，增强城市品牌影响力，提升城市品牌价值。

专栏 19

安徽省旅游目的地品牌形象建设

省级品牌形象	区级品牌形象	市级品牌形象	
美好安徽 迎客天下	皖南示范区： 诗画皖南，梦里徽州	黄山市	梦幻黄山，礼仪徽州
		池州市	生态池州，佛国九华
		宣城市	山水诗乡，多彩宣城
		安庆市	戏曲圣地，文化名城
		芜湖市	欢乐芜湖
		马鞍山市	千古人文地，一城山水诗
		铜陵市	生态铜都，幸福铜陵
	合肥经济圈旅游区： 锦绣山湖，华彩皖都	合肥市	览百里巢湖，游千年合肥
		滁州市	醉美滁州，"亭"好滁州
		淮南市	豆腐故里，五彩淮南
	大别山扶贫旅游示范区： 生态山水，红色皖西	六安市	青山碧水，休闲六安
	皖北文化生态旅游区： 黄淮风情，皖北传奇	蚌埠市	禹会诸侯地，淮上明珠城
		淮北市	山水相城，生态淮北
		阜阳市	皖风徽韵，梦里水乡
		亳州市	天下道源、曹操故里、中华药都、养生亳州
		宿州市	楚风汉韵，传奇宿州

（二）塑造特色旅游目的地品牌

1. 巩固传统旅游目的地品牌

依托业已形成的品牌资源优势，着力巩固升级传统旅游目的地品牌。在资源共享的基础上，共拓市场，合作共赢，优化六大传统目的地品牌。

专栏 20

六大传统旅游目的地品牌

梦幻黄山——大黄山旅游目的地品牌。依托县区和重点特色小镇建设，形成多层次旅游体系。丰富旅游新型业态，做精养老、文化、户外运动、康体养生等主题型的旅游产品。不断完善旅游基础设施，大力提升旅游服务质量，强化规范化、标准化管理，塑造大黄山旅游品牌。

徽式休闲——古徽州休闲旅游目的地品牌。在徽州文化的引领下，以国际化、特色化、品质化为标准，重点创新徽菜、传承徽州工艺、打造徽州戏曲演艺、创新徽州民宿等，繁荣徽州文化,打造徽式休闲,培育古徽州徽式休闲旅游品牌。

灵秀江淮——淮河文化旅游目的地品牌。依托淮河流域水域湿地景观,挖掘老庄、楚汉、三国等文化资源,加强淮河流域景区建设,转化优质旅游资源为品牌优势。增强科技成分,提高文化旅游体验功能,塑造淮河文化旅游品牌。

休闲巢湖——环巢湖休闲旅游目的地品牌。以生态巢湖为品牌形象,整合环巢湖周边森林、湿地、花海、温泉、古镇、老街等旅游资源,塑造环巢湖休闲旅游品牌。

皖江画廊——皖江山水文化旅游目的地品牌。依托皖江山水旅游资源,抓住皖江城市带承接产业转移示范区建设的重大机遇,挖掘整合佛教文化、桐城文化、诗歌文化、铜文化等资源,塑造皖江山水文化旅游品牌。

佛韵诗乡——大九华山宗教文化旅游目的地品牌。以九华山风景区宗教文化为核心,整合大杏花村、秋浦仙境、清溪河、万罗山等资源,建设成为集诗意山水、宗教文化为特色的文化旅游圣地,塑造大九华山宗教文化目的地品牌。

2. 塑造新兴旅游目的地品牌

整合新兴旅游目的地资源,培育新兴目的地品牌,坚持品牌驱动发展道路,形成十大新兴旅游目的地品牌体系。

专栏21

十大新兴旅游目的地品牌

皖北新田园生态旅游目的地品牌。依托皖北河流、湖泊、黄河故道等丰富的湿地景观、农业景观,塑造皖北新田园生态旅游品牌。

江淮圩堡群文化旅游目的地品牌。利用江淮地区特有的集居住和防卫功能的建筑资源优势,塑造最具江淮民居特色、文化气息浓厚、国内独一无二的圩堡群旅游品牌。

大别山湖群休闲旅游目的地品牌。依托大别山湖群,以绿色为风景,以生态为理念,以休闲为品质,塑造大别山湖群休闲旅游品牌。

安徽中部温泉养生目的地品牌。依托以半汤、香泉为代表的温泉养生产品,以休闲运动和温泉养生为发展重点,提升旅游产品质量,塑造安徽中部温泉养生品牌。

皖江湿地群生态旅游目的地品牌。重点发展皖江沿线升金湖、石臼湖和扬子鳄国家级保护区等国家级重要湿地,塑造皖江湿地群旅游品牌。

大琅琊山旅游目的地品牌。以自然景观为核心吸引力,依托"醉翁亭"为代表的文化品牌,整合琅琊山、明中都、明皇陵、小岗村等旅游资源,塑造大琅琊山文化旅游品牌。

大天柱山旅游目的地品牌。以禅宗文化为统领,整合天柱山、五千年文博园、花亭湖、岳西司空山等资源,塑造大天柱山养生度假旅游品牌。

牯牛降—升金湖原生态旅游目的地品牌。以大自然"生态博物馆"为理念,整合牯牛降、升金湖原生态资源,塑造原生态旅游目的地品牌。

皖南书乡田园旅游目的地品牌。整合皖南文房四宝之乡、山水田园、皖南古道群等资源,塑造皖南诗乡田园旅游品牌。

欢乐芜湖都市休闲旅游目的地品牌。以芜湖方特主题公园群为龙头，形成集活力城市、欢乐度假功能为一体的现代休闲度假旅游区域，塑造欢乐芜湖的城市旅游品牌。

八 人才创新 建设旅游人才新皖军

贯彻落实国家旅游局《万名旅游英才计划》，围绕"旅游强省"总体发展目标，实施"人才强旅，科教兴旅"战略，建设一支规模适当、素质优良、结构优化、勇于创新、适应新发展的旅游人才"新皖军"。

（一）建设一流的旅游人才队伍

1. 着力培养旅游行政管理人才

强化旅游行政管理综合协调功能，增加重点旅游城市的旅游行政管理编制。实施不同岗位、不同类型旅游人才的交流制度，鼓励重点市县优秀的旅游管理人才到省旅游行政主管部门及相关部门挂职学习，鼓励省、市、县旅游行政管理人员到发达地区挂职学习，鼓励省内不同地区旅游行政管理人员开展交流活动。

2. 着力培养旅游企业经营管理人才

建立全省旅游企业职业经理人信息库，探索全省旅游职业经理人建设的体制机制，制定吸引优秀旅游企业管理人才来皖创业、就业的综合鼓励政策。鼓励重点旅游市县出台旅游企业经营管理人才激励政策和创业政策。搭建全省旅游职业经理人对话、交流平台。

3. 着力培养旅游专业技术人才

建立全省旅游专业技术人才信息库，制订旅游专业技术人才培养和激励计划。遴选资助一批旅游专业技术青年人才。

4. 着力打造旅游服务技能型人才队伍

鼓励企业提高旅游服务技能型人才的待遇，增加他们的获得感和荣誉感。支持一批非遗传承人开展旅游创业。创立创客平台，支持一批乡村旅游带头人创业。建立优秀导游人才信息库，建立全省优秀导游表彰制度和激励制度。

（二）建设一流的旅游人才培养体系

1. 加大旅游人才培养力度

依托高校建设旅游人才培养基地，重点支持有关高校办好旅游专业，重点旅游市县依托现有中职学校办好旅游类专业，扩大全省旅游管理、酒店管理、会展经济与管理、旅游小语种等专业招生规模。成立"安徽省旅游职教联盟"，联合知名旅游企业合作办学，定向培养旅游专业技术骨干人才。建立"学校＋企业＋政府"开放式旅游人才培养体系，注重人才创新意识和创新能力培养，形成"产学研政一体化"合作旅游人才培养新模式。

2. 加强旅游人才国际化建设

设立海外研学基地和实习基地，构筑人才国际交流平台，鼓励支持旅游人才参与国际学术交流与合作，提高旅游人才国际交流合作能力。

（三）建设一流的旅游人才培训体系

1. 构建旅游人才培训平台

搭建旅游行政管理部门及协会公益培训平台，促进培训对象与培训主体的双向沟通。创建旅游龙头企业示范教育平台，建立具有影响力的培训品牌。增建旅游院校继续教育平台，开设旅游专业自学教育和成人教育专业及课程。

2. 建立多层次、多类型的旅游人才培训体系

鼓励各级各类旅游人才境外交流，加强培训旅游人才的国际视野和互联网思维。开展旅游行政管理人才培训，鼓励旅游企业开展人才培训。遴选若干旅游企业，设立旅游企业人才培养培训基地，加大对重点旅游村致富带头人和非遗传承人等的培训，开展旅游专业技术人才"大练兵""大研讨"等活动，促进专业技术人才知识更新。创建导游研修"云课堂"，完善导游等级考试培训规程，实施骨干导游师资集中培训。开展职业技能竞赛和岗位练兵活动，提升旅游服务技能型人才职业素质和职业技能。

（四）建设一流的安徽旅游智库品牌

设立旅游智库专项资金，实施安徽省旅游智库计划，建立官方、民间、高校"三位一体"的旅游智库体系。完善智库发展支撑保障机制，逐步建成以"创新、开放、现代化"为特征的安徽品牌，建成一流的旅游智库。

专栏22

重大旅游人才工程

"631"旅游人才专项培训计划。组织6000名贫困村负责人和乡村旅游带头人、3000名文化旅游行政管理人员开展旅游执法、行风监督、旅游统计、旅游安全、旅游标准、乡村旅游、智慧旅游、旅游景区等业务培训；组织开展10000名旅游技能人才培训。

旅游企业领军人才培养工程。加快提升旅游企业经营管理人才的素质，打造一批具有全球战略眼光、市场开拓精神、管理创新能力和社会责任感的优秀企业家，每年培训1000名旅游职业经理人。

乡村旅游创业人才培育工程。围绕美好乡村建设，培育一支服务乡村旅游发展、数量充足的乡村旅游人才队伍。建立100个乡村旅游创客示范基地，培养500名非遗传承人、10000名乡村旅游致富带头人。

旅游英才培养计划。遴选、培养3000名旅游专业的教师、大学生、旅游企业骨干管理人才和高级技术技能人才。培养扶持一批旅游青年拔尖人才，建设一批旅游人才培养基地，遴选100名省级旅游业青年专家。

旅游智库计划。聘请20名左右国内外政府、企业和院校、科研院所的旅游专家组建安徽省旅游发展智库。

旅游人才基地建设工程。建设50个省级旅游创新大师工作室，建立100个旅游高级职业经理人培训基地，创建100个景区创业孵化基地。

第三篇 ｜ 促进区域旅游协调发展

九 空间协调 优化旅游发展布局

加强对旅游资源优势和市场需求的分析研判，充分发挥我省沿江近海、居中靠东的区位优势，优化旅游发展布局，打造新区域、新版图和新标杆的发展新格局，进一步提升安徽在全国区域旅游发展格局中的战略地位。

（一）新区域——跨区域发展新格局

顺应互联网与高铁的快速发展，推动区域旅游一体化发展，实施互联互通、文化融合、品牌合作、资源共享的发展战略。继续推进中国山岳旅游联盟、中国长江旅游推广联盟、沪皖蒙旅游区、鄂豫皖大别山红色旅游区、中原历史文化旅游区等区域合作。建设一批跨行政区域的重点旅游目的地。以旅游产品开发、市场开拓、公共服务等为重点，建立跨区域旅游合作的模式和机制，拓展旅游业发展新空间。

1. 长江旅游经济带

积极抢抓长江经济带国家战略机遇，融入长三角、联结中西部，努力成为长江经济带协调发展的旅游战略支点。

2. 长三角区域旅游一体化

立足《长三角地区率先实现旅游一体化行动纲领》，与苏浙沪省市共同落实《长三角旅游发展合作苏州共识》。坚持优势互补、资源共享、互利共赢的原则，与两省一市携手破除制约长三角地区旅游一体化发展的体制障碍，推进区域旅游政策的协调统一，着力在长三角智慧旅游建设、旅游资源合作开发、区域性大型旅游集团培育、旅游市场监管、旅游业发展环境、旅游产品和线路开发等方面，为长三角地区旅游业发展做出贡献。

3. 中国淮河生态旅游经济带

积极参与新亚欧大陆桥区域经济发展合作，开辟西向开放新通道。

4. 中国大运河精品遗产旅游带

把握大运河列入世界文化遗产名录的契机，以安徽相关优质资源与大运河沿线省市加强合作发展。

5. 高铁沿线旅游组合大动脉

以高铁、高速公路、长江构成精品城市旅游带，衔接长三角，促进一体化。

6. 浙皖闽赣国家生态旅游示范区

推进浙皖闽赣4省边界区域旅游一体化，建设"国家生态屏障""国际一流的旅游目的地""山区生态富民示范区""多省合作交流机制创新示范区"，带动欠发达地区脱贫致富，创建国家生态文明旅游区。

（二）新版图——空间战略布局新升级

以城市为依托，以交通为支撑，推进区域旅游统筹，拓展旅游发展新空间，努力构建"4451"开放式战略布局。统筹实施"四大板块"和"五个支撑轴"战略组合，建设优化旅游空间布局，宜居宜游、主客共享的全域化旅游目的地，提高全省旅游业空间运行的整体效率。

1. 四大旅游中心城市

建立合肥、芜湖、黄山、蚌埠市四大旅游中心城市。立足当前，面向未来，发挥合肥、芜湖、黄山、蚌埠市作为旅游产业动力极、旅游活力迸发极、旅游线路放射极的极化作用，充分释放其战略潜能，在更大范围内、更广领域上带动全省旅游业的整体发展。

2. 四大旅游目的地

四大旅游目的地分别是皖南示范区、合肥经济圈休闲旅游区、大别山自然生态旅游区、皖北文化生态旅游区。

皖南示范区包括黄山、宣城、池州、铜陵、芜湖、马鞍山、安庆市。高水平建设皖南示范区，立足良好的生态环境和深厚的文化底蕴，以保障皖南地区生态安全为目的，推动绿色发展、循环发展和低碳发展，探索创建大黄山国家公园。努力将皖南示范区建设成为美丽中国先行区、世界一流旅游目的地和中国优秀传统文化传承创新区。按照全域旅游理念，强化国际视野、国际标准，推动生态、文化、旅游、科技融合发展，提升黄山、九华山、天柱山和西递宏村等精品景区发展水平，推动优势旅游企业实施跨地区、跨行业、跨所有制兼并重组，打造跨界融合的产业集团和产业联盟，构建以文化旅游为特色的现代产业体系。引进国际优质资本和智力资源，进行文化旅游资源保护和优质文化旅游资源开发。推进新安江、青弋江、水阳江等重点流域生态保护，实施太平湖、升金湖等重点湖泊生态保护和修复。推动旅游服务设施一体化。加快皖南示范区"四纵三横"综合交通通道建设。支持九华山、天柱山等申报世界遗产。

合肥经济圈旅游区包括合肥、淮南、六安、桐城（安庆）和滁州市。加强合肥经济圈之间的合作，进一步增强合肥的辐射力和带动力。引领推动合肥经济圈旅游向合肥都市圈旅游战略升级。以都市旅游、商务会展、休闲旅游、养生养老、康体运动和山地旅游为特色，提升合肥经济圈旅游吸引力和服务水平，实现旅游产业的聚集化、一体化发展，着力打造华东、华中旅游协作的枢纽区，全省旅游服务国际化发展先导区，安徽旅游南北联动的中心区，全省旅游集散中心，成为长三角、全国乃至国际级的休闲旅游体验目的地。

大别山自然生态旅游区包括六安、安庆市。深入开发红色文化、历史文化资源，有效利用大别山区生态环境优势，加强旅游设施建设，提升旅游服务水平，推进跨省协作，促进融合发展，壮大旅游产业，建设全国知名的红色旅游胜地和重要的文化、生态休闲旅游目的地。

皖北文化生态旅游区包括宿州、淮北、蚌埠、阜阳、淮南、亳州市。依托中原经济区平台，策应皖北振兴，重点发展以淮河湿地为代表、生态与文化相结合的生态旅游；以历史文化为代表、文化创意与旅游业相结合的文化旅游。打造安徽旅游新的增长极，构建中原文化重要标志区，成为苏鲁豫皖区域的重要休闲旅游目的地。

3. 五条旅游轴

建设"一江一河，二道一路"的五条旅游轴。

欢乐皖江旅游线——大通道。以长江经济带开发引领安徽旅游发展，打造长江黄金旅游带。充分发挥长江黄金旅游通道作用，串接马鞍山、芜湖、铜陵、池州、安庆等皖江城市，努力打造面向长三角、联动长江中游城市群、具有全国影响力的旅游带。

京福高铁线旅游组合——大动脉。连接京津冀城市群、长三角城市群和海峡西岸城市群的高速交通通道，促进整体一体化，构成精品旅游带。

淮河生态旅游带——新走廊。将淮河建设成为连接东中部地区的黄金旅游通道，创新湿地生态休闲、现代农业休闲等旅游发展模式，成为全国新型农业旅游先行区、示范区，重筑第三条出海"黄金水道"。

中部国家风景道——新干线。贯通六安大别山旅游风景道、环巢湖旅游大道、马鞍山江北旅游大道新干线。优化和盘活现有的线路资源，按照主题化、精品化和国际化的原则，建设跨区域国家风景廊道。

大别山红色旅游风景道——新通道。依托济广高速公路，连接我国华北、华东和华南三大经济区，强化安徽承东启西、沟通南北的旅游交通功能。

4. 十条精品线路

开发皖南世界遗产之旅、九华山文化之旅、欢乐皖江之旅、新安江山水之旅、皖东北历史古迹之旅、皖北文化之旅、多彩大别山之旅、淮河风情之旅、环巢湖休闲之旅、"三山三湖"精品山水之旅10条精品旅游线路。

（三）新标杆——创新战略新格局

构建安徽新"两山一湖"创新格局（皖南示范区、大别山自然生态旅游区、环巢湖国家级休闲旅游区），实现三区同频共振、引领发展，成为景点旅游向全域旅游转型发展的先行区。扎实推进皖南示范区建设。实施"5个1"工程行动计划，配合推动8个一体化行动纲领落实。推动大黄山国家公园创建，制订世界一流旅游目的地创建方案。制订创建环巢湖国家旅游休闲区试点方案，落实年度工作安排。统筹制订大别山扶贫旅游示范区建设行动计划，落实任务清单和工作推进机制。

十　旅游+信息化　构建智慧旅游新体系

发挥互联网优势，推动旅游与互联网融合发展的广度和深度，提高旅游创新能力和创新优势，挖掘旅游发展潜力和活力，提升旅游业发展水平。

（一）加强旅游互联网基础设施建设

提升旅游城市、旅游线路、旅游景区（点）、乡村旅游点、旅游企业等互联网设施水平。

1. 提高互联网在旅游业中的渗透率

提高互联网在旅游各板块的渗透率和结合度。加快旅游景区（点）、重点旅游线路的网络基础设施建设。到2020年，实现3A级及以上旅游景区和三星级及以上旅游饭店Wi-Fi全覆盖，旅游公路4G网络全覆盖。

2. 推动旅游信息终端体系建设

在机场、车站、码头、宾馆饭店、景区景点、旅游购物店、游客集散中心等主要游客集散场所提供PC、平板、触控屏幕、SOS电话等旅游信息互动终端。

3. 优化线上线下旅游资源配置、利益分配

积极推进上游供应商平台、中游代理交易平台以及下游网媒营销平台建设，协调各大平台利益，形成旅游产业O2O模式。

4. 完善旅游景区（点）物联网基础设施建设

在4A级及以上景区率先推广电子门票，建立景区电子门票系统。挖掘物联网技术优势，实现景区智能化、数字化管理，建设智慧旅游景区。

（二）加快旅游产业大数据平台建设

1. 建成安徽省旅游数据中心

加强旅游产业与大型网络搜索引擎和电商品牌合作，建立旅游数据库，推行旅游数字化管理、营

销。加强政府、高校、企业"政产学研"互动，开展旅游大数据研究，提升旅游管理的科学性。

2. 升级旅游综合信息数据库

建设"智慧安徽旅游平台"。建立旅游产业与决策部门、高校、企业数据共享机制，提升旅游业重点领域的信息化程度。加强旅游公共服务、旅游企业营销、旅游电子商务和游客个性化定制等方面的研发。

3. 落实互联网平台建设

建设安徽旅游大数据平台、安徽旅游网综合平台和安徽智慧旅游移动综合服务平台，建设旅游政务办理、旅游商务网络营销、12301旅游热线服务、游客统计分析、旅游诚信管理、游客贴身服务、旅游项目管理和旅游应急与救援等系统。建设智慧旅游公共服务中心、综合协调调度中心和商务营销中心。

（三）推动"旅游+互联网"产业发展

发挥互联网在旅游产业创新与升级中的平台作用，以"旅游+互联网"为突破口，引导要素资源向旅游实体经济集聚，推动旅游生产方式和发展模式变革。

1. 支持在线旅游创业创新

鼓励各类创新主体充分利用互联网，开展在线旅游创业创新，建立合肥、芜湖"旅游+互联网"创业园区，建成一批省级"旅游+互联网"创客基地，申报国家级创客基地。建设一批国家级"旅游+互联网"创客示范项目，设立中国旅游电商高峰论坛，推动线上交易、线下交流。支持"三只松鼠"等互联网旅游企业发展，培育旅游互联网龙头企业。构建安徽省旅游产业技术创新联盟，推动跨领域、跨行业合作。

2. 推动"旅游+互联网"投融资创新

推广网络众筹、PPP等投融资模式，引导社会资本进入"旅游+互联网"领域。支持旅游企业进行互联网金融探索，建设旅游企业第三方支付平台，拓宽移动支付渠道。利用互联网投融资平台，鼓励旅游企业和互联网企业通过战略投资等方式融合发展。

3. 创新旅游网络营销模式

鼓励旅游企业与旅游电子商务平台合作，利用互联网开展旅游营销。运用旅游大数据，开展旅游专项营销活动，促进传统营销渠道和移动互联网新媒体的融合发展，构建线上线下相结合的目的地营销新模式。

（四）推进智慧旅游建设

加快智慧旅游景区、智慧旅游乡村建设，助推旅游交通体系智慧化发展，落实智慧旅游保障措施，提升旅游智慧化水平。

1. 开展智慧旅游景区建设

在 5A 级景区率先开展智慧旅游景区建设，实现 4A 级景区免费 Wi-Fi、智能导游、电子讲解、信息推送、智能停车系统等功能全覆盖。建立旅游联盟，推广使用旅游一卡通，为持卡游客提供个性化定制旅游和优惠服务。将景区智慧化程度纳入旅游等级考评，制定智慧旅游景区地方标准。

2. 推动智慧旅游乡村建设

建设集咨询、展示、预订、交易于一体的智慧旅游乡村服务平台。支持社会资本发展乡村旅游电子商务平台，实现优质农副产品的电子商务平台交易。通过 App、微信等网络新媒体推广乡村特色旅游产品，建设一批智慧旅游示范村。

3. 建立智慧旅游交通系统

加强交通集散中心、重点旅游路段和重要旅游景区（点）交通情况监测，及时发布旅游交通信息，保证旅游交通安全便捷畅通。

4. 落实智慧旅游保障措施

成立安徽省推进智慧旅游工作领导小组，推进全省智慧旅游的建设与发展。开放智慧旅游市场，引入各类资本参与旅游公共信息服务平台建设。建立工作目标责任制和岗位考核责任制，将智慧旅游建设工作纳入考评目标，将智慧旅游标准纳入行业等级评定标准。

十一　公共服务　提升基础设施承载力

加强旅游服务的标准化、旅游交通的立体化、旅游公共服务的智慧化、旅游公共服务的普惠化、旅游突发危机管理的常态化和旅游行政服务的高效化，完善旅游公共服务体系。

（一）旅游服务标准化

完善传统业态标准化体系。开展"徽式休闲"品牌标准的建设，制定包括客栈、民宿、茶馆等文化休闲设施的"徽式休闲"评价标准和实施细则。完善"徽姑娘"农家乐示范户评价指标体系。制定古道地方标准，进行古道标准化建设。完善新兴业态标准化体系。推进内河邮轮母港及配套设施标准化建设。制定房车营地的服务标准，规范房车营地星级评定。推进国家风景道标准化建设。鼓励编制国家标准和旅游行业标准，积极参与编制国际标准，形成由国家标准、行业标准、地方标准和企业标准构成的旅游标准体系。

（二）旅游交通立体化

畅通旅游大动脉，打通旅游微血管，建设立体化旅游交通体系。

1. 优化安徽旅游航空体系

提升合肥新桥国际机场旅游功能，加快建设商务、会展、会议、购物多功能的新桥国际航空城，依托航空城提升合肥城市旅游功能。迁址扩建黄山屯溪国际机场，将建成4E级国际航空港，形成区域旅游集散中心。加大支线机场改造和建设力度，改扩建池州九华山机场和阜阳西关机场，加快芜宣、安庆、蚌埠、亳州、宿州、滁州等市支线机场建设，提升机场的旅游服务功能。加密合肥、黄山等市直飞港澳及日韩航线，合肥、黄山等市直飞台湾航线根据两岸局势变化适时调整。开通直飞美国、英国、俄罗斯、加拿大等国家及地区的国际航线，开通九华山直飞韩国航线。探索更多国家的游客落地签证政策，建成合肥、黄山国际机场免税店，实施境外旅客购物离境退税政策。建设新增支线机场到主要旅游景区（点）的快速旅游通道。

2. 加强与周边省市机场交通对接

建设由上海虹桥、上海浦东、南京禄口、杭州萧山、郑州新郑、武汉天河六大4F级国际机场直通我省的旅游交通。加快建设南京禄口机场—马鞍山/芜湖/宣城、萧山机场—黄山快速旅游通道，吸引六大机场客源，分享六大机场旅游红利。

3. 完善快速铁路网

加强与高铁沿线省份的合作，共同推出高铁沿线游活动。提升改造既有普通铁路，推进客运专线和城际铁路建设。结合既有高铁线路，加快建设支线线路，完善城市轻轨系统，实现主要高铁线路间的无缝对接，实现主要城市间、主要城市到景区间轨道交通互联互通，形成全域联通的高铁旅游网络。

4. 创新水道利用模式

提高干线航运能力，加强与长江沿线省市旅游合作，发展邮轮旅游，建设池州长江邮轮母港，实现"江海联运"。整治淮河干、支流，充分利用淮河流域湿地资源，发展淮河沿线旅游业。开展新安江、青弋江、秋浦河等河流旅游，开设内河旅游专线和游轮、游艇等多种形式的旅游活动，利用江淮运河规划建设的机遇，谋划建设沿运河旅游设施。

5. 建设高速公路旅游通道

完善高速公路网络化，县县通高速公路。有序推进繁忙路段扩容改造，提高通行能力。提升高速公路服务区旅游综合服务功能，开展安徽旅游及特色旅游商品专项营销活动。实现全省主要旅游景区（点）高速公路全覆盖，部分旅游景区（点）间高速公路直通。

6. 优化公路系统

实现国道通县区、省道通乡镇的建设目标。建设环黄山和环女山湖、环巢湖、环万佛湖、环南漪湖、环太平湖公路。继续实施等级公路与3A级以上景区（点）以及其他类型景观园区、重点乡村旅游区等"最后一公里"通达工程，实现从机场、车站、码头到主要旅游景区（点）的无缝对接。建设国道、省道服务区，增加其旅游功能。

7. 完善特色旅游交通

优先发展旅游公共交通，推广使用公共交通工具，鼓励旅游者选择轨道交通、公共交通出行。在全省主要旅游城市和景区推广公共自行车租赁服务，在芜湖、池州等市率先推广新能源汽车租赁的基础上，在全省主要旅游城市和景区（点）推广新能源汽车租赁服务。结合城市绿道和步道建设，继续建设城市慢道系统。加强重要路段的安全保障设施和救援设施建设。加强旅游城市、景区停车场等基础设施建设。

（三）旅游公共服务智慧化

积极推进"旅游+互联网"工程，营造智慧旅游环境，构筑智慧旅游平台。

1. 推动智慧旅游基础环境建设

重视移动互联网、物联网、云计算、地理信息系统、虚拟现实、高速通信技术等新技术在旅游中的应用，提升旅游电子商务和旅游公共服务水平。实现旅游业导航、导游、导览和导购以及旅游六要素的电子化、科技化。

2. 构建智慧旅游运营和支撑平台

建成旅游公共信息资讯平台、旅游产业运行监管平台、景区门票预约与客流超载预警平台、多语种旅游形象推广平台和旅游大数据集成平台。提供旅游公共信息咨询服务、旅游形象推广、景区游客流量提示、旅游目的地安全风险提示、旅游投诉受理等服务。建立安徽省旅游诚信交流平台，加强旅游企业信用监管。

（四）旅游公共服务普惠化

1. 实施旅游惠民政策

执行国家节假日制度，落实带薪休假制度，倡导落实完善2.5日休假政策，鼓励错峰休假。实施旅游景区（点）门票减免等优惠政策，落实对未成年人、高校学生、教师、老年人、现役军人、残疾人等群体实行减免门票等优惠政策。

2. 推进惠民休闲环境建设

实施清洁、绿化、亮化和美化工程，加快旅游景观建设，推进观光游览自行车服务体系的建设，加大免费游憩场所建设。

3. 建设惠民旅游服务设施

建设无障碍旅游服务设施，进行旅游厕所革命，推行"以商管厕，以商养厕"管理模式，倡导社会经营单位和企事业单位厕所向游客开放。

4. 完善旅游安全保障

实施旅游安全应急演练制度，完善突发事件信息报送和应急值守制度，设立旅游急救中心，组建旅游急救行动小组，完善紧急救援措施。

5. 完善旅游权益保障

实施旅游联合执法、综合执法。建立暗查暗访、随机抽查机制，开展旅游市场秩序专项整治活动。实施旅游景区（点）、旅行社、旅游饭店退出机制。实施旅游投诉制度，评定旅游从业人员诚信等级。

（五）旅游应急管理常态化

1. 完善突发危机应急机制

完善政府救助与商业救援相结合的应急救援机制，鼓励有条件的旅游企业建立专兼职紧急救援队伍。提升旅游者安全危机防范意识，强化旅游工作人员应急预防演练培训工作。加强安全生产监管，确保旅游企业安全生产。

2. 及时发布重要安全信息

结合互联网和移动终端，开设旅行安全提示专栏，完善旅游安全信息发布渠道。发布热点景区（点）最大承载量警示信息。落实旅行社责任保险全覆盖制度。建立健全假日旅游预报制度和警示信息发布制度，建立全域覆盖的旅游企业安全信用档案、安全危机事故档案。科学编制危机管理应急预案。

（六）旅游行政服务高效化

强化旅游管理职能，加强旅游运营管理，提高旅游行政效能。

1. 增强旅游行政部门的管理力度

实施省、市、县各级旅游联席会议制度，实行旅游政务公开，强化旅游规划设计执行力，开展全省旅游规划设计的评优活动。

2. 发挥政府在旅游基础设施、重点项目建设等方面作用

落实市场监管职能，保障市场公开、公平、公正运行。实行旅游企业退出机制，及时淘汰破坏性强、污染性大的旅游企业，关闭长期亏损的旅游景区。发挥旅游行业组织和协会的作用，引导旅游行业良性发展。

第四篇 | 构建旅游开放合作新格局

十二 开放合作 打造旅游开放新高地

积极响应国家新一轮开放总体布局,落实五大发展行动计划,加快形成全面开放新格局,在更高水平、更高层次上参与国内外旅游分工合作。

(一)融入"一带一路"国际大格局

1. 依托国家战略平台

依托"一带一路"、中俄两江地区合作等国家战略平台,凭借丰富的旅游资源和特色旅游产品,强化与"一带一路"沿线国家和城市的旅游合作,着力提升安徽国际旅游目的地的地位。

2. 主动参与国家旅游外交系列活动及海外推广展览活动

全面加强中俄旅游交流,拓展中俄红色旅游合作新领域,开展"中美旅游年""中印旅游年"等互动交流。深化皖南示范区与东盟的旅游合作。

3. 坚持"引进来"与"走出去"相结合

围绕"一带一路"旅游建设与营销,增开国际邮轮和航空线路。

(二)加强对外交流合作

通过对外开放、交流与合作,实现资源在更大范围、更高层次上的优化配置,加快安徽旅游国际化进程。

1. 加强与国际(地区)旅游组织合作

加强与世界旅游组织、亚洲及太平洋旅游协会、国际旅游联盟等国际旅游组织建立合作关系,积极开展旅游人才培训、扶贫、旅游金融和紧急救援等方面的合作。与港澳台地区旅游机构、行业协会建立战略合作关系。

2. 加强与友好州（城）交流合作

扎实开展与友好州（城）国际和地区间交流合作，支持地方旅游部门、旅游行业组织、旅游企业参与旅游业国际和地区间交流，形成工作合力。不断拓展与美国马里兰、德国下萨克森州、法国孔泰大区等友好州（城）旅游双向交流与合作。继续推进合肥市、芜湖市、黄山市、蚌埠市、池州市、宣城市等与各自友好城市旅游的交流互动。深入推进黄山风景区与美国约塞米蒂国家公园、瑞士少女峰，天柱山与台湾阿里山、西班牙加泰罗尼亚中部世界地质公园，太平湖风景区与日本洞爷湖、台湾日月潭等结为友好公园（山、湖）的旅游合作。

3. 加强与境外旅游品牌企业合作

支持与境外旅游品牌企业合作，建立与境外旅游品牌企业交流合作机制，搭建与境外旅游品牌企业人才交流平台。加强与境外大旅行商、媒体合作。邀请入境重点客源地的旅游媒体、旅行商来皖采风踩线。

（三）发挥驻外机构作用

加强与国家旅游局驻外办事处建立合作关系，通过我省驻外机构的协助，积极举办旅游省长、市长会议，旅游对话会议，友好交流年安徽山水文化之旅，世界遗产地可持续发展国际会议等重大活动。参与美国、印度等中国文化年安徽周、中美省州旅游局长会议等活动。注重发挥我省在海外的华人华侨、皖籍华人社团、留学生的桥梁作用，加强与外国政府机构、国际民间组织等友好往来。

十三 市场开拓 开创旅游营销新局面

依托资源，强化营销渠道。开拓市场，重塑旅游市场新格局。创新旅游营销模式，完善营销推广体系。精准营销，提高旅游营销效益，开创旅游营销新局面。

（一）重塑旅游市场新格局

在巩固和发展原有市场的基础上，顺应旅游市场需求和交通格局等变化，重塑安徽旅游市场新格局。

1. 大力发展入境旅游市场

巩固港澳台和日韩市场，发展东南亚和欧美市场，开拓俄罗斯、印度、澳大利亚、新西兰和南美等新兴市场。

港澳台市场。依托安徽省与港澳台的经济文化交流和便捷的交通条件，挖掘港澳台市场潜力。重点开展休闲观光旅游、度假旅游、文化旅游和商务旅游。积极在港澳台举办大型旅游会展，利用海峡两岸旅游业联谊会、台北旅展和港澳台媒体平台宣传推介安徽旅游。

日韩市场。依托中、日、韩紧密的经济、社会、文化联系，邻近的地理位置，着力推广宗教旅游、休闲旅游、研学旅游。加强与日本、韩国大型旅游企业和旅游管理机构的合作。增添安徽旅游日文、韩文网页。建立客源互送机制，完善4A级以上景区日文、韩文旅游解说系统。

东南亚市场。依托中国—东盟自由贸易区，开展旅游交流和合作。吸引东南亚华人华侨来安徽开展商务、投资、修学之旅。举办东南亚地区旅游交易会。

欧美市场。着力推广高端休闲观光旅游、度假旅游、文化旅游。组织开展旅游推介会，签订旅游协议。邀请欧美旅游机构、旅游商会人员进行商务交流和旅游考察，在欧美市场举行旅游招商活动。完善英语、俄语、法语和德语等旅游网站。加强与有关航空公司合作，积极开辟入境航线。

新兴市场。积极开发俄罗斯、印度、澳大利亚、新西兰和南美等新兴市场。与当地政府部门、旅行企业、旅游协会等建立合作关系，互送客源。

2. 积极开拓国内市场

省内市场。省内市场是基本客源市场。深入推进"安徽人游安徽"。实施"巩固、提升"策略，以主题游、特色游、家庭游、自驾游为营销重点。

长三角市场。长三角是主要客源地。实施"联动、突破"行动，以周末游、精品游、文化游、乡村游、度假游和休闲游为营销重点。

周边市场。河南、湖北、湖南、江西和山东等周边省份是重要客源市场。依托距离和交通优势，实施"促进、增效"行动，以自驾游、自助游、文化游和家庭游为营销重点。

京津冀、珠三角市场。京津冀、珠三角是优质的客源市场。依托优良的资源禀赋，实施"提质、拓展"行动，以文化游、观光游、休闲游、精品游和高端游为营销重点。

中远程市场。积极开拓东北市场、西南市场和西北市场等中远程市场。加强与中远程市场的合作，精准营销。

（二）创新旅游市场营销模式

树立创新观念，培养创新营销思维，注重特色策划，不断创新旅游营销模式，重点实施"1+N"品牌营销模式、创建"综合平台"营销模式、拓展O2O营销模式、实施"体验店＋志愿者"模式、实施"战略联盟"营销模式、创新市场调研和营销绩效评估模式。

1. 实施"1+N"品牌营销模式

以"美好安徽、迎客天下"整体品牌形象为核心，省市联动、捆绑营销。制作旅游目的地品牌宣传推广资料，统一质量标准，统一电子资料与纸质资料的内容与风格。推广资料实现系统化、系列化，满足旅游者对旅游信息全方位的功能需求和审美需求。

2. 创建"综合平台"营销模式

建设安徽省旅游目的地营销平台，集中展示旅游目的地和旅游产品。建立安徽省旅游电子商务平台，做强途马、佑途等安徽省旅游企业电子商务平台及其他有影响力的OTA电商平台，增加一站式信息查询和产品预订功能，增强网站吸引力。通过电视、报纸、户外、地铁、车身车厢、微信、微博、论坛等多种渠道，进行安徽省旅游目的地综合营销。

3. 拓展O2O营销模式

充分发挥综合营销平台和其他线上渠道的线上引流作用，通过平台信息质量、在线支付便利性、产品优惠政策、会员奖励政策等提高用户黏性。努力提高旅游产品和服务的线下体验水平。

4. 实施"体验店+志愿者"模式

选择20个境内外客源地旅游营销机构或代理门店，建立安徽旅游体验店，充分展示和宣传安徽省旅游形象。全球招募体验店志愿者，加强体验店和安徽旅游的宣传推广。在海外中餐馆设立安徽旅游营销点。

5. 实施"战略联盟"营销模式

建立目的地品牌战略联盟，建立旅游企业供求联盟、销售联盟和市场共享联盟，政府旅游主管部门和旅游企业建立目的地形象宣传和产品宣传的营销联盟，与长三角、高铁沿线区域建立区域战略营销联盟，与境外旅游分销商建立战略合作。借助国际旅行商大会、国际旅游联盟、中国山岳旅游联盟等平台，深化区域旅游合作，扩大境外旅游交往。

6. 创新市场调查和营销绩效评估模式

采用"传统+社交+大数据"模式开展全方位市场调研，获得游客动机、态度和体验等信息。挖掘微博、社区等社交媒体上的旅游信息，及时掌握和引导社会网络舆情。利用大数据进行市场分析，开展营销绩效评估。

（三）完善营销推广体系

完善营销推广体系，开展媒体营销、网络营销、节事营销、公关营销、联合营销，提高旅游营销活动的效益。

1. 媒体营销

在中央电视台、省市卫视频道、报纸、杂志、广播等媒介投放旅游广告，制作旅游专题片，编印旅游宣传品，加强"美好安徽，迎客天下"旅游品牌宣传。

2. 网络营销

与大型门户网站、旅游网站、搜索引擎合作，利用微博、微信、论坛、社区等网络平台，开展宣传营销，开发手机 APP 营销平台、信息化数据库等，整合线上线下、省内省外、软硬性资源，传播安徽旅游形象。

3. 节事营销

举办旅游节庆活动，培育国家级旅游节庆品牌。举办旅游交易会、博览会和赛事。加大对中国黄山国际旅游节、中国戏曲文化节、中国茶文化节、中国（宣城）文房四宝文化旅游节、中国李白诗歌节、中国农民歌会、大别山山水文化旅游节、淮河生态发展论坛、合肥国际汽车展等具有国际影响力的旅游节庆宣传力度。升级打造中国黄山国际山地自行车公开赛、中国黄山国际登山节等国际赛事。

4. 公关营销

借助国际友好城市积极开展公关营销。加强与航空公司合作，在国际航线加大旅游宣传促销；邀请客源国著名影视明星和媒体考察访问，利用名人和媒体效应扩大国际影响，加强与联合国世界旅游组织、世界旅游及旅行理事会、亚洲及太平洋旅游协会、世界旅行社协会联合会等国际旅游机构的合作，提升安徽旅游国际影响力。

5. 联合营销

坚持政企联动、区域联合和省市联手，形成营销合力，推广旅游产品供应商与批发商直接对话的营销模式。加强与上海、江苏、浙江、山东等周边省市的旅游合作营销力度。建立互惠互利的区域联合营销机制，跨地域联合开发旅游市场。促进景区、旅行社、饭店等旅游产业要素一体化营销。

第五篇 | 建设绿色旅游新家园

十四 绿色发展 提升旅游生态文明价值

树立绿色旅游新理念，建立绿色旅游新制度，塑造绿色旅游新空间，推广绿色旅游新技术，重视绿色旅游宣传教育，提升旅游生态文明价值。

（一）树立绿色旅游新理念

发挥旅游在生态文明建设中的作用，树立绿色旅游新理念。

1. 坚持生态理念，建设生态强省

发挥旅游业对生态环境的促进作用，树立"生态、节约、低碳、友好"绿色旅游发展理念，倡导"绿色消费、低碳出行"绿色旅游出行理念，强化旅游业生态保护功能，建设绿色旅游新家园。

2. 坚持规划引领，实施保护优先

制定绿色旅游发展规划纲要，保护生态旅游资源，提高绿色资源利用率。坚持节约发展路径，推进旅游业节能减排，构建旅游循环产业体系。保护传统旅游资源，实现可持续发展，推动旅游资源集约开发。

3. 坚持创新先行，探索绿色旅游发展模式

创新旅游产业发展方式，推动旅游业与农业、林业融合发展。创新旅游产品内涵，培育旅游新兴业态，形成绿色旅游产业体系。创新旅游发展模式，加强绿色旅游智慧平台开发和应用。创新管理方式，完善资源、生态环境保护体系，鼓励旅游者低碳出行。

（二）创建绿色旅游新制度

完善绿色旅游制度体系，探索绿色旅游发展机制。

1. 建立全域绿色旅游制度

探索建立大黄山国家公园体系。建立生态经济带发展机制，推动长江生态经济带、淮河生态经济

带和新安江生态经济带建设。重塑湿地旅游新架构，开发沿江湿地旅游。制定绿色廊道标准，加速旅游廊道的建设。推动皖北采矿塌陷区的生态旅游利用。

2. 探索旅游碳交易机制

探索旅游碳排放权交易制度，培育碳交易市场，实现资源产权交易。明确旅游者责任，建立旅游碳补偿核算制度体系。构建绿色旅游金融市场，发行碳补偿彩票基金和绿色债券。成立旅游碳排放权交易专家委员会，加强对碳交易的管理、监督。

3. 完善旅游地生态补偿机制

继续推进新安江流域、大别山地区旅游地生态补偿试点建设，扩大旅游地生态补偿试点，完善旅游地生态补偿制度。

4. 完善旅游环境治理体系

建立健全多层次、全方位的旅游环境污染治理制度，制定科学的旅游环境评价体系，加大景区污染监控与整治力度。完善生态旅游资源监管体制，制定环境准入制度，实行高耗能旅游企业退出机制。建立安徽省绿色旅游发展联盟，加强旅游环境治理的经验交流、跨界合作和公益帮扶。

（三）构筑绿色旅游新空间

落实主体功能区战略，对绿色空间旅游项目实施类型限制、空间规制和强度管制，推出一批绿色旅游示范区。

1. 明确禁止开发区产权和边界

明确禁止开发区管理主体，落实管理责任。明确禁止开发区环境承载力，严格保护生态功能。明确禁止开发区功能分区，合理划定核心区、缓冲区和过渡区，支持缓冲区、过渡区开展适度旅游。

2. 推进重点生态旅游区建设

推进浙皖闽赣国家生态文明旅游示范区建设，积极搭建跨区生态旅游合作平台。加强皖南示范区生态功能建设。加强大别山扶贫旅游区生态保育，促进大别山区旅游业加快发展。综合治理长江黄金水道，开发沿江旅游项目。加强皖北塌陷区生态治理，优化皖北生态旅游环境。加强国家风景道、国家古道系统建设。治理淮河沿线湿地，改善淮河沿线景观，增强淮河的旅游功能。加强新安江、青弋江、水阳江、秋浦河等重点流域生态保育修复工作，实施太平湖、升金湖、南漪湖等重点湖泊生态保育修复工程，构筑长三角生态屏障。促进"旅游+农业"融合发展，加快皖北现代田园建设，促进皖北旅游发展。

3. 支持生态旅游品牌申报

鼓励自然环境优良的山岳、湖泊、河流和湿地申报世界生物圈保护区、国际重要湿地、世界地质公园和国家自然保护区、国家湿地公园、国家城市湿地公园、国家地质公园、国家森林公园、国家水利风景区等，塑造生态旅游品牌。

（四）推广绿色旅游新技术

1. 应用清洁能源

鼓励旅游企业使用清洁能源。在旅游景区（点）推广新能源汽车，减少煤炭、石油消耗量，推广使用电力、可燃性气体，在条件适宜地区推广太阳能、风能。

2. 推行绿色建筑标准

落实《全省绿色建筑行动实施方案》，完善绿色建筑标识、评价和实施细则。制定绿色建筑激励政策，鼓励旅游建筑规划、设计执行绿色、生态、低碳标准。

3. 加强污染防治

加强旅游景区（点）垃圾分类、回收和处理。淘汰高耗能、高污染旅游企业。更新旅游宾馆、旅游饭店污水处理设备。推广利用可降解材料包装袋。

（五）重视绿色旅游宣传教育

1. 重视绿色旅游教育

加强绿色旅游观念教育，开展旅游从业人员的教育和培训。在旅游车站、游客中心开展绿色旅游教育活动。建设一批绿色旅游教育基地，宣传绿色消费、低碳出行理念。

2. 加强绿色旅游宣传

将绿色旅游宣传与城市广告栏相结合，将绿色旅游理念宣传与导游讲解服务相结合。制作绿色旅游系列宣传片，开设一批绿色旅游宣传专栏，建成一批绿色旅游景区示范点。

第六篇 | 打造旅游惠民富民新局面

十五　旅游扶贫　奏响全面脱贫新篇章

深入实施《中共安徽省委安徽省人民政府关于坚决打赢脱贫攻坚战的决定》和精准扶贫、精准脱贫方略，以旅游产业为载体，以大别山区和皖北地区为主战场，以增加宜游贫困村群众收入为核心，以改善贫困地区生产生活条件为重点，实施"3451"旅游扶贫工程，带动40万贫困人口脱贫，实现贫困地区共享发展。

（一）建立安徽省旅游扶贫村数据库

做好安徽省贫困户与贫困地区的摸底调查工作，确定重点宜游贫困村，建设333个乡村旅游扶贫重点村，开展建档立卡旅游扶贫村乡村旅游资源普查，建立安徽省旅游扶贫村数据库。选取50个村作为旅游扶贫脱贫观测点，构建覆盖全省的监测网络体系，动态跟踪、评估旅游脱贫成效。

（二）加强旅游扶贫村基础设施建设

1. 加强旅游扶贫村旅游设施建设

调整完善整村建设规划，围绕旅游业发展，支持有条件的重点村建设综合性游客服务中心。开展旅游应急救援、旅游标志标识、停车场库、旅游信息化系统等旅游设施建设。结合美丽乡村建设，开展"厕所革命"，加强旅游扶贫重点村村容村貌整治。

2. 加强旅游扶贫村公共服务设施建设

根据旅游扶贫村旅游发展和生产生活需要，推进旅游扶贫村道路交通、供水供电、网络通信和环卫等公共服务设施建设。

（三）加大贫困片区旅游扶贫攻坚力度

1. 加快推进大别山旅游扶贫

贯彻落实《大别山片区区域发展与扶贫攻坚规划》《大别山革命老区振兴发展规划》，编制鄂豫皖大别山区旅游扶贫规划。加强基础设施建设，改善旅游发展环境。促进交通扶贫融合发展，加大对大别山区交通建设力度，推进大别山旅游扶贫通道建设，建设沿线旅游扶贫村的村组道路。推进六安茶谷、九十里山水画廊、司空山文化旅游综合开发项目等重大旅游项目建设，构建大别山旅游产业体系。大力提升发展红色旅游的质量，发挥大别山红色旅游扶贫富民示范作用。

2. 加快推进皖北区域旅游脱贫

加大淮河流域的综合治理。实施一批交通、水利、生态环保、社会事业等重点工程，改善旅游基础设施条件，完善旅游商贸物流体系。依托郑徐高铁和中原经济圈平台，培育皖北生态旅游市场。深入实施皖北乡村旅游优化工程，大力推进农旅融合，建设皖北田园生态旅游产业带。坚持引资、引智、引技相结合，推动美好乡村建设与旅游扶贫融合发展。

（四）创新宜游贫困村旅游扶贫模式

1. 推进交通扶贫

制订宜游贫困村交通提升工程实施方案，实施宜游贫困村"千村公路扶贫"项目，推进乡村旅游景区景点与交通干线"最后一公里"通达工程，实现全省乡村旅游扶贫村与交通干道的连接。

2. 鼓励金融扶贫

加大各级旅游发展基金对旅游扶贫的支持力度，发展扶贫小额贷款。创新融资模式，搭建"旅游扶贫"微信微博众筹平台，引导社会资本进入。加强与金融部门的协调合作，鼓励金融部门积极参与旅游扶贫。

3. 实施智力扶贫

开展乡村旅游人才培训，加强旅游扶贫重点村村官和旅游致富带头人的培训。发挥乡村带头人示范作用，带动乡村旅游发展。开展教育旅游扶贫助学活动，落实中职旅游学校免学费政策，支持困难家庭子女进入中职旅游学校学习。

4. 推动电商扶贫

实施安徽"宽带乡村"示范工程，搭建乡村旅游产品电商平台，鼓励开设电子商务旅游扶贫绿色通道，帮助旅游扶贫试点村旅游产品和土特产在线营销。加强全省旅游扶贫重点村示范推广，强化宣传营销，在全省旅游资讯网站和相关市县网站设置乡村旅游扶贫专栏。

5. 开展结对扶贫

强化结对帮扶措施，开展"百企百村"结对帮扶宜游重点村活动，实施乡村旅游创客行动计划，支持和组织旅游志愿者、艺术和科技工作者驻村帮扶、创业发展。继续开展乡村旅游规划扶贫公益活动，编制安徽省宜游贫困村旅游扶贫规划。

6. 优化扶贫管理

探索并推广"农家乐协会+农户""企业+农户""村民委员会+景区"等乡村旅游组织管理模式，促进宜游贫困村收入来源的多元化。支持村民开办农家乐和乡村客栈，兴办观光休闲农业，获取自主型经营收入；鼓励村民参与接待服务或劳务用工，参与经营业主开展的各类游玩体验活动，获取劳务型工资收入；帮助当地景区景点、休闲农业园区、乡村旅游经营户提供农副产品和手工艺品，获取配套型生产收入；探索资源资产入股分红收益分配机制，鼓励资源资产入股，参与村集体、企业乡村旅游经营活动，获取股权型分红收入；加强宜游贫困村集体经济组织建设，从旅游经营收益中提取适当比例公益金反哺贫困户，获取帮扶型互助收入。

十六　旅游惠民　实现人民福祉新提升

（一）实施旅游休闲惠民计划

1. 落实带薪休假制度

落实《职工带薪年休假条例》，鼓励职工依据个人意愿灵活安排全年休假时间。鼓励错峰休假，弹性安排作息时间。各机关、团体、企事业单位可根据自身情况，结合地方传统节日，在保证每周工作时间前提下，倡导夏季"2.5天休假模式"。在保证寒、暑假假期总量不变的前提下，学校可根据实际调整放假时间，安排春假或秋假。出台民办非企业单位、个体工商户单位的职工休假保障措施。

2. 开发普惠旅游休闲产品

全面贯彻《国民旅游休闲纲要（2013—2020年）》，出台本省国民休闲发展纲要。开发一批以"温馨安徽"为主题的家庭旅游休闲产品，以"悠闲安徽"为主题的老年人旅游休闲产品，以"婉约安徽"为主题的女性旅游休闲产品，以"研学安徽"为主题的青少年旅游产品。开展一系列面向城乡居民的普惠旅游休闲活动，举办一系列普惠红色旅游主题教育活动。

3. 组建全省旅游惠民联盟

试点安徽省旅游惠民联盟，与省内百家旅游企业合作推出安徽特色旅游惠民卡。开展全省景区、宾馆、餐饮、商店、交通等旅游企业捆绑优惠活动。推进各地公共博物馆、纪念馆和爱国主义教育示范基地免费开放或设立免费开放日。适当延长景区附近金融服务网点、邮政服务网点等公共服务机构旅游旺季服务时间。

4. 健全旅游休闲质量保障体系

制定旅游休闲服务规范和质量标准，健全旅游休闲质量保障体系。推进旅游休闲服务标准化建设，建立规范化、精细化的行业管理体系，积极调整旅游休闲产品结构和服务项目。落实旅游市场综合监管责任清单,制定旅游市场监管标准,健全旅游休闲投诉统一受理机制,实行旅游企业和从业人员"黑名单"制度。整顿旅游市场秩序,维护公平竞争的市场环境。

(二)实施旅游"双创"惠民计划

1. 搭建旅游创业创新平台

搭建旅游创业创新平台。建设旅游"双创"基地,创建一批国家旅游创业示范园区,建设一批全国乡村旅游创客示范基地,扶持一批中小微企业、院校、旅游创客等创新主体。

2. 搭建旅游创业就业服务云平台

依托"江淮创业"行动计划,面向大学生、农民工、退役士兵、留学回国人员等群体搭建旅游创业就业服务云平台。建设安徽省旅游创业就业门户网站,推出旅游创业就业信息移动客户端,创建旅游创业就业微信公众号,推送各类创业就业信息,促进供需对接。

3. 建设旅游创业创新支撑平台

完善旅游业财税扶持政策。完善高校毕业生、城镇登记失业人员、进城创业农村劳动者、网络创业以及小微企业等重点群体创业就业税收优惠政策。拓展天使投资、创业投资、PPP融资等旅游创业创新投融资渠道,稳步推进股权众筹、网络借贷等众筹方式。

4. 实施旅游创业就业计划

实施农民工返乡旅游创业、青年旅游创业、乡村旅游带头人创业、高层次人才旅游创业、留学回国人员旅游创业五大计划,实施旅游业融资绿色通道计划。制订安徽省旅游就业优先战略行动方案,引导高校毕业生就业,援助困难人群就业,引导农村劳动力就地就近就业。加强全省旅游人才职业教育培训,鼓励表彰旅游就业先进单位和个人。降低旅游创业就业门槛,加大旅游创业就业财政支持力度,强化旅游业金融服务力度。

5. 实施万名旅游志愿者计划

制定全省旅游志愿服务管理办法。在重要旅游景区、旅游特色商业街区等场所,设立旅游志愿者服务岗,到2020年,共招募注册1万名旅游志愿者。

(三)推动旅游业发展成果共享

健全旅游从业人员社会保障体系,实施基本医疗保险、生育保险、养老金计划。完善旅游从业人员薪酬制度,建立和完善劳动报酬分配办法,开展导游、领队人员的职工培训工作。推动社区居民参与利益分配,加大各地社区的旅游服务培训,维护当地居民合法权益和切身利益。健全旅游业劳动合同制度,加大旅游业劳动合同执法监察力度,监督旅游企业签订、变更、解除劳动合同等行为。

第七篇 | 中国旅游典范推送工程

十七 示范引领 创建国际旅游典范

利用国家平台，发挥安徽特色，推送具有示范意义的旅游典范工程，推进安徽旅游品牌建设。

（一）黄山旅游可持续发展示范工程

利用空间技术开展监测和评估，建立"世界遗产空间技术研究示范基地"。依据黄山可持续发展、景区管理方面经验，参照《全球可持续旅游目的地标准》，建立可持续旅游发展指标。联合世界遗产城市、旅游城市举办"世界遗产保护交流峰会"，推广"黄山经验"，实现旅游发展的"黄山模式"，将黄山建设成为全球遗产保护和旅游发展的典范。

（二）"万里茶道"旅游兴农示范工程

重建古茶道，共谋新发展。加强同沿线地区合作，共同开发"万里茶道"旅游项目。挖掘茶文化，加强茶产品、茶工艺品的开发，推广黄山毛峰、六安瓜片、太平猴魁、祁门红茶"三绿一红"茶旅游品牌。

（三）遗产文化旅游示范工程

整合古徽州文化资源，深入挖掘"徽州底蕴"，塑造"徽州味道""徽州艺术""徽州建筑"三大文化旅游品牌。结合历史遗址和非遗项目富集程度，开展"定点"保护。

以徽文化为主导，结合宣城文房四宝等旅游资源，建成一批以文化遗产展示、传承、体验为内容的新型文化旅游景点，建设一批观赏性强、艺术水平高的文化演艺精品，推广一批富有文化内涵、具有教育意义的研学旅游基地，推广非物质文化遗产旅游的"徽州经验"。

突破皖北文物参观的模式，推动城市建设、遗产保护、文化创意产业等与旅游业有机融合，转向文化体验和文化休闲，活化历史文化遗产保护和传承。

十八　模式创新　建设国内试点示范

（一）"四个旅游"特色化示范工程

"幸福旅游"，进一步营造良好旅游环境。修订《安徽省旅游条例》，推进"惠旅强企"措施。落实带薪休假制度，实现发展成果全民共享。

"美丽旅游"，开发特色旅游精品。建设一批精品旅游目的地，推出一批特色旅游产品，开发一批精品旅游线路，培育一批旅游消费新热点。

"智慧旅游"，加大"旅游+互联网"推进力度。建成安徽省智慧旅游综合服务平台。规范"互联网+"新业态的准入和经营许可制度，推动"旅游+互联网"产业融合。

"信用旅游"，强化旅游市场综合治理。完善旅游投诉受理和信用惩戒制度。建立旅游不文明信息通报机制和旅游企业安全信用档案。

（二）大黄山国家公园体系建设试点示范工程

积极创建大黄山国家公园，努力形成统一、规范、高效的管理和保护机制，自然资源产权归属更加明晰，保护和利用更加高效，形成可复制、可推广的保护管理模式。

（三）环巢湖国家旅游休闲区示范工程

优化环巢湖区域旅游发展环境，加大旅游基础设施建设，推进旅游休闲产品构建，不断完善环巢湖旅游休闲产业体系。将环巢湖国家旅游休闲区建成主客共享的旅游空间，塑造成中国休闲旅游一流品牌，争创中国首个国家级旅游休闲区。

（四）大别山旅游精准扶贫示范工程

构建旅游精准扶贫机制，建立旅游精准扶贫信息平台，加强基础设施建设，发展生态旅游产业，实施乡村旅游提质富民工程，推进大别山区重点生态工程建设和环境保护。

（五）皖北塌陷区生态旅游利用和推广工程

利用采煤塌陷区开发生态旅游，建设一批精品生态旅游产品和项目。综合利用工程和生物措施，建设宿州沱河生态长廊。综合改造采煤塌陷区水面、洼地、坡地，建成集现代农业观光园区、旅游度假区、水上活动中心等多功能于一体的生态休闲中心。利用采煤塌陷区形成的水面建设湿地公园，完善城市湿地生态系统功能。

（六）全球孔子学院研学体验基地建设工程

在皖北、皖南设立"全球孔子学院研学体验培训基地"，开设老庄文化、徽文化、文房四宝文化等国学课堂。

（七）"幸福安徽"大众游示范工程

改造和提升国民休闲的基础设施和条件，更加方便国民旅游休闲，给予未成年人、高校学生、教师、老年人、现役军人、残疾人等群体旅游更多优惠，保障旅游社会福利。

（八）中国新型城镇化旅游示范工程

重视都市旅游产品开发，壮大安徽都市旅游产业。建设一批具备地域代表性、旅游综合服务功能和影响力的特色小镇。

（九）乡村旅游分类施策全域推进试点工程

建设乡村旅游互联网公共服务平台。推广"农业＋旅游"发展模式，建设一批现代农业产业园，建成"中国乡村旅游创客示范基地"。制定乡村民宿服务地方标准。探索中外乡村酒店合作机制。实施皖南乡村旅游提升工程，塑造"徽式休闲"品牌，创建"中西合璧"的乡村度假区。推进合肥经济圈乡村休闲工程，开发"旅游庄园"。推进大别山乡村旅游扶贫示范工程。开展皖北乡村旅游结构优化工程，实施厨房、卫生间旅游"双改"工程。

（十）生态旅游试点示范工程

制定生态旅游地方标准，推进全省生态旅游建设，打造全国第一个生态旅游示范省。依托生态景观，建设以世界遗产和传统文化保护为核心的"皖南文化生态旅游示范区"，以流域综合治理和耕地利用为核心的"皖北田园生态旅游示范区"，以山地农业和大别山自然风光为核心的"大别山乡村生态旅游示范区"，以巢湖生态治理和环都市圈旅游发展为核心的"环巢湖生态治理旅游示范区"，实现全域旅游生态化。以水利风景区为重点，推出一批生态环境优美、文化品位较高的水利生态景区和旅游产品，新增21处国家水利风景区和35处省级水利风景区。

（十一）低碳旅游全域推进工程

创新低碳旅游管理机制，完善低碳旅游配套基础设施，提升低碳旅游服务能力，建设一批低碳旅游项目，将旅游碳排放量纳入景区等级评定标准，倡导低碳建筑、低碳交通、低碳餐饮和低碳垃圾。推广低碳旅游方式，推出一批低碳旅游精品线路，完善自行车道、慢道系统，推行使用新能源汽车，建设生态停车场。承办"中国绿色碳汇节""低碳骑行游"等节事活动，建设低碳旅游体验馆。

（十二）旅游商品品牌建设工程

培育、组建规模化旅游生产和销售集团。支持组建大型旅游商品集团，创建旅游品牌。成立旅游商品协会，规范市场经营活动。举办旅游商品展、旅游商品设计大赛。利用节庆活动和电商平台营销旅游商品。支持旅游商品营销，评选"安徽旅游商品TOP100"，探索建立旅游商品行业标准。继续推进知名旅游商品进商场超市、宾馆酒店、高速公路服务区、机场车站、旅游景区的"五进"工程。推进旅游商品后备箱工程。培养、引进旅游商品设计专业人才。

（十三）中医药养生旅游示范工程

引入现代高科技医疗手段，创新传统中医药技术方法，结合黄山新安医学和太极文化、宣城木瓜、大别山石斛、合肥中医药温泉、亳州华佗中医药文化等中医药资源禀赋，依托自然风光、人文风貌、农业景观等旅游资源载体，以康体养生、洗浴养生、药膳医疗为主题，打造一批养生山庄、疗养温泉等康体养生基地，建设一批中医药健康养生示范园区，培育一批中医药文化博览节事会展。

第八篇 | 加强规划实施保障

十九　完善体制　建立健全保障体系

（一）创新行政管理体制

1. **积极推动更名安徽省旅游发展委员会。** 实现旅游行业管理部门向产业综合协调部门转变，提高旅游行政从业人员综合协调能力和行业统筹能力。推进重点市县（区）旅游部门"局"改"委"工作。

2. **加强不同行政区域的旅游协调工作。** 积极稳妥配合行政区划调整，提高中心旅游城市集聚辐射的能力，理顺旅游功能区与行政区的关系。

3. **改革景区管理体制。** 优化景区管理体制机制，推动全省旅游景区开展所有权、经营权、管理权三权分离，建立现代企业制度，完善法人治理结构；推动万佛湖等景区构建"景镇合一"的国家旅游度假区管理模式；推动马鞍山北部国家旅游度假区和大八公山国家旅游度假区的建设工作。构建以资本为纽带，跨省域、市域的景区运营机制。加强景区旅游安全管理，构建旅游突发事件应急联动协调机制。制定景区旅游安全事件的应急预案。

4. **优化旅游发展环境。** 全面提高旅游企业家素质，推动"旅游企业家计划"的发展。构建跨国、跨区域、跨行业、跨所有制的集团化大型企业，专业化中型企业，网络化小型企业的企业格局，打造多层次的旅游大市场。积极吸引国际资金、社会资本的投入，建立多元化旅游业投入机制。增强旅游行业协会在市场监管、等级评定、人才培养、环境监管、法规宣传、资源配置、信息咨询中的作用。健全导游准入机制，提高导游进入门槛，完善导游工资制度。建立安徽旅游信息中心，健全安徽旅游大数据，完善旅游统计指标体系和调查方法，适时开展旅游及相关产业增加值核算。

（二）探索建立旅游合作新机制

1. **打造"1+4"联席会议制度**

建立完善由省政府牵头，安徽旅游"四大板块"共同参与的联席会议制度，促进区域协调，建立跨区域的景区联合管理机制。

2. **推进政、产、学深度合作体系建设**

建立政府、企业、高校共同参与的定期论坛制度。加强旅游行政主管部门与旅游企业、旅游院校之间的深层次合作，建立共建机制，加快促进旅游智库建设。推动设立安徽旅游投资论坛，并借此交流发展经验、搭建引资平台、吸引外来资本。

3. 加强合作协调机制

发挥中国山岳旅游联盟、中国长江旅游推广联盟的作用，建立健全我省与江浙沪、京津冀、珠三角、港澳台等地区的旅游合作机制。建立沪皖蒙旅游交流合作机制，推进鄂豫皖大别山红色旅游区域的合作。

4. 推动国际旅游交流与合作

加强与"一带一路"沿线国家的旅游交流与合作。实施江海联运，加密国际航线。以资源、客源和市场共享为目标，推动国际旅游市场开放，形成资源共享、客源互流、联动发展的政策格局。建立国外游客优惠和便利的制度。

（三）改革市场监督机制

1. 加快旅游执法机制改革创新

推动设立综合性旅游管理机构和旅游警察、旅游法庭、旅游工商分局的"1+3"模式。

2. 市场监管

建立运转协调、公平合理的旅游市场监管机制。加强旅游景区执法监管。严格执法重点打击欺诈消费者恶性事件，维护旅游市场秩序。建立企业信用监督机制。建立旅游诚信系统和披露制度。发布旅游警示和不良旅游企业信息，营造规范经营的旅游环境。

二十　优化环境　落实旅游发展政策

（一）保障旅游业用地政策

坚持节约集约用地，改革完善旅游用地制度。在编制和调整土地利用总体规划、城乡规划时，要充分考虑旅游设施的空间布局，土地供应适当向旅游业倾斜。公益性旅游配套基础设施可按划拨方式供地。鼓励农村集体经济组织及其他组织依法以集体经营性建设用地使用权入股、联营等形式参与管理旅游企业。发展改革、国土资源、规划等部门加强协作，保证省重大旅游项目的建设用地指标。

创新采取点状、定向、租赁等多种土地供地模式，重点旅游项目建设用地计划纳入全省年度用地计划中统筹安排。

（二）探索国家公园体制机制建设

探索大黄山国家公园体制机制建设，形成自然保护区、风景名胜区、自然文化遗产、森林公园、地质公园、水利风景区等各类保护地统一、规范、高效的管理体制和机制。探索建立环巢湖、皖江国家湿地公园体系。建立健全国际重要湿地、国家重要湿地、省市县重要湿地、湿地自然保护区和湿地公园管理体系。

（三）制定旅游扶贫政策和促进创业投资发展政策

加快旅游扶贫村的基础设施建设。实施旅游结对帮扶政策。搭建公益旅游服务平台，开展乡村旅游重点地区的旅游扶贫公益活动。探索旅游扶贫不力的追究机制。实现旅游扶贫重点村规划的全覆盖。积极发挥政府创业投资基金的引导作用。建立适应旅游创业发展的科学评估机制，实施旅游业大众创业、万众创新制度。推行降低创业创新准入门槛、激活创业创新主体、拓展创业创新载体、优化创业创新服务政策。

二十一 创新融资 夯实金融保障体系

（一）加大资金支持力度

完善旅游业资金支持政策，加大产业引导基金、风险投资基金和创业投资基金对旅游业的支持。逐步加大省、市、县（区）旅游发展资金投入规模。盘活现有旅游发展资金，加大省产业发展基金支持力度，依托省产业发展基金，设立旅游产业发展子基金，通过直接股权投资、参股市级文化旅游投资基金等市场化运作方式支持旅游业发展，大力推广政府和社会资本合作（PPP）模式。鼓励民营企业进入旅游资本市场，鼓励中小旅游企业利用民间资本。积极引进国内外战略投资者，通过合作、合资等方式筹建跨界融合的旅游产业集团和产业联盟。利用财政政策引导有实力的企业投资新型旅游业态，引导旅游新需求，支持安徽省旅游集团、黄山旅游集团、九华山旅游集团等境外投资。乡村旅游经营户可以按规定享受小微企业增值税优惠政策。乡村旅游企业在用水、用电、用气价格方面享受一般工业企业同等政策。

（二）完善旅游融资担保体系

创新安徽旅游融资方式，探索建立安徽省旅游产权交易平台，鼓励中小旅游企业进入平台。健全产权进入与退出机制，完善产权责任制度。发挥政府担保作用，加强风险控制。依法探索推行动产抵押、权益抵押、林权抵押等担保形式，建立和完善旅游融资担保体系。鼓励小额金融支持小微旅游企业。

（三）实施"走出去、请进来"金融支持政策

利用亚洲基础设施投资银行等融资平台，支持旅游企业海外投资，实施融入国际旅游市场的鼓励政策，支持省内旅游企业"走出去"。引进国内外战略投资者，研究制定支持跨界融合旅游产业集团发展的政策措施。

第二部分

安徽省"十三五"文化旅游发展规划

安徽省"十三五"旅游业发展规划及专项规划

一　规划总纲

规划性质。本规划是"十三五"期间，全省文化旅游发展的指导性文件，属于《安徽省"十三五"旅游业发展规划》的专项规划。

规划目的。提出文化旅游发展目标，明确文化旅游在全省旅游业中的地位和作用，优化文化旅游要素结构与空间布局，安排文化旅游项目，构建文化旅游公共服务体系，完善支撑保障体系，为全省"十三五"旅游业冲刺万亿元产业提供有力支撑。

规划范围。规划范围包括全省文化旅游景区、文化旅游小镇、文化旅游各类园区、文化旅游产业集聚区等各类文化旅游载体，涵盖重要的文化旅游资源。

规划期限。规划期限为2016~2020年。

规划依据。

1. 法律法规

《中华人民共和国文物保护法》（全国人民代表大会常务委员会，1982年颁布）
《中华人民共和国环境保护法》（全国人民代表大会常务委员会，1989年颁布）
《传统工艺美术保护条例》（中华人民共和国国务院，1997年颁布）
《旅游发展规划管理办法》（国家旅游局局长办公会议，2000年颁布）
《淮南市保护和发展花鼓灯艺术条例》（淮南市人民代表大会（含常务委员会），2001年颁布）
《中华人民共和国文物保护法实施条例》（中华人民共和国国务院，2003年颁布）
《安徽省皖南古民居保护条例》（安徽省人民代表大会常务委员会，2004年颁布）
《安徽省文物保护条例》（安徽省文化厅，2005年颁布）
《风景名胜区条例》（中华人民共和国国务院，2006年颁布）
《历史文化名城名镇名村保护条例》（中华人民共和国国务院，2008年颁布）
《安徽省环境保护条例》（安徽省人民代表大会常务委员会，2010年颁布）
《安徽省古树名木保护条例》（安徽省人民代表大会常务委员会，2010年颁布）
《合肥市三河历史文化名镇保护条例》（合肥市人民代表大会常务委员会，2010年颁布）
《中华人民共和国非物质文化遗产法》（全国人民代表大会常务委员会，2011年颁布）
《安徽省旅游条例》（安徽省人民代表大会常务委员会，2012年颁布）
《中华人民共和国旅游法》（全国人民代表大会常务委员会，2013年颁布）
《安徽省非物质文化遗产条例》（安徽省人民代表大会常务委员会，2014年颁布）
《博物馆条例》（中华人民共和国国务院，2015年颁布）
《安徽省凌家滩遗址保护条例》（安徽省人民代表大会常务委员会，2016年颁布）

《歙县徽州古城保护条例》（黄山市人民代表大会常务委员会，2016年颁布）
《芜湖铁画保护和发展条例》（芜湖市人民代表大会常务委员会，2017年颁布）

2. 政策依据

《关于加快发展旅游业的意见》（国务院，国发〔2009〕41号）
《关于印发国民旅游休闲纲要（2013—2020年）》（国务院，国发〔2013〕10号）
《关于推进文化创意和设计服务与相关产业融合发展的若干意见》（国务院，国发〔2014〕10号）
《关于加快发展对外文化贸易的意见》（国务院，国发〔2014〕13号）
《关于促进旅游业改革发展的若干意见》（国务院，国发〔2014〕31号）
《关于促进旅游业改革发展的实施意见》（安徽省人民政府，皖政〔2014〕88号）
《关于加快构建现代公共文化服务体系的实施意见》（中共安徽省委 安徽省人民政府，中办发〔2015〕2号）
《关于支持戏曲传承发展若干政策的通知》（国务院，国办发〔2015〕52号）
《关于进一步促进旅游投资和消费的若干意见》（国务院，国办发〔2015〕62号）
《安徽省推进基层综合性文化服务中心建设实施方案》（安徽省人民政府，皖政办〔2015〕75号）
《关于进一步扩大旅游文化体育健康养老教育培训等领域消费的意见》（国务院，国办发〔2016〕85号）
《关于同意设立"文化和自然遗产日"的批复》（国务院，国函〔2016〕162号）
《中医药发展战略规划纲要（2016—2030年）》（国务院，国发〔2016〕15号）
《关于推动文化文物单位文化创意产品开发的若干意见》（国务院，国办发〔2016〕36号）
《关于进一步发挥审判职能作用促进旅游业健康发展的通知》（最高人民法院、国家旅游局，法〔2016〕61号）
《关于加强风景名胜区规划建设管理工作的意见》（安徽省人民政府，皖政办〔2016〕79号）
《关于进一步加强文物工作的实施意见》（安徽省人民政府，皖政办〔2016〕95号）
《关于实现实施中华优秀传统文化传承发展工程的意见》（中共中央 国务院，国发〔2017〕6号）
《中共安徽省委 安徽省人民政府关于将旅游业培育成为重要的支柱产业的意见》（中共安徽省委 安徽省人民政府，皖发〔2017〕9号）

3. 技术标准

《旅游资源分类、调查与评价》（GB/T 18972—2003）
《风景名胜区规划规范》（GB 50298—1999）

4. 相关规划

《皖南国际文化旅游示范区建设发展规划纲要（2013—2020）》（2014年3月）
《中华人民共和国国民经济与社会发展第十三个五年规划纲要》（2015年11月）
《"健康中国2030"规划纲要》（中共中央 国务院，国发〔2016〕）

《安徽省国民经济和社会发展第十三个五年规划纲要》(2016年5月)
《"十三五"旅游业发展规划》(国发〔2016〕70号)(2016年12月)
《2016—2020年全国红色旅游发展规划纲要》(2016年12月)
《安徽省"十三五"旅游业发展规划》(2017年3月)
《文化部"十三五"时期文化产业发展规划》(2017年4月)
《国家"十三五"时期文化发展改革规划纲要》(2017年5月)

二 基础分析

（一）发展现状

1. 政策效应凸显

"十三五"期间，我省进入文化发展新阶段。文化强省建设持续推进，一系列政策陆续出台，"一带一路"倡议，为我省加强和参与国际文化交流与合作提供机遇。文化旅游产业建设战略地位进一步凸显，发展环境进一步改善。

2. 产业融合深化

旅游与文化产业融合发展，与科技、互联网、金融等产业融合深化。文化旅游新业态产品涌现，形成了一批具有地域和时代特色的文化旅游产品。

3. 产业规模效益显著

文化旅游产业要素涌现，文化旅游产业潜力加速释放。全省文化旅游产业规模进一步扩大。

4. 行政管理体制优化

旅游管理体制不断完善，政府引导、市场配置作用和企业主体作用进一步发挥。

（二）问题分析

1. 文化旅游顶层设计有待加强

文化旅游资源多部门管理，缺乏协调统筹。文化旅游形象塑造有待加强，文化旅游形象有待进一步清晰。

2. 文化旅游区域发展有待均衡

文化旅游资源地域性特征明显，文化旅游资源开发利用水平存在较大的地域差异，文化旅游发展地域不平衡。

3. 文化旅游创新能力有待加强

文化旅游市场秩序有待规范，价格机制和收入分配机制有待完善。发展资金不足，投融资渠道单一。缺乏文化旅游创新发展人才，文化旅游研发能力有待加强。文化旅游与科技的融合有待加强。

4. 文化旅游产业规模有待提升

文化旅游发展总体水平偏低，经济发展贡献不大。文化旅游产业结构有待完善，产业关联弱，产业链条短且多数处于中低端，文化旅游产品的特色不够强、投入产出效益不够高。文化旅游企业数量少，规模与实力有限。文化旅游产业要素供给不足，与第一产业、第二产业等产业融合有待加强。

5. 文化遗产的旅游利用与保护

政府主导、社会广泛参与的文化遗产旅游的保护与利用机制有待加强。文化遗产资源的旅游保护与利用有待改进，文化旅游专业人才短缺现象严重。非物质文化遗产项目传承人后继乏人，存在人走艺绝的危机。旅游对文化资源保护与利用的研究不够，方法不多，政策措施不够有力。

三 发展战略

（一）发展理念

1. 五位一体发展理念

把创新发展摆在文化旅游发展的核心位置。通过体制机制技术创新以及对外合作、人才培养、资本运作等措施重点扶持一批文化旅游企业，加快文化创意、影视动漫、旅游演艺、主题公园等新兴文化旅游产业发展，形成现代文化旅游产业体系。

把协调发展作为文化旅游发展的内在要求。加强旅游与文化产业的融合发展，探索"文化旅游+"模式，通过与科技、现代农业、新型工业、现代服务业、新型城镇建设、信息化建设等深度融合，推动文化旅游发展。

把绿色发展贯穿文化旅游发展全过程。以社会主义核心价值观为导向，以绿色文化、生态人文精神为出发点，挖掘旅游资源的文化内涵，提升文化品位，打造思想性、艺术性、观赏性有机统一的绿色文化旅游产品，建设健康有序的绿色文化旅游市场。

把开放发展融入文化旅游发展各方面。以开放发展思维推进文化旅游发展，充分借鉴国内外成功经验，积极引进国内外文化旅游产业项目落户安徽，建设文化旅游产业商务平台，推动全省特色文化旅游品牌国际化。

把共享发展作为文化发展的价值取向。实现文化旅游发展共建共享，发挥文化旅游对贫困地区扶贫作用，增强脱贫致富的内生动力。

2. 全域旅游发展理念

以全域旅游发展理念为导引，促进文化旅游全产业链融合，调动全民参与文化旅游的积极性、主动性，共享文化旅游发展成果。

3. 保护与发展共赢

树立保护为先的文化旅游发展观，积极探索保存、保护、传承传统文化的新模式；以文化创意为手段，提升文化遗产资源的旅游利用效率，开发文化产业各种业态的旅游利用，提高文化旅游开发水平；使旅游成为传统文化保护与传承的重要推动力，实现文化资源传承、保护与发展共赢。

（二）发展目标

坚持政府引导、市场主导、创新驱动、产业融合、以人为本、保护为先，大力推进文化旅游提质增效，提升旅游业现代化、国际化、智慧化水平。把文化旅游打造成旅游强省新的增长极，成为推动旅游供给侧结构性改革的重要抓手，把文化旅游塑造成人民满意、消费者满足、市场潜力巨大的旅游品牌，让"游客看得见山水、记得住乡愁、留得住乡情"。

（三）发展战略

1. 国际化

以国际化理念引领文化旅游业发展，以国际一流标准和要求培育文化旅游企业、研发文化旅游产品、开拓文化旅游市场、提升旅游公共服务水平和管理服务水平，塑造面向世界的文化旅游品牌和形象。坚持文化旅游产品国际化、服务标准国际化、市场营销国际化和合作发展国际化，全面提升全省文化旅游的国际影响力和竞争力。

2. 全域化

遵循全域旅游的发展理念，将文化旅游业作为优势产业，作为旅游业供给侧结构性改革的切入点，实现全省文化旅游融合发展。

3. 智慧化

充分发挥云计算、物联网等新技术在全省文化旅游体验、产业发展、行业管理、目的地营销等方面的应用，提高文化旅游目的地管理效率，丰富文化旅游目的地体验内容，提升文化旅游的游客满意度。

四 空间布局

（一）总体布局

以全域旅游为发展理念，以全省四大板块为发展基础，结合全省文化资源禀赋，以"文化引领、旅游统筹、多核并驱、全域辐射"为整体布局理念，协同"四大板块"，建设"十二大文化旅游功能区"，形成文化旅游发展大格局。

（二）发展思路

1. 四大板块

以合肥市为全省文化旅游研发中心，增强全省文化资源旅游利用的产业效应，充分发挥各地自然条件、文化基础、旅游资源等发展要素优势，实现区域文化旅游协同发展。

合肥经济圈——城市文化旅游区。依托合肥市旅游中心城市辐射功能，加快现代城市创意文化旅游产业发展，形成文化旅游研发基地和全省文化旅游创新集聚区。加大文化旅游与商务会展旅游的融合，释放文化旅游活力，提升文化旅游效益。优化城市文化旅游发展模式，把合肥经济圈打造成为城市文化旅游建设先行示范区。

皖北片区——历史文化旅游区。依托皖北深厚的历史文化遗存，结合皖北田园景观和生态资源，深入挖掘楚文化、三国文化和明文化等淮河文化资源，建设成为以文化观光、文化休闲等功能为主题的中国淮河文化旅游示范区。

皖南片区——遗产文化旅游区。以徽文化为文化旅游发展极，以文房四宝文化、宗教文化、青铜文化为文化旅游发展核，形成"一极多核"文化旅游发展布局，充分发挥皖南世界遗产优势，以山水田园、文化休闲为发展主题，建设世界一流的文化遗产旅游目的地，中华文化元素集中展示的文化旅游示范区。

大别山片区——红色文化旅游区。整合大别山红色旅游资源，追寻红色文化足迹，梳理红色历史文化脉络，按照抗日战争、解放战争、改革开放三个阶段，打造红色文化旅游产业集聚区，将大别山片区建成全国红色旅游主要目的地。

2. 十二大重点文化旅游功能区

文创高地——合肥滨湖新城文化旅游功能区。充分发挥国家科教中心的作用，加强文化旅游与科技的融合，以合肥市包河区万达城为文化旅游创意发展载体，形成文化旅游研发基地和文化旅游创意产业集聚区。

动感乐园——芜湖市鸠江区方特主题公园文化旅游功能区。依托方特主题公园群，打造主题公园旅游产业集群，建成主题公园研发和人才培养基地。

古城遗韵——亳州市谯城区古城文化旅游功能区。发挥亳州国家历史文化名城品牌资源优势，依托北关历史文化街区、地下运兵道、古井贡酒酿造遗址等历史文化遗存，建成亳州古城文化旅游聚集区。

徽式休闲——徽州休闲创意文化旅游功能区。加强与绩溪县、婺源县的联动，发挥歙县、绩溪县国家历史文化名城的品牌资源优势，以及黄山市屯溪区黎阳in巷、黄山市黟县文化旅游创意园、黄山市徽州民宿集群等资源，塑造"徽式休闲"旅游体验品牌，建成全国文化旅游示范目的地。

佛韵诗乡——池州市九华山宗教文化旅游功能区。以九华山风景区佛教文化为核心，融合大愿文化园，将九华山景区-柯村建设成为世界佛教文化体验中心。

回首阅明——蚌埠市—滁州市凤阳县大明文化旅游功能区。依托蚌埠市龙子湖区大明文化产业园、滁州市凤阳县明中都遗址等明文化旅游资源，形成全国大明文化旅游目的地。

红色圣地——六安市红色旅游功能区。依托六安市金寨县红军纪念园、六安市裕安区独山镇等红色旅游景区、红色小镇建设，追寻红色足迹，建成全国红色旅游目的地。

书乡田园——皖南文房四宝文化旅游功能区。整合宣城市、黄山市的文房四宝以及山水田园、皖南古道群等资源，建设中国文房四宝文化旅游目的地。

运河沧桑——大运河安徽段遗产文化旅游功能区。加强大运河沿线省市合作，打造大运河世界遗产文化旅游节点功能区。

楚韵悠悠——淮南市寿县寿州古城—八公山文化旅游功能区。发挥寿县国家历史文化名城的品牌优势，加强古城保护，挖掘楚文化资源，建成楚文化旅游目的地。

黄梅故里——安庆市黄梅戏文化旅游功能区。发挥安庆市国家历史文化名城的品牌优势和黄梅戏的影响，将安庆市塑造成中国"有戏"的城市，建设"中国最美乡村音乐"旅游目的地。

青铜文化——铜陵青铜文化旅游功能区。深入挖掘青铜文化内涵，加强青铜文化博物馆、展览馆等建设，加强青铜器、青铜雕塑、青铜工艺品等研发和制造，建立青铜文化旅游制品线上线下交易平台，建设中国青铜文化旅游目的地。

五　品牌建设

（一）红色旅游品牌

1. 品牌建设思路

整合全省红色旅游资源，加强与研学旅游、乡村旅游、生态旅游等融合，拓宽红色旅游发展路径，完善全省红色旅游经典景区体系，凸显红色旅游教育功能，发挥红色旅游扶贫作用，提升红色旅游水平，加强国际交流，实现内涵式发展，建成全国有重要影响力的红色旅游目的地。

2. 红色旅游产业集聚区

深入挖掘红色旅游景区承载的革命历史、文化和精神内涵，梳理红色文化脉络，整合红色经典景区，形成红色经典景区体系，建设一批红色旅游产业集聚区（带）。

（1）一条集聚带。沿江红色旅游集聚带。依托合肥市肥东县总前委旧址、芜湖市繁昌县板子矶渡江战役第一船登陆点纪念碑、芜湖市镜湖区王稼祥纪念园、芜湖市无为县新四军七师纪念馆、安庆市怀宁县"两弹元勋"邓稼先故居等沿江红色旅游资源，建成全国爱国主义教育和革命传统教育研学旅行示范区，打造沿江红色旅游集聚带。

（2）五大产业集聚区。大别山红色旅游产业集聚区。立足"中国革命的重要资源地、人民军队的重要发源地"定位，追寻大别山红色足迹，重点建设六安市金安区皖西烈士陵园、六安市金安区张家店战役纪念馆、六安市裕安区独山革命旧址群、六安市裕安区苏家埠战役纪念园、六安市金寨县革命烈士陵园、六安市金寨县红二十五军军政机构旧址、六安市霍山县诸佛庵镇革命旧址等典型红色旅游景区，建设大别山红色旅游产业集聚区。

大云岭红色旅游产业集聚区。依托宣城市泾县新四军军部旧址、宣城市泾县皖南事变烈士陵园、宣城市泾县王稼祥故居等红色资源，以红色文化体验、红色乡村休闲、红色文化研学为主题，建设大云岭红色旅游产业集聚区。

淮海红色旅游产业集聚区。以淮北市濉溪县小李庄淮海战役总前委旧址、淮北市濉溪县临涣淮海战役总前委旧址、淮北市濉溪县淮海战役双堆集烈士陵园、宿州市萧县蔡洼淮海战役总前委会议暨华东野战军指挥部旧址、蚌埠市蚌山区渡江战役总前委孙家圩子旧址等红色资源为载体，建设淮海红色旅游产业集聚区。

王家坝红色旅游产业集聚区。依托阜阳市阜南县王家坝水利工程，弘扬王家坝精神，实现红色旅游与生态旅游、农业旅游、水利旅游融合发展，建设集红色体验、农业休闲、水利设施观光于一体的沿淮红色旅游产业集聚区。

凤阳县红色旅游产业集聚区。充分发挥小岗村文化优势，以"掀起改革潮、探索发展路"为主线，传承弘扬"小岗村精神"，建设滁州市凤阳县红色旅游产业集聚区。

3. 红色旅游产品体系

提升全国重点烈士纪念建筑物保护单位纪念馆、红色遗址等经典红色旅游景区（点）旅游功能，创新红色旅游资源利用方式，完善红色旅游产品体系。

（1）传统旅游产品。加强红色遗存、旧址保护与利用，加强纪念馆、博物馆、纪念广场、纪念碑等红色文化载体保护利用，利用现代技术，再现红色历史场景，增强红色旅游活力，提升传统红色旅游景区（点）的体验效果。

（2）新业态旅游产品。红色景区（点）研学旅行产品。依托典型红色景区、纪念馆、红色旧址、红色遗迹、纪念碑等红色旅游资源载体，重点建设安徽新四军系列红色旅游景区、安徽系列淮海战役红色景区、安徽系列渡江战役红色景区、皖西系列红色旅游景区、滁州市凤阳县小岗村、芜湖市镜湖区王稼祥纪念园、安庆市怀宁县"两弹元勋"邓稼先故居，建设一批国家级、省级红色研学示范基地。

红色创意文化旅游产品。利用红色文化资源优势，通过文化创意、文艺表演、文化展示、文化体验等手段，以卡通动漫、书籍、音乐等产品形式，开发红色创意文化旅游系列纪念产品。

红色节事节庆旅游产品。挖掘红色文化内涵，举办红色文化旅游节、红色经典歌曲节等节事活动，开发全景式、真实化、原生态的系列大型红色旅游演艺产品。加强红色旅游国际交流合作，开展中俄红色旅游（安徽）交流节等。

红色旅游影视基地。依托红色旅游遗址遗存，创作革命历史题材影视剧，建设一批红色旅游影视基地。

红色旅游小镇。以红色体验、研学修行、文化休闲为主题，建设红色旅游小镇。

专栏1

红色旅游小镇

合肥市瑶海区龙岗红色小镇、合肥市肥东县撮镇红色小镇、淮北市濉溪县临涣红色古镇、亳州市涡阳县新兴红色小镇、蚌埠市怀远县龙亢红色古镇、淮南市寿县小甸红色小镇、滁州市明光市自来桥红色小镇、滁州市来安县半塔红色小镇、滁州市定远县藕塘红色小镇、滁州市凤阳县小岗村、六安市金安区毛坦厂红色古镇、六安市裕安区独山红色古镇、六安市金寨县汤家汇红色古镇、芜湖市无为县红庙红色小镇、宣城市泾县云岭红色古镇、宣城市泾县茂林红色古镇、安庆市潜山县水吼红色小镇、安庆市宿松县趾凤红色小镇、黄山市黄山区谭家桥红色小镇、黄山市徽州区岩寺红色古镇、黄山市黟县柯村红色小镇。

（3）精品红色旅游线路。

专栏2

红色精品旅游线路

皖南红色经典之旅。核心城市：芜湖市、宣城市、黄山市。重点旅游区：芜湖市镜湖区王稼祥纪念园、宣城市泾县皖南事变烈士陵园及新四军军部旧址、宣城市泾县王稼祥故居、黄山市黄山区红军北上抗日先遣队纪念馆、黄山市徽州区岩寺新四军军部及八省健儿会师地、黄山市黟县皖南苏维埃政府及柯村暴动旧址、黄山市休宁县中共皖浙赣省委的常驻地石屋坑。核心产品：红色体验、研学教育。

皖北红色基因传承之旅。核心城市：淮北市、亳州市、宿州市、蚌埠市、阜阳市、淮南市、滁州县。重点旅游区：淮北市濉溪县临涣文昌宫淮海战役总前委旧址、淮北市濉溪县淮海战役双堆集烈士陵园、亳州市涡阳县新四军四师指挥部旧址、宿州市泗县皖东北革命历史纪念馆暨江上青烈士殉难地、蚌埠市蚌山区孙家圩渡江战役总前委旧址、淮南市大通区新四军纪念林、滁州市凤阳县小岗村。核心产品：红色精神研学、文化体验。

沿江红色纪念之旅。核心城市：合肥市、芜湖市、铜陵市、池州市。合肥市肥东县渡江战役总前委旧址、合肥市庐江县新四军江北指挥部旧址、芜湖市镜湖区王稼祥纪念园、芜湖市繁昌县板子矶渡江第一登陆点纪念碑、抗日英雄—范家湾烈士墓、池州市青阳县泾青南县委旧址。核心产品：历史回顾、红色教育。

大别山红色革命之旅。核心城市：六安市、安庆市。重点旅游区：六安市金安区皖西烈士陵园、六安市金安区张家店战役纪念馆、六安市裕安区独山革命旧址群、六安市裕安区苏家埠战役纪念园、六安市金寨县革命烈士陵园、六安市霍山县诸佛庵镇革命旧址、安庆市怀宁县"两弹元勋"邓稼先故居、安庆市太湖县刘家畈高干会议旧址、安庆市岳西县及金寨县红二十八军军政及重建旧址、安庆市岳西县红二十五军军政机构旧址。核心产品：红色体验、文化休闲。

4. 红色旅游项目

完善红色旅游管理体制机制，加强红色旅游项目开发政策引导，实施品牌化、精品化、高效化项目建设战略，谋划一批符合历史主流、契合时代潮流的红色旅游项目，塑造红色旅游品牌。

红色旅游小镇建设项目。重点推进淮北市濉溪县临涣镇、蚌埠市怀远县龙亢镇、滁州市明光市自来桥镇、滁州市来安县半塔镇、滁州市凤阳县小岗村、六安市金安区毛坦厂镇、六安市裕安区独山镇、芜湖市无为县红庙镇、宣城市泾县茂林镇、宣城市泾县云岭镇、安庆市潜山县水吼镇、黄山市黄山区谭家桥镇等红色旅游小镇开发建设，打造红色旅游小镇。

红色旅游提升项目。推动大别山红色旅游景区（点）合作发展，将大别山建成全国有显著影响力的红色旅游胜地。充分利用新四军旧址、淮海战役总前委旧址、渡江战役总前委旧址、双堆集烈士陵园、凤阳小岗村、阜南王家坝等资源，加强基础配套设施建设，建设一批红色旅游体验和研学基地。

（二）现代城市创意文化旅游品牌

1. 品牌建设思路

树立创意文化发展的理念，建设创意文化旅游城市。以城市创意文化为核心，推动文化旅游的产业化，旅游产业的园区化、景区化，加强城市创意文化旅游产业集聚平台和园区规划与建设。

打造集"技艺传承、技术研发、文化创意、产品展示"为一体的城市文化产业发展平台，加快建设一批具有示范效应和产业拉动作用的重大文化产业项目，开发主题性的文化旅游综合体，推进城市文化主题公园、城市文化创客基地等一批以创意文化产业为主题的旅游景（园）区建设，推动城市文化产业集聚发展，延伸城市创意文化产业链。充分利用合肥国家科学中心城市建设机遇，推动合肥市庐阳区董铺科学岛科技旅游基地建设，大力发展科技旅游。充分利用合肥城市设计试点的机遇，探索技术方法，传承历史文化，提高城市质量，为城市创意文化提供动能。

2. 现代城市创意文化旅游产业集聚区

建设一批现代都市创意文化旅游产业集聚区，重点建设合芜蚌马铜五市的都市创意文化旅游产业集聚区。

合肥都市创意文化旅游产业集聚区。推动合肥市万达科技旅游城建设，加快建成省创新馆、省美术馆、省科技馆、安徽百戏馆，推动省博物馆（新馆）、非物质文化遗产展示馆、省图书馆（新馆）、省文化馆等省重大文化艺术项目建设，建设高端文化集聚区。建设合肥市滨湖区创意文化旅游带。推出主题公园、动漫游戏、演艺娱乐、影视创作、会展节庆和工艺美术等创意文化旅游产品，建造合肥创意文化旅游产业集聚区。

芜湖都市创意文化旅游产业集聚区。依托芜湖市鸠江区方特主题公园，加强芜湖市主题公园集群建设。以奇瑞工业园为载体，建设汽车文化公园，举办旅游车展。发挥方特系列主题公园、芜湖市雕塑公园和奇瑞工业园等现代创意产业的带动作用。建设以芜湖市镜湖区雨耕山1887酒文化产业园、芜湖市鸠江区鸠兹古镇为代表的特色街区，吸引创意文化店入驻，形成创意文化旅游产业链，发挥示范效应。支持旅游互联网众创空间发展，建立芜湖市"旅游+互联网"创业园区，建成一批省级"旅游+互联网"创客基地。以主题公园集群、文化创意街区、文化娱乐产业园、动漫游戏产业园等为依托，支持芜湖市方特系列公园成为全国方特主题公园建设的示范园和人才培养基地，支持方特打造世界一流主题乐园品牌。建设芜湖都市创意文化旅游产业集聚区。支持芜湖市办好中国·芜湖"刘开渠奖"国际雕塑展暨中国雕塑艺术论坛，支持芜湖市雕塑公园建成世界一流雕塑公园，支持芜湖市"中国雕塑城"城市形象塑造。

蚌埠都市创意文化旅游产业集聚区。充分利用淮河、花鼓灯等城市文化符号，加快开展淮河风情园、花鼓灯嘉年华等城市文化旅游提升项目建设。加快蚌埠市淮河水上都市休闲观光带、蚌埠市龙子湖休闲度假区建设。大力发展蚌埠市龙子湖区"湖上升明月"古民居博览园研学旅游，围绕博览园建设都市文化创意街区，释放蚌埠城市创意文化旅游活力。

马鞍山都市创意文化旅游产业集聚区。强化马鞍山山水诗都的旅游形象，提升马鞍山城市设计水平，加强创意文化旅游产品开发，建设一批有影响力的文化娱乐产业园、主题公园、动漫游戏产业园。推进马钢股份与文化旅游业的融合发展，建设"工业+旅游"的都市文化创意旅游产业集聚区。

铜陵都市创意文化旅游产业集聚区。以铜陵市的铜文化资源为核心，促进铜创意文化旅游产品发展。重点推进文化旅游与铜产业的融合。建设铜文化主题公园、影视动漫、示范基地、创作基地，打造铜陵都市创意文化旅游产业集聚区。

3. 现代城市创意文化产品体系

利用文化创意、文艺表演、文化展示、文化体验等手段，形成集创意、研究、生产、销售于一体的现代城市创意文化旅游产业链。以文化娱乐产业、主题公园产业、动漫游戏产业、会议会展业等为依托，重点培育和打造七大类新业态旅游产品。

主题公园旅游。重点建设以合肥市包河区万达旅游城、合肥市长丰县非物质文化遗产园、合肥市世界印象主题文化公园、芜湖市鸠江区方特主题公园、芜湖市鸠江区非物质文化博览园、安庆市太湖县五千年文博园、亳州市谯城区曹操公园、阜阳市颍州区祥源文旅城、蚌埠市龙子湖区大明文化产业园、蚌埠市禹会区大禹文化产业园等为代表的一批集文化创意、文艺表演、文化展示、文化体验为一体的主题公园产品。

现代影视动漫旅游。以"文化创意"为主题，重点建设一批以滁州市长城国际动漫旅游创意园、影视剧安徽取景地（黄山、九华山、西递、宏村、南屏、桃花潭等）、淮南志高文化科技动漫产业园为代表的影视动漫旅游产品。

创意文化旅游街区。依托城市文化资源，建设城市创意文化街区，创建一批集文化、商业、建筑、旅游、会展、城市管理等诸多系统或要素为一体的创意文化旅游街区。

现代旅游演艺。以"旅游+文化"为主题，依托《九华大典》《宏村·阿菊》等现代演艺，打造一批富有地域特色、具有鲜明个性的现代旅游演艺产品。

创意文化旅游商品。实施创意文化旅游商品提升计划，重点打造一批以文房四宝、青铜、灵璧石、铁画等为代表的创意文化旅游商品。

现代城市会展旅游。以"会展+文化"为路径，加强城市会展旅游与文化旅游的融合，发挥中国国际徽商大会、中国（合肥）国际家用电器暨消费电子博览会、中国安徽名优农产品暨农业产业化交易会、中国（芜湖）科普产品博览交易会、海峡两岸（马鞍山）电子信息博览会等的会展旅游功能，打造现代城市会展旅游+文化旅游产品。

4. 现代城市创意文化旅游项目

依托城市旅游资源，运用现代技术，重点打造一批城市文化创意街区、主题公园、现代旅游演艺、文创节庆产品等现代城市创意文化旅游项目。

专栏3

现代城市创意文化旅游重点项目

合肥市	合肥市蜀山区欢乐岛、合肥市蜀山区欧洲风情街、合肥市蜀山区阿酋湾水上乐园、合肥市蜀山区动漫主题公园、合肥市蜀山区合肥科技馆、合肥市庐阳区三国新城遗址公园、合肥市庐阳区淮河路步行街、合肥市庐阳区董铺科学岛、合肥市瑶海区元一时代广场、合肥市瑶海区合钢1958文化创意产业园、合肥市包河区罍街、合肥市包河区万达旅游城、合肥市滨湖区华谊影视小镇、合肥市合肥滨湖国际会展中心、合肥市经济技术开发区安徽国际会展中心、合肥市肥东县撮镇文博城、合肥市滨湖湿地森林公园、合肥市"水墨安徽"旅游购物中心、合肥市龙泉山"风情安徽"演艺庄园。
淮北市	淮北市相山区南翔云集文化特色街区、淮北市相山区水上乐园、淮北市华翊文创科教城、淮北市海盗船卡丁车基地、淮北市世纪广场、淮北市科技馆。
亳州市	亳州市谯城区康美华佗国际中药城研学旅行基地、亳州市涡阳县一河两岸老子文化景城综合体、亳州市涡阳县中国老子文化生态园、亳州市利辛县淝畔绿洲颐养庄园项目。
宿州市	宿州市埇桥区南翔云集文化商业街、宿州市埇桥区威尼斯水城、宿州市砀山县航空小镇、宿州市华海旅游商品贸易区。
蚌埠市	蚌埠市蚌山区淮河风情园、蚌埠市蚌山区花鼓灯嘉年华、蚌埠市蚌山区蚌埠印象、蚌埠市蚌山区大白鲸世界儿童乐园、蚌埠市蚌山区万国风情街、蚌埠市蚌山区蚌埠科技馆、蚌埠市龙子湖区歌剧院与音乐厅、蚌埠市龙子湖区大明文化产业园、蚌埠市龙子湖区"湖上升明月"古民居博览园项目、蚌埠市禹会区张公湖、蚌埠市淮上区义乌国际商贸城、蚌埠市图书文创智慧城、蚌埠市中国玉器艺术创作园、蚌埠市大巩山休闲运动主题公园、蚌埠市热浪岛室内恒温水世界。
阜阳市	阜阳市颍州区万达金街、阜阳市颍泉区祥源颍淮生态文化旅游景区、阜阳市太和县环球嘉年华、阜阳市太和县途居沙颍河房车露营地、阜阳市城南新区双清湾文化中心。
淮南市	淮南市田家庵区1976城市记忆、淮南市大通区九龙岗1949城市记忆、淮南市谢家集区李郢孜伊斯兰风情文化街区、淮南市毛集实验区文化旅游园、淮南市凤台县焦岗湖影视城、淮南市舜耕山-上窑山城市旅游休憩带、淮南市泰坦方舟动漫产业园。
滁州市	滁州市琅琊1912文化商业街区、滁州市琅琊区仪邦奥特莱斯广场、滁州市南谯区长城国际动漫旅游创意园、滁州市南谯区远望高科技影视文化园、滁州市天长市九方水上乐园。
六安市	六安市金安区金领欢乐世界主题乐园、六安市霍山县大别山国际旅游度假区项目、六安市霍山县大别山仙人冲画家村、六安市花样年华文化创意街区。

续表

马鞍山市	马鞍山市雨山区烟墩山文化创意产业园、马鞍山市雨山区采石古镇、马鞍山市雨山区滨江欢乐世界、马鞍山市花山区海信体育休闲产业园、马鞍山市花山区动漫水世界、马鞍山市花山区骉街、马鞍山市科技馆、马鞍山市"创客+"文化创意产业园。
芜湖市	芜湖市鸠江区新华联国际文化旅游度假区、芜湖市鸠江区方特一二三期、芜湖市鸠江区鸠兹古镇、芜湖市鸠江区途居龙山房车露营地、芜湖市三山区峨桥信德途居高尔夫露营地、芜湖市镜湖区鼎湖1876国际文化旅游广场、芜湖市镜湖区大砻坊科技文化园、芜湖市镜湖区雨耕山酒文化产业园、芜湖市镜湖区旅游商品经济园区、芜湖市镜湖区芜湖科技馆、芜湖市镜湖区鸠兹广场、芜湖市南陵县丫山房车露营地。
宣城市	宣城市宣州区0563创客街（文房四宝产业创客基地）、宣城市宣州区宣酒文化园、宣城市中国文房四宝文化旅游创意产业园、宣城市宁国市金太阳文化创意产业基地、宣城市广德县603航天文化体验区、宣城市广德县宣木瓜文化产业园、宣城市广德县卢湖风情小镇项目。
铜陵市	铜陵市铜官区铜官山化工遗址文创园、铜陵市铜官区童梦奇园主题乐园、铜陵市科技馆、铜陵市铜官区"铜官府"铜文化产业园、义安区铜陵县天井小镇旅游街区、铜陵市北斗星城创意文化旅游区、铜陵市西湖欢乐世界、铜陵市梧桐花谷文化生态旅游、铜陵市博物馆、铜陵市枞阳县浮山徽业风情小镇。
池州市	池州市贵池区杏花村、池州市贵池区兴惠未来城大型室内游乐场、池州市贵池区东壹号、池州市贵池区百荷步行街、池州市青阳县柯村。
安庆市	安庆市迎江区48号电商文化园、安庆市桐城市活海欢乐水世界、安庆市太湖县五千年文博园、安庆市岳西县大别山彩虹谷旅游区、安庆市岳西县大别山滑雪乐园、安庆市安庆科技馆、安庆市开心哈乐儿童乐园（金华联店）、安庆市历史文化街区。
黄山市	黄山市屯溪区屯溪老街、黄山市屯溪区黎阳休闲小镇、黄山市歙县"欧洲之星"欢乐谷、黄山市休宁县幸福新世界休闲养生度假区、黄山市休宁县齐云山生态文化旅游区（祥源齐云小镇）、黄山市黟县旅游休闲度假康体户外营地、黄山市祁门县168国际徒步探险基地、黄山市古徽州文化旅游区、黄山市开心一乐儿童主题公园。

（三）徽文化旅游品牌

1. 品牌建设思路

挖掘徽文化底蕴，整合宣城市、黄山市徽文化旅游资源，加强与江西省婺源县、江苏省扬州市等地的联动，实现文化融合、品牌合作、资源共享，建成"典雅中国"样本。以国际化、特色化、品质化为标准，传承、弘扬徽商文化、徽州美食文化、徽州工艺文化、徽州戏曲演艺文化、新安医学文化，创新徽文化旅游业态、产品、品牌，打造"漫游徽州山水、留恋徽州院落、聆听徽州故事、欣赏徽州戏曲、品尝徽州美食、体验徽州生活、领略徽州风情、研学徽州文化"的"徽式休闲"旅游新模式。推进徽州文化生态保护试验区建设，支持筹建徽文化国家文化公园，实施徽州非遗进世界著名博物馆计划，使徽州成为中华文化重要标识。支持黄山市、宣城市"典雅中国"示范区建设计划。

加快徽文化区及周边地区的快速交通网络体系建设，实现景区景点、镇村体系互联互通，迁址扩建黄山屯溪机场，将黄山机场建成4E级国际航空港，加密合肥、黄山直飞港澳台及日、韩等航线，开通直飞美、英、俄、加等国际航线，建设新增机场到主要旅游景区（点）快速旅游通道。

依托黄山、西递宏村世界遗产，举办中国世界遗产主题文化旅游博览会，争取举办世界遗产大会，支持黄山市争创世界遗产高峰论坛永久会址，加大世界遗产地的宣传力度，实施徽式休闲旅游造梦行动计划，将徽文化旅游打造成具有国际影响力的文化旅游品牌。

2. 徽文化旅游产业集聚区

根据徽文化资源要素空间分布格局，遴选重点产业，打造两条集聚带，八大产业集聚区。

（1）两条集聚带。环黄山徽文化旅游小镇集聚带。以环黄山的旌德县白地镇、黄山区汤口镇、黄山区谭家桥村、黄山区耿城镇—甘棠镇、黄山区焦村等为核心，以"徽式休闲"为发展导向，加强小镇基础设施建设，引入现代休闲业态，打造集文化、休闲、度假于一体的环黄山徽文化旅游小镇集聚带。

新安江徽文化旅游小镇集聚带。加强沿新安江屯溪区黎阳镇、徽州区潜口村、徽州区西溪南镇、歙县街口镇、歙县新溪口乡、歙县阳产村、歙县小川乡、歙县武阳乡、歙县北岸镇、歙县深渡镇、歙县昌溪镇、歙县漳潭村、歙县绵潭村、歙县瀹潭村、歙县徽城镇、歙县卖花渔村、歙县渔梁镇、歙县雄村镇、歙县棠樾村、休宁县万安镇、休宁县祖源村、休宁县齐云山镇、黟县渔亭镇等徽文化小镇的集聚作用，建成新安江徽州文化旅游小镇集聚带，打造新安江徽文化艺术谷，探索筹建新安江国家河流公园。

（2）八大产业集聚区。徽文化研学旅游产业集聚区。支持徽文化博物馆、艺术馆、图书馆、城市规划馆和徽文化产业园等建设，以研学度假、文化休闲为主题，打造徽文化研学旅游产业集聚区。

徽文化创意旅游产业集聚区。充分发挥中国乡村旅游创客示范基地黄山市屯溪区黎阳创客小镇、黄山市黟县文化旅游创业园引领作用，以黟县西递宏村为核心，联合屯溪区黎阳、黟县关麓、黟县南屏、黟县屏山等，利用文化创意、文艺表演、文化展示、文化体验等手段，打造形成集创意、研究、生产、销售于一体的创意文化旅游产业链，建设创意文化旅游产业集聚区。

徽文化休闲旅游产业集聚区。以黄山市黟县宏村为核心，联合周边休宁县木坑村、黟县塔川村、黟县卢村等古村落，提升古村落文化休闲旅游度假功能，打造文化休闲旅游产业集聚区。

徽文化观光旅游产业集聚区。充分发挥歙县国家历史文化名城的作用，以徽州古城为核心，联合周边徽州区潜口村、徽州区唐模村、徽州区呈坎村、徽州区蜀源村、徽州区灵山村、歙县棠樾村、歙县渔梁村、歙县许村、歙县卖花渔村等古村落，创新古城观光、文化休闲、研学旅行等新兴业态，打造徽文化观光旅游产业集聚区。

徽州乡村旅游产业集聚区。以黄山市休宁县海阳镇为核心，联合休宁县万安镇、休宁县齐云山镇、歙县黄村等，以休闲养生、乡村度假为发展主题，打造徽州乡村旅游产业集聚区。

徽州绿茶文化旅游产业集聚区。以黄山毛峰、太平猴魁为核心，融入"茶文化＋美术、表演、禅教、茶具"等，打造旅游新业态产品，支持建设一批绿茶文化旅游产业园，支持黄山市徽州区谢裕大徽州茶博园建设。

徽州红茶文化产业集聚区。以黄山市祁门县祁红小镇为核心，发挥祁门县红茶资源优势，以红茶制作基地、红茶文化产业园为载体，建设红茶文化产业集聚区，打造茶道养生、茶文化休闲等旅游业态。

徽州饮食文化产业集聚区。以宣城市绩溪县华阳镇、黄山市屯溪区等为核心，充分发挥宣城市绩溪县徽菜发源地的优势，打造饮食休闲、休闲度假于一体的徽州饮食文化产业集聚区。

徽文化艺术旅游产业集聚区。以宣城市泾县查济—大桃花潭和新安江沿线徽州小镇为核心，吸引艺术家、画家入驻，增加知名度，建设文化艺术旅游产业集聚区。

3. 徽文化旅游产品体系

推进旅游产品转型换代，巩固和提升传统旅游产品，培育和打造新业态产品，开发品牌旅游线路，构建种类多样、特色鲜明的徽文化旅游产品体系。

（1）传统旅游产品。继续发挥黄山市、宣城市传统旅游产品优势，在提升黄山市、宣城市徽文化传统旅游产品品质和服务基础上，加大资本、科技、人才和管理等投入，丰富传统旅游产品内涵。

（2）新业态旅游产品。实施"旅游+"发展战略，以市场需求为导向，整合徽州自然山水、徽州古村落、徽州古民居、徽州园林、徽州戏曲、徽州美食、徽州文学、徽商文化、徽茶休闲、新安医学、新安画派等文化旅游资源，重点培育和打造徽州体育、徽州乡村、徽州古道、徽文化演艺、徽州美食、徽州民宿、徽州精品酒店、徽文化旅游小镇和徽州研学九大类"徽式休闲"新业态旅游产品。

徽州体育旅游产品。依托徽州自然山水资源，发展体育品牌赛事、康体保健、体育创意文化、体育主题公园、体育小镇、户外运动装备制造等体育旅游产品。

专栏4　徽州体育旅游产品

宣城市泾县水墨汀溪体育产业基地、宣城市绩溪县徽杭古道体育产业基地、黄山市黄山区黄山登山节、黄山市休宁县中国齐云山国际养生万人徒步大会、黄山市休宁县乐拓者旅游休闲运动中心、黄山市黟县国际山地自行车节、黄山市黟县桃花源体育健康休闲产业园、黄山市祁门县黄山168国际徒步探险基地。

徽州乡村旅游产品。立足徽州古村落文化和生态优势，深入挖掘徽州乡村文化内涵，坚持"一村一品"开发理念，支持徽州文化古村创建中国旅游乡村示范村、安徽省美丽乡村建设示范村。实施徽州乡村公园创建计划，编绘徽州乡村旅游地图。

徽州古道旅游产品。建立完善的徽州古道保护与开发机制，保护古道遗址，加强徽州古道与乡村酒店、民宿以及古道沿途古村落、古树、关楼、古亭阁等融合，营造"长亭外、古道边，芳草碧连天"意境。提升古道旅游产品的品位，拓宽古道研学游、徒步游、商务游、运动游、休闲游等古道旅游新业态，编绘徽州古道旅游地图，设立古道旅游论坛，打造中国古道遗址群公园。

专栏5　古道旅游产品

徽杭古道、徽安古道、徽池古道、徽青古道、徽婺古道、徽宁古道、徽饶古道、吴越古道。

徽文化演艺旅游产品。深入挖掘徽文化内涵，以《徽韵》《宏村·阿菊》等为示范，借助现代高科技和舞台艺术手段，开发系列演艺旅游产品，充分挖掘《徽班进京》等现代文化旅游价值，塑造徽州"中国京剧故乡"的文化形象。

徽州美食旅游产品。传承创新徽菜制作技艺，以美食街、美食城为载体，创新多样化的美食体验，研制可包装、可携带的系列徽州美食品牌。

徽州民宿旅游产品。坚持"古村+民宿""民宿+互联网"的发展战略，探索民宿建设新机制，在现有徽州古民居的基础上，融合休闲元素，塑造徽州民宿形象，编绘徽州民宿地图，开展徽州民宿评选、徽州民宿摄影等比赛，评选年度徽州网红民宿，打造"小而特、优而美"的徽州民宿旅游产品。

徽州精品酒店旅游产品。创新服务模式、优化服务设施，引进企业资本建设、经营精品酒店，评选年度徽州精品酒店，塑造徽州精品酒店品牌。

徽文化旅游小镇产品。以徽文化资源和产业为基础，建设一批以文化传承创新、艺术创作体验、旅游休闲度假、精致生态农业、体育健康养生和新型设计生产等为产业特色的"徽文化"旅游小镇。

专栏6

旅游小镇

宣城市：宣城市宁国市云梯畲族旅游小镇、宣城市广德县海棠旅游小镇、宣城市泾县红色研学度假小镇（茂林镇）、宣城市泾县诗·酒风情小镇（桃花潭镇）、宣城市旌德县宣砚特色小镇（白地镇）、宣城市旌德县旌阳旅游小镇、宣城市绩溪县徽源文化品读小镇（瀛洲镇）。

黄山市：黄山市屯溪区黎阳休闲小镇、黄山市屯溪区向上创业特色小镇、黄山市黄山区太平湖运动休闲小镇、黄山市黄山区谭家桥知青小镇、黄山市徽州区西溪南创意小镇、黄山市徽州区潜口养生小镇、黄山市歙县深渡山水画廊小镇、黄山市休宁县齐云旅游小镇、黄山市休宁县溪口汽配小镇、黄山市黟县宏村艺术小镇、黄山市黟县西递遗产小镇、黄山市祁门县祁红故里小镇。

徽州研学旅游产品。支持故宫博物院黄山徽派传统工艺工作站、故宫学院徽州分院、故宫博物院博士后工作站建设。依托"碧山书院""竹山书院""紫阳书院"等徽州书院，塑造"徽州书院"研学品牌，建设研学旅行示范基地，建成世界孔子学院研学培训基地。支持唐模、徽州古城、古徽州文化园研学旅行基地建设。

（3）"1+4"精品旅游线路。

专栏7

1条世界遗产旅游线路

世界遗产之旅：黄山—黟县（西递宏村）—齐云山—屯溪（老街）—歙县。核心城市：黄山市。核心产品：山岳观光、文化体验、休闲度假。

专栏8

4条精品旅游线路

美食文化之旅：宣城市绩溪县（胡氏一品锅等）—黄山市（毛豆腐、臭鳜鱼、红烧果子狸、徽州烧饼等）。核心城市：黄山市、宣城市。核心产品：美食体验、休闲度假。

新安江徽州小镇之旅：黄山市黟县（渔亭）—黄山市休宁县（万安、祖源村、齐云山小镇）—黄山市屯溪区（黎阳in巷、向上创业小镇）—黄山市徽州区（唐模、潜口镇、西溪南镇）—黄山市歙县（街口镇、北岸镇、深渡镇、阳产、徽城镇、渔梁村、雄村、棠樾、昌溪镇、漳潭、绵潭、渝潭、卖花渔村）。核心产品：文化休闲、休闲度假。

古道徒步之旅：桐子岭古道—石沱古道—徽饶古道—浙岭古道—徽婺古道。核心城市：黄山市、宣城市、江西省上饶市。核心产品：古道徒步休闲、文化体验。

徽文化漫游之旅：江西省婺源县—安徽省黄山市—安徽省宣城市—江苏省扬州市。核心产品：徽州文化体验。

4. 徽文化旅游项目

谋划一批重大徽文化旅游项目，重点打造标杆性的文化旅游项目，加强徽文化资源、要素和经济活动等在空间上的集聚效应，实施徽文化旅游一体化发展。加强重点徽文化旅游项目的资金支持和政策引导，发展观光、休闲、度假、研学于一体的"徽式休闲"旅游。

（1）重大建设项目。

大黄山国家公园建设项目。将皖南古村落建筑群、牯牛降自然保护区、九华山和天目山等一批自然及文化遗产纳入大黄山国家公园保护与利用体系，科学选定创建区，探索实施自然与文化保护地管理体制、运营机制改革，着力构建产权清晰、多方参与、激励约束并重的具有全国推广意义的大黄山国家公园的体制机制。

世界遗产城市建设项目。以黄山世界遗产城市建设为抓手，将黄山市徽州区唐模、黄山市徽州区呈坎、黄山市歙县渔梁、黄山市歙县棠樾、黄山市歙县许村、黄山市黟县关麓、黄山市黟县屏山、黄山市黟县南屏以及宣城市绩溪龙川列入皖南古村落世界遗产扩展名录。将齐云山拓展申报中国丹霞世界自然遗产。推动徽州古道群申报世界文化遗产、徽州文献申报世界记忆遗产。建设黄山国际空港综合体，加大基础设施建设；设立以绿色、人文和可持续发展为主题的世界性论坛永久会址，申报中国（黄山）国际文化旅游论坛。

徽州旅游小镇建设项目。以新型城镇化为契机，重点推动宣城市泾县桃花潭镇、宣城市泾县查济村、宣城市旌德县旌阳镇、宣城市旌德县白地镇、黄山市屯溪区黎阳in巷、黄山市屯溪区向上创业小镇、黄山市黄山区汤口镇、黄山市黄山区太平湖镇、黄山市黄山区谭家桥镇、黄山市徽州区西溪南镇、黄山市徽州区潜口小镇、黄山市歙县深渡镇—郑村镇棠樾村、黄山市歙县许村镇、黄山市歙县雄村镇、黄山市休宁县溪口镇、黄山市休宁县齐云山镇、黄山市黟县西递镇、宏村镇、黄山市祁门县祁红小镇等建设成为全国闻名的徽文化创意旅游小镇。

（2）重点旅游项目。

整合徽文化旅游资源，引入国际知名品牌，加强资本、技术投入，支持重点旅游项目建设。

专栏9

徽文化旅游重点项目

宣城市：宣城市宁国市金太阳文化创意产业基地、宣城市泾县大桃花潭景区（创5A）、宣城市泾县红色文化产业园、宣城市泾县红色旅游基地、宣城市泾县查济景区、宣城市泾县水墨汀溪景区、宣城市泾县大桃花潭人文旅居基地、宣城市旌—绩徽派古村落研学旅游基地、宣城市绩溪县大龙川景区提升项目、宣城市绩溪县徽菜产业园、宣城市绩溪县徽杭古道。

黄山市：黄山市屯溪区新徽天地、黄山市黄山区国际茶文化园、黄山市歙县徽州古城文化旅游园、黄山市休宁县齐云山景区（创5A）、黄山市"徽州书院"研学基地、黄山市徽州国际旅游度假区、黄山市"新安江山水画廊"提升工程。

（四）淮河文化旅游品牌

1. 品牌建设思路

充分认识淮河流域自古以来在我国南北、东西文化交流、沟通中的重要作用，树立淮河流域是中华文明起源核心地域之一的理念，充分挖掘利用淮河文化资源，强化老庄诸子文化、楚汉文化、三国文化、大明文化产业建设，推进淮河文化与旅游的融合。以特色小镇、主题公园、创意文化旅游产品系列为主导，创新旅游业态，加强淮河文化旅游产品的展示性和体验性，加强重点文化旅游项目建设，建成淮河文化旅游聚集区，形成淮河文化旅游带，创建淮河文化旅游品牌。加强与流域内其他省份的旅游合作，推动淮河旅游经济带建设，牵头筹建国家淮河文化公园，发起中国淮河文化旅游论坛，由省内外相关城市轮流承办。

推动淮河文化旅游与第一产业融合发展。以淮河农耕文化遗存、现代农业经营业态为载体，以农业生产活动、农产品、农业节会、农耕文化遗存、农业园区等为吸引物，活化农业文化遗存，打造特色景观和休闲符号，发展淮河乡村旅游和淮河农业文化旅游。

推动淮河文化旅游与第二产业融合发展。利用工矿空间，工业遗址、设施等，注入旅游功能，开发创客空间、休闲空间。

推动淮河文化旅游与第三产业融合发展。依托已建在建博物馆，发展淮河文化博物馆旅游。依托国家级、省级等文物保护地，建设淮北市濉溪县柳孜运河遗址、淮北市濉溪县宋运河码头遗址、亳州市谯城区曹操地下运兵道、亳州市涡阳县店集镇柘王宫遗址、亳州市蒙城县尉迟寺遗址、宿州市泗县隋唐大运河遗址、宿州市陈胜吴广起义旧址、蚌埠市淮上区双墩遗址、淮南市凤台县寿唐关、淮南市寿县寿州窑、淮南市寿县楚墓、滁州市凤阳县明皇陵等遗址公园。引进文化产业投资，建设文化旅游休闲产业园区。打造具有重大影响的淮河流域文化旅游节事。

打造淮河文化旅游产业链。塑造淮河流域文化旅游产品谱系，延长文化旅游产业链，引导龙头企业投资文化旅游业，形成文化旅游产业集群，激发市场活力，全面构建以吸引链、配套链、延展链、运营链为支撑的淮河文化旅游产业链。

2. 淮河文化旅游产业集聚区

老庄诸子文化旅游产业集聚区。挖掘老子、管仲、庄子等诸子文化旅游资源，以国家历史文化名城亳州为中心打造诸子文化旅游产业聚集区。以老子、管仲、庄子出生地为主题，依托涡阳天静宫、蒙城庄子祠、漆园旧址等文化遗址，完善基础设施和旅游服务设施，以文物遗存活化为基础，非物质文化保护与利用为重点，提高亳州古城知名度，创新文化休闲、古城观光、圣地朝拜、养生度假、历史研学旅行等新兴旅游业态，塑造旅游新形象，建设淮河流域诸子文化旅游目的地。

> **专栏 10**
>
> **亳州—阜阳老庄诸子文化旅游产业集聚区**
>
> 亳州市谯城区古城文化旅游区、亳州市涡阳县老子文化生态园、亳州市涡阳县老子春秋影视城、亳州市涡阳县安徽道源国家湿地公园、亳州市涡阳县天静宫、亳州市蒙城县庄子文化体验园区、亳州市蒙城县庄子祠、亳州市蒙城县梦蝶湖公园、亳州市蒙城县"蒙城·印象"文化创意产业园、阜阳市界首市伏羲文化产业园、阜阳市颍上县管子文化旅游产业基地。

楚汉文化旅游产业集聚区。挖掘安徽楚汉文化旅游资源，提升楚汉文化旅游产业要素。结合楚汉文化资源要素空间分布，以寿州楚都为中心建设楚汉文化产业集聚区。以淮南楚汉文化资源为核心，完善基础设施和旅游服务设施，建立国家考古遗址公园，推动寿州古城"中国明清城墙联合申遗"工作，提高寿州古城知名度。依托淮南市寿县寿州古城墙遗址、淮南市寿县博物馆、淮南市八公山区八公山等历史文化遗址和文物，建设淮南子文化产业园、淮南市大通区寿州窑、淮南市八公山区紫金砚创意研发基地、淮南市八公山区豆腐产业园、淮南市寿县寿州文化产业园、淮南市寿县楚都遗址公园、淮南市寿县安徽楚文化博物馆等文化产业园区，创新文化休闲、古城观光、研学旅行等新兴旅游业态，塑造旅游新形象，建设中国楚汉文化旅游产业聚集区。

> **专栏 11**
>
> **淮南楚文化旅游产业集聚区**
>
> 淮南市谢家集区春申君文化园、淮南市凤台县茅仙洞旅游景区、淮南市寿县寿州古城景区、淮南市寿县博物馆、淮南市寿县淝水之战历史文化旅游区、淮南市寿县隐贤老街、淮南市寿县瓦埠老街、淮南市寿县正阳关、淮南市寿县八公山国家森林公园、淮南市寿县安丰塘水利工程、淮南市淮南豆腐文化创意产业集聚区。

三国文化旅游产业集聚区。创新三国文化表现形式，加快促进三国历史文化元素与吃住行游购娱的融合，建设具有三国人物、三国风格的动漫产业园。建设亳州—阜阳三国文化旅游产业集聚区。依托亳州市谯城区曹操地下运兵道、亳州市谯城区曹氏宗祖墓群、亳州市谯城区华佗故居等三国文化遗址，发挥三国故里的资源优势，举办三国文化节。以曹操、华佗故里品牌形象为基础，以三国历史文化和中医药药膳饮食为核心，打造集三国遗迹观光、历史文化休闲、主题旅游、养身度假于一体的全国知名的三国文化旅游目的地。联合合肥市等周边省内外知名的三国文化主题景区，开发三国文化旅游精品线路。

> **专栏 12**
>
> **亳州—阜阳三国文化旅游产业集聚区**
>
> 亳州市谯城区魏武建安文化旅游区、亳州市华佗中医药文化产业集聚区、阜阳市颍泉区祥源·颍淮生态文化旅游区、阜阳市界首市翰墨文化园、阜阳市临泉县信达数字科技动漫产业园、阜阳市阜南县黄岗柳编文化产业园、阜阳市颍上县明清文化旅游集聚区、阜阳市颍上县淮上公园（尤家花园）、阜阳市三宝（阜阳开源剪纸、界首市卢氏刻花彩陶和临谭笔庄）文化园。

大明文化旅游产业集聚区。整合全省明文化旅游资源，提升明文化旅游产业要素。重点建设凤阳—蚌埠大明文化旅游产业集聚区。以凤阳县丰富的明文化资源为核心，以滁州市凤阳县明中都皇城和蚌埠市龙子湖区大明文化园为重点建设项目，以"中国明清古城墙"申遗为契机，整合当地自然和文化遗产，支持明中都国家考古遗址公园建设，塑造大明文化旅游形象。发挥蚌埠淮河流域和皖北地区中心城市的作用，以蚌埠市蚌山区花鼓灯嘉年华、蚌埠市蚌山区白石山佛教文化园、蚌埠市蚌山区光彩玉器文化城、蚌埠市龙子湖区大明文化产业园、蚌埠市龙子湖区湖上升明月、蚌埠市禹会区大禹文化产业园等为载体，以大禹文化、大明文化、花鼓灯文化、双墩文化等淮河流域文化主题，通过创意理念和现代科技手段，整合形成集创意、研究、生产、销售于一体的文化旅游产业链，以文化娱乐产业园、主题公园、动漫游戏产业园、工艺品产业园等为依托，建设一批淮河现代文化旅游产业园区。

专栏13

凤阳—蚌埠大明文化旅游产业集聚区

蚌埠市蚌山区光彩玉器文化城、蚌埠市蚌山区白石山佛教文化园、蚌埠市龙子湖区大明文化产业园、蚌埠市禹会区大禹文化产业园、蚌埠市淮上区中华玉博园、蚌埠市龙蚌埠花鼓灯文化创意产业集聚区、滁州市凤阳县明中都皇城、滁州市凤阳县明皇陵、滁州市凤阳县韭山洞、滁州市凤阳县禅窟寺、滁州市凤阳县龙兴寺。

---

3. 淮河文化产品体系

丰富传统旅游产品类型，提升传统旅游产品品质，创新淮河文化旅游新业态，满足旅游者多样化需求。

（1）传统旅游产品。

立足淮河文化遗址资源，开展遗址、古迹、文物访古观光游；利用现代科技，建设高品位淮河文化博物馆，建立省内外淮河文博资源共享机制，开发淮河文化博物馆旅游产品，开发淮河风光水上游览旅游专线。

（2）新业态旅游产品。

淮河文化遗产创意旅游产品。利用现代技术表现制作技艺类文化遗产、立体展示遗址类文化遗产，利用旅游演艺表现曲艺舞蹈类文化遗产，建设老庄诸子文化、三国文化、楚汉文化、大明文化小镇和主题公园，开发集观光、游乐、休闲于一体的民俗风情旅游产品。

淮河文化主题酒店。开发建设淮河文化主题酒店，打造主题房间、特色餐饮、特色休闲、特色度假，建成淮河文化旅游代表性产品。

淮河文化研学旅游产品。依托淮河流域的老子、庄子、管子、"三曹"、华佗等中国历史文化名人资源，非物质文化遗产资源，诗歌文化资源，历史遗址遗迹和文物资源，开发名人文化研学游，非遗研学游，跟着课本游淮河、淮河文学品鉴研学游和淮河历史文化知识研学游等旅游产品。

（3）"1+2"精品旅游线路。

专栏 14

1 条精品旅游线路

淮河自驾深度游：信阳市（中国淮河博物馆）—阜阳市（八里河、颍州西湖、淮河公园、淮上公园）—六安市（淠河水利风景区、中华皋陶文化园、六安西古城遗址、水门塘国家水利风景区）—淮南市（八公山、寿州古城、寿州窑遗址、寿县博物馆、寿县安丰塘）—蚌埠市（双墩遗址、花鼓灯嘉年华、龙子湖风景区、张公山风景区、蚌埠闸水利风景区）—宿州市（钟馗文化园、皇藏峪风景区、陈胜吴广起义涉故台旧址）—淮北市（临涣古城、柳孜隋唐运河遗址、相山公园、淮北博物馆）—徐州市（汉文化景区）。

专栏 15

2 条特色旅游线路

淮河风光览胜之旅：蚌埠市（龙子湖景区、古玩玉器市场、花鼓灯嘉年华）—凤阳县（小岗村大包干历史陈列馆、明皇陵、中都城、龙兴寺）—寿县（荆涂山风景区、宋代古城墙、报恩寺、楚文化博物馆）—淮南市（八公山、焦岗湖旅游景区、峡山口）—颍上县（淮河民俗风情博物馆）。

淮河文化研学及非遗品鉴之旅：亳州市（亳州古城、花戏楼、曹操地下运兵道、天静宫、庄子祠）—阜阳市（阜阳博物馆、花鼓灯、剪纸、刺绣戏曲研学）—淮南市（淮南文化馆、八公山、豆腐宴、寿县博物馆）—滁州市（明皇陵、中都城、小岗村）—合肥市（合肥三国新城遗址公园、逍遥津）。

4. 淮河文化旅游项目

依托丰富的淮河文化资源，完善淮河文化资源开发利用体制机制，加强淮河文化旅游项目开发政策引导，坚持品牌促发展的战略，形成一批既体现历史特色又具有时代气息的淮河文化旅游吸引物，打造淮河文化旅游目的地。

专栏 16

淮河文化重点旅游项目

淮北市	淮北市相山区南翔云集文化特色街区、淮北市相山区黄里景区、淮北市杜集区东湖生态园、淮北市杜集区南山景区、淮北市烈山区南湖生态旅游区、淮北市濉溪县临涣古城、淮北市濉溪县老城石板街、淮北市华翊文创科教城、淮北市隋唐运河（创5A）、淮北市中湖国家级湿地公园。
亳州市	亳州市谯城区曹操故居、亳州市谯城区华佗故居、亳州市谯城区陈抟文化产业园、亳州市谯城区城父千年古镇、亳州市谯城区康美华佗国际中药城研学旅行基地、亳州市谯城区中华药博园、亳州市谯城区南湖湿地公园、亳州市涡阳县石弓山遗址公园、亳州市蒙城县庄子文化产业园、亳州市古城旅游区保护与开发工程（创建5A级景区）、亳州市涡河生态文化旅游带、亳州市涡河古道滨水品质提升工程、亳州市一河两岸老子文化景城综合体、亳州市民营博物馆群、亳州市中视江淮风情产业园、亳州市温泉度假区、亳州市蝴蝶泉生态文化休闲旅游度假区、亳州市玉皇湾水上乐园、亳州市三圩湿地生态园、亳州市西淝河休闲观光农业产业园、亳州市乡村旅游升级与提升系列工程。

续表

宿州市	宿州市埇桥区符离白居易文化产业园、宿州市埇桥区南湖休闲绿地综合体、宿州市埇桥区华海旅游商品贸易区、宿州市砀山县航空小镇、宿州市砀山县黄河故道文化生态旅游综合开发工程、宿州市萧县皇藏峪景区（创5A）、宿州市萧县鼎茂休闲农庄暨黄河故道园艺场、宿州市萧县蔡洼淮海战役会议旧址景区、宿州市萧县葡萄主题公园、宿州市灵璧县垓下古城战场遗址公园、宿州市灵璧县钟馗文化园、宿州市灵璧县现代农业博览园、宿州市泗县泗州隋唐古运河文化旅游城、宿州市泗县运河人家。
蚌埠市	蚌埠市蚌山区蚌埠印象、蚌埠市蚌山区芦山休闲运动主题公园、蚌埠市蚌山区嘉年华二期项目、蚌埠市龙子湖区湖上升明月、蚌埠市龙子湖区环龙子湖文化景观带、蚌埠市龙子湖区星宇文化产业园、蚌埠市龙子湖区皖北旅游集散中心、蚌埠市龙子湖区大明文化产业园、蚌埠市禹会区大禹文化主题旅游产业园、蚌埠市禹会区黑虎山休闲运动主题公园、蚌埠市禹会区禹墟遗址文化园、蚌埠市淮上区双墩文化遗址公园、蚌埠市淮上区蚌埠义乌国际商贸城、蚌埠市怀远县白乳泉景区、蚌埠市五河县沱湖湿地旅游风景区、蚌埠市五河县顺河历史文化名街、蚌埠市白石山宗教文化旅游园、蚌埠市五河县大巩山休闲运动主题公园、蚌埠市五河县农民文化乐园工程、蚌埠市固镇县谷阳城遗址公园、蚌埠市天河古镇、蚌埠市珠城艺术街区、蚌埠市欧美风情小镇、蚌埠市图书文创智慧城、蚌埠市中国玉器艺术创作园、蚌埠市非物质文化遗产创城中心、蚌埠市淮河蚌埠闸水利风景区。
阜阳市	阜阳市颍州区阜阳城南新区双清湾文化中心、阜阳市颍州区西湖、阜阳市颍州区阜阳花博园、阜阳市颍东区碧翠湖国际文化旅游度假村、阜阳市颍泉区祥源·颍淮生态文化旅游区、阜阳市颍泉区五河口水利风景区、阜阳市颍泉区闻集旅游产业园、阜阳市颍泉区伍子胥文化公园、阜阳市界首市代桥两湾湿地公园、阜阳市临泉县长官古镇、阜阳市临泉县古沈国遗址公园、阜阳市阜南县王家坝—淮河风情旅游区、阜阳市阜南县王家坝国家级湿地公园、阜阳市颍上县中国管园、阜阳市颍上县尤家花园—五里湖湿地景区提升工程、阜阳市颍上县八里河景区、阜阳市嘉年华。
淮南市	淮南市田家庵区1976城市记忆、淮南市田家庵区志高动漫园、淮南市大通区九龙岗1949城市记忆、淮南市大通区上窑旅游区、淮南市谢家集区李郢孜伊斯兰风情文化街区、淮南市谢家集区春申君战国文化园、淮南市凤台县毛集试验区焦岗湖风景区（创5A）、淮南市凤台县毛集试验区焦岗湖影视城、淮南市寿县寿州古城—八公山旅游区、淮南市寿县乡村旅游综合开发工程、淮南市淮河水上风情文化旅游区。
滁州市	滁州市琅琊区琅琊山风景区（创5A）、滁州市琅琊区琅琊山铜矿工业遗址开发、滁州市琅琊区1912文化商业街区、滁州市琅琊区中国金丝楠木博物馆、滁州市琅琊区滁城遵阳街改造及遵阳民俗旅游文化街区、滁州市南谯区清流关文化旅游综合开发、滁州市南谯区长城国际动漫旅游创意园、滁州市南谯区远望高科技影视文化园、滁州市南谯区双洪生态文化公园、滁州市南谯区大皇甫山生态休闲旅游度假、滁州市明光市抹山文化旅游区、滁州市天长市天长地久文化创意产业园、滁州市天长市金集茉莉花韵文化旅游区、滁州市滁城古内城河景观带改造、滁州市西涧文化旅游观光线、滁州市来安县半塔镇红色文化园、滁州市来安县绿泉民族生态园、滁州市来安县汊河都市乡村旅游区、滁州市全椒县儒林外史国际文化城、滁州市定远县新四军江北指挥部旧址旅游区、滁州市定远县楚汉古战场遗址文化园、滁州市定远县金山文化生态旅游区、滁州市定远县中原局三次会议旧址、滁州市定远县包青天廉政文化公园、滁州市定远古城、滁州市定远县藕塘红色旅游小镇、滁州市凤阳县明中都皇故城国家考古遗址公园、滁州市凤阳县大明皇家影视城、滁州市凤阳县大明文化园、滁州市凤阳县明皇陵景区综合提升、滁州市凤阳县临淮关古镇综合开发、滁州市凤阳县小岗村乡村旅游区（5A级创建提升）、滁州市太平古镇文化旅游综合开发。
六安市	六安市裕安区独山红色旅游小镇、六安市裕安区六安茶谷·九十里山水画廊、六安市金寨县天堂寨、六安市金寨县红军纪念园（创5A）、六安市霍山县佛子岭水利风景区、六安市霍山县中国工农红军文化博览园。

（五）佛教文化旅游品牌

1. 品牌建设思路

遵循党的宗教政策，塑造佛教文化旅游品牌。建立佛文化交流基地，开展佛教朝拜游，按照行善、禅定、智慧、济世、慈悲等佛教文化理念开发佛教文化研学游、佛教文化体验游等。重点开发九华山佛教文化和安庆禅宗文化，同时发展合肥市开福寺、芜湖市广济寺、宣城市小九华、滁州市琅琊寺等国家级、省级佛教重点寺院的佛教文化旅游，建设成为全国重要佛教文化旅游目的地和具有世界影响力的佛教文化旅游目的地。

2. 佛教文化旅游产业集聚区

九华山佛教文化旅游产业集聚区。以池州市九华山风景区—九华山大愿文化园为核心，建设九华山佛教文化旅游产业集聚区。丰富佛教文化旅游产业要素，争取举办世界佛教大会、世界佛教徒联谊会。充分利用佛教文化资源，开发佛教文化旅游创意产品，完善佛文化产业链。制定完善中韩两国佛教文化旅游九华山交流机制，在集聚区内举办中韩佛教文化年，提高九华山佛教文化旅游的国际知名度。定期举办世界和平祈福大会，并将九华山作为永久举办地会址，提升世界影响力。

安庆禅宗文化旅游产业集聚区。依托安庆禅宗文化资源，建设安庆禅宗文化旅游产业集聚区。建立健全禅宗文化旅游产业要素体系，建设河南省郑州市登封市嵩山少林寺（一祖达摩得道）—安徽省安庆市司空山（二祖传递禅宗衣钵）—安徽省安庆市天柱山（三祖光大禅宗文化）—湖北省黄冈市黄梅县双峰山、湖北省黄冈市黄梅县东山四祖寺、湖北省黄冈市黄梅县五祖寺（四祖、五祖道场）—广东省肇庆市南华寺（六祖慧能道场）高品位中国禅宗文化旅游走廊。以世太史第为中心，建设赵朴初居士佛教文化产业园，建造居士佛教院、居士书法院、居士社会活动院、居士爱国院四大主题院落，依托赵朴初居士国内外影响力提高集聚区知名度。发挥月海法师、大兴和尚、皖峰法师等高僧大德的名人效应，建立禅宗文化馆、名人馆，运用现代科技，用动画、三维立体展示禅宗哲理、种类，解释禅宗知识。推进禅宗禅文、禅语、禅诗、禅书、禅画、禅乐、禅武、禅医、禅农、禅食、禅茶、禅慈、禅孝等禅宗种类与旅游的结合，丰富集聚区禅宗文化旅游业态。

3. 佛教文化旅游产品体系

提升传统佛教文化旅游产品，创新新业态旅游产品，完善佛教文化旅游产品体系。

（1）传统旅游产品。自古名山僧占多，加强佛教文化与山地旅游的融合，将参禅、朝圣、祈福之旅与徒步登山体验、山地观光、山地探险之旅相结合，开展"养心+养身"的佛教文化之旅。联合四大佛教名山，开发四大佛教名山祈福朝拜旅游产品。建立佛教文化交流基地，传播佛教文化，展示佛教知识，开发禅宗文化寻源旅游产品，设计主题鲜明、种类多样的禅宗文化主题旅游产品。

（2）新业态旅游产品。开发佛教文化创意旅游园。开发设计系列佛教创意文化旅游商品，联合九华山佛教协会、九华山佛学院，建立佛教文化交流基地，营造佛教文化氛围，集聚佛教文化旅游产业。

禅宗文化创意旅游园。推动现代旅游演艺与禅宗文化的融合，丰富禅宗文化旅游表现形式，建设禅宗文化旅游休闲度假设施，开发禅茶、禅修温泉等禅宗休闲度假旅游产品。

佛教文化研学旅游产品。支持九华山佛学院举办佛教文化研修班，开发佛教研学旅游产品。

佛教文化体验旅游产品。创新佛教文化旅游方式，开发旅游者住寺庙、食素食、参与佛事活动的佛门生活体验旅游产品、旅游者参与世界和平祈福大会等佛教文化旅游活动。

（3）"2+2"旅游线路。

> **专栏17**
>
> **2条全国佛教文化旅游线路**
>
> 佛教文化祈福朝拜之旅：山西省忻州市五台山（白塔、南禅寺大殿、显通寺铜殿、显通寺无量殿）—峨眉山（伏虎寺、万年寺、报国寺）—安徽省池州市九华山（地藏菩萨朝圣、化城寺、肉身宝殿、百岁宫、甘露寺、天台寺、青阳县旃檀林、慧居寺、上禅堂）—浙江省舟山市普陀山（法雨寺、普济寺、盘陀庵、灵石庵、莲洋午渡、短姑圣迹、莲池夜月、法华灵洞、千步金沙）。
>
> 禅宗文化体验休闲之旅：河南省登封市少林寺（初祖达摩）—湖北省黄冈市四祖寺、五祖寺（四祖道信、五祖弘忍）—安徽省安庆市禅宗文化体验休闲（天柱山三祖寺、司空山二祖道场、禅乐、禅食、禅茶、禅武、禅画、禅诗）—广东省肇庆市南华寺（六祖慧能）。

> **专栏18**
>
> **2条精品旅游线路**
>
> 国家级重点寺庙之旅：滁州市（琅琊寺）—合肥市（明教寺）—芜湖市（广济寺）—池州市九华山（化城寺、肉身宝殿、百岁宫、化城甘露寺、祇园寺、天台寺、旃檀林、慧居寺、上禅堂）—安庆市（迎江寺、乾元禅寺）。
>
> "禅宗寻根"旅游线路：安庆市迎江区迎江寺—安庆市迎江区赵朴初公园—安庆市天柱山三祖寺—安庆市太湖县花亭湖—安庆市司空山二祖寺。

（六）道教文化旅游品牌

1. 品牌建设思路

丰富道教文化旅游业态，开发道教文化旅游产品，重视道教文化旅游营销，推出问道、养生、生态、修身、文化五大道教文化旅游主题，以道教发源地亳州和道教文化名山齐云山为重点，塑造亳州"道之源"和"问道齐云山"两大道教文化旅游品牌，创建具有全国影响力的道教文化旅游目的地。

2. 道教文化旅游产业集聚区

亳州道教文化旅游产业集聚区。依托亳州"道之源"道教文化资源和老子、庄子中华名人效应，提升亳州道教文化旅游知名度，塑造"道之源"道教文化旅游品牌，提高集聚区道教文化凝聚力。以亳州市涡阳县天静宫为中心，培育道教文化旅游产业，集聚相关产业。发挥亳州"药都"作用，引入中医药养生游与道教养生游理念，创新道教文化旅游业态，丰富集聚区产业组成要素，建设亳州道教文化旅游产业集聚区。

齐云山道教文化旅游产业集聚区。以四大道教名山之一的齐云山为核心，依托齐云山深厚悠久的道教文化和自然风景资源，推进齐云山道教文化旅游与山地旅游、生态旅游、体育旅游、养生旅游的融合，建立齐云山道教文化旅游产业集聚区，加强与新安江、齐云山小镇、黄山、九华山等周边旅游景区及全国道教名山的旅游合作，建设齐云山道教文化旅游产业集聚区，塑造"问道齐云山"道教文化旅游品牌。

3. 道教文化旅游产品体系

（1）传统文化旅游产品。提升道教朝觐游，道教庙会，道教建筑、绘画、雕刻观光游，道教音乐，道教斋饭体验游等传统道教文化旅游产品品质。加强道教文化旅游与其文化载体的融合，支持齐云山山地游与道教文化游，涡河道源游与水上风景道观光游的融合发展。

（2）新业态文化旅游产品。道教文化旅游创意园。举办道教文化节庆，汇聚道教文化旅游产品，开展多样化道教文化旅游活动。

道教养生旅游产品。结合道教文化内涵，加强道教文化节点旅游要素建设，加强道教文化旅游与健康养生旅游的融合，开展修身修心的道教文化养生游。

道教文化休闲度假旅游产品。结合道教文化宁静平和的内涵，营造优美的环境，打造修身养性休闲产品，开发道教文化休闲度假旅游产品。

道教文化生态旅游产品。发挥道教文化景区生态环境优势，开发道教文化生态旅游产品，发挥道教文化生态旅游产品陶冶情操、增强健康的作用。

（3）"1+2"精品旅游线路。

专栏 19

1 条全国道教文化旅游线路

名山问道之旅：四川省都江堰市青城山（上清宫、天师洞、建福宫、祖师殿、老君阁）—湖北十堰市丹江口市武当山（太和宫、净乐宫、玄天玉虚宫、复真观）—安徽省黄山市休宁县齐云山（洞天福地、太素宫、玉虚宫、真仙洞府、楼上楼景区）—江西省鹰潭市龙虎山（上清宫、天师府、正一观）。

专栏 20

2 条精品旅游线路

问道齐云山之旅：六安市金寨县望仙亭—黄山市休宁县月华街—黄山市休宁县玄天太素宫—十堰市丹江口市玉虚宫。

道之源之旅：亳州市蒙城县庄子祠—亳州市谯城区道德中宫—洛阳市老城区下清宫—亳州市涡阳县天静宫—亳州市涡阳县老子庙—淮南市凤台县茅仙洞。

4. 道教文化旅游项目

充分利用道教宫观文化底蕴，打造一批道教宫观文化旅游项目。

专栏 21

安徽省主要道教文化旅游宫观

合肥市庐阳区六谷祠、合肥市肥西县三清观、亳州市谯城区道德中宫、亳州市涡阳县天静宫、亳州市涡阳县下清宫、亳州市蒙城县庄子祠、淮南市八公山汉淮南王宫、淮南市凤台县茅仙洞（含清天观道院、古硖石寺、茅仙古洞）、淮南市寿县八公山帝母宫、蚌埠市怀远县禹王宫、蚌埠市怀远县荆山纯阳道院、六安市金寨县双河观、六安市金寨县天心观、六安市霍山县南岳庙、芜湖市芜湖县敏灵观、芜湖市凤凰山青华观、铜陵市义安杏山葛仙洞、安庆市潜山县元妙观、安庆市宿松县七祖宫、黄山市休宁县齐云山玉虚宫、黄山市休宁县齐云山太素宫、黄山市休宁县齐云山真仙洞府、黄山市休宁县齐云山楼上楼景区。

（七）文房四宝文化旅游品牌

1. 品牌建设思路

深入挖掘以文房四宝为代表的中国传统书香文化内涵，支持中国文房四宝产业园、中国宣纸文化园建设，以文化创意为抓手，加强与阜阳剪纸、太和书画、萧县书画、芜湖铁画等合作，开发一批安徽创意文化旅游产品。积极创建中国文房四宝文创品牌，明确"旅游＋文化＋金融＋科技"思路，充分利用"互联网＋技术"，设立中国文房四宝文化创意旅游商品在线交易平台，举办中国文房四宝旅游产品展销会。以宣纸制作技艺、宣笔制作技艺、歙砚制作技艺和徽墨制作技艺等非物质文化遗产，联合全国其他地区文房四宝文化资源，申报世界文化遗产和世界非物质文化遗产，建设中国文房四宝文化旅游目的地。

2. 文房四宝文化旅游产业集聚区

宣纸文化旅游产业集聚区。利用宣城市泾县云岭村的山谷径流、古道村落和曹氏造纸历史文化资源，建设中国宣纸发源地旅游景区。依托宣城市泾县优越的自然环境和深厚的文化底蕴，创建国家级宣纸技术研发中心，拓展宣纸书画纸应用领域，实施文化用纸、工艺品用纸和消费品用纸"三纸叠加"战略，加快构建集原料基地、宣纸制作技艺及宣纸衍生工艺品生产、古法技艺展示、观光体验为一体的宣纸文化旅游产业链，以中国宣纸博物馆为依托，以"红星牌"宣纸为核心，联合"汪同和""汪六吉""小岭千年古宣""常春纸业"和"桃记"等塑造宣纸品牌体系，建立宣纸文化产业集聚区。

宣笔文化旅游产业集聚区。加强宣城市宣州区宣笔苑、宣城市宣州区昆山湖、宣城市宣州区梅氏文化园等项目建设。联合古镇民俗文化、"山、茶、禅、笔"休闲文化、水乡休闲养生度假和环城休闲娱乐文化，重点建设中国宣笔文化园项目，建设宣笔文化旅游产业集聚区。

歙砚文化旅游产业集聚区。依托黄山市歙县丰富的歙砚文化资源，联合婺源，建设歙砚国家非物质文化生产性保护示范基地和国家产业示范基地，建设歙砚文化产业集聚区。

徽墨文化旅游产业集聚区。依托宣城市绩溪县、黄山市屯溪区、黄山市歙县丰富的徽墨文化资源和产业基础，联合上饶市婺源县，重点建设中国徽墨文化旅游产业园，建设集徽墨生产、研究、保护、传承、体验、旅游于一体的徽墨文化旅游产业集聚区。

3. 文房四宝文化旅游产品体系

依托文房四宝文化旅游资源，完善文房四宝文化旅游产品体系。

（1）传统旅游产品。继续发挥文房四宝传统文化、旅游产品优势，丰富文房四宝传统旅游产品的内涵，支持宣城文房四宝文化旅游综合体、中国宣纸文化园、中国徽墨文化旅游产业园、胡开文墨庄等建设。

（2）新业态旅游产品。整合区域内文化、生态、农业、工业、小镇、会展节庆等资源，重点培育和打造六大类新业态旅游产品。

文房四宝研学旅行产品。大力培育文房四宝研学旅行系列产品，开发精品景点线路、研学旅行路线。支持中国文房四宝博物馆的建设，大力培养文房四宝传承人。加强中外文化交流，将宣城市、黄山市建设成为中国文房四宝研学旅行主要基地，塑造中国文房四宝研学之旅品牌。

文房四宝文化旅游体验园。以体验宣笔、宣纸、徽墨、歙砚文房四宝的制作流程为主题，支持宣城文房四宝文化旅游综合体、宣纸文化园、中国徽墨文化旅游产业园、歙砚文化园的建设，打造集文房四宝生产、研究、保护、传承、体验、旅游于一体的文化体验园，整合宣城市、黄山市乃至全国其他文房四宝资源，建设中国文房四宝文化旅游景区。

文房四宝特色文化旅游小镇。依托白地宣砚特色小镇、上庄徽墨小镇、乌溪宣纸小镇和歙砚小镇，加强文房四宝文化旅游小镇集群建设，塑造"文房四宝"旅游品牌，将宣城市、黄山市建设成为文房四宝主题旅游小镇研发和人才培养基地。

文房四宝文化旅游主题酒店。支持宣城市与黄山市设计、建设、管理文房四宝主题示范酒店，塑造文房四宝主题酒店品牌。

文房四宝主题旅游众创空间。以"孵化平台+创业投资+产业资源"三位一体的运营模式，打造全省文房四宝主题创业创新、创意产业集聚地和文化新地标。在宣城市、黄山市创建中国文房四宝旅游创客园、旅游小微企业孵化区、创意旅游商品街区、创意旅游教育培训区、创意旅游总部服务平台等文房四宝主题旅游众创空间，在宣城市、黄山市轮流举办中国文房四宝创意文化旅游产品创新大赛。

文房四宝文化旅游节事节庆。发起成立中国文房四宝文化论坛和中国文房四宝文化产业博览会，将宣城市、黄山市作为永久会址，在两地轮流举办论坛和博览会，开拓"线上+线下"的中国文房四宝艺术品、旅游产品交易市场。

（3）4条精品旅游线路。

> **专栏22**
>
> **4条精品旅游线路**
>
> 文房四宝之旅：宣州区（宣州宣笔厂）—泾县（宣纸文化园）—旌德县白地镇（宣砚小镇）—歙县徽州古城、屯溪区（文房四宝手工作坊、屯溪老街）。
>
> 文房四宝体验之旅：宣州区（宣州宣笔厂）—泾县（查济古建筑群）—泾县（宣纸文化园）—屯溪区（屯溪老街、徽墨厂）。
>
> 文房四宝会展之旅：婺源县（歙砚厂）—泾县（宣纸文化园）—绩溪县（徽杭古道）—黟县（文房四宝手工坊、西递宏村）—太和县（书画展）—萧县（萧县书画展）。
>
> 非物质文化遗产之旅：黄山市（歙砚、徽墨文化园）—宣城市（宣纸文化园、宣州宣笔制造厂）—芜湖市（铁画）—合肥市（合肥非遗园）—宿州市（灵璧奇石）。

4. 文房四宝文化旅游项目

发挥市场主体作用，整合旅游资源，发挥文房四宝文化特色，加大资本投入，支持文房四宝文化企业发展，带动全省文房四宝文化旅游发展。

> **专栏23**
>
> **文房四宝文化旅游重点项目**
>
> 宣城市：宣城市宣州区宣笔苑、宣城市宣州区中国宣纸集团（红星宣纸）、宣城市宣州区宣笔厂、宣城市宣州区宣城书香田园、宣城市泾县中国宣纸文化园、宣城市旌德县宣砚文化园、宣城市旌德县古法油烟墨制造厂、宣城市旌德县文庙、宣城市旌德县白地宣砚特色小镇、宣城市绩溪县胡开文墨业有限公司（生肖墨）、宣城市绩溪县中国徽墨文化旅游产业园、宣城市文房四宝文化旅游综合体、宣城市文房四宝创意园、宣城市梅氏文化园。
>
> 黄山市：黄山市屯溪区胡兴堂文化发展有限公司（徽墨酥、熹园宾舍酒店、徽州书院）、歙县黄山弘博歙砚有限公司（徽韵等）、黄山市黟县黄山徽州竹艺轩雕刻有限公司（宏村窗纹书签等）、黄山市黟县金星工艺有限公司（徽州风韵石雕）、黄山市休宁县松萝有机茶叶开发有限公司（"茗蕴珍藏"茶具等）。

（八）青铜文化旅游品牌

1. 品牌建设思路

深入挖掘铜文化底蕴，以铜文化为主导，以文化园区建设为载体，推动铜雕塑和铜艺术品、铜生活品、铜装饰品等相关产业集聚发展，加强铜文化与旅游装备制造业融合发展。将铜文化元素融入文化旅游，明确"旅游+文化+金融+科技"发展思路，充分利用"互联网+"技术，设立青铜旅游商品在线交易平台，将铜陵市建成"世界铜艺之都"，中国重要的青铜文化旅游目的地。

2. 铜文化旅游产业集聚区

铜陵文化旅游产业集聚区。支持铜陵市创建工业旅游城市，挖掘铜文化内涵，加强与其他地区青铜文化的产业联合，完善铜采矿、铜冶炼、铜加工、铜工艺品制作产业链。依托传统产业升级发展文化创意产业，以"铜文化"为主题，以"国际性"为视野，以"创意性"为主导，以"复合型"为亮点，打造一批集铜文化、铜工艺展示、铜工艺创作交流、铜工艺品交易、观光旅游及特色休闲于一体的铜文化旅游区。

3. 铜文化旅游产品体系

以铜文化为主题，打造一批具有"青铜魂、中华韵、世界风"特色的铜建筑。加强文化创意产业与铜工业、旅游业深度融合，促进铜文化相关产业发展水平不断提高、产值不断增加，打造一批以文化创意、影视动漫为代表的新兴铜文化旅游产品。

铜文化研学基地。支持举办中国（铜陵）青铜文化博览会，举办铜文化创意大赛，设立大师工作室，塑造铜陵"中国青铜文化故里"形象。

铜文化旅游演艺。以铜文化为主线，支持大型音乐舞台剧《青铜魂》、现代都市黄梅戏《青铜之恋》、大型诗画《青铜神圣》等弘扬铜文化艺术作品的创作。

铜文化旅游创客空间。支持铜陵建设中国青铜文化旅游创意产业基地，支持社会创客群体打造铜陵文化旅游创意空间集聚区。积极研发"铜文化＋创客空间"的新模式。重点推进一批动漫创意、3D打印、铜文化创意、体验、虚拟与现实技术（全息、VR）等新兴青铜文化旅游创意空间。

铜文化主题酒店。以弘扬和发展铜文化为核心，融入铜文化元素，结合现代元素，设计铜文化主题酒店。

铜文化工业旅游产品。以文化工业旅游为突破，实施转型升级，打造"铜文化"品牌，提升铜文化竞争力和影响力，推动铜文化产业发展。以铜艺术品设计、开发、制作为主题，加强科技与文化的融合，重点着力塑造铜都文化品牌。

4. 铜文化旅游项目

发挥市场主体作用，结合铜文化特色，引入国际旅游品牌，发挥历史人文资源优势，策划、建设现代高端的铜文化旅游产业项目，打造系列铜文化旅游项目，通过重点项目建设，带动铜文化旅游发展。

专栏24

铜文化旅游重点项目

阜阳市颍泉区阜阳杜氏刻铜技艺展示、铜陵市铜官区铜陵博物馆、铜陵市铜官区国际铜雕艺术园、铜陵市铜官区铜官府铜工业文化产业园、铜陵市铜官区铜文化广场、铜陵市铜官区大铜官山公园、铜陵市义安区铜艺术品生产与铜文化展示基地（铜陵新九鼎铜文化产业有限公司）、铜陵市义安区金牛洞古采矿遗址、铜陵市郊区罗家村大炼渣遗址保护公园、铜陵市中国青铜文化博览会、铜陵市义安区木鱼山遗址、铜陵市中国青铜文化数据库、铜陵市铜文化创意产业园、铜陵市国际铜文化创意产业园。

（九）戏曲文化旅游品牌

1. 品牌建设思路

以黄梅戏、花鼓灯为核心，以傩戏、庐剧、徽剧、泗州戏等戏曲文化为支点，创新全省戏曲文化旅游业态，培育戏曲文化旅游品牌。充分利用安庆国家历史文化名城的文化优势，依托黄梅戏文化，塑造和彰显安庆市"有戏的城市"文化旅游品牌形象。

2. 戏曲文化旅游产业集聚区

黄梅戏文化旅游创意产业集聚区。依托安庆黄梅戏文化资源，利用现代技术，丰富《天仙配》《女驸马》《闹花灯》《打猪草》《徽州女人》等经典剧目表现形式。依托安徽省黄梅戏剧院、黄梅戏大观园、安庆市再芬黄梅艺术剧院，支持引入创作资本、机构、团队，支持《黄山映象》等旅游演艺节目创作，建设黄梅戏文化创意产业集聚区。

花鼓灯创意文化旅游产业集聚区。利用蚌埠、凤阳花鼓灯文化资源，利用现代技术手段，增强花鼓灯观赏性。培养一批花鼓灯传承人，促进花鼓灯文化活态传承，完善花鼓灯民间传承机制，建设花鼓灯创意文化旅游产业集聚区。

3. 戏曲文化旅游产品体系

（1）传统旅游产品。丰富传统剧目表现形式，优化提升戏曲剧院的基础设施和旅游设施。加强剧院与周边旅游景区的联动，实行旅游景区门票优惠看剧计划。

（2）新业态旅游产品。

戏曲文化旅游节事节庆产品。发展戏曲旅游演艺，定期举办戏剧节事游，支持安徽曲艺节旅游功能的发挥。加大中国戏曲文化节、中国（安庆）黄梅戏艺术文化节等宣传力度。在安庆、蚌埠分别推出黄梅戏、花鼓灯常态化的大型实景文化演出。扩大黄梅戏的国际影响，举办中国（安庆）国际戏曲节，塑造黄梅戏"中国最美乡村音乐"的形象，举办中国（安庆）国际乡村音乐节。举办花鼓演艺节，强化蚌埠的"东方芭蕾"——花鼓之乡形象。

戏曲创意文化旅游产业园区。建设一批戏曲文化遗产传习基地，搭建戏曲文化代表作品的交易平台，创新传播、传习形式，推动戏剧、曲艺等与文创产业的融合，打造一批戏曲文化创意旅游产业园区。

戏曲文化旅游影视基地。依托黄梅戏、花鼓灯历史文化底蕴，重点打造一批戏曲文化影视基地，建设影视拍摄外景地、影视剧情体验区、影视文化旅游产品开发展示区。

戏曲创意文化旅游街区。挖掘戏曲传统文化元素，融入现代文化创意元素、休闲元素，建设时尚高雅的戏曲文化创意街区。在黄梅戏、花鼓灯、徽剧、庐剧、京剧等发祥地至少建设一条戏曲文化旅游创意街区。

（3）2条精品旅游线路。

> **专栏25**
>
> **2条精品旅游线路**
>
> 黄梅戏文化之旅：安庆市迎江区中国黄梅戏博物馆—安庆市迎江区严凤英纪念园—安庆市怀宁县黄梅阁—安庆市宜秀区黄梅戏艺术职业学院—安庆市迎江区菱湖景区。
>
> 花鼓灯文化之旅：合肥市（万达城）—蚌埠市（花鼓灯嘉年华）—凤台县—颍上县。

（十）中医药文化旅游品牌

1. 品牌建设思路

充分利用全省中医药文化资源优势，开发中医药特色旅游产品，充分利用"一带一路"沿线国家中医药合作平台，联合相关省市区推出中医药旅游线路。打造一批中医药特色旅游小镇，建设一批中医药旅游景区，形成一批中医药养生体验和观赏基地。大力开发中医药特色旅游商品，塑造安徽中医药旅游品牌。建设皖南中医药养生康复旅游基地、大别山区生态养生旅游基地、皖中中医温泉康复旅游基地、皖东南中医休闲养生旅游基地和皖北中医药养生旅游基地。加强中医药与乡村旅游的结合，建设中草药种植园。支持贫困户参与中草药生产，培育旅游扶贫新途径。加强中医药与文化的结合，开展养生体验及遗产文化旅游。加强中医药旅游的国际宣传，使中医药旅游成为安徽入境游新的增长点。

2. 中医药文化旅游产业集聚区

以中医药文化体验和传播为主题，打造融中医药疗养、康复、养生、文化传播、商务会展、中药材科考与旅游于一体的中医药健康旅游。结合中医药文化资源要素空间分布，建设五大产业集聚区。

皖南中医药养生旅游产业集聚区。充分挖掘新安医学等资源，大力开发黄山中医药旅游。支持黄山太极文化有限公司、池州市九华山健康产业园中医药健康旅游基地、铜陵国家中医药健康旅游基地等建设，建设一批中医药养生旅游产业基地。

皖东南中医药休闲养生旅游产业集聚区。以健康养生、休闲度假、传播中医药文化、体验文化为主题，培育中医药观光、中医药文化体验、中医药养生体验、中医药特色医疗旅游、中医药美容保健、中医药会展节庆、中医药购物、传统医疗体育旅游及中医药科普教育等新兴业态。依托芜湖市丫山中医药健康旅游基地、大浦乡村世界中医药健康旅游基地、宣城市宣木瓜文化旅游景区、旌德康富源中医药健康旅游基地等景区，建设一批中医药休闲养生旅游产业基地。

大别山生态养生旅游产业集聚区。依托大别山生态环境、自然景观和养生资源，以休闲养生为主题，建设大别山综合型旅游养生度假中心，支持金寨县、霍山县、岳西县创建国家中医药健康旅游示范区，支持霍山县打造中国大别山石斛健康养生基地。依托六安市大别山主峰景区健康基地（天下泽雨霍山石斛种植基地）、六安市石斛园中医药健康旅游基地、六安市张店九月中医药健康旅游基地、安庆市潜山县梦香缘中医药健康旅游基地、安庆市潜山县天柱福元乡村民宿中医药健康旅游基地、安庆市岳西县天悦湾温泉中医药健康旅游基地等，建设大别山生态养生旅游产业集聚区。

皖中中医药温泉养生旅游产业集聚区。以温泉养生文化旅游为核心，建设温泉养生文化旅游小镇。积极开展温泉瑜伽秀、温泉养生大讲堂、温泉体验季等系列活动。依托合肥市庐江县金孔雀温泉养生中心、合肥市国际健康产业园、滁州市龙山中医药健康旅游基地、滁州菊花博览园，形成一批中医药温泉康复旅游产业基地。

皖北中医药养生旅游产业集聚区。重点建设亳州中华养生旅游度假区，以亳州市华佗中医药博物馆、康美中药城中医药健康旅游基地等康体养生基地为载体，建设一批中医药养生旅游产业基地，支持亳州创建国家中医院健康旅游示范区，塑造亳州"中华药都"的形象，支持亳州建设全球最大的中药材市场和价格形成中心，努力将亳州打造成为世界中医药之都，世界中医药旅游之都。

3. 中医药文化旅游产品体系

加强旅游业中医药产业融合，培育新业态中医药文化旅游产品。

（1）传统旅游产品。继续发挥传统中医药文化旅游产品优势，支持合肥市金孔雀温泉养生中心、亳州市中华养生城旅游度假区、亳州市华佗中医药博物馆、六安市大别山主峰健康旅游景区、宣城市宣木瓜文化旅游景区、黄山市黄山太极文化有限公司等中医药文化旅游景区园区建设。

（2）新业态旅游产品。重点培育和打造六大类新业态旅游产品。

中医药生态农业观光产品。以亳芍、亳花粉、石斛、亳菊、滁菊、黄山贡菊、灵芝、牡丹、茯苓等特色中草药农业资源为依托，建设一批集"自然、生产、休闲、康乐、教育"于一体的中医药生态农业观光园，发展中草药体验旅游。

中医药休闲养生产品。建设一批集自然养生、保健护理、养老休闲、旅游医疗为一体的国家级和省级养生养老示范基地。充分利用"中华药都"的品牌优势及丰富的中草药资源，重点建设亳州中华养生城旅游度假区。

药膳旅游产品。依托全省丰富的灵芝、石斛，亳芍等中药食材资源，支持药膳旅游产品开发，完善药膳制作标准化，鼓励本土餐饮企业连锁经营药膳旅游产品。在亳州城市和景区周围建造药膳主题商业街，塑造推广亳州药膳旅游之都形象。

中医药工业旅游产品。重点建设以合肥市金孔雀温泉养生中心、亳州市华佗中医药博物馆、六安市大别山主峰景区健康旅游基地（天下泽雨霍山石斛种植基地）、芜湖市南陵县丫山中医药健康旅游基地、宣城市广德县宣木瓜文化旅游景区、黄山市黄山太极文化有限公司为代表的中医药工业旅游产品。

中医药会展节庆产品。依托特色资源优势，大力发展中医药会议会展旅游产品，支持亳州市举办国际（亳州）中医药博览会暨全国（亳州）中药材交易会，支持合肥市、亳州市、黄山市等地申办"一带一路"国家中医药会展论坛、中医药旅游博览会、世界传统医药国际展览会、世界医疗健康产业以及世界传统医药旅游、世界医疗健康旅游等高峰论坛。

中医药研学旅游产品。深入挖掘中医药历史文化底蕴，大力弘扬中华传统文化，培育研学旅游产品——中医药文化研学体验游。支持省中医药博物馆的建设，建立一批中医药旅游基地。

(3) 4条精品旅游线路。

> **专栏 26**
>
> **4条精品旅游线路**
>
> 中医药文化之旅：黄山（新安医学）—六安（大别山国际养生文化区）—亳州（康美中药城、华佗故居、华佗五禽戏健康旅游基地）。核心城市：黄山市、安庆市、六安市和亳州市。
>
> 中医药温泉体验之旅：合肥市庐江县金孔雀温泉养生中心—马鞍山市和县香泉温泉—亳州市谯城区郑店子中华药都养生园—亳州市谯城区温泉度假区。核心城市：合肥市、马鞍山市和亳州市。
>
> 药膳养生文化之旅：黄山市（徽菜）—池州市九华山（素斋）—六安市大别山（山珍宴）—淮南市（淮南豆腐宴）—亳州市（药膳）。核心城市：黄山市、池州市、六安市、淮南市和亳州市。
>
> "中华药都"健康养生之旅：亳州市谯城区康美中药城—亳州市谯城区亳城古道—亳州市谯城区郑店子中华药都养生园—亳州市谯城区华祖庵景区—亳州市谯城区林拥城。核心城市：亳州市。

4. 中医药文化旅游项目

结合中医药文化特色，打造系列中医药文化重点旅游项目。

> **专栏 27**
>
> **中医药文化旅游重点项目**
>
> | | |
> |---|---|
> | 皖北 | 亳州市谯城区温泉度假区、亳州市谯城区华佗中医药博物馆、亳州市谯城区中华药博园、亳州市谯城区中医药博览会、亳州市谯城区华佗故居、亳州市谯城区郑店子中华药都养生园、亳州市谯城区康美华佗国际中医药研学旅行基地、亳州市谯城区华佗五禽戏健康旅游基地、亳州市谯城区十八里中药材观光示范园区、亳州市谯城区菊花园、亳州市上汤温泉旅游度假区、蚌埠市龙子湖区万绿生态园中医药健康旅游基地。 |
> | 皖中 | 合肥市蜀山区国际健康产业园、合肥市巢湖市半汤温泉、合肥市庐江县金孔雀温泉养生中心、合肥市庐江县汤池温泉、合肥市庐江县东汤池温泉养老基地、滁州市南谯区菊花博览园、滁州市龙山中医药健康旅游基地、六安市舒城县汤池温泉、六安市舒城县山七温泉、马鞍山市含山县褒禅山香泉旅游。 |
> | 大别山 | 六安市金安区张店九月中医药健康旅游基地、六安市舒城县金汤池温泉度假村、六安市霍山县大别山主峰景区健康旅游基地（天下泽雨霍山石斛种植基地）、六安市霍山县石斛园中医药健康旅游基地、六安市岳西县天悦湾温泉、六安市大别山（岳西）国际养生文化产业园。 |
> | 皖南 | 芜湖市南陵县丫山中医药健康旅游基地、芜湖市南陵县大浦乡村世界中医药健康旅游基地、宣城市广德县宣木瓜文化旅游景区、宣城市泾县琴溪国家养老皖南示范基地、宣城市泾县琴溪马头祥养生观光园、宣城市旌德县灵芝文化节、铜陵市义安区丹凤中医药健康旅游基地、池州市东至县西海温泉度假村、池州市石台县秋浦河温泉养老公寓、池州市石台县怪潭景区中医养中心、池州市青阳县九华山健康产业园中医药健康旅游基地、池州市青阳县九华温泉、黄山市徽州区黄山太极文化有限公司、黄山市黄山区汤口温泉小镇、黄山市黄山区飘雪温泉、黄山市休宁县幸福新世界休闲养生度假区。 |

（十一）茶文化旅游品牌

1. 品牌建设思路

茶文化是中国传统文化重要载体和符号之一，安徽茶文化是中国茶文化的重要组成部分，讲好安徽茶故事，传播安徽茶文化，宣传安徽茶品牌，塑造中国名茶之乡，是发展安徽茶文化旅游的重要内容。依托全省丰富的茶文化资源，深入挖掘茶文化内涵，打造主题鲜明的特色茶文化旅游产品。建设一批特色茶文化旅游小镇，发展茶文化产业，延伸茶文化旅游产业链，打造多旅游功能的茶文化旅游综合体，塑造具有世界影响力的茶文化旅游品牌。

2. 茶文化旅游产业集聚区

黄山绿茶文化旅游产业集聚区。以黄山毛峰和太平猴魁茶叶品牌为核心，丰富黄山绿茶文化旅游产业要素。开发绿茶文化旅游产品与设计创意绿茶文化旅游商品，完善绿茶文化产业链，支持绿茶文化产业发展，打造黄山绿茶文化旅游产业集聚区。

祁门红茶文化旅游产业集聚区。以祁门红茶品牌为核心，打造祁门红茶旅游产业集聚区。充分利用祁门红茶文化资源，开发红茶文化旅游产品，设计创意红茶文化旅游商品，完善红茶文化产业链，打造祁门红茶文化旅游产业集聚区。

宣城绿茶文化旅游产业集聚区。以宣城市郎溪县十字铺为核心，建设"亚洲最大茶园"。支持建设绿茶茶园度假小镇、茶园精品酒店、茶园旅游综合体，打造集休闲、度假、养生、观光于一体的宣城绿茶文化旅游产业集聚区。

六安茶谷茶文化旅游产业集聚区。支持六安茶谷茶产业发展，将六安茶谷建成中国绿茶旅游示范点和最大的茶文化主题公园。支持六安茶谷休闲农庄、茶谷驿站、茶谷小院等建设，支持徽六、一笑堂等知名旅游茶企业的发展，打造六安茶谷茶文化旅游产业集聚区。

滁州贡菊文化旅游产业集聚区。以滁州贡菊品牌为核心，开发其观赏价值和药用功能，挖掘贡菊文化内涵，注重参与体验和创意发展，形成集贡菊生产、农耕体验、健康养生、教育展示、产品加工销售于一体的滁州贡菊文化产业集聚区。

3. 茶文化旅游产品体系

整合茶文化、农业、饮食、会展、公园等多种旅游资源，打造种类丰富、覆盖面广，主题性和参与性强的茶文化旅游产品。重点培育和打造四大类新业态旅游产品。

（1）传统旅游产品。茶园生态农业观光旅游产品。依托茶叶种植基地和种植基地优美的自然环境，打造茶休闲农庄，建设茶园景观综合体，发展茶园体验与观光相结合的特色旅游。

（2）新业态旅游产品。茶养生旅游产品。依托茶和茶叶药用价值优势，打造六安茶谷、祁红养生基地、黄山毛峰养生基地、滁州贡菊养生基地等特色茶养生基地。建设以养生茶、美容茶、减肥茶为主题的休闲茶馆。建设一批集自然养生、保健护理、养老休闲为一体的茶文化养生养老示范基地。

茶文化旅游小镇产品。以茶园等为依托，建设淮北市濉溪县临涣镇、芜湖市三山区峨桥镇、黄山市黄山区太平猴魁小镇、黄山市徽州区谢裕大茶叶博览园、黄山市祁门县祁红小镇等特色茶文化旅游小镇。开发集吃茶食、住茶院（民宿、茶文化主题酒店）、游茶园、买茶品、采摘茶等多项茶活动为一体的茶文化特色产品。遴选特色旅游小镇支持黄山、六安等地举办中国茶文化节、世界茶文化论坛。

茶文化研学旅游产品。重点推进茶博会、茶文化节等茶事活动的建设，为游客提供品茶、观茶、体验亲手制茶等主题活动，全方位展示茶文化，使游客在赏茶、沏茶、闻茶、饮茶、品茶的过程中学习茶艺、茶礼、茶道，体验茶乡、品味茶文化，支持六安市、宣城市、黄山市等地建设国家级茶文化研学旅游基地。

（3）2条精品旅游路线。

专栏 28

茶文化旅游精品线路

茶文化研学之旅：黄山毛峰—太平猴魁—祁门红茶—宣城涌溪火青—六安瓜片。核心城市：黄山市、宣城市、六安市。

茶膳美食体验之旅：六安瓜片、霍山黄芽—敬亭绿雪、泾县特尖—黄山毛峰、太平猴魁—祁门红茶。核心城市：六安市、宣城市、黄山市。

---

4. 茶文化旅游项目

打造系列重点茶文化旅游项目，提升茶文化旅游品牌价值。

茶文化博物馆。支持黄山市徽州区唐模村谢裕大茶博园和黄山市祁门县祁门红茶博物馆建设，以茶之历史、茶之名人、茶之艺术、茶之民俗、茶之器具、茶之种植、茶之养生等为主题开发茶文化旅游产品。融入现代科技和文化元素，提高茶博物馆（园）的参与性和体验性。

茶文化博览会。举办安徽茶产品项目推介会、茶产业交易会、茶产品文化节等活动，举办中国（安徽）茶文化论坛，讲好安徽茶故事、塑造安徽茶文化旅游形象。

茶基地摄影节。策划以"安徽最美茶乡"为主题摄影节，筹划摄影大展，举办摄影高峰论坛、摄影名家讲座等专业活动。以摄影节为平台，以摄影作品为宣传手段，塑造安徽茶乡形象。

"万里茶道"国际茶文化旅游品牌线路。积极加入中蒙俄"万里茶道"国际茶文化旅游品牌线路建设，重建古茶道，共谋新发展，共同塑造国际茶文化旅游形象。加强与沿线国家和地区合作，共同塑造"万里茶道"旅游品牌。

（十二）饮食文化旅游品牌

1. 品牌建设思路

挖掘全省饮食文化资源，提炼饮食文化的精髓，塑造一批饮食文化旅游品牌。坚持以饮食文化原生性、饮食原材料地域性、饮食产品季节性、饮食商品风味性为依托，推进饮食文化旅游品牌化、标准化建设。重点支持金满楼、叶氏酒店、盛臣大富豪、蜀王饮食、梦都餐饮、老乡鸡、耿福兴、同庆楼、披云徽府、徽州人家等餐饮品牌企业发展。

创新徽州美食文化，弘扬中华药都亳州的药膳饮食文化，挖掘江淮地区小吃文化，打造"一城一街"的城市特色美食街系列品牌。举办一批各具城市风味的特色美食节，打造以饮食文化旅游品牌为主体的大型节事会展。开发系列徽州美食一日游、药膳养身一日游、江淮河鲜一日游等饮食文化旅游产品，绘制安徽美食地图，塑造安徽饮食文化旅游品牌。

2. 饮食文化旅游产业集聚区

以地方饮食文化、节庆会展、影视作品等为载体，创新饮食旅游产品，打造一批高质量、有影响力的"饮食文化"旅游产业集聚区。

皖北"药膳风味"旅游产业集聚区。利用皖北特点的食材资源，发挥淮北平原的民俗特点，发展面食、杂粮类特色餐饮菜系。依托亳州丰富的中药资源，开发药膳饮食旅游产品，重点建设亳州药膳旅游主题商业街，形成"药膳风味"的饮食文化旅游产业集聚区。

江淮"南北交融风味"旅游产业集聚区。以"南北风味交融"为主题，打造江淮地区的美食城品牌。以淮南豆腐等为依托，塑造"健康食品"和"养身食品"的饮食品牌，支持江淮饮食文化旅游精品化、产业化和品牌化的发展。

大别山"山禽湖鲜风味"旅游产业集聚区。以大别山丰富的山珍野味资源和湖鲜为食材基础，以山珍湖鲜为主题，建设大别山区特色饮食文化旅游产业集聚区。

皖江"河鲜风味"旅游产业集聚区。开发皖江城市风味饮食旅游产品。支持芜湖虾籽面、巢湖米饺、合肥小龙虾等饮食旅游品牌，建设"河鲜风味"江城美食产业集聚区。

皖南"徽州风味"旅游产业集聚区。传承徽菜的工艺和风味，创新徽菜制作工艺，开发徽式养生菜肴、徽式山珍菜肴、徽式茶点、徽式小吃等新品种。建设徽州美食城、徽州美食街。引入毛豆腐加工、烙黄山烧饼、徽州菜式制作等参与性的游客体验项目，形成徽菜制作销售产业链，建设具有国际影响力的"徽州风味"旅游产业集聚区。

3. 饮食文化旅游产品体系

打造高品质的餐饮文化产品，加快饮食产业与新业态产品的融合，推进体验型新型餐饮产业发展，开发饮食文化旅游线路，创建饮食文化产品体系。

（1）传统饮食文化旅游产品。发挥传统饮食文化旅游品牌优势，编制"美食旅游菜单"，利用传统媒体和网络的营销，扩大传统饮食文化的知名度和影响力。大力支持芜湖耿福兴、同庆楼、胡玉美等安徽省老字号饮食品牌，打造一批老字号饮食龙头旅游企业。

（2）新业态饮食文化旅游产品。结合安徽南北特色民风民俗，塑造安徽饮食旅游品牌，开发一批新业态饮食文化旅游新产品。

"乡村饮食文化+旅游"产品。依托全省乡村资源，发展徽式农家乐、水产农家乐、耕作农家乐、茶家农家乐等乡村餐饮旅游新产品。举办评选年度十佳私房菜评选活动。

互联网饮食文化旅游产品。探索"互联网+"与饮食文化的融合形式，打造"徽式移动厨房"。

健康饮食文化旅游产品。以药膳和豆腐等为养身产品开发重点，以亳州曹操鸡、药桂焖甲鱼、淮南豆腐为核心，结合中药材、山珍河鲜等食材，开发健康饮食文化旅游产品。

（3）"1+2"精品旅游线路。

> **专栏29**
>
> **1条安徽名吃旅游专线**
>
> 寻觅美食文化之旅：黄山市（西海徽州苞芦粿、胡兴堂蟹壳黄烧饼、徽州毛豆腐、黄山臭鳜鱼、红烧果子狸）—宣城市（宁国山核桃、鸭脚包、绩溪菜糕、绩溪挞粿）—芜湖市（虾籽面、灌汤包、无为板鸭）—合肥市（小龙虾、包河藕、三河米饺）—六安市（吊锅）—淮南市（牛肉汤、八公山豆腐、寿县寿西湖大救驾）—蚌埠市（沱湖螃蟹、蚌埠石榴、湖沟烧饼、烧饼夹里脊）—宿州市（萧县葡萄、面皮、撒汤）—淮北市（地锅鸡）—亳州市（牛肉馍、撒汤）—阜阳市（卷馍）

> **专栏30**
>
> **2条精品美食旅游线路**
>
> 药膳养身文化之旅：黄山市（黄山臭鳜鱼、徽州毛豆腐、红烧果子狸、黄山炖鸽、太平烧青鱼）—芜湖市（芜湖三鲜、长江下游鲥鱼、沿淮肥王鱼、芜湖河蟹、芜湖虾籽面）—合肥市（巢湖银鱼）—六安市（丽清大别山鹅火锅、万佛湖鱼头、东石笋"十大海"、金寨吊锅宴、叶集羊肉）—亳州市（曹操鸡、曹氏鱼头、药桂焖甲鱼）。
>
> "不得不吃"美食之旅：宿州市（符离集烧鸡、撒汤）—亳州市（华佗药膳）—阜阳市（阜南卤鲫鱼）—淮南市（刘安点丹、清汤豆腐白玉饺、大救驾）—六安市（野生葛根糕）—合肥市（吴山贡鹅、三河米饺）—芜湖市（小笼包、虾籽面、无为板鸭）—黄山市（黄山双石、红烧臭鳜鱼、徽州刀板香、徽州苞芦粿、深渡毛豆腐、蟹壳黄烧饼）—宣城市（绩溪挞粿、胡氏一品锅）。

六　开拓市场

（一）优化旅游市场格局

1. 积极开拓入境旅游市场

参与重大文化交流活动。积极参与重要的对外文化交流活动，全面加强中俄旅游交流，拓展中俄红色旅游、中俄两江地区文化旅游合作新领域，积极参加"中美旅游年""中印旅游年"等交流活动。融入"一带一路"，加强与"一带一路"沿线国家和城市的文化旅游合作，着力提升安徽国际文化旅游目的地的地位。

加强与境外文化旅游品牌企业合作。建立长效的交流合作机制和交流平台，提升全省文化旅游国际化水平。

2. 全力扩展国内旅游市场

加强长三角、长江中游城市群区域城市联动，推进城市间文化旅游合作，建立区域文化旅游联动机制。

搭建文化旅游交流平台。针对客源地城市，推出精品文化旅游线路，建设区域文化旅游协作体。

（二）创新旅游市场营销

1. 夯实传统营销渠道

支持传统大众传媒营销活动。加大主流媒体对文化旅游的宣传，制作新颖的文化旅游地和景区园区旅游手册、旅游地图。完善报纸、广播电台、电视台的旅游栏目，开设专门的文化旅游节目、文化旅游广播、电视媒体广告节目。制作形象特色鲜明的文化旅游地形象宣传画，拍摄文化旅游地景区园区的微影片、风光片，以旅游媒体为载体进行传播。加强交通干线、高速路口、车站码头及主要景区园区文化旅游的宣传。

支持文化旅游展会活动。支持举办文化旅游产业为主题的会展，积极组团参加国内外文化旅游展销活动。支持举办中国徽茶文化节、中国豆腐文化节、中国李白诗歌节、中国黄梅戏艺术节、中国九华山庙会、中国青铜文化博览会、中国非物质遗产传统技艺展示大会等品牌会展。采取网络式的微营销，支持小型的文化旅游节会，切实提高全省文化旅游产业的营销水平。

加强文化旅游主题营销。遵循主题创意营销的理念，提供体验式旅游项目，融入原真性的山川美景、风土民俗、农耕文明，打造一批"徽式农家乐""茶叶工厂""铁画传承人"等文化主题项目。打造黄山"五绝"主题、新安医学养生主题、安庆黄梅戏曲艺主题、六安清明采茶主题等文化旅游活动。

2. 拓展新型营销渠道

开创"文化旅游+"新模式。加强"文化旅游+互联网""文化旅游+科技""文化旅游+VR""文化旅游+AR"等模式应用，以游客体验为主导，以智能科技为辅助，打造高智慧文化旅游产业。建立微营销团队，开展线上线下互动营销。借助名人效应进行互联网营销，邀请明星、微博大V、行业领域先锋等进行微博、微信公众号、线上媒体的发表、转载、有奖互动、话题讨论，积聚文化旅游产品和文化旅游地口碑效应。

重视旅游景区园区的摄影营销。打造"徽州意象"等主题的全国性、世界性摄影比赛和摄影艺术论坛，建设最佳摄影点，编绘最佳摄影点艺术地图。借助互联网，构建线上摄影作品展示、大众投票一体化的营销方式，举办多种形式的文化旅游摄影交流会暨评比会。

重视书画创作营销。开设"徽州文房四宝"交流会，邀请著名书法大师、画家进行文化旅游景区园区书画创作。评选最佳写生景点，编制最佳写生景点艺术地图。

开展文化旅游真人秀营销。结合徽州文化、黄梅戏等进行传统媒体和新兴网络自媒体的真人秀营销。

创作文化旅游影视新作品。创作影视作品，征集创意性电影、电视剧作品剧本，进行线上媒体营销。

七 保护与利用

（一）推动文化遗产传承与保护

充分利用"互联网+"，实施全省文化遗产保护数字化工程，建设省、市、县、乡镇四级文化遗产基础信息库体系。加强黄山、西递宏村、大运河世界遗产保护，完善世界遗产保护监测建设。加强考古遗址、传统村落保护，完善传统村落保护与旅游利用，落实文化遗产保护方案。加强三线厂等重要遗址保护。加强红色文化遗存保护，合理开发利用红色旅游资源。强化非物质文化遗产保护，加强国家级、省级非物质文化遗产保护，活化利用非物质文化遗产。推动文化遗产传承人和旅游人才培养相结合，建设一批全省文化遗产旅游人才培训基地，积极开展非物质文化遗产旅游宣传、展览、教学活动，培养非物质文化遗产传承人，促进非物质文化遗产活态传承。落实优秀传统文化进校园、进课堂、进教材，创新文化遗产传承方式。

（二）加强文化资源旅游合理利用

增强文化遗产与旅游融合，建成一批以文化遗产展示、传承、体验为主要内容的文化旅游景区园区。推动特色旅游小镇和乡村建设。充分活化、利用历史遗迹、红色遗存等文化遗产，打造一批安徽特色文化旅游产品，推出"安徽有礼"系列文化旅游纪念品。推进博物馆、文化保护示范园区、文化产业园、图书馆、文化广场、名人故里、红色旧址等文化遗产载体建设。

完善文化遗产保护相关法规和行动细则，建立健全文化生态保护组织协调机制和监测机制，落实各级政府责任，依法履行管理和监督责任。建立全省文化旅游产业股权交易平台和文化遗产交易平台。

（三）推动文化旅游创新发展

利用"互联网+"助推文化创新。充分利用现代科技手段，拓展文化旅游宣传营销渠道。利用线上营销平台，开发创新文化旅游产品，建设一批文化旅游度假区。

开发创意文化旅游产品。打造高品位文化旅游新地标，鼓励各地依托地方本土文化建设一批博物馆、美术馆、图书馆、纪念馆、非遗保护中心，打造一批创意文化旅游产业园，创新文化遗产保护和旅游利用模式。

打造高品质文化旅游品牌。依托地方特色文化资源，形成一批具有国际影响力的文化旅游品牌。

加强"美好安徽,迎客天下"旅游形象宣传,实现全省文化旅游品牌高端化、示范化、国际化。

八 保障措施

(一)管理体制

1. 管理组织改革

设立安徽省文化旅游发展领导小组和各市县文化旅游发展领导小组,全面指导旅游资源开发、旅游产业发展。在合肥、芜湖等地建立文化旅游产业研发基地,培育一批文化旅游企业,编制全省重点支持的文化旅游企业名录。

2. 监管部门改革

各市、县政府要确定重点文化旅游监管区域,划分旅游监管等级,健全文化旅游监管档案。加强文化旅游执法监管力量建设,探索"1+3"旅游管理体制:重点市(县、区)成立旅游警察、旅游巡回法庭、工商旅游分局,强化市场监管的"属地管理",建立健全跨区域旅游执法协作机制。

3. 景区园区建设

建设文化旅游景区园区宽带互联网络、免费 Wi-Fi 及景区园区基础数据库,建设景区园区资讯及 WAP 网站、官方微信等自媒体。建设景区园区流量监控、旅游车辆统计分析、景区园区防火、防灾及环保监测为重点的监管设施。建立旅游突发事件应急联动协调机制,制定文化旅游景区园区安全事件的应急预案。

(二)土地保障

1. 保障文化旅游发展用地

文化旅游建设用地要按照统一规划、分期实施方式依法报批,并根据文化旅游发展重大项目的需要,适当下放建设用地的审批权限。各市县在新一轮土地利用总体规划修编工作中,要加强分析文化旅游开发建设用地需求和布局,要将文化旅游开发建设用地纳入新一轮土地利用总体规划修编进行统筹安排,在不突破建设用地总规模的前提下,优先保障文化旅游建设用地。鼓励旅游企业在拥有历史文化资源的荒山、荒地、荒滩等建设文化旅游项目,优先安排新增建设用地指标。支持民宿等建设,探索完善土地属性、产权转让、流转程序等体制机制。政府部门要与取得文化旅游土地使用权的相关企业或个人签订建设文化旅游项目协议书。

2. 古民居及农村闲置房产权改革

鼓励探索古民居及农村闲置房产权流转改革，鼓励探索以征地形式将古民居及农村闲置房所在的集体土地转变为国有土地后公开挂牌转让等改革，努力通过放开流转交易，打通社会力量参与古民居保护与利用的通道。鼓励地方探索古民居的收储经营方式，公布流转意向，对未列入文保单位、濒临倒塌且原产权户无力保护的古民居进行统一收储，进行统一创意策划，统一市场拓展，统一市场销售，努力形成政府引导、市场运作和社会参与的古民居交易运转机制。完善农村闲置房屋产权的交易机制，鼓励开展农村闲置房产的旅游利用。

（三）金融保障

1. 创新金融扶持措施

省政府与银行、企业合作建立PPP引导基金，加快PPP项目落地，设立安徽省古镇古村保护基金。鼓励省内大型企业以多种方式参与文化旅游的基础设施建设、房地产建设、配套工程建设，形成文化旅游建设合力和资金的有效保障机制。鼓励金融机构、大型旅游企业和有条件的市县政府合作设立文化旅游产业发展基金。鼓励金融机构推出旅游信用卡等旅游支付产品，探索开发适合文化旅游消费需要的金融保险产品。鼓励搭建古民居产权交易平台，通过平台收集、发布各地古民居转让信息，为集中收储、评估、交易乃至收购提供金融平台。

2. 完善旅游融资担保体系

设立安徽文化旅游融资担保基金，按照市场化、专业化原则开展投资业务，运用股权、债券、基金、贷款等多种方式提供投融资服务。成立安徽省旅游产权交易平台，鼓励中小旅游企业进入平台依法探索推行融资担保形式，依法建立和完善旅游融资担保体系。

3. 实施"走出去"金融支持政策

利用亚洲基础设施投资银行等融资平台，支持旅游企业海外投资，实施融入国际旅游市场的鼓励政策，加强与"一带一路"沿线国家合作，开发文化旅游金融产品，加强融资力度。积极引进国内外战略投资者，通过合作、合资等方式筹建跨界融合的文化旅游产业集团和产业联盟。

（四）财政政策

1. 加大财政投入

设立安徽省文化旅游发展专项资金，用于文化旅游规划、宣传推广、人才培训和表彰奖励等。对经批准新开工的投资在3000万元以上的文化旅游项目给予启动补贴资金，表彰奖励优秀文化旅游度假（示范）区、文化旅游特色镇、文化旅游度假村、文化旅游企业。加大财政对文化旅游的公共服务体系、公共设施、信息化建设的投入。支持建立文化旅游整体促销机制，整合全省旅游宣传资源，鼓励旅游企业参加旅游推介活动、开发旅游精（新）品线路、开展旅游节庆和推介活动。

2. 扩大专项资金补助

设立各市县文化旅游发展专项资金并逐年加大扶持力度。加大全省重点文化资源集聚地文化生态补偿资金投入力度。设立全省文化旅游产业集聚（园）区建设专项资金。

3. 完善旅游财税政策

对投资于安徽文化旅游建设的企业在投资总额内进口的自用设备予以关税优惠或免征。将文化旅游纳入旅游专项资金和现代服务业发展专项资金使用范围，对文化旅游项目经审定后可给予补助、贴息等奖励性扶持。对生产与生态文化旅游相关的商品，给予企业增值税先征后返的优惠。实施境外旅客购物离境退税政策试点。

（五）人才保障

1. 加强旅游人才队伍建设

开展各类职业教育和培训，重点培养经营管理、创意设计、科研、中介等专业人才。提高旅游行政管理人才的准入门槛，搭建全省旅游职业经理人对话、交流平台。建立全省旅游专业技术人才信息库，制订旅游专业技术人才培养和激励计划。设立旅游专业技术人才称号，遴选资助一批旅游专业技术青年人才，遴选项目参与国家"万名旅游英才计划"。着力造就旅游服务技能型人才队伍，支持一批非遗传人开展旅游创业。开展金牌导游培训培养，定期举办金牌导游技能大赛，设立金牌导游工作室。

2. 完善旅游人才培训体系

建立文化旅游培训基地，增强文化旅游从业人员的经营管理能力、整体素质和服务技能。创建导游研修"云课堂"，完善导游等级考试培训规程，实施骨干导游师资集中培训。建设"安徽省旅游职教联盟"，联合知名旅游企业合作办学，定向培养旅游专业技术骨干人才。鼓励旅游行业组织举办各类职业技能比赛等活动，支持各类旅游人才参加。

3. 建设文化旅游智库

建立以全省旅游发展改革咨询顾问委员会、全省旅游研究学术委员会、全省旅游产业发展专家委员会为基础的旅游智库，建立旅游官方智库、民间智库、高校智库"三位一体"的旅游智库体系，加强文化旅游基础理论和应用研究。

（六）安全保障

1. 加强生态安全保障

加大对亳州市、寿县、凤阳县、绩溪县、安庆市、桐城市、歙县和黟县等文化集聚地的生态补偿。建立文化旅游资源、文化旅游区环境的信息库，实施动态监控，实时掌握文化资源开发和文化旅游区生态信息，禁止超出环境承受能力的文化旅游开发，支持国家级徽州文化生态保护区的旅游开发试点，支持文化旅游发展在改革方面先行先试。

2. 加强旅游安全保障

强化交通安全、食品安全监督检查，规范旅游营运车辆管理，定期对旅游景点和娱乐设施开展安全评估和检测。加强与气象、交通运输、国土、外事等部门联系，建立健全旅游安全预警机制，积极督促各地旅游主管部门、旅游企业和经营单位强化旅游安全管理工作，严格落实领导带班、关键岗位24小时值守和突发事件报告制度。旅游从业人员上岗前要进行安全风险防范和应急救助技能培训，重点景区要配备专业医疗和救援队伍。

第三部分
安徽省"十三五"旅游小镇发展规划

安徽省"十三五"旅游业发展规划及专项规划

一　规划总纲

规划性质。本规划是"十三五"期间全省旅游小镇发展的指导性文件,属《安徽省"十三五"旅游业发展规划》的专项规划。

规划目的。为进一步深化旅游业供给侧结构性改革,扩大有效投资和消费,拓展产业空间,探索全域旅游发展路径,形成旅游业新增长点,促进我省旅游业转型升级和提质增效,为全省"十三五"旅游业冲刺万亿元产业提供有力支撑,特制定本规划。

规划范围。全省旅游小镇发展规划的范围包括全省各市所辖建制镇、集镇或其相对独立的部分区块,旅游要素齐全、功能完善的旅游综合体、乡村旅游发展聚集区、历史文化村落和特色旅游街区等,核心建设面积不低于1平方公里。

规划期限。规划期限为:2016—2020年。

规划依据。

《安徽省土地利用总体规划(2006—2020)》(安徽省人民政府,2009年8月)

《关于加快发展旅游业的意见》(国发〔2009〕41号)(国务院,2009年12月)

《安徽省人民政府关于进一步加快发展旅游业的实施意见》(皖政〔2011〕33号)(安徽省人民政府,2011年4月)

《国家新型城镇化规划(2014—2020年)》(中共中央、国务院,2014年3月)

《关于推进农村一二三产业融合发展的指导意见》(国办发〔2015〕93号)(国务院办公厅,2016年1月)

《关于深入推进经济发达镇行政管理体制改革的指导意见》(中共中央办公厅 国务院办公厅,2016年12月)

《关于深入推进新型城镇化建设的若干意见》(国发〔2016〕8号)(国务院,2016年2月)

《关于开展特色小镇培育工作的通知》(建村〔2016〕147号)(住房城乡建设部、国家发展改革委、财政部,2016年7月)

《安徽省国民经济与社会发展第十三个五年规划纲要》(安徽省人民政府,2016年5月)

《关于开展特色小镇培育工作的指导意见》(建村〔2016〕169号)(安徽省住房城乡建设厅、安徽省发展改革委员会、安徽省财政厅,2016年8月)

《关于开展安徽旅游小镇创建工作的指导意见》(安徽省旅游局,2016年11月)

《皖江城市带承接产业转移示范区规划(修订)》(安徽省人民政府,2016年11月)

《关于加强乡镇政府服务能力建设的意见》(中共中央办公厅 国务院办公厅,2017年2月)

《安徽省"十三五"旅游业发展规划》(安徽省人民政府,2017年3月)

《安徽省委、安徽省人民政府关于将旅游业培育成为重要支柱产业的意见》(皖发〔2017〕9号)

（中共安徽省委安徽省人民政府，2017年4月）

《安徽省旅游条例》（安徽省人民代表大会常务委员会，2017年4月）

二 基础分析

以经济社会发展和旅游业发展背景为基础，探讨旅游小镇资源特色、开发思路、目标定位、运营理念，分析旅游小镇发展现状和问题。

（一）发展背景

1. 美丽中国建设持续推进

旅游业发展是生态文明建设与经济社会发展的最佳结合点，旅游经济是绿色集约化发展的重要经济模式，开发旅游小镇是美丽中国建设新路径。

2. 旅游消费市场转型升级

随着收入水平持续提高，移动互联网和体验经济时代来临，旅游消费市场转型升级，集文化体验、娱乐休闲、休闲度假等多种功能于一体的旅游小镇成为支持和引领旅游消费转型升级的重要载体。

3. 政策拉动效应明显

旅游业已经成为国民经济重要支柱产业和综合性产业，国家和安徽省先后出台一系列促进新型城镇化和旅游发展的政策文件，为旅游小镇发展提供了政策机遇。

4. 交通网络快速发展

高速铁路、高速公路等现代旅游交通网络快速发展，提高了旅游小镇的可进入性，加强了旅游小镇和中心城市及主要景区之间的联系。

5. 产业现代化持续推进

"互联网+"、文化创意等对推动旅游业发展的作用日益显著，产业体系的现代化成为旅游业发展的必然趋势，推动了旅游小镇的发展。

（二）发展现状

全省特色旅游小镇主要包括旅游建制镇和集镇、旅游综合体、乡村旅游发展集聚区、历史文化名镇名村和特色街区。

1. 旅游建制镇或集镇

自然旅游资源主导型旅游建制镇和集镇拥有良好的自然旅游资源，环境优越、气候宜人，区域内或紧邻地区一般拥有品质较高的景区。人文旅游资源主导型旅游小镇拥有保存完好的传统建筑、古建筑等文化资源。红色旅游小镇拥有著名革命旧址。产业主导型旅游小镇有融合产业、文化而建立的创新创业发展平台。

专栏1

全省重要旅游建制镇和集镇

合肥市：合肥市包河区罍街文创小镇、合肥市包河区大圩镇、合肥市庐阳区三十岗乡、合肥市庐阳区崔岗艺术村、合肥市庐阳区王大郢音乐小镇、合肥市瑶海区龙岗红色小镇、合肥市巢湖市半汤镇、合肥市巢湖市中庙镇、合肥市巢湖市夏阁镇、合肥市巢湖市黄麓镇、合肥市巢湖市槐林镇、合肥市巢湖市烔炀镇、合肥市巢湖市柘皋镇、合肥市巢湖市散兵镇、合肥市巢湖市中垾镇、合肥市肥东县撮镇红色小镇、合肥市肥东县元疃镇、合肥市肥东县长临河镇、合肥市肥西三河古镇、合肥市庐江县白山镇、合肥市庐江县盛桥镇、合肥市庐江县同大镇、合肥市庐江县汤池镇。

淮北市：淮北市相山区渠沟镇、淮北市相山区知青小镇、淮北市杜集区朔里镇、淮北市烈山区烈山镇、淮北市濉溪县临涣镇、淮北市濉溪县双堆集镇。

亳州市：亳州市谯城区五马镇、亳州市谯城区十八里镇、亳州市谯城区城父镇、亳州市谯城区春雨汽车文化旅游特色小镇、亳州市涡阳县新兴红色小镇、亳州市蒙城县双涧镇。

宿州市：宿州市埇桥区西寺坡镇、宿州市埇桥区曹村镇、宿州市埇桥区符离镇、宿州市埇桥区大泽乡镇、宿州市砀山县良梨镇、宿州市萧县蔡洼小镇、宿州市萧县白土镇、宿州市灵璧县渔沟镇、宿州市灵璧县朝阳镇、宿州市灵璧县虞姬镇、宿州市泗县泗城镇。

蚌埠市：蚌埠市怀远县龙亢红色小镇、蚌埠市怀远县万福镇、蚌埠市五河县武桥镇、蚌埠市五河县沱湖乡、蚌埠市固镇县濠城镇。

阜阳市：阜阳市颍州区三塔镇、阜阳市界首市光武镇、阜阳市颍上县八里河镇。

淮南市：淮南市毛集实验区焦岗湖镇、淮南市毛集试验区毛集镇、淮南市大通区九龙岗镇，淮南市寿县隐贤镇、淮南市寿县瓦埠镇、淮南市寿县正阳关镇、淮南市寿县小甸红色小镇、淮南市寿县安丰镇。

滁州市：滁州市南谯区乌衣镇（乌衣老街）、滁州市南谯区章广镇、滁州市明光市自来桥红色小镇、滁州市明光市女山湖镇、滁州市天长市铜城镇、滁州市天长市龙岗镇、滁州市来安县半塔红色小镇、滁州市定远县藕塘红色小镇、滁州市定远县炉桥镇、滁州市凤阳县临淮关镇、滁州市凤阳县小岗村。

六安市：六安市金安区毛坦厂红色小镇、六安市金安区张店镇、六安市裕安区独山镇、六安市裕安区独山红色小镇、六安市舒城县万佛湖镇、六安市舒城县红庙镇、六安市舒城县汤池镇、六安市金寨县天堂寨镇、六安市金寨县梅山镇、六安市金寨县汤家汇红色小镇、六安市霍山县佛子岭镇、六安市霍山县石斛小镇。

马鞍山市：马鞍山市花山区濮塘镇、马鞍山市博望区丹阳镇、马鞍山市当涂县黄池镇、马鞍山市当涂县护河镇、马鞍山市当涂县石桥镇、马鞍山市当涂县塘南镇、马鞍山市当涂县乌溪镇、马鞍山市当涂县大陇镇、马鞍山市当涂县太白镇、马鞍山市含山县运漕镇、马鞍山市和县香泉镇。

芜湖市：芜湖市鸠江区鸠兹古镇、芜湖市三山区峨桥镇、芜湖市繁昌县孙村镇、芜湖市芜湖县红杨镇、芜湖市芜湖县六郎镇、芜湖市无为县红庙红色小镇、芜湖市无为县开城镇、芜湖市南陵县丫山镇。

宣城市：宣城市宣州区水阳镇、宣城市宣州区敬亭山小镇、宣城市宣州区扬子鳄小镇、宣城市宣州区宣酒小镇、宣城市宣州区水东文化小镇、宣城市宁国市港口镇、宣城市宁国市胡乐镇、宣城市郎溪县梅渚镇、宣城市广德县邱村镇、宣城市广德县海棠小镇（广德县誓节镇宣木瓜农庄）、宣城市广德县东亭激情周末小镇（广德县东亭乡）、宣城市广德县四合小镇（广德县四合乡）、宣城市泾县桃花潭镇、宣城市泾县琴溪养老小镇、宣城市泾县廊桥小镇、宣城市泾县云岭红色小镇、宣城市泾县茂林红色小镇、宣城市泾县宣纸小镇、宣城市泾县查济小镇、宣城市旌德县旌阳镇、宣城市旌德县白地镇、宣城市旌德县灵芝小镇、宣城市绩溪县瀛洲镇、宣城市绩溪县徽州味道小镇。

铜陵市：铜陵市郊区大通镇、铜陵市枞阳县枞阳镇、铜陵市枞阳县鲟鱼镇、铜陵市枞阳县汤沟镇、铜陵市枞阳县浮山镇。

池州市：池州市东至县东流镇、池州市青阳县陵阳镇、池州市青阳县九华山风景区九华镇、池州市青阳县九华山茶溪小镇。

安庆市：安庆市桐城市孔城镇（孔城老街）、安庆市怀宁县石牌镇、安庆市潜山县天柱山镇、安庆市潜山县水吼红色小镇、安庆市太湖县禅源太湖旅游小镇、安庆市宿松县趾凤乡红色小镇、安庆市望江县鸦滩镇、安庆市岳西县店前镇、安庆市岳西县温泉镇、安庆市岳西县河图镇、安庆市岳西县黄尾镇、安庆市岳西县响肠镇（响肠街）。

黄山市：黄山市屯溪区黎阳休闲小镇、黄山市黄山区汤口镇、黄山市黄山区太平湖运动休闲小镇、黄山市黄山区谭家桥知青小镇、黄山市徽州区呈坎镇、黄山市徽州区岩寺红色小镇、黄山市徽州区西溪南创意小镇、黄山市徽州区潜口养生小镇、黄山市歙县雄村镇、黄山市歙县深渡山水画廊小镇、黄山市歙县三阳镇、黄山市歙县渔梁小镇、黄山市休宁县齐云旅游小镇、黄山市休宁县万安古镇、黄山市休宁县五城茶干小镇、黄山市休宁县万安罗经文化小镇、黄山市休宁县流口生态小镇、黄山市休宁县溪口汽配小镇、黄山市黟县宏村艺术小镇、黄山市黟县西递镇、黄山市祁门县祁红故里小镇。

2. 旅游综合体

旅游综合体是旅游产业发展的新业态，一般有旅游景区转型升级旅游综合体、地产旅游综合体和主题公园旅游综合体三种类型。

专栏2

全省重要旅游综合体

合肥市：合肥市庐阳区综合国学艺术小镇、合肥市包河区滨湖湿地森林公园、合肥市滨湖新区万达旅游城、合肥市巢湖市三瓜公社、合肥市肥西县紫蓬山度假区、合肥市肥西县老母鸡生态园、合肥市肥西县刘铭传故居海峡两岸交流基地、合肥市庐江县汤池南山旅游综合体、合肥市水墨安徽旅游购物中心。

淮北市：淮北市相山区隋唐运河古镇文化旅游综合体、淮北市烈山区南湖景区、淮北市烈山区廻龙山生态旅游景区。

亳州市：亳州市谯城区康美中药城、亳州市谯城区古井文化园、亳州市谯城区亳州春雨汽车文化旅游区、亳州市谯城区郑店子景区、亳州市利辛县洄畔绿洲颐养庄园。

宿州市：宿州市萧县蔡洼淮海战役红色旅游经典景区、宿州市灵璧县虞姬文化园、宿州市泗县"运河人家"旅游综合体。

蚌埠市：蚌埠市蚌山区热浪岛室内恒温水公园、蚌埠市龙子湖区"湖上升明月"古民居博览园、蚌埠市禹会区禾泉农庄大禹文化园、蚌埠市五河县五河彩色田园综合体。

阜阳市：阜阳市颍州区花博园、阜阳市颍泉区祥源生态乐园、阜阳市颍泉区祥源颍淮生态文化旅游景区、阜阳市界首市光武镇、阜阳市太和县沙颍河汽车露营地、阜阳市颍上县八里河镇。

淮南市：淮南市毛集实验区文化旅游园、淮南市毛集试验区焦岗湖中沛御泉湾水世界。

滁州市：滁州市南谯区长城国际动漫旅游创意园、滁州市琅琊区大琅琊国际休闲旅游综合体、滁州市明光市八岭湖生态旅游区。

六安市：六安市金安区悠然南溪旅游景区、六安市舒城县万佛山风景区、六安市霍山县佛子岭风景区、六安市霍山县大别山仙人冲画家村、六安市霍山县大别山国际旅游度假区、六安市六安大别山风景道。

马鞍山市：马鞍山市雨山区阳湖湿地文化旅游综合体、马鞍山市花山区濮塘休闲旅游综合体、马鞍山市博望区八卦生态农业文化旅游综合体博望区横山风景区、马鞍山市含山县凌家滩考古遗址公园。

芜湖市：芜湖市鸠江区鸠兹古镇文化旅游休闲度假区、芜湖市鸠江区途居龙山奇瑞汽车营地、芜湖市鸠江区新华联大白鲸海洋公园、芜湖市鸠江区主题公园旅游综合体、芜湖市三山区峨桥信德途居高尔夫露营地、芜湖市南陵县大浦乡村世界、芜湖市南陵县丫山房车露营地、芜湖市无为县西九华旅游山里中国。

宣城市：宣城市宣州区敬亭山旅游度假区、宣城市宣州区古郡文化旅游综合体、宣城市宣州区水东镇文化旅游景区、宣城市广德县海棠旅游小镇、宣城市绩溪县徽博园、宣城市皖南川藏线。

铜陵市：铜陵市铜官区铜官府铜工业文化产业园、铜陵市郊区铜陵井湖北斗星城、铜陵市义安区梦里水乡生态石桥钟旅游区、铜陵市义安永泉四季兰山风景区、铜陵市枞阳县浮山旅游综合体。

池州市：池州市贵池区杏花村文化旅游区、池州市青阳县九华山健康文化园、池州市青阳县九华天池文化旅游休闲度假区、池州市青阳县九华国际旅游城、池州市青阳县茶溪小镇。

安庆市：安庆市桐城市仙龙湖国际旅游度假区、安庆市怀宁县海子文化园、安庆市潜山县天柱山野人寨旅游小镇、安庆市潜山县天柱山万岁谷文化旅游区、安庆市太湖县禅源太湖旅游区、安庆市宿松县石莲洞五祖禅宗文化园。

黄山市：黄山市屯溪区"天下徽州"文化旅游综合体、黄山市屯溪区醉温泉度假城、黄山市黄山区东黄山度假区、黄山市黄山区奇瑞黄山宿营地、黄山市黄山区荣盛金盆湾度假区、黄山市休宁县齐云山生态文化旅游综合体、黄山市新安江滨水旅游综合体。

3. 乡村旅游发展集聚区

乡村旅游发展集聚区一般拥有具有乡村性的自然和人文载体的旅游吸引物，形成明显的乡村旅游业集聚。

专栏3
全省重要乡村旅游发展集聚区

合肥市：合肥市包河区牛角大圩、合肥市长丰县丰乐生态园、合肥市长丰县马郢、合肥市肥西县官亭生态园、合肥市肥西县三岗苗木花卉基地。

淮北市：淮北市烈山区古饶镇（远创农业精品蔬菜园）。

亳州市：亳州市谯城区桥东镇药用植物园、亳州市谯城区亳药花海休闲观光大世界、亳州市涡阳县陈大镇兴华农业综合示范庄园、亳州市利辛县淝水湾。

宿州市：宿州市砀山县华海旅游商品贸易区。

蚌埠市：蚌埠市怀远县禾泉农庄。

阜阳市：阜阳市颍泉区桃花潭生态农庄、阜阳市阜南县田集镇长寿温泉度假村。

淮南市：淮南市寿县康寿农家乐。

滁州市：滁州市南谯区琅琊山大生态新农村实验区、滁州市来安县白鹭岛。

六安市：六安市金安区大别山风情谷、六安市金安区张店特色旅游小镇、六安市裕安区大别山湿地公园、六安市六安茶谷。

马鞍山市：马鞍山市当涂县护河镇园艺村。

芜湖市：芜湖市南陵县丫山、芜湖市南陵县大浦乡村世界。

宣城市：宣城市广德县卢湖度假区、宣城市泾县蔡村镇月亮湾、宣城市绩溪县仁里村。

铜陵市：铜陵市义安区新桥高科技农业示范园、铜陵市义安区梦里水乡生态石桥钟旅游景区、铜陵市义安区水泉农庄。

池州市：池州市贵池区贵池涓桥农业科技示范园、池州市石台县大山富硒村、池州市石台县横渡镇横渡村。

安庆市：安庆市宜秀区大龙山石塘湖、安庆市潜山县天柱山镇天寺村、安庆市潜山县卧龙山庄、安庆市潜山县茶庄村、安庆市潜山县水吼镇卧佛山生态农庄、安庆市潜山县天柱福元乡村民宿休闲区、安庆市潜山县水吼镇白马潭景区、安庆市太湖县晋熙镇花亭湖村、安庆市岳西县黄尾镇黄尾村、安庆市岳西县鹞落坪村、安庆市岳西县大别山映山红文化大观园。

黄山市：黄山市徽州区蜀源村、黄山市徽州区灵山村、黄山市歙县石潭村、黄山市黟县五里村、黄山市黟县塔川、黄山市黟县南屏、黄山市黟县关麓民宿小镇。

4.历史文化名镇名村

历史文化名镇名村由建设部、国家文物局组织评选，能够较完整地反映一些历史时期传统风貌、地方特色和民族风情，具有较高的历史文化价值、审美价值、使用价值、研究价值。

专栏4

全省重要历史文化名镇

合肥市：合肥市巢湖市（夏阁镇、黄麓镇、散兵镇、槐林镇、同大镇、白山镇、盛桥镇、烔炀镇、柘皋镇、中垾镇）、合肥市长丰县吴山镇、合肥市长丰县庄墓镇、合肥市长丰县下塘镇、合肥市肥东县梁园镇、合肥市肥东县店埠镇、合肥市肥东县撮镇镇、合肥市肥东县元疃镇、合肥市肥东县长临河镇、合肥市肥西县三河镇、合肥市庐江县金牛镇、合肥市庐江县矾山镇、合肥市庐江县汤池镇、合肥市庐江县罗河镇。

淮北市：淮北市濉溪县临涣古镇、淮北市相山区隋唐运河古镇。

亳州市：亳州市谯城区城父镇、亳州市涡阳县曹市镇、亳州市涡阳县义门镇、亳州市蒙城县小涧镇。

宿州市：宿州市埇桥区大泽乡镇、宿州市埇桥区符离镇、宿州市埇桥区蕲县镇、宿州市萧县白土镇、宿州市灵璧县渔沟镇、宿州市泗县泗城镇。

蚌埠市：蚌埠市怀远县龙亢镇。

阜阳市：阜阳市界首市大黄镇、阜阳市界首市田营镇、阜阳市界首市光武镇、阜阳市临泉县艾亭镇、阜阳市临泉县杨桥镇、阜阳市临泉县鲖城镇、阜阳市颍上县慎城镇。

淮南市：淮南市寿县隐贤镇、淮南市寿县瓦埠镇、淮南市寿县正阳关镇。

滁州市：滁州市南谯区乌衣镇、滁州市定远县炉桥镇、滁州市凤阳县临淮关镇。

六安市：六安市金安区毛坦厂镇、六安市裕安区苏埠镇、六安市裕安区独山镇。

马鞍山市：马鞍山市雨山区采石古镇、马鞍山市博望区丹阳镇、马鞍山市含山县运漕镇、马鞍山市含山县环峰镇、马鞍山市和县乌江镇、马鞍山市和县历阳镇。

芜湖市：芜湖市繁昌县荻港镇。

宣城市：宣城市宣州区水东镇、宣城市宣州区水阳镇、宣城市宁国市胡乐镇、宣城市郎溪县梅渚镇、宣城市泾县桃花潭镇。

铜陵市：义安区大通古镇。

池州市：池州市青阳县九华山风景区九华镇、池州市青阳县陵阳镇。
安庆市：安庆市桐城市孔城镇、安庆市怀宁县石牌镇、安庆市岳西县响肠镇。
黄山市：黄山市徽州区呈坎镇、黄山市徽州区潜口镇、黄山市徽州区西溪南镇、黄山市徽州区岩寺镇、黄山市歙县许村镇、黄山市休宁县万安古镇、黄山市黟县渔亭镇、黄山市黟县西递镇、黄山市黟县宏村镇。

专栏5
全省重要历史文化名村

合肥市：合肥市巢湖市唐嘴村、合肥市长丰县古城村、合肥市长丰县王集村、合肥市肥东县瑶岗村、合肥市肥西县小井庄村、合肥市肥西县启明村、合肥市庐江县黄屯老街。

宿州市：宿州市萧县鞭打芦花车牛返村、宿州市灵璧县虞姬村、宿州市灵璧县潼郡县、宿州市泗县潼城村。

阜阳市：阜阳市界首市尹城子村。

蚌埠市：蚌埠市蚌山区孙家圩子村、蚌埠市龙子湖区长淮卫村、蚌埠市固镇县垓下村、蚌埠市固镇县城关镇阳谷城社区。

淮南市：淮南市谢家集区李郢孜镇赖山村、淮南市潘集区陈郢村。

滁州市：滁州市南谯区曲亭村、滁州市南谯区北关村、滁州市天长市铜城镇龙岗村、滁州市来安县林桥村、滁州市来安县仰山村、滁州市全椒县黄栗树村、滁州市定远县高埂村、滁州市凤阳县小岗村。

宣城市：宣城市宣州区水东镇东胜小胡村、宣城市郎溪县姚村乡姚村、宣城市广德县甘溪村、宣城市广德县卢村乡甘溪村、宣城市泾县查济村、宣城市泾县黄田村、宣城市旌德县白地镇江村、宣城市绩溪县龙川村、宣城市绩溪县湖村、宣城市绩溪县上庄村、宣城市绩溪县冯村、宣城市绩溪县石家村。

池州市：池州市贵池区杏花村、池州市贵池区里山街道元四村、池州市贵池区墩上街道渚湖姜村、池州市贵池区棠溪镇石门高村、池州市东至县花园乡南溪古寨村、池州市东至县荣兴村黎痕古街、池州市石台县横渡镇横渡村、池州市石台县大山富硒村、池州市石台县严家村、池州市青阳县陵阳镇谢村、池州市青阳县陵阳镇所村、池州市青阳县九华风景区九华乡老田吴村。

黄山市：黄山市屯溪区南溪南村、黄山市屯溪区篁墩村、黄山市黄山区永丰乡永丰村、黄山市徽州区潜口镇唐模村、黄山市徽州区呈坎镇灵山村、黄山市徽州区呈坎村、黄山市徽州区蜀源村、黄山市徽州区西溪南村、黄山市徽州区潜口村、黄山市歙县许村、黄山市歙县棠樾村、黄山市歙县徽城镇渔梁村、黄山市歙县昌溪村、黄山市歙县瞻淇村、黄山市歙县雄村、黄山市休宁县右龙村、黄山市休宁县黄村、黄山市黟县塔川、黄山市黟县五里村、黄山市黟县西递镇西递村、黄山市黟县关麓村、黄山市黟县屏山村、黄山市黟县南屏村、黄山市黟县宏村镇卢村、黄山市黟县宏村镇宏村、黄山市祁门县芦溪乡芦溪村、黄山市祁门县历口镇历溪村、黄山市祁门县闪里镇坑口村。

5. 特色旅游街区

特色旅游街区拥有悠久的历史、深厚的文化底蕴、古老沧桑的建筑、历史久远的名胜古迹、名人故居等，大多数特色旅游街区坐落在古城或古镇之中。

> **专栏6**
>
> **全省重要特色旅游街区**
>
> 合肥市：合肥市庐阳区淮河路步行街、合肥市包河区宁国路龙虾美食街、合肥市包河区罍街、合肥市肥西县三河古镇南街、合肥市肥西县三河镇二龙街。
>
> 淮北市：淮北市濉溪县濉溪老街、淮北市濉溪县临涣古街。
>
> 亳州市：亳州市谯城区亳州老街、亳州市谯城区北关老街、亳州市谯城区康美中药城。
>
> 宿州市：宿州市埇桥区时村老街、宿州市灵璧县奇石旅游商品特色街区。
>
> 蚌埠市：蚌埠市五河县城关镇顺河街。
>
> 阜阳市：阜阳市颍州区文昌阁、阜阳市太和县华源书画古玩城、阜阳市颍上县管仲老街。
>
> 淮南市：淮南市田家庵区田家庵老街。
>
> 滁州市：滁州市琅琊区1912文化商业街区、滁州市南谯区乌衣老街。
>
> 六安市：金安区毛坦厂镇明清老街、霍山县玉石街。
>
> 马鞍山市：马鞍山市雨山区唐贤老街。
>
> 芜湖市：芜湖市镜湖区中山路步行街、芜湖市镜湖区振元堂老街、芜湖市镜湖区雨耕山1887特色旅游商业街。
>
> 宣城市：宣城市宣州区水东老街、宣城市泾县赤滩老街、宣城市泾县泾溪章渡老街。
>
> 铜陵市：铜陵市义安区天井小镇意大利风情街、铜陵市郊区澜溪古街、铜陵市郊区和悦古街。
>
> 池州市：池州市贵池区殷家汇老街、池州市东至县东流古街。
>
> 安庆市：安庆市桐城市孔城镇孔城老街、安庆市太湖县晋熙老街、安庆市岳西县响肠街。
>
> 黄山市：黄山市屯溪区屯溪老街、黄山市屯溪区黎阳老街、黄山市歙县渔梁老街、黄山市歙县深渡老街、黄山市休宁县万安老街。

6. 省级特色旅游小镇

全省已有20个小镇入选首批省级旅游小镇创建名单。

> **专栏7**
>
> **全省首批省级旅游小镇**
>
> 合肥市：合肥市肥西县三河旅游小镇。
>
> 宿州市：宿州市灵璧县虞姬旅游小镇。
>
> 蚌埠市：蚌埠市五河县沱湖旅游小镇。
>
> 滁州市：滁州市凤阳县小岗旅游小镇。
>
> 六安市：六安市裕安区独山旅游小镇、六安市金寨县梅山旅游小镇、六安市霍山县佛子岭旅游小镇。

马鞍山市：马鞍山市花山区濮塘旅游小镇。
芜湖市：芜湖市鸠江区鸠兹旅游小镇。
宣城市：宣城市广德县海棠旅游小镇、宣城市旌德县旌阳旅游小镇。
铜陵市：铜陵市郊区大通旅游小镇。
池州市：池州市青阳县茶溪旅游小镇。
安庆市：安庆市潜山县天柱山野人寨旅游小镇、安庆市太湖县禅源太湖旅游小镇、安庆市岳西县黄尾旅游小镇。
黄山市：黄山市屯溪区黎阳旅游小镇、黄山市黄山区汤口旅游小镇、黄山市徽州区呈坎旅游小镇、黄山市黟县西递旅游小镇。

（三）问题分析

1. 政策法规有待健全

旅游小镇相关政策有待完善，政策有待进一步落实，部分旅游小镇对吸引旅游投资、旅游建设项目出台了系列产业鼓励和引导政策，但对旅游发展环境建设、市场秩序整治和旅游服务质量提升重视不够。对旅游小镇管理和监管工作不够重视，部分旅游小镇重外延式规模扩张、轻内涵式质量提升。

2. 基础设施有待完善

旅游小镇交通基础设施较为落后，旅游小镇与中心城市、主要景区之间的公路等级较低；旅游小镇宾馆、饭店的等级低，特色不鲜明；旅游厕所数量少、标准低、缺管理；餐饮、购物、金融、通信和医疗旅游服务设施建设欠缺。

3. 创新创业人才不足

旅游小镇创新创业平台不够完善，专业旅游人才不足，缺乏科技、文化创意人才。

4. 产业发展不成熟

旅游小镇产业发展低，特色产业不突出，市场竞争力不强，房地化现象明显。

三　发展战略

（一）指导思想

牢固树立和贯彻落实创新、协调、绿色、开放、共享的发展理念，推进全域旅游发展，加快旅游小镇建设。以转型升级、提质增效为主线，积极培育特色鲜明、产业发展、绿色生态、美丽宜居的旅游小镇，打造形式多样、特色鲜明的旅游综合体、乡村旅游发展集聚区和特色旅游街区，为促进我省旅游业发展做出更大贡献。

（二）发展目标

根据全省"十三五"旅游业发展目标，综合考虑未来发展趋势和条件，确定"十三五"时期全省旅游小镇发展目标。

1. 总体目标

到2020年，在全省创建100个功能齐备、设施完善、环境优美、特色鲜明、宜游宜居、社会和谐的省级旅游小镇，将旅游业发展成为旅游小镇的核心产业、主导产业或最具潜力的特色产业，引领带动全省小城镇建设，推动旅游业发展。

2. 发展指标

"十三五"旅游小镇主要发展指标

目标	指标	单位	2020年
经济目标	旅游消费、旅游投资	亿元	3000
	海内外游客人数	亿人次	4
	城乡居民人均出游次数	次	5次以上
	游客逗留时间	天	0.8
	人均花费	元	1500
产业目标	主导产业企业数量	个	300
	主导产业企业年投资额	亿元	1500
	主导产业年产值	亿元	3000
	主导产业吸纳的就业人员数量	人	4万
	龙头企业大专以上学历就业人数	人	5000
品牌目标	省级建制镇或集镇	个	45
	省级旅游综合体	个	13
	省级乡村旅游发展聚集区	个	15
	省级历史文化村落	个	18
	省级特色旅游街区	个	9
公共服务	改扩建旅游厕所	座	200座以上
	新建改扩建旅游集散中心、咨询中心	个	100
	新建改扩建自驾车（房车）营地、露营地	个	100
	新建停车位数量	个	15000
	公共区域Wi-Fi覆盖率	%	100
基础设施	生活垃圾无害化处理率	%	100
	生活污水达标排放率	%	100

(三) 发展战略

1. 产业"特而强"

运用新理念、新机制、新方法，引导旅游企业主动对接信息技术发展、产业发展变革，紧扣旅游小镇产业升级趋势，锁定产业主攻方向，培育有基础、有优势的特色产业，构筑产业创新高地，打造全省旅游小镇传统经济转型的新模式、新业态，切实推进旅游小镇建设。

2. 功能"聚而合"

发挥旅游小镇的产业优势、发展优势和生态优势，深挖、延伸、融合产业功能、文化功能、旅游功能和社区功能，构建融合共享的旅游小镇产业体系，形成旅游小镇"一业突破，多业融合"发展新模式，培育壮大新业态新产业，实现由观光型产品为主向观光型、休闲度假、专项旅游等复合型产品转型，推进旅游小镇融合发展。

3. 形态"小而美"

坚持"一镇一风格"，多维展示旅游小镇地方特色、建筑特色和生态特色，保护自然生态环境，提供精品化的产品与服务。加强旅游小镇与中心城市、主要景区之间的协作，重视旅游小镇品牌塑造与建设，提高旅游小镇知名度和美誉度，打造一批"小而美"的旅游小镇。

4. 机制"新而活"

按照"企业主体、市场运作、政府引导"方式，鼓励和支持旅游小镇开展各类改革创新实验和试点，有效对接创新性供给与个性化需求，将全省旅游小镇打造成为改革创新氛围浓厚、体制机制灵活、发展潜力和活力强劲的综合改革实验区。

(四) 发展模式

根据全省旅游小镇发展现状，将全省旅游小镇发展划分为以旅游地产为核心驱动力、以休闲体验产品开发为核心驱动力、以行业依托为核心驱动力三种模式。

1. 以旅游地产为核心驱动力的发展模式

依托小镇优美的自然环境，构建房地产业与旅游、农业、运动、养生、文化等产业融合发展模式，开发旅游景点地产、旅游商业地产、旅游度假地产、旅游住宅地产等旅游地产。按照"旅游+地产"的开发理念，不断衍生旅游地产的附加产品，带动旅游小镇休闲、购物、度假、会议等多产业发展，强化旅游观光与多业态休闲并举，确保旅游观光经济与居住消费经济链条完整，实现多元化的赢利模式和长期获益的效果。

2. 以休闲体验产品开发为核心驱动力的发展模式

依托小镇自然资源、人文资源独特的旅游价值，完善旅游基础设施，妥善处理当地居民生活空间和需求，提高旅游产品的体验性和参与性。根据市场需求确定旅游小镇发展主题，开发高质量的观光、温泉、疗养等休闲旅游体验，形成观光、度假、休闲等多元化的旅游产品，提升小镇旅游吸引力和竞争力，营造个性化、特色化的小镇文化氛围和旅游服务。

3. 以行业依托为核心驱动力的发展模式

发挥小镇特色产业的特色资源、特色工艺、特色管理等优势，按照"依托当地资源优势—培育特色产业—扩大小镇知名度—带动旅游业高速发展—拉动相关产业链—优化资源配置—提升小镇综合经济实力"的发展链，实施专业化、品牌化运作，开发旅游新产品，开拓旅游新市场，推动旅游小镇全面发展。

四 空间布局

努力构建长江（安徽段）旅游小镇发展带、淮河（安徽段）旅游小镇发展带和皖南徽式休闲旅游小镇示范区、合肥都市休闲旅游小镇提升区、六安红色茶谷旅游小镇发展区、皖北生态田园旅游小镇培育区，全省旅游小镇"两带、四区"的空间战略格局。

（一）两大旅游发展带

长江（安徽段）旅游小镇发展带——以长江经济带开发引领全省旅游小镇发展，融合马鞍山市、芜湖市、铜陵市、池州市、安庆市等地区的沿江旅游小镇，努力打造面向长三角城市群、联动长江中游城市群，具有全国影响力的皖江旅游小镇发展带。

淮河（安徽段）旅游小镇发展带——依托淮河生态经济带建设，打造淮河旅游小镇发展带。

（二）四大旅游小镇集聚区

皖南徽式休闲旅游小镇示范区——根据皖南国际文化旅游示范区的资源禀赋、旅游产业发展基础，打造独特的"徽式休闲+文化村落+田园风光"的旅游小镇发展新模式，建设一批以经典文化传承创新、艺术创作体验、旅游休闲度假、精致生态农业、体育健康养生等特色鲜明的旅游小镇，打造徽式休闲旅游小镇示范区。

合肥都市休闲旅游小镇提升区——依托合肥经济圈建设，提升都市休闲旅游小镇功能，打造合肥经济圈休闲旅游区提升区。

六安红色茶谷旅游小镇发展区——发挥大别山区生态环境和红色文化资源优势，充分利用大别山丰富的茶资源和茶文化，建设一批古色茶香的红色旅游小镇，打造六安红色茶谷旅游小镇发展区。

皖北生态田园旅游小镇培育区——依托皖北文化生态旅游区建设，创建一批田园旅游小镇，打造皖北生态田园旅游小镇培育区。

五　产业发展

创新旅游价值、产品与业态，构建旅游小镇产业发展机制，引导产业健康发展，提升旅游小镇综合竞争力。

（一）总体思路

扩展旅游业发展内涵与空间，形成"特而强"的旅游小镇新业态，满足旅游市场多样化需求。

（二）支持企业发展

1. 打造龙头企业

发挥旅游小镇的地理区位、资源禀赋、历史文化、经济基础等优势，明确主导产业，强化产业支撑，提高小城镇发展能力。围绕主导产业发展，支持一批骨干企业、龙头企业，促进产业集群发展，发展壮大旅游小镇特色产业。

2. 培育中小微企业

中小微企业是旅游小镇产业发展的重要内容，要加大投融资支持、信用担保、技术支持、管理咨询、信息服务、人才培训、对外交流与合作等公共服务的供给力度，完善和创新中小微旅游企业的财税扶持，优化旅游中小企业发展的公共服务环境，提高企业科技、管理和服务水平，提升企业竞争力，激发企业市场活力。

（三）产业融合发展

实施"旅游+"战略，推动旅游与生态文明、城镇化、新型工业化、农业现代化和现代服务业的融合发展，拓展旅游小镇产业发展空间。

旅游小镇+生态：遵循生态文明建设要求，协调统筹人与自然和谐发展，尊重镇、村、丘、园、林、路等生态要素，利用小镇"山、水、林、田、湖"的生态本底和骨干路网沿线生态廊道，构建小镇生态旅游体系，完善旅游小镇生态旅游功能。积极开展游览、观赏、科考、探险、狩猎、垂钓、田园采摘等小镇生态活动，开发沿河亲水旅游、环湖观水旅游、山地观光旅游等精品旅游线路，培育和建设具有旅游小镇特色的主题生态公园。

旅游小镇+城镇化：依托区位和生态文化优势，吸引商业资本入驻小城镇，开发针对普通市民游玩、休闲的郊野公园、主题公园，针对高端市场的度假别墅，针对老年人市场的养生养老别墅、老年公寓等。

旅游小镇+新型工业化：支持旅游小镇建设工业旅游示范点，构建功能合理的游客接待区、企业文化展示区、工艺流程展示区、工业产品加工区、游客休闲体验区、综合服务区等模块，注重旅游商品研发和精品建设，从旅游纪念品销售向产品制作工艺展示及体验转变，不断开发工业旅游和工矿业遗产旅游，形成旅游精品线路。

旅游小镇+农业现代化：创新农业采摘、田园观光、农事体验等传统观光农业旅游小镇；开展集农业体验、垂钓、野味品尝、住宿、度假和游乐等活动于一镇的休闲农业旅游小镇；培育以民间技艺、民俗节气为主题的民俗文化游、乡土文化游的民俗风情农业旅游小镇；建立农业生产基地和农业科技公园，建设集农产品生产、观光旅游、科普教育于一体的都市科技农业旅游小镇。

旅游小镇+红色：深入挖掘红色旅游资源，着力拓宽和延伸红色旅游价值链条，依托红色文化资源，打造红色文化旅游小镇。

旅游小镇+文化：依托徽州文化、文房四宝、青铜文化、戏曲文化、中医药文化、茶文化、饮食文化等，打造创意文化旅游小镇。

旅游小镇+体育：依托体育旅游资源和体育旅游活动，加强体育和旅游等产业融合，打造体育旅游小镇。

旅游小镇+商业：发展城市商业综合体、特色商业和美食文化街区、市井风情街，借助创意家居、创意休闲、娱乐购物等体验式现代商业元素，着力打造特色鲜明旅游综合体和特色商业旅游街。

旅游小镇+创客：支持旅游创新平台、创客空间、创新基地等旅游新型众创空间发展。鼓励有条件的地区建立"旅游+互联网+创业"创业园区，建设一批国家级、省级旅游创客基地，推出一批国家级、省级旅游创客示范项目，打造一批创客旅游小镇。

旅游小镇+互联网：加快旅游业与互联网全面融合，推动旅游小镇与互联网融合发展的广度和深度，培育新业态、发展新模式、构筑新动能，构建线上与线下相结合、品牌和投资相结合的发展模式，推动智慧旅游小镇建设，打造一批智慧旅游小镇。

旅游小镇+研学：推动旅游业与科研、教育的融合发展，开展一系列研学、户外教学活动。建设小镇艺术馆、艺术创作园、学生写生培训基地等研学设施，打造一批研学旅游小镇。

旅游小镇+养生养老：加强与医疗卫生领域合作，健全医疗服务体系，开拓医疗健康旅游和养老养生休闲旅游产业，建设先进的养生养老服务体系，打造一批养生养老旅游小镇。

旅游小镇+扶贫：重点支持旅游资源好、临近景区或园区、有鲜明特色、有发展基础的贫困镇村，做到"一村一特色"。完善旅游要素功能建设，加大对贫困镇村旅游项目推介力度，动员社会资本参与小镇旅游扶贫项目开发，打造一批旅游扶贫小镇。

六 产品体系

利用"旅游小镇+"模式,开发旅游小镇特色产品,形成旅游消费的新热点,增强旅游小镇吸引力。

(一)旅游小镇产品

1. 基础旅游产品

民宿产品。利用古民居及空置房,建设游客乡野生活的住所,增强民宿体验性,发展赏景度假型、文化体验型、民宿体验型和温泉型等特色民宿。

专栏8

旅游小镇民宿产品

赏景度假型民宿:六安市舒城县万佛湖镇、宣城市泾县桃花潭镇、铜陵市枞阳县浮山镇、安庆市潜山县天柱山镇、黄山市休宁县齐云镇等。

文化体验型民宿:阜阳市颍上县八里河镇、六安市裕安区独山镇、马鞍山市雨山区阳湖湿地文化旅游综合体、池州市东至县东流镇、宣城市泾县云岭镇、宣城市泾县查济古镇、宣城市泾县宣纸小镇、黄山市屯溪区黎阳小镇、黄山市黄山区谭家桥知青小镇、黄山市徽州区呈坎镇、黄山市徽州区西溪南镇、黄山市歙县雄村镇、黄山市黟县宏村镇、黄山市黟县西递镇等。

农村体验型民宿:合肥市包河区大圩镇、合肥市巢湖市三瓜公社、宿州市砀山县良梨镇、滁州市琅琊区琅琊山大生态新农村实验区、铜陵市郊区大通镇、宣城市旌德县灵芝小镇等。

温泉民宿:合肥市巢湖市半汤镇、合肥市庐江县汤池镇、马鞍山市和县香泉、黄山市新安江滨水旅游综合体等。

美食体验产品。利用优质的瓜果蔬菜、水产品、农禽养殖品等食材,开发美味菜肴。规范旅游小镇餐饮经营,提高餐饮卫生水平,营造小镇餐饮环境和美食体验氛围,打造旅游小镇美食一条街,举办小镇美食节和特色菜肴开发比赛。

节事节庆旅游产品。依托小镇自然、人文特色资源和特色活动,举办小镇旅游节,做到"一镇一节"。

田园观光产品。依托现有特色农业资源和农业景观,建设与村落相协调的特色田园,形成特色鲜明、充满趣味性的田园小镇。

研学旅游产品。开发旅游小镇研学旅游资源,建设旅游小镇研学旅游基地,创新研学旅游形式,突出研学体验功能，打造特色研学旅游产品。

购物旅游产品。支持开发小、土、巧、古、异为特点的旅游小镇新产品，建设小镇特色旅游创意街区。

2. 特色产品

发挥小镇特色旅游资源优势，打造特色旅游产品，发展特色旅游小镇。

旅游风景道产品。利用旅游小镇的河流湖泊古道和村景观道，打造旅游风景道产品。

体育休闲产品。充分发挥小镇山体、河流、湖泊等资源优势，提供徒步、骑行、攀爬、登山、野营露营、游泳、漂流等户外运动产品，举办小镇体育赛事，建设户外运动休闲小镇。

低空观光旅游产品。开发低空旅游产品，建设低空旅游主题小镇。

婚庆旅游产品。依托小镇特色景观资源，建设甜蜜摄影基地，开发情侣旅游项目，举办小镇情侣派对活动，建设浪漫旅游小镇。

旅游演艺产品。建设文化广场、艺术中心、剧院等文化旅游设施，提升旅游小镇文化品位，开发小镇室内及山水实景旅游演艺产品。

专栏9

旅游小镇演艺产品

山水实景旅游演艺产品：合肥市巢湖市中庙镇、马鞍山市当涂县太白诗歌小镇、六安市舒城县万佛湖镇、六安市金寨县天堂寨镇、安庆市潜山县天柱山镇、黄山市黄山区太平湖镇、黄山市歙县新安江山水画廊景区等。

主题公园旅游演艺产品：合肥市包河区万达旅游城、芜湖市鸠江区主题公园等。

剧场表演旅游演艺产品：黄山市黄山区甘棠镇、黄山市黟县宏村镇等。

传统曲艺旅游演艺产品：池州市贵池区棠溪镇、安庆市怀宁县小市镇、黄山市屯溪区黎阳休闲小镇等。

写生旅游摄影产品。开发写生摄影旅游产品，建设写生工作室、摄影棚、美术创作研究机构、创意设计机构、会议交流中心、美术展览交易区、美术用品一条街、美术度假村、学生写生公寓等综合性美术创意摄影基地，完善写生摄影主题餐厅、主题酒店等服务设施，建设艺术场馆，定期举办艺术展览，打造文化艺术旅游小镇。

会议会展旅游产品。发挥小镇资源、环境和区位优势，引进管理和服务人才，提升小镇旅游接待能力和服务水平，发展小镇会议会展产品。

夜休闲产品。充分利用小镇夜生活景观，建设商场夜市、咖啡厅酒吧等，推出"游夜景、逛夜市、品夜食、喝夜茶、赏夜戏"等系列小镇夜休闲产品，塑造小镇夜休闲品牌。

电商旅游产品。增加电商学校、快递驿站、道路设施等基础设施服务建设，鼓励当地居民开办电商，利用网络销售小镇农产品，建立小镇旅游网站，发展线上导游、智慧旅游、预订平台、线上销售农产品等电商产品，深度融合旅游业和电子商务，开拓新营销方式，打造电商旅游小镇。

温泉度假产品。以小镇温泉资源为基础，突出"温泉+"主题，提升特色化、主题化、综合化温泉旅游小镇休闲品质。

养生养老旅游产品。发挥小镇生态环境优势，建设完善养老医疗设施和配套服务设施，打造功能齐全、环境优美、宜居宜游的养老示范基地，发展小镇特色养生养老旅游产品。

第二住宅旅游产品。利用小镇山水、田园、生态、文化等特色资源，开发旅游小镇第二住宅产业，将旅游小镇建成城市居民第二居所。

（二）精品旅游线路

根据旅游小镇类型和空间分布格局，打造"2+4"旅游小镇精品旅游线路。

1. 2条跨区域旅游线路

> **专栏10**
>
> **2条跨区域旅游小镇精品线路**
>
> 长江画廊小镇游。核心城市：马鞍山、芜湖市、铜陵市、池州市、安庆市。重点旅游小镇：马鞍山市雨山区采石古镇、芜湖市鸠江区鸠兹古镇、宣城市绩溪县华阳镇、铜陵市枞阳县浮山镇、铜陵市郊区大通镇、池州市贵池区殷汇镇、池州市东至县东流镇、池州市青阳县陵阳镇、安庆市宿松县小孤山风景区等。核心产品：特色景观、古镇观光、长江旅游。
>
> 多彩淮河文化小镇游。核心城市：淮北市、亳州市、宿州市、蚌埠市、阜阳市、淮南市。重点旅游小镇：淮北市濉溪县临涣镇、亳州市谯城区十八里镇、宿州市灵璧县渔沟镇、蚌埠市五河县武桥镇、阜阳市颍上县八里河镇、淮南市寿县寿春镇等。核心产品：红色研学、古镇观光、河流观光。

2. 4条区域内旅游线路

> **专栏11**
>
> **4条区域内旅游小镇精品线路**
>
> 皖南徽式休闲旅游小镇游。核心城市：宣城市、黄山市。重点旅游小镇：宣城市泾县查济古镇、宣城市泾县宣纸小镇、宣城市旌德县灵芝小镇、黄山市徽州区潜口镇、黄山市黟县西递镇、黄山市黟县宏村镇等。核心产品：特色遗产、艺术体验、文化研学、休闲养生。
>
> 合肥都市休闲旅游小镇游。核心城市：合肥市。重点旅游小镇：合肥市巢湖市中庙镇、合肥市巢湖市半汤镇、合肥市肥西县三河古镇、合肥市庐江县汤池镇等。核心产品：温泉度假、康体养生、文化旅游体验。
>
> 六安红色茶谷旅游小镇游。核心城市：六安市。重点旅游小镇：六安市金安区毛坦厂镇、六安市裕安区独山镇、六安市金寨县汤家汇镇等。核心产品：红色研学、文化体验、小镇观光。

> 皖北生态田园旅游小镇游。核心城市：淮北市、亳州市、宿州市、蚌埠市、阜阳市、淮南市。重点旅游小镇：淮北市烈山区古饶镇、亳州市谯城区谯东区桥东镇、宿州市砀山县良梨镇、蚌埠市五河县沱湖乡、阜阳市颍上县迪沟镇、淮南市凤台县毛集试验区焦岗湖镇等。核心产品：观光休闲、文化体验、生态养生。

七　特色工程

加强旅游小镇建设，实现全省旅游小镇智慧化、全域化、集群化和品牌化科学发展，全面推进全省旅游小镇特色建设工程。

（一）旅游小镇建设工程

省、市、县（区）各级政府组建旅游小镇综合管理领导小组，探索多规合一的科学路径，制定符合当地的旅游发展政策，创新"政府—企业—社区"三位一体的旅游小镇管理模式。设立中国（安徽）旅游小镇建设高峰论坛，实施全省旅游小镇整体招商引资行动计划，加强旅游小镇建设的经验交流，创造旅游小镇建设的安徽模式。开展全省旅游小镇遴选工作，实施国家级、省市级旅游小镇备选名录计划。

（二）智慧旅游小镇示范工程

加强旅游小镇互联网基础设施建设，实现全域 4G 网络联通，小镇核心区 Wi-Fi 全覆盖。推动旅游虚拟景区、智能导览系统、智能停车系统、信息终端体系、舆情监测系统等智慧工程建设。支持小镇智慧公共服务中心、智慧乡村商务站点、现代农业食品安全追溯管理平台、品牌营销推广平台、物流智慧管理服务平台等互联网平台建设。支持小镇电商发展，提供街景地图、电子支付、信用借还等智慧生活服务。

（三）乡村旅游创客基地示范工程

以中国乡村旅游创客示范基地黄山市黎阳创客小镇和黄山市黟县文化旅游创业园为示范，加强传统技艺传承，开发小镇文创产品，支持旅游"双创"服务平台、旅游创业创新扶持项目、旅游行业"万企百村"结对帮扶活动、乡村旅游后备箱工程、"国家休闲示范乡村"项目建设，发现吸纳旅游创业人才，培养旅游小镇创客队伍。

完善旅游小镇创业的政策保障体系，健全旅游小镇创客基地建设的激励、约束机制，探索创意保护机制，促进基地的持续发展。

举办旅游小镇创业大赛，评选旅游小镇优秀创客，积累创客基地建设经验，加强旅游小镇创客、基地之间的学习和交流，提高旅游小镇创业的成功率，加快旅游小镇业态创新，延长旅游小镇创客基地的生命力。开展全省旅游小镇创客示范基地的认定、项目库建设和基地动态考核维护等工作，打造一批智慧小镇旅游创客基地。

（四）休闲旅游县城示范工程

根据全省县城自然、文化特色，以生态保护为基础，以富裕百姓为核心，以民生和谐为根本，走生态化、特色化、民本化的发展路子，凸显特色、放大特色，提升国际吸引力、国际认知度和综合服务水平，打造全省休闲旅游县城。

专栏12

休闲旅游县城示范工程

亳州市蒙城县城关镇、阜阳市颍上县慎城镇、淮南市寿县寿春镇、六安市金寨县梅山镇、六安市霍山县衡山镇、宣城市泾县泾川镇、宣城市旌德县旌阳镇、宣城市绩溪县华阳镇、铜陵市枞阳县枞阳镇、池州市石台县仁里镇、池州市青阳县蓉城镇、安庆市岳西县天堂镇、黄山市歙县徽城镇、黄山市黟县碧阳镇。

（五）徽式休闲皖南旅游小镇品牌推广工程

挖掘皖南旅游小镇的传统要素，以国际化、特色化、品质化为标准，创新徽菜、徽州工艺、徽州曲艺、徽派建筑、文房四宝等徽州要素的休闲利用，引导旅游小镇徽州文化与休闲业态有效融合。在皖南建设一批集山水生态景观、徽州文化创意、现代休闲功能、智慧生活服务、特色情感部落为一体的徽式休闲旅游小镇载体形式，支持碧山书局、黄岳画院、倚南别墅、张公馆、万巢客栈、画中客栈、草棚茶馆、读书听雨阁楼、奇瑞黄山露营地等建设。

以徽文化为魂、休闲为本、文创为法、融合为策，开发徽式休闲新成果和新产品，打造文态、形态、业态、生态四态合一的徽式休闲新空间、徽式休闲装备、徽文化节事活动、徽文化纪念礼品等。

整合多种媒介、媒体以及网络平台宣传推广徽式休闲旅游小镇品牌，强化徽式休闲的市场品牌印象。创造符号、事件、话题，把握消费者感性诉求，形成情感互动，提升徽式休闲品牌的市场关注度，建构徽式休闲品牌形象。

（六）现代田园皖北旅游小镇功能提升工程

依托皖北河流、湖泊、塌陷区等丰富的湿地景观资源和规模化的果、林、田园和现代农业示范园区等特色农业景观资源，遴选一批具有浓郁休闲农业、乡村旅游特色的皖北现代田园旅游小镇。根据小镇地理位置、交通区位、旅游资源分布特征和客源市场需要，科学筹划皖北现代田园旅游小镇集聚区的空间布局，优化空间结构。

开展旅游小镇功能提升工程，实施"改厨改厕"旅游双改工程，完善小镇旅游基础设施建设，策划重点旅游项目，提高小镇旅游品味和适游程度，引导旅游业与农业的深度融合，鼓励民营资本、民间模式、社区参与等形式的全民旅游创业就业，支持国家现代农业庄园申报和建设。

成立皖北地区旅游小镇联盟，围绕现代农业的乡村旅游展开合作，实施皖北旅游小镇区域合作年会计划，推出精品旅游线路，互为客源、互为市场、联合推介、合力营销。

（七）"民宿革命"小镇农家乐提升工程

支持农家乐向民宿转型升级。注重农家乐整体规划设计，提升农家乐文化内涵，营造地方文化氛围，打造旅游小镇的特色民宿旅游吸引物。支持农家乐民宿营销联盟，整体营销。制定乡村民宿地方标准，塑造"徽式休闲""书香田园""圩堡庄园"等本省民宿品牌。创新旅游小镇金融政策环境，推广众筹、PPP、"都市乡绅"等新型乡村民宿投融资模式。

（八）旅游小镇夜旅游产品创新示范工程

实现旅游小镇核心区亮化工程。支持夜间景观观光、夜间实景旅游演艺、夜间民俗节庆、夜市、吧文化街区、灯光艺术等夜旅游项目建设。打造旅游小镇夜旅游产品，鼓励有条件的城市旅游综合体、历史文化街区等旅游小镇开发合适的夜旅游产品。

（九）"幸福小镇"旅游扶贫富民示范工程

整合利用扶贫、生态补偿、旅游发展基金等多渠道资金，实施"幸福小镇"旅游扶贫富民示范计划，提高资金使用效益。遴选旅游扶贫项目，落实政策，吸引社会资本参与小镇旅游发展和扶贫开发。支持旅游小镇的道路、供水、供电、供暖、通信等基础设施建设，实现"政府＋企业＋合作社＋贫困户""企业＋合作社＋贫困户""合作社＋贫困户""以大带小"等旅游扶贫开发模式，有效盘活土地、农业景观、设施、人力等资源，实现资源变资产、资金变股金、村民变股东，形成小镇居民股金、租金、薪金等多种收入渠道，提高旅游扶贫开发成效。培养一批有创意、懂经营、善管理、讲诚信的旅游带头人，带领贫困村（户）有效参与旅游就业、创业。

（十）旅游小镇人才培养示范工程

着力引进和培养旅游小镇行政管理人才、企业经营管理人才、专业技术人才和服务技能型人才。支持小镇与高等院校、科研院所和旅游企业的交流合作，建设高质量、高水平的实习实训基地，打造一批旅游小镇人才实践基地、创业孵化基地、非遗传习基地、农业研学基地，吸引非遗传承人、工艺美术师、建筑师进入小镇，设立小镇文创基地、众创空间。

八 市场开拓

（一）市场定位

聚焦目标市场，强化品牌效应，立足安徽，面向上海、江苏、浙江、河南、山东、湖北等省市，先近后远，先易后难，逐步发展，共筑旅游小镇发展新格局。

1. 国内市场

核心市场：安徽省内市场及上海、江苏、浙江、河南、山东、湖北等周边省市。

拓展市场：京津冀城市群、长江中游城市群、珠三角城市群、中原城市群、成渝城市群等。

2. 入境市场

重点市场：港澳台市场；韩国、日本、泰国、美国、俄罗斯、德国等。

机会市场：其他国家和地区。

（二）品牌形象

依托"美好安徽，迎客天下"的安徽旅游形象，发挥旅游小镇自然资源和人文资源优势，努力打造旅游小镇的区域品牌、城市品牌、产品品牌、节庆品牌和服务品牌，形成旅游小镇新的核心竞争力，促进旅游小镇可持续发展。

专栏13

两带四区旅游小镇品牌

长江旅游小镇发展带——仁者乐山，智者乐水。依托长江旅游推广联盟，充分发挥长江黄金水道和沿江两岸旅游小镇丰富的自然山水、历史人文、民俗风情等旅游资源优势。加强马鞍山、芜湖、铜陵、池州、安庆等沿江城市旅游小镇的合作交流，共同挖掘旅游小镇旅游资源，促进旅游小镇产品共创、平台共建、信息共享、客源互送，为游客提供一个悠闲、生态、浪漫的旅程，树立旅游小镇休闲度假的旅游品牌形象。

淮河旅游小镇发展带——安澜淮河，生态长廊。依托淮河岸线旅游小镇原生态资源，充分挖掘旅游小镇的淮河文化，突出其蕴含深厚的淮水、淮人、淮史等文化。加强旅游小镇基础及配套设施建设，制定旅游小镇淮河文化景观统筹规划，有效保护及合理开发旅游小镇原有淮河文化景观及遗迹等，打造中国最美生态长廊和文化发展带，塑造淮河旅游小镇品牌。

皖南徽式休闲旅游小镇示范区——风雅皖南，梦里徽州。在徽州文化的引领下，以皖南国际文化旅游示范区为载体，整合美好乡村、百佳摄影点、徽州古建筑、徽州绿道、文房四宝等旅游资源，大力发展旅游小镇乡村游、慢生活体验游、文化研学游、养生度假游、观光摄影游等，发展新兴旅游业态，弘扬徽商精神，传承徽州文化，塑造徽式休闲旅游小镇品牌。

合肥都市休闲旅游小镇提升区——都市休闲，步步倾心。依托合肥经济圈旅游小镇丰富的旅游资源，以山水自然景观、人文景观以及城市化建设为支撑，开发旅游小镇山水风光休闲游、主题公园休闲游、农业观光休闲游、体育健身休闲游以及文化休闲活动等旅游产品，创建都市休闲旅游小镇品牌。

六安红色茶谷旅游小镇发展区——青山绿水，红色之旅。坚持以大别山茶文化、红色文化为主线，开发以观光游览为主的基本层次，以娱乐和购物为主的提高层次，以度假疗养、会议会展、体育探险、红色旅游等活动为主的专门层次的旅游产品，着力打造"红色圣地、绿色宝地、生态皖西"的红色茶谷旅游小镇品牌。

皖北生态田园旅游小镇培育区——文化故里，生态田园。依托皖北旅游小镇良好的自然生态环境和独特的人文生态系统，展示旅游小镇特色文化，塑造皖北生态田园旅游小镇品牌。

（三）营销推广

加强旅游小镇市场开拓和营销，积极宣传旅游小镇传统旅游和现代旅游元素，拓展旅游小镇客源市场，提高旅游小镇知名度和市场占有率。

1. 整体市场营销

产品营销。依托旅游小镇的旅游资源特色与旅游开发定位，开发观光旅游产品、休闲体验旅游产品、文化旅游产品、节事旅游产品和专项旅游产品等多元化复合型旅游产品，打造旅游小镇核心旅游吸引力和竞争力。

媒体营销。利用电视台、报纸宣传旅游小镇的画乡文化、摄影文化、自然田园、乡愁印象等元素；利用微博、微信、论坛、社区等媒体平台，塑造传播旅游小镇品牌形象，吸引广大新客户，增加客户黏性。

网络营销。建立全省旅游小镇官方网站，在门户网站和各大旅游专业网站、热点旅游论坛上发布旅游小镇信息，重视搜索引擎查询，逐步发展旅游电子商务和网上预订。采用旅游小镇信息新闻发布会和邀请记者到旅游小镇做现场报道等形式丰富旅游小镇宣传内容，提高旅游小镇知名度。

节事营销。举办旅游小镇节庆活动，进行产品、品牌推介活动，提高产品的销售力，培育旅游小镇节庆品牌。积极参加国内外各种旅游交易会、民俗文化节、贸易节等节事活动，提高旅游小镇吸引力和品牌形象。加大对旅游小镇商品创意设计和老字号纪念品、特色手工艺品开发支持力度，定期举办旅游小镇商品创意设计评选大赛。

公共关系营销。加强与商务机构、企事业单位、文化组织的联系，邀请知名组织机构到旅游小镇参观、游览以及举办会议等。增进与各大中型旅行社的沟通交流，充分发挥旅行社在游客行程安排、远程客源市场开拓作用,促进旅游小镇和省内其他著名景点以及周边省份景点之间的联系与沟通,探索联动发展路径,形成互利共赢的合作模式。

价格营销。采用心理定价、折扣价格和需求价格等策略,营销旅游小镇多元化复合型旅游产品,拉动旅游小镇产品需求,提升旅游小镇产品价格的竞争力。

2. 细分市场营销

休闲度假市场。依托旅游小镇优良的生态环境和丰富的文化资源,为高档观光、休闲度假旅游者提供优质服务,打造一批休闲小镇。

观光体验市场。以旅游者独特体验为目标,运用技术手段设计策划旅游小镇多样化的旅游产品,开展娱乐、教育与审美等体验活动,满足游客追求"个性化""生态化"回归自然返璞归真的需求心理,打造一批观光小镇。

商务会议市场。完善旅游小镇会议旅游接待设施、生活服务设施、休闲娱乐设施,满足商务会议会展要求,打造一批论坛小镇。

研学旅游市场。融合科普教育、创新教育、传统文化教育、历史教育以及生活实践教育等,面向学生市场和家庭旅游市场,打造一批研学小镇。

3. "捆绑式"市场营销

加强旅游小镇与中心城市、景区的合作,对旅游小镇产品进行"捆绑式"整体促销,树立旅游小镇品牌形象。

九 设施规划

(一)基础设施

1. 设施交通

完善旅游小镇区域间交通网络,连接小镇与中心城市、周边主要景区、乡村旅游点的旅游公交网络,拓展公路服务区旅游服务功能。提高镇区内部交通可达性,提供多样化交通方式,保证游客"进得来、出得去、散得开"。重视停车场建设,增加旅游车位,健全完善旅游旺季车流量调流方案,探索建立方便、快捷的小镇旅游交通集散体系。

2. 给水设施

在满足镇区居民供水基础上,考虑小镇旅游用水,结合小镇供水管网布置情况,满足游人用水需求。旅游给水系统的设施建设与旅游开发相协调,供水的各种管网设施建设和布局及供水能力等应综合考虑总体规划近期与远期需要。

3. 排水设施

充分利用地形收集雨水，经过滤处理，融入小镇水循环，用于灌溉、绿化。根据小镇污水量、地形特点采取集中或分散处理方式，确保水源不受污染，合理选用污水处理工艺，鼓励采用高新污水处理技术。

4. 电力电信设施

电力设施衔接小镇电力管线，实现地埋电缆，在旅游服务中心等重要部门单位配置备用电源，室外照明系统采用绿色照明。电信设施衔接小镇电信管线，实现 Wi-Fi 全覆盖；设置数据通信网，通信数据接入以 WLAN 为主，通过电信及有线电视网的网络接入。开通小镇旅游电视频道，建立小镇旅游网站。

5. 环卫设施

依据小镇游客规模，合理布置旅游公厕，提高现有旅游公厕标准。提高游客和居民环保意识，教育引导游客保护生态环境，爱护环境。

（二）公共服务体系

1. 住宿服务体系

鼓励发展特色文化主题酒店、精品民宿、户外营地，支持有条件的小镇建设国际化精品酒店。特色文化主题酒店凝练当地文化符号、融入文化创意，形成小镇特色主题酒店体系。精品民宿将立足于各小镇现有农家乐建设情况，进一步进行精品化和特色化提升，通过外立面改造，主题雕塑小品及生态景观建设，打造精品小镇民宿体系。户外营地可分类设置帐篷营地、主题营地和汽车营地，建设一批文化主题酒店小镇、精品民宿小镇和营地小镇。

2. 餐饮服务体系

以特色化、规范化为核心方向，建立全省旅游小镇餐饮行业标准体系，引导旅游餐饮企业挖掘小镇特色餐饮文化，创新小镇特色菜品、风味小吃。支持小镇老字号餐饮店，建立老字号特色餐饮联盟。制定旅游小镇服务规范，制定实施星级酒店、主题餐厅、特色餐馆、精品客栈等相应管理规范，评定旅游服务质量和信誉等级。支持小镇特色菜肴创意创新比赛，评选年度特色餐馆和菜肴。

3. 购物服务体系

利用小镇地方物产资源与特色文化资源，开展文化创意活动，打造小镇特色旅游商品体系。引导旅游商品购物市场建设，推进旅游购物与旅游休闲、文化游乐设施的有机结合，推动旅游小镇特色旅游商品开发。举办小镇旅游商品创意大赛，引进创意旅游商品开发机构，扶持旅游商品开发企业，创建本土旅游产品企业品牌，大力支持小镇电商发展，构建完善的线上线下旅游商品销售渠道。

4. 娱乐服务体系

完善娱乐服务设施，丰富娱乐活动，推进大型文化演出活动与旅游相结合。完善并提升面向小镇居民的娱乐服务设施，开发面向外来游客的娱乐服务设施，结合小镇民俗文化策划娱乐体验类活动；完善小镇民宿客栈娱乐活动设施，增加农家KTV、民俗舞台等娱乐设施。开发小镇音乐节等活动，支持"一镇一节"计划。

5. 旅游媒介服务体系

完善旅游小镇信息咨询中心体系的旅游信息采集、处理和咨询服务等功能，提高网络咨询、热线电话咨询服务能力，构筑便捷的信息服务平台。支持小镇旅游信息网络与旅游企业、预订公司的网络链接，引导小镇和旅游企业开设预订网站、建设手机终端预订系统，完善网络预订服务体系。构建旅游小镇智慧旅游移动应用服务体系，开发小镇旅游手机APP和旅游小镇一卡通。

十 资源保护

建立健全全省旅游小镇资源保护制度，保护旅游小镇社会环境、生态环境、文化遗产，构建旅游小镇绿色旅游体系和环境灾害预警体系，推动旅游小镇可持续发展。

（一）落实核心旅游资源保护区制度

坚持整体性、原真性、延续性、主体参与性原则，通过识别、保护、更新、活化的程序，实现旅游小镇核心旅游资源的可持续利用。

旅游小镇分类保护。根据实际发展特征和需要，探索旅游小镇的分类保护策略和管理模式。

旅游资源分级保护。根据小镇旅游资源性质和重要程度，建立旅游小镇旅游资源保护等级体系，实施分级保护政策。

旅游小镇空间分区保护。实施小镇核心区、外围区和缓冲区分区保护制度，将核心旅游景观的镇区空间、核心景区空间、重要生态空间（重要物种、生物群落的主要栖息地以及重要生态过程的发生地）等划定为旅游小镇核心区，实施一级保护；将围绕核心区的社区商业生活、旅游交通和观赏性农事活动等定宽空间划定为旅游小镇外围区，实施二级保护制度；将缓冲区周围的基本农田空间、旅游交通空间等划定为旅游小镇缓冲区，实施三级保护制度。

遗产型旅游小镇和历史性文化街区的保护。依据历史真实性、生活真实性和风貌完整性等标准划定资源保护范围，进行科学规划，立法保护管理。依据现状调查和对建筑年代、建筑风貌和建筑质量等因素的综合研判，遵循《文物保护法》要求，综合考虑资源风貌完整性、规划实施可能性和资源保护长期可持续性，对每一幢建筑进行定性和定位，提出保护与更新措施，确定保护和更新模式。确保一定数量及比例的真实历史遗存、原有居民保有率和原有生活方式保存度。

旅游综合体和特色文化街区保护。对现代建设的旅游综合体和特色文化街区，依据建设时期的旅游规划和建筑控制性规划，结合实际景观性质、建筑性质和旅游发展需要，制订专门性的旅游资源保护方案。

（二）加强旅游小镇文化遗产保护

物质文化遗产保护。按照相关法规，贯彻"保护为主、抢救第一、合理利用、加强管理"的方针，强化各类文物遗产保护。政府成立文物保护工作办公室，对文物核心区的新建设项目要严格把关，对与古建筑风格不协调的建筑要限期拆除或迁移，保持区内环境整体协调。对重要、珍贵的文物资源所在地，划出绝对保护范围，旅游活动不能进入该区域。在旅游开发过程中，要保持文物的真实性和完整性，以旅游发展体现遗产价值。积极发展遗产旅游，传播遗产价值，为遗产保护提供资金支持。

非物质文化遗产保护。按照法规要求，坚持分级负责的原则，加强对旅游小镇各类非物质文化遗产的保护。抢救和保护现存的旅游小镇非物质文化遗产，加强旅游小镇非物质文化遗产的研究、认定、保存和传播工作，建立非物质文化遗产传承机制，探索动态整体性保护方式。支持创意文化旅游发展，创新非物质文化遗产保护机制。通过遗产演示和特色文化节目等方式，将非物质文化遗产保护传承与旅游产品开发有机结合。将小镇非物质文化遗产传承人和旅游人才培养有机结合，建设小镇遗产保护与旅游开发人才队伍。

（三）加强旅游小镇生态环境保护

大气环境保护。旅游镇区要优化能源结构，发展和使用清洁能源，减少大气污染。空气质量符合国家级标准，负氧离子浓度不低于国家规定标准。

全面实施机动车船尾气治理。核心区内限制燃油交通工具使用，推广使用清洁能源车船。镇区内的宗教旅游场所贯彻落实国家有关部委意见要求。

水环境保护。严格执行水环境保护的法律、法规。将水污染控制在不对旅游小镇自然生态系统造成危害的水平；在承载力范围内进行水资源的开采、径流和地下水补给；地面水环境、地下水环境和污水排放严格执行国家标准。

滨水旅游小镇要制定重要水系综合整治和开发利用规划，开发滨水旅游景观带。河湖水面的民用船只、交通运输船只，所有旅游小镇的游船，均要采用清洁型能源，具有污水处理、垃圾存储功能。溪、瀑、潭、泉资源维持原生状态，不得过度人为改造或调整，设施与自然环境保持和谐。核心区和缓冲区的排水系统采用雨、污分流，严禁生活污水未经处理直接排入旅游小镇天然水体，污水须经处理符合要求后方可排放。拥有温泉地热资源的小镇，要坚持"统一规划，集约开发"的原则，实行资源合理调配，采用新技术、新工艺，节能降耗，确保可持续利用。在温泉地热资源富集旅游小镇设立资源保护区，对开采取用地下冷水和热水实行严格审批制度。

噪声污染防治。环境噪声防治严格执行国家标准；旅游小镇核心区和缓冲区严格控制噪声。合理布局噪声源，设立噪声隔离带。对交通噪音防治采取多种措施，对缓冲区的设备、设施噪声采用吸声、隔音、减声、消音、阻尼装置来进行防治。旅游小镇核心区内禁止新建产生噪声的装置。

废弃物处理。旅游小镇保护区内建立垃圾和粪便无害化处理设施。生活垃圾堆和转运场要远离旅游小镇。不具备污水、垃圾和粪便无害化处理能力的旅游小镇，须转运到附近的城镇集中处理。小镇游览线路合理布置垃圾筒和厕所，建筑体量和色彩与周围环境协调。严格控制塑料袋使用。加强环卫队伍建设，做到有专门机构和人员负责旅游小镇环卫工作。

（四）加强旅游小镇社会环境保护

加强建筑景观保护。确保旅游小镇视觉环境建筑风貌的一致性、完整性，以识别、创新、融合、复兴为原则，科学规划旅游小镇建筑风格。对建筑的立面和形体上不符合风格的部分进行强制性的整治，拆除功能不符、对周边环境风貌有较大冲突的建构筑物，对核心保护区新建建筑物风格实行严格论证。

加强产业遴选论证。坚持需求性、技术保障性、效益性和旅游中心性原则，充分考虑旅游小镇的资源特色、技术水平、人才支撑和产业基础等比较优势，创新以产业遴选为基础、空间组织为落实的旅游小镇多规合一产业空间规划。

制定旅游小镇产业遴选标准，遴选符合旅游小镇发展方向的重点产业，建立旅游小镇重点产业项目库。整合调配资源，循序渐进开发，营造"旅游+特色"的核心产业、支撑产业、辅助配套产业三位一体的旅游小镇产业体系。建立健全相关配套政策，为民间资本进入创造条件，鼓励多种所有制投资主体开发旅游小镇产业，鼓励和支持民间资本扩大旅游小镇核心产业投资。

（五）构建旅游小镇绿色旅游体系

坚持旅游小镇绿色开发。以可持续发展为指导，评估旅游设施建设带来的环境影响。对生态环境敏感、脆弱地段实行分区轮流休游，以休养生息、保育生态。依托小镇自然保护区、湿地公园、地质公园等自然资源，发展徒步、观鸟、漂流、科考等生态旅游。

提倡绿色旅游消费。倡导负责任旅游、低影响旅游，教育引导游客在旅游全过程中爱护环境、保护生物，尊重当地文化，做文明旅游者。

推广绿色旅游经营。支持旅游企业，推广节水、节电技术，设置无烟客房、餐厅和会议室。发展绿色交通，建设环保停车场。

实施绿色旅游管理。执行符合可持续发展要求的绿色旅游产品标准、绿色旅游服务标准和绿色旅游管理标准，使绿色旅游开发、经营和管理实现制度化、标准化、规范化。在旅游企业中推广ISO 14000环境管理体系认证，加快环境管理与国际标准接轨。

开展绿色旅游宣传。开展旅游业可持续发展的宣传、教育活动，提高旅游管理者、经营者、游客和居民的环境意识、生态意识和绿色旅游意识。

（六）构建旅游小镇灾害预警体系

建立和完善旅游灾害预警系统。实施旅游项目地质灾害危险性评估制度，在有可能发生地质灾害的景点和游览线路上，必须采取防治措施以确保安全。利用现代科技，建立健全旅游环境、地质灾害监测网、专门的防灾减灾预报、警报系统，提高对致灾天气的监测、预报和服务能力。建立决策分析的组织体系和机构，建立健全旅游灾害事件报告制度和预警预报责任制。做好经常性的预案和工作准备，强化应变和处置能力。

十一　保障措施

（一）管理体制

1. 管理组织

成立全省旅游小镇发展联盟，开展旅游小镇项目开发和推广宣传等工作，组织旅游小镇人才培养、科研、赛事等活动。指导协调旅游小镇协会和相关俱乐部建设，承办旅游小镇相关活动。重点构建旅游小镇创新管理组织体系，实行动态管理。

2. 监管组织

完善地方旅游小镇环境法规标准，出台全省旅游小镇监督管理责任规定。各市、县政府要确定重点旅游小镇监管区域，划分监管等级，健全监管档案，采取差别化监管措施。要推广设立综合性旅游小镇管理机构和旅游警察、旅游法庭、旅游工商分局"1+3"模式。

3. 景区建设

建设景区宽带互联网络、免费 Wi-Fi 及景区基础数据库，建设景区资讯及 WAP 网站、官方微信等自媒体。建设景区流量监控、旅游车辆统计分析、景区防火防灾及环保监测为重点的景区监管设施。构建旅游突发事件应急联动协调机制，制定景区旅游安全事件的应急预案。

（二）土地保障

1. 保障旅游小镇旅游业发展用地

允许通过村庄整治、宅基地整理等节约的建设用地，采取入股、联营等方式，支持旅游小镇建设。探索农村集体组织以出租、合作等方式盘活利用空闲农房及宅基地，用于旅游小镇建设。支持采取点状、定向、租赁等多种土地供地模式，对纳入旅游小镇新增建设用地指标由市本级统筹安排。

2. 加强旅游小镇旅游业用地服务监管

将旅游小镇旅游建设要求纳入土地供应，政府部门要与取得旅游小镇土地使用权的相关企业或个人签订建设旅游小镇项目协议书。

（三）金融保障

1. 创新金融扶持措施

鼓励国内各类企业，尤其是大型房地产企业以多种方式参与旅游小镇基础设施建设、房地产建设、配套工程建设，形成旅游小镇建设合力和资金的有效保障机制。鼓励金融机构、大型旅游企业和有条件的市县政府合作设立旅游小镇发展基金。鼓励金融机构推出旅游信用卡等特色支付产品，探索开发适合旅游小镇消费需要的金融保险产品。

2. 完善旅游融资担保体系

鼓励银行通过与地级市政府及社会资本合作设立旅游小镇PPP基金，按照PPP规范模式设计"股权＋债权"、全流程专业化服务的PPP项目融资模式，同时配套PPP项目贷款，实现PPP项目全过程融资安排和资金介入。成立全省旅游小镇发展基金，按照市场化、专业化原则开展投资业务，运用股权、债券、基金、贷款等多种方式提供投融资服务。依法探索推行融资担保形式，依法建立和完善旅游融资担保体系。

（四）财政政策

1. 加大财政投入

加大财政对旅游小镇公共服务体系、公共设施、信息化建设的投入，支持旅游小镇公共科技创新服务平台建设，加大财政转移支付力度。

2. 扩大专项资金补助

设立各市县旅游产业发展资金并逐年加大扶持力度。加大全省重点古村落、古镇补偿资金。设立全省旅游小镇旅游厕所建设专项资金和旅游产业集聚（园）区建设专项资金。

3. 完善旅游税费政策

完善土地使用税差别化征收政策，落实对于旅游企业的税费优惠政策，推动旅游项目与一般工业企业同等的用水、用电、用气价格。积极研究旅游小镇旅游经营者税费优惠政策，推进境外旅客购物离境退税政策。

（五）人才保障

1. 加强旅游人才队伍建设

加强旅游小镇创客平台建设，着力造就旅游小镇文化创意、电商、文化工匠人才队伍，支持一批旅游小镇带头人和非遗传承人创业。建立优秀导游人才信息库，建立全省优秀导游表彰制度和激励制度。

2. 完善旅游人才培训体系

大力发展旅游职业教育，利用在线教育等方式，扩大办学规模，提高培训质量。创建文创、电商、文化工匠研修"云课堂"。引导旅游企业与相关院校、社会培训机构开展深度合作，建立旅游小镇人才教育培训基地。建设"安徽省旅游职教联盟"，联合知名旅游企业、旅游小镇合作办学，定向培养旅游小镇专业技术骨干人才。

3. 建设旅游智库

建立以全省旅游发展改革咨询顾问委员会、省旅游研究学术委员会、省旅游产业发展专家委员会为基础的旅游智库，建立旅游小镇官方智库、民间智库、高校智库"三位一体"的智库体系，加强旅游小镇基础理论和应用研究。

（六）安全保障

1. 加强生态安全保障

建立市、县两级建立地方旅游小镇生态补偿机制。鼓励针对具有重要生态功能、水资源供需矛盾突出、受各种污染危害或威胁严重的旅游小镇探索开展横向生态保护补偿试点。加大旅游小镇水土保持生态效益补偿资金筹集力度。完善耕地保护补偿制，落实国家以绿色生态为导向的旅游小镇农业生态治理补贴制度。

2. 加强旅游安全保障

省政府和市县（区）相关部门要强化交通安全、食品安全监督检查，规范旅游营运车辆管理，定期对旅游小镇和娱乐设施开展安全评估和检测。加强旅游小镇生态环境监测，做好旅游小镇防火、防盗工作，严格落实领导带班、关键岗位 24 小时值守和突发事件报告制度。旅游从业人员上岗前要进行安全风险防范和应急救助技能培训，重点旅游小镇要配备专业医疗和救援队伍。建立旅游小镇安全商业保险系统，加强对旅游保险的监管，推动保险机构开发个性化的旅游保险产品。

第四部分

安徽省"十三五"山地旅游发展规划

安徽省"十三五"旅游业发展规划及专项规划

一 规划总纲

规划性质。本规划是"十三五"期间全省山地旅游发展的指导性文件，属于《安徽省"十三五"旅游业发展规划》的专项规划。

规划目的。明确山地旅游在安徽省旅游业中的地位和作用，提出山地旅游发展目标，优化山地旅游要素结构与空间布局，安排山地旅游项目，完善山地旅游公共服务体系和支撑保障体系，加大山地旅游投资，促进山地旅游消费升级，实施山地旅游精准扶贫，为全省"十三五"旅游业冲刺万亿元产业提供有力支撑。

规划范围。规划范围包括全省山地旅游景区、山地旅游廊道、山地旅游小镇、山地旅游产业集聚区等各类山地旅游载体，涵盖山地自然、山地文化和山地特色物产等资源。

规划期限。规划期限为 2016~2020 年。

规划依据。

1. 法律法规

《中华人民共和国森林法》（全国人民代表大会常务委员会，1984 年颁布）

《中华人民共和国野生动物保护法》（全国人民代表大会常务委员会，1988 年颁布）

《中华人民共和国环境保护法》（全国人民代表大会常务委员会，1989 年颁布）

《旅游发展规划管理办法》（国家旅游局，2000 年颁布）

《九华山风景名胜区管理条例》（安徽省人民代表大会常务委员会，2002 年颁布）

《风景名胜区条例》（国务院，2006 年颁布）

《安徽省森林公园管理条例》（安徽省人民代表大会常务委员会，2006 年颁布）

《中华人民共和国旅游法》（全国人民代表大会常务委员会，2013 年颁布）

《黄山风景名胜区管理条例》（安徽省人民代表大会常务委员会，2014 年颁布）

《安徽省旅游条例》（安徽省人民代表大会常务委员会，2017 年颁布）

2. 政策依据

《国务院关于加快发展旅游业的意见》（国务院，2009 年颁布）

《国民旅游休闲纲要（2013-2020 年）》（国务院，2013 年颁布）

《国务院关于促进旅游业改革发展的若干意见》（国务院，2014 年颁布）

《国务院关于加快发展体育产业促进体育消费的若干意见》（国务院，2014 年颁布）

《安徽省人民政府关于促进旅游业改革发展的实施意见》（安徽省人民政府，2014 年颁布）

《国务院办公厅关于进一步促进旅游投资和消费的若干意见》（国务院，2015 年颁布）

《安徽省人民政府办公厅关于进一步促进旅游投资和消费的实施意见》（安徽省人民政府办公厅，2015年颁布）

《安徽省人民政府关于加快发展体育产业促进体育消费的实施意见》（安徽省人民政府办公厅，2015年颁布）

《国务院办公厅关于促进通用航空业发展的指导意见》（国务院，2016年颁布）

《关于促进交通运输与旅游融合发展的若干意见》（交通运输部、国家旅游局、国家铁路局、中国民航局、中国铁路总公司、国家开发银行六部门联合印发，2017年颁布）

《中共安徽省委 安徽省人民政府关于将旅游业培育成为重要支柱产业的意见》（中共安徽省委 安徽省人民政府，2017年颁布）

3. 相关规划

《安徽省皖南国际文化旅游示范区旅游发展总体规划（2011—2020）》（安徽省旅游局，2011年颁布）

《安徽省旅游业发展总体规划（2012—2020）》（安徽省旅游局，2012年颁布）

《皖南国际旅游文化示范区建设发展规划纲要》（安徽省人民政府办公厅，2014年）

《"健康中国2030"规划纲要》（国务院，2016年颁布）

《"十三五"旅游业发展规划》（国务院，2016年颁布）

《体育产业发展"十三五"规划》（国家体育总局，2016年颁布）

《安徽省体育产业"十三五"规划》（安徽省体育局，2016年颁布）

《国家"十三五"时期文化发展改革规划纲要》（中共中央办公厅、国务院办公厅，2017年颁布）

《安徽省"十三五"旅游业发展规划》（安徽省人民政府办公厅，2017年颁布）

二 基础分析

1979年邓小平视察黄山发表重要讲话，拉开了中国旅游业发展的大幕，黄山成为中国现代旅游业的发源地和全省旅游业的起源地。黄山、九华山、天柱山是首批全国重点风景名胜区，琅琊山、齐云山、采石矶、太极洞分别是第二、三、四、五批全国重点风景名胜区。近年来，大别山革命老区精准扶贫和皖南国际文化旅游示范区建设上升为国家战略。大别山风景道列入国家旅游风景道。2016年，宣城市、铜陵市、池州市、安庆市、黄山市等地纳入浙皖闽赣生态旅游协作区，全省山地旅游开发意义重大。

（一）山地旅游发展地位

1. 山地旅游助力"美丽中国"建设

党的十八大提出"美丽中国"的执政理念，"既要绿水青山，又要金山银山"，将生态优势转化为经济优势，形成生态文明建设与经济社会协同推进、人与自然和谐发展的现代化建设新格局。全省山地生态优良、资源丰富，是"美丽中国"建设先行区。

2. 山地旅游助力"健康中国"建设

《"健康中国 2030"规划纲要》提出充分发挥中医药独特优势，提高中医药服务能力；积极促进健康与养老、旅游、互联网、健身休闲、食品融合，催生健康新产业、新业态、新模式；积极发展健身休闲运动产业，积极培育冰雪、山地等具有消费引领特征的时尚休闲运动项目，建设具有区域特色的健身休闲示范区、健身休闲产业带。山地旅游是旅游业与健康产业融合的有效途径。安徽山地蕴含丰富的观光旅游资源、度假旅游资源、养生养老旅游资源、中医药旅游资源和山地运动旅游资源，是助力"健康中国"建设先行区。

3. 山地旅游助力山区扶贫

"十三五"时期是全面建成小康社会的决胜阶段。山地旅游开发有利于全省山区扶贫、山区发展，同步实现全面建成小康社会奋斗目标。

4. 山地旅游助力全省旅游业冲刺万亿元产业

通过发展山地旅游，挖掘山地优势资源，推动户外、康养等新业态，拓展旅游业链条；通过山地与周边社区互动，开发乡村旅游、民宿旅游、旅游小镇等旅游产品，发挥山地旅游综合优势，成为全省旅游业冲刺万亿元产业的主要支撑。

（二）山地旅游发展现状

1. 山地旅游资源

环境优美，生态优良。全省山地森林分布广，空气清新，生态环境四季宜人，良好的生态环境为开发山地旅游产品提供了生态环境基础。

资源丰富，文化深厚。全省山地旅游资源丰富，为开发山地旅游产品、完善山地旅游产业体系提供了有利条件。全省山地拥有丰富的文化旅游资源，以历史文化、红色文化、宗教文化、茶文化、温泉文化、中医药文化等为代表，具有审美和研学价值，是创新山地旅游产品业态、提升山地旅游产品内涵的文化基础。

景观奇特，类型多样。全省山地旅游资源区域特色明显，景观奇特，是开发山地旅游产品的重要载体。

景区品质高，数量众多。全省山地旅游景区品质高，截至 2016 年年底，拥有世界自然文化双遗产 1 处，世界地质公园 2 处；国家 5A 级旅游景区 4 处，国家 4A 级旅游景区 35 处；全国重点风景名胜区 7 处，国家森林公园 27 处，国家自然保护区 7 处，国家地质公园 12 处。

> **专栏1**
>
> **主要山地旅游资源**
>
> 世界自然文化双遗产：黄山。
>
> 世界地质公园：黄山、天柱山。
>
> 国家5A旅游景区：黄山、九华山、天柱山、天堂寨。
>
> 国家4A级旅游景区：紫蓬山、冶父山、赭山、马仁山、丫山、西山、荆涂山、八公山、采石矶、褒禅山、巨石山、明堂山、妙道山、皇藏峪、磬云山、牯牛降、齐云山、琅琊山、相山、敬亭山、夏霖风景区、石佛山、马鬃岭、金刚台、白马尖、铜锣寨、东石笋、洪山寨、万佛山、九公寨、黄巢尖、悠然南山、九子岩、仙寓山、浮山。
>
> 全国重点风景名胜区：黄山、九华山、天柱山、琅琊山、齐云山、采石矶、太极洞。
>
> 国家级森林公园：紫蓬山、冶父山、大蜀山、马仁山、天井山、神山、八公山、舜耕山、香山、太湖山、鸡笼山、天柱山、妙道山、大龙山、皇藏峪、黄山、齐云山、琅琊山、皇甫山、神山、韭山、敬亭山、横山、天堂寨、万佛山、九华山、浮山。
>
> 国家自然保护区：鹞落坪、磬云山、齐云山、天堂寨、马鬃岭、万佛山、牯牛降。
>
> 国家地质公园：马仁山、丫山、八公山、磬云山、齐云山、韭山、天堂寨、白马尖、万佛山、九华山、牯牛降、浮山。

2. 山地旅游市场

全省知名旅游景区多属山地景区。黄山、九华山等景区是全省入境旅游主要目的地。入境客源市场以港澳台、东南亚以及日韩等为主。全省山地旅游国内市场以省内、长三角地区为主。目前，山地旅游市场正由传统的山地观光市场向山地养生、山地休闲和山地度假市场转变。

3. 山地旅游管理体制

重点山地旅游景区的管理体制、机制日益完备。《黄山风景名胜区管理条例》和《九华山风景名胜区管理条例》修订完善，是全省山地旅游景区管理体制改革创新的典范。黄山、九华山、天柱山成立了管理委员会，实现领导权、管辖权和管理权"三权"集中，建立了"国家所有、政府监管、企业经营"管理经营体制，实现国有资源与企业资本的优化组合，促进资源的优化配置和有效利用。黄山、九华山组建了国有独资的黄山旅游集团有限公司和九华山旅游集团公司。按照现代企业制度组建的黄山旅游发展股份有限公司、九华山旅游发展股份有限公司成功上市。天柱山旅游发展有限公司已启动改制上市工作。

（三）山地旅游发展问题

1. 景区孤立，缺乏联动

全省山地旅游景区大多以门票经济为主，产业经济薄弱，与周边城区和景区缺乏有效联系，孤立发展，"孤岛化"明显。

2. 产品同质，缺乏融合

全省山地旅游产品仍然以观光为主，同质化明显，缺乏与其他产业的融合发展，山地旅游经济效益不高。

3. 管理多头，缺乏统筹

全省山地旅游景区多头管理问题突出，农业、宗教、林业、旅游、环保、建设、文化等部门均有管理权，权力分散、管理缺乏权威性，管理利益主体多元化。

4. 设施薄弱，有待加强

山地旅游基础设施不足，建设标准低，山地旅游通达系统有待加强；山地旅游信息化发展水平较低，智慧旅游系统有待完善；山地资源生态安全、山地旅游安全等保障体系有待完善。

5. 人才匮乏，有待充实

山地旅游人才缺乏，旅游人才集中在黄山、九华山、天柱山等重点景区，其他山地旅游景区人才匮乏。山地旅游经营人员以当地居民为主，经营主体多为家庭式经营的农家乐，缺少技术和经营管理人才。

三 发展战略

（一）指导思想

树立"创新、协调、绿色、开放、共享"五大发展理念，把握山地旅游在全省旅游发展中的地位和目标，发挥山地旅游资源优势。坚持创新驱动，增强山地旅游发展活力；坚持旅游精准扶贫，发挥山地旅游综合效应；坚持生态文明，促进山区绿色崛起；坚持产业融合，推动山地旅游业态升级；坚持以人为本，共享山地旅游发展成果。建设环境优美、产业健康、生活幸福的山地旅游地。

（二）发展目标

1. 总体目标

根据全省"十三五"旅游业发展目标，综合考虑未来发展趋势和条件，确定发展目标，努力将安徽山地建成中国山地旅游示范区。遵循旅游业发展规律，坚持山地旅游资源保护和开发并重，处理好全省山地旅游资源开发和山地环境保护的关系，实现山地经济、社会和生态效益的有机统一，建成中国山地旅游资源保护与开发示范区。依托全省丰富的山地旅游资源与特产，实施乡村旅游精准扶贫工程，打造一批旅游扶贫示范项目，带动山区贫困人口脱贫致富，建成中国山地旅游扶贫示范区。推广黄山具有"世界性"示范意义的管理经验，建成中国山地旅游景区管理体制改革创新示范区。

2. 发展指标

专栏2　山地旅游发展指标

山地旅游创建指标	皇藏峪、八公山（联合寿州古城）、采石矶、浮山、琅琊山、太极洞、敬亭山、齐云山、牯牛降、大云岭创建国家5A级旅游景区
	创建10个山地旅游集聚区、5个国家山地户外运动示范基地，新增5个国家旅游度假区和生态旅游示范区、5个省级体育旅游产业基地、10个省级山地旅游示范基地
	建设5个全国研学旅游示范基地、50个省级研学旅行基地、100个市级研学旅行基地
	建设2个国家中医药健康旅游示范基地、5个省级中医药健康旅游示范基地、50个省级中医药健康旅游示范项目
	支持六安市、宣城市、池州市、安庆市、黄山市创建国家生态园林城市
	支持芜湖市、宣城市、池州市、安庆市和黄山市创建国家森林城市
山地旅游扶贫指标	山区脱贫50万人、山区农户年人均增收10%
山地旅游城镇指标	旅游小镇城镇化率提高10%
山地旅游环境指标	山地旅游景区废弃物污染减少70%，新建和改建旅游厕所800座，山地主要环境指标达标率达到98%以上

（三）发展模式

复合化开发，开发集观光、休闲、度假为一体的复合型山地旅游地；融合化提升，突破"孤岛式"发展，融合周边景区及城镇，拓展山地旅游景区发展空间，形成山地旅游产业高地；全域化整合，建设集旅游景区、旅游廊道和旅游产业集聚区三位一体、点线面结合的山地旅游地。

专栏3　山地旅游发展模式

模式	重点山地景区（廊道）	发展重点
国家公园模式	黄山、大别山	国家公园管理体制机制
城市郊野公园模式	天门山、浮槎山等	自驾营地式旅游、露营旅游等
户外运动公园模式	天目山等	户外运动休闲旅游
旅游度假区模式	琅琊山、敬亭山等	休闲度假旅游产品
旅游风景道模式	大别山风景道、皖南"川藏线"等	廊道旅游

四 空间布局

（一）总体布局

依据全省山地资源和山地旅游发展情况，规划五大山地旅游区，即皖南山地旅游区、大别山山地旅游区、皖东山地旅游区、环合肥经济圈山地旅游区、皖北山地旅游区。结合各区山地旅游资源特色和市场需求，形成一批以山地观光产品和山地休闲、山地度假、山地运动、山地养生、山地风景廊道、山地低空飞行、山地自驾车营地等新业态旅游产品有机结合的旅游目的地。

皖南山地旅游区主要包括宣城、铜陵、池州、黄山四市以及马鞍山、芜湖两市长江以南部分。全省高品质山地旅游资源黄山、九华山、齐云山、牯牛降、清凉峰、天目山、敬亭山、大云岭、采石矶等集中分布于该区。

大别山山地旅游区包括六安、安庆两市。该片区位于鄂豫皖三省交界处，核心部位以中山为主，四周多低山、丘陵，是长江、淮河的分水岭。高品质的山地旅游资源有天柱山、天堂寨、司空山、明堂山、万佛山等。

皖东山地旅游区包括滁州市、马鞍山北部山区，属低山丘陵、岗丘地区，高品质的山地旅游资源有琅琊山、褒禅山等。

环合肥经济圈山地旅游区包括合肥市周边山地，属长江与淮河的分水岭的岗丘地，高品质的山地旅游资源有紫蓬山、浮槎山、大蜀山、四顶山、冶父山等。

皖北山地旅游区主要包括淮北、亳州、宿州、蚌埠、淮南五市的山地旅游资源。区域内零散分布少量山地，高品质的山地旅游资源有皇藏峪、龙脊山、八公山、相山等。

（二）分区发展

1. 皖南山地旅游区发展

充分利用黄山、九华山、齐云山、牯牛降、天目山等世界遗产地和精品旅游景区，深度挖掘皖南山地文化内涵，重点建设环黄山山地休闲旅游集聚区、九华山佛教养生旅游集聚区、牯牛降生态养生旅游集聚区、齐云山体育养生旅游集聚区、天目山西麓山地户外运动旅游集聚区。将皖南山地旅游区建成具有国际影响力的山地观光旅游、山地休闲度假旅游目的地，成为"东方瑞士"建设的主要载体。

专栏4

皖南山地旅游区精品景区与特色旅游区

黄山。建立大黄山国家公园，实现自然保护区、风景名胜区、世界遗产、森林公园和地质公园等各类保护地统一、规范、高效的管理。加强与周边太平湖、东黄山旅游度假区、西递宏村等景区的联动开发，建设以体育、养生、研学、互联网+等旅游新业态为主导的旅游产品体系。加快基础设施和服务设施建设，建设环黄山旅游公路，实现与周边城区、景区和特色小镇有机联系，建设高山精品酒店群，形成环黄山世界精品景区，建成中国山地旅游示范景区。

九华山。加强景区基础设施和智慧景区建设。支持九华二圣狮形、下闵园民宿项目，升级《大愿如愿》实景演出，常态化开展文化园"夜游"项目。支持房车营地、健身瑜伽营地、九华山瑜伽度假村、九华大典、九华精品街、九华直升机项目、九华山禅修养生园、禅意小镇建设。联合全国四大佛教名山等联合申报世界遗产。加强九华山景区与贵池城区、柯村景区等互动发展，建设九华山环山旅游公路，通过旅游产业与其他相关产业融合发展、景区与旅游小镇互动发展、僧与俗和谐共处等措施，建设大九华山旅游圈、世界佛教文化旅游地。

齐云山。依托丹霞地质地貌景观和道家文化、徽文化、茶文化等资源，开发养生度假、运动休闲、疗养度假、文化体验等多元度假产品，开发新安江源头秘境游等专项旅游产品。加强齐云山体育小镇建设；建设中国道教博物馆和齐云山天然影视基地；加强万安古镇的修缮保护和开发工作，加强齐云山与宣州区溪口小镇、休宁县万安古镇、休宁县蓝田镇、休宁县五城镇、休宁县岭南镇、休宁县月潭湖等周边景区及旅游小镇联动开发；加强屯黄线与各景点之间公路改造和衔接，拓宽改造屯开线（休宁段）、休婺线和环齐云山旅游公路。推进新安江源头森林保护工程、横江流域综合治理。打造国家级旅游度假区、国家5A级旅游景区、中国道教文化旅游地。

采石矶。以诗歌文化为灵魂，以李白文化欣赏和江矶览胜为核心，战争文化和宗教文化欣赏为脉络，建设采石文化体验区，打造成为国家5A级旅游景区。

皖南"川藏线"依托318国道，以宁国市青龙湾、宁国市板桥自然保护区、泾县水墨汀溪、泾县月亮湾等为吸引物，结合皖南"川藏线"沿线乡镇、自驾游点、骑行游、农家乐等建设旅游驿站服务体系，建设皖南"川藏线"特色旅游风景道。

天目山—白际山。依托宣州区新溪口镇、宁国市梅林镇、宁国市中溪镇、宁国市宁墩镇、宁国市南极乡、宁国市万家乡、宁国市仙霞镇、宁国市云梯畲族乡、广德县四合乡、广德县杨滩镇、绩溪县家朋乡、绩溪县荆州乡、绩溪县伏岭乡、绩溪县瀛州镇、歙县金川乡、歙县璜田乡、歙县长陔乡、歙县石门乡、歙县狮石乡、歙县街口镇、歙县岔口镇、休宁县白际乡、休宁县璜尖乡、休宁县龙田乡等山地旅游小镇，以及吴越古道、徽杭古道、徽开古道等古道资源，山核桃、宣木瓜、歙砚、高山云雾茶等资源，重点开发古道徒步、高端民宿、乡村度假、休闲养生等旅游产品，完善西天目山—白际山旅游公路网建设，设立卢湖、云梯等自驾车营地，筹建天目山西麓国际户外公园，建成"长三角"山地旅游风景道示范目的地。

2. 大别山山地旅游区发展

响应国家精准扶贫号召，发挥大别山承东启西的区位优势，依托大别山优良的山地生态环境，深度挖掘大别山历史文化、红色文化、茶文化、地质文化、山寨文化、宗教文化、民俗文化等资源，重点开发山地观光、山地休闲、山地度假、山地养生和山地运动等山地旅游产品，建设大别山山地国家公园。

专栏5

大别山山地旅游区精品景区与特色旅游区

天柱山。支持天柱山世界自然与文化双遗产以及全国森林康养基地（试点）申报和建设。优化天柱山管理体制机制，推进旅游公司改制和上市进程。以天柱山为核心，以生态养生、禅宗养生为主题，提升休闲功能，联动周边城区、景区，加强道路交通网络，扩展旅游新要素，延伸旅游产业链，塑造国际知名的生态养生旅游品牌。在建成运营大龙窝观光索道、开通神秘谷—总关—莲花峰—迎真峰旅游大环线的基础上，依据《天柱山风景名胜区总体规划》，在后山景区新建索道，形成"西进东出"和"东进西出"的大环线框架。全面启动建设环天柱山公路贯通工程，畅通进山通道。对区内各景区（点）的交通、餐饮、环境等进行整治和管理，推进各项配套建设。加强"天柱山—禅源太湖—司空山—天悦湾"景区旅游道路的建设。推出"皖山皖水黄梅情体验之旅""中华禅宗寻根之旅"和"中华养生祈福之旅"。

天堂寨。依托地质景观资源、温泉资源和森林资源，开发户外运动、主题娱乐、休闲度假、森林康养等旅游产品，加强景区设施建设，建设"国际专业山地户外运动基地、华中地区首席避暑养生度假目的地"。

六安茶谷。支持六安茶谷六安瓜片、霍山黄芽、金寨翠眉、华山银毫、舒城小兰花等"五朵金花"茶产业基地建设。支持六安茶谷以茶为媒，将茶叶、毛竹、石斛、油茶、有机鱼等产业发展与生态保护、休闲旅游、文化创意、健康养生融为一体，构建山地健康旅游产业体系；坚持生态立基、产业支撑、旅游引领、科技推动、富民为本的发展思路；以重大项目为支撑，建好节点，以点连线，以线带面，全面推进区域统筹发展，把六安茶谷建设成绿色生态谷、特色产业谷、旅游养生谷、科技文化谷、扶贫富民谷，建成全国最大的茶主题公园、大别山旅游精准扶贫样板区。

大别山旅游风景道。大别山旅游风景道为国家旅游风景道。支持安徽境内的大别山旅游风景道主体廊道和延伸廊道建设，以大别山旅游扶贫快速通道为依托，主体廊道纳入旅游公路重点建设项目。延伸廊道依托的公路网建设纳入全省重点建设项目。大别山旅游风景道以"千里跃进大别山 百里漫游风景道"为形象品牌，构建"驿站＋创意景观＋集散中心＋景区"的全要素组合模式，建设集生态道、文化道、智慧道、扶贫道于一体的大别山革命老区绿色发展廊道、国家旅游产业扶贫示范道。

大别山禅意山水养生旅游区。以禅宗文化为统领，山水生态环境为背景，整合六安市天堂寨、六安市万佛山、六安市霍山大别山国际旅游度假区、六安市霍山温泉小镇、安庆市天柱山、安庆市司空山、安庆市明堂山、安庆市五千年文博园、安庆市花亭湖、安庆市岳西温泉小镇，建设以度假养生为主题的特色旅游功能区。

3. 皖东山地旅游区发展

发挥地处合肥、南京两大经济圈之间的区位优势，充分利用岗丘山地交错、山水田园交融、地形开敞舒缓的地形地貌有利条件，建设集山地度假、康体养生、乡村休闲、文化体验为一体的岗丘山地型国家旅游休闲区。

专栏6

皖东山地旅游区精品景区与特色旅游区

大琅琊山景区。整合滁州中心城区、西部山地资源，以创建国家5A级旅游景区为目标，建设以琅琊山国家风景名胜区为核心的大琅琊山国家旅游度假区。深度挖掘醉翁文化，开发一批以"醉文化、亭文化、乐文化、让文化"为主题的创意文化旅游产品。加强山地旅游与文化、体育、农业、工业、商业等相关产业和行业的整体联动与融合发展，开发汽车营地、低空旅游、研学旅行、老年养生基地、中医药养生基地、旅游创客基地、乡村旅游扶贫基地等旅游产品。

大皇甫山生态休闲旅游度假区。全面提升皇甫山国家森林公园旅游功能与服务水平。以"大保护、大旅游、大产业"为理念，内部跨界整合周边红琊山森林公园、金甲溪漂流、古银杏树、皇甫烈士陵园、凤胜食用菌基地等；外部依托线路延伸跨界串联，辐射对接藕塘镇、章广特色农业区、曲亭村等，开发涉及多领域、全季节特色旅游产品，延伸产业链，打造大皇甫山生态旅游度假区。

老嘉山休闲运动度假区。以绿林营地项目为引领，打造户外休闲运动基地。整合跃龙湖、黄寨草场资源，开发山水度假、户外休闲、特色体验旅游产品，突出"山地草原"的特色景观品牌；充分利用老嘉山优质的生态资源，开发森林生态体验、户外运动拓展、亲水休闲等旅游产品，突出"小九寨沟"品牌形象；争取创建省级旅游度假区。

神山国际养生度假区。充分利用度假区设施和优质生态环境、景观条件，实施转型发展，以生态度假养生为核心功能，以生态农业发展为基础，策划创意养生休闲项目，丰富体验性、参与性项目的内容，打造以养生为主题的旅游度假区。

大凤阳山旅游区。对大凤阳山区的旅游资源进行深度挖掘和整合；按照二级道路标准，建设宋集村至凤阳山风景区的旅游道路，拓宽地质公园门区到韭山洞、狼巷迷谷旅游道路。建设景区内循环道路，完善旅游厕所等配套设施，综合整治区内外建筑设施和旅游环境。以地质公园门区为依托，高标准建设游客中心和停车场。打造国家5A级旅游景区。

鸡笼山半月湖景区。充分利用"深邃厚重的福泽文化、自然交融的水脉肌理、葱郁盎然的山林风光"等特征，围绕"生态为基、文化为魂、体验为本"的理念，构筑生态、环境、文化三位一体的旅游复合体，借由动态与静态两种途径，积极发展旅游新业态，将鸡笼山—半月湖景区打造成为集人文体验、科普养生、生态观光于一体的户外深度"慢生活"体验区。

褒禅山国际旅游度假区。依托优良的自然生态环境和深厚的历史文化底蕴，以宗教文化为核心，加强与香泉镇的合作，以温泉旅游度假为特色，以生态旅游为导向，融入地方特色文化，形成以宗教体验和温泉度假产品为主导，以生态养生、休闲度假、体育运动、特色农业为补充的旅游产品体系，营造"秀水文山、品质生活"的新意境，构筑全省高端休闲旅游度假区。

4. 环合肥经济圈山地旅游区发展

依托合肥市周边的紫蓬山、大蜀山、浮槎山、四顶山、冶父山、银屏山等山地资源，塑造以山地文化旅游产业集聚区、山地旅游度假区、山地郊野公园、山地城市公园、户外运动公园为载体的都市山地休闲度假旅游区。

专栏7

环合肥经济圈山地旅游区精品景区与特色旅游区

四顶山。以四顶山森林公园为核心，联动巢湖临湖区域、玉带河公园、镇湖塔、六家畈古民居群、长临河老街等，以城市文化、古镇文化、巢居文化为文化创意核心元素，重点建设四顶山文化创意产业集聚区、滨湖月光小镇等项目。

大紫蓬山。支持紫蓬山、莲花山、圆通山、周公祠和大潜山等核心旅游景区建设，支持紫蓬山国家旅游度假区的建设；支持刘铭传海峡两岸交流基地建设。建设中国山地文化展示、生态体验和度假休闲旅游目的地。

肥东东部傍山绿色健康旅游带。以肥东东部丘陵地带为依托，对接巢湖半岛规划，以运动、养生、养老为主题，重点建设白马山运动旅游度假区、龙泉山康养集聚区、浮槎山郊野公园等项目，形成肥东东部傍山绿色健康旅游带。

---

5. 皖北山地旅游区发展

发挥皖北山地文化内涵和林果资源优势，加强皖北山地旅游与林果业融合发展，重点建设大皇藏峪山地休闲集聚区、龙脊山山地休闲农业集聚区、八公山山地文化创意集聚区，建设皖北山地休闲旅游区。

专栏8

皖北山地旅游区精品景区与特色旅游区

皇藏峪—龙脊山。以皇藏峪国家森林公园为核心，联动埇桥区龙脊山、埇桥区五柳、埇桥区闵子祠、埇桥区大方寺、埇桥区雁山、萧县费村、萧县葡萄庄园等景区，开发森林生态旅游、野外宿营游、登山健身游、森林有氧游等旅游产品，建设皖北休闲度假旅游目的地，争创国家5A级旅游景区。

大八公山旅游区。以寿州古城—八公山为核心，整合八公山森林公园、凤台县焦岗湖等旅游资源，完善旅游快速通道，建设山、水、城联动发展的旅游金三角，打造大八公山创意文化旅游区。

五 产业发展

整合山地旅游发展要素，创新旅游业态，延伸产业链条，培育产业集聚区，增强产业有效供给，开创山地旅游产业发展新局面。

（一）发展思路

1. 继续巩固和提升山地观光旅游

依托山地自然与人文观光资源，完善智慧旅游系统、旅游交通系统、旅游安全系统等公共服务体系，提升山地观光旅游业的发展水平。

2. 促进山地旅游融合发展，延伸山地旅游产业链

加强山地旅游与"绿色一产"融合发展。依托山区特色农产品资源，积极推进山地旅游与农业、林业等产业融合，促进山地观光农业、山地观光林业的发展，带动山地休闲农业、山地休闲林业、特色民宿等新业态发展，实现农业、林业与山地旅游业协调发展。加强山地旅游与"低碳二产"融合发展。推进山地旅游与山区特产加工业、健康食品生产业、中药材种植与加工业、现代物流业等融合发展。加强山地旅游与"休闲三产"融合发展。加快山地旅游与体育、会展、影视、教育、文创等第三产业的融合发展，支持发展山地户外运动、避暑休闲、健康养生、度假疗养、汽车露营、科普探险、研学旅行等新业态，促进山地旅游的产品多元化、产业多样化发展，满足多元化、个性化的市场需求。

3. 促进山地旅游全方位发展

建设山地旅游景区、山地旅游小镇，发展山地旅游新业态，推动山地观光、休闲、度假并重转变，实现山地旅游"点"状提升。打造山地国家旅游风景道和省级旅游风景道、山地绿道、徒步风景小径，串联沿线山地旅游景区，打造山地景观带和产业集聚带，实现山地旅游"线"状培育。以景区为核心，加强与周边城区、景区和园区的联系，优化产业结构，延伸产业链条，实现旅游业多元化发展，形成旅游产业集聚区。

（二）产业体系

遵循"全生态产业资源利用、全产业链设计、全要素融合、全方位业态创新"发展思路，重点发展山地农业、山地林业、山地休闲度假、山地体育、山地健康、山地研学等山地旅游产业，构建山地旅游产业体系。

山地农业旅游产业。依托六安瓜片、霍山黄芽、黄山毛峰、太平猴魁等茶叶资源、中药材资源、土特产资源，构建"生产—加工—研发—仓储—物流—销售"全产业链，推进山地旅游与农业资源深度融合，发展创意茶园、高山农场、山区农业文化博物馆、中药养生农庄、生态康养基地等山地农业旅游新业态。

山地林业旅游产业。依托森林、毛竹、油茶、花卉苗木等林业资源，发展一批森林康养、森林露营、森林氧吧、创意竹海、花卉苗木等旅游新业态，推进山地旅游与林资源融合发展。支持森林康养产业服务的企业、森林康养互联网平台和电商平台发展。

山地休闲度假旅游产业。依托山水风光、文化景观等资源，开发山地民宿、山地旅游小镇、高山精品酒店、户外主题精品酒店、养老酒店、森林酒店、树屋酒店等休闲度假产品。推进汽车文化与山地旅游融合发展，发展山地房车营地、自驾车营地等旅游新业态。

山地体育旅游产业。在传统观光旅游基础上，发展低空飞行、热气球、山地攀岩、山地高尔夫等旅游新业态。支持建设登山健身步道、山地户外营地、徒步骑行服务站等户外运动基础设施，加快山地户外运动服务业发展，支持皖南山区、大别山区打造一批优秀山地户外俱乐部、优秀企业、品牌赛事。推动合肥、蚌埠、芜湖等城市发展山地户外运动装备制造业，培育和塑造一批具有自主知识产权的高端健身休闲装备制造企业和品牌。

山地康养旅游产业。充分发挥全省山地生态环境优良、森林覆盖率高、中医药资源丰富等优势，大力发展康养旅游产业，发展养生度假、养老养生等旅游新业态。

山地研学旅游产业。依托山地的动植物资源、地质景观、文化遗产、古迹遗址、农业资源、三线建设遗址、重大工程设施等资源，建设一批山地研学基地、野外拓展营地，打造"山地旅居—学习交流—研发创意—交易展示—游憩健身"的研学旅游模式。

（三）产业集聚区

以山地观光、山地休闲、山地度假、山地养生、山地运动等为主题，创新健康养生、避暑休闲、度假疗养、山地运动、汽车露营、科普探险、修学旅行等新兴业态，拓展山地旅游产业链，建设一批山地旅游产业集聚区。

专栏9

山地旅游产业集聚区

合肥市大四顶山山地创意文化旅游产业集聚区、宿州市大皇藏峪山地休闲旅游业集聚区、宿州市龙脊山山地休闲农业旅游业集聚区、淮南市八公山山地文化创意旅游业集聚区、滁州市大琅琊山山地休闲旅游业集聚区、六安市天堂寨山地休闲旅游业集聚区、大别山主峰休闲旅游业集聚区、池州市九华山佛教养生旅游业集聚区、池州市牯牛降生态养生旅游业集聚区、安庆市大天柱山禅修养生旅游业集聚区、安庆市明堂山—妙道山—天峡—司空山禅修养生旅游业集聚区、环黄山山地休闲旅游业集聚区、天目山—白际山西麓山地度假旅游业集聚区。

六 产品体系

提升传统山地旅游产品，支持山地休闲度假、山地体育、山地研学旅行、山地养生养老、山地创意文化、山地温泉、山地美食等新业态旅游产品开发，形成传统山地旅游产品与新业态山地旅游产品共同发展的局面。

（一）提升传统山地旅游产品

继续发展山地自然观光、文化观光、乡村旅游、宗教观光等传统旅游产品，使山地观光成为全省观光旅游产品的主要组成部分。

（二）培育新业态山地旅游产品

立足旅游消费新需求，加强产业融合，塑造山地旅游新业态，创新旅游新产品，重点培育和开发八大类新业态山地旅游产品。

1. 山地休闲度假旅游产品

依托山地优良的生态环境和高品质景区，建设一批山地民宿、山地精品酒店、山地旅游村落等度假设施，开发避暑、森林康养、山村野营等山地休闲度假旅游产品。

2. 山地体育旅游产品

体育休闲旅游产品。依托黄山、九华山、天柱山、天堂寨、万佛山等独特的地质地貌、优美的自然风光，开发徒步登山、骑行、攀岩、岩降、野营露营、山地摩托等山地体育休闲旅游产品。体育健身旅游产品。依托采石矶、褒禅山、紫蓬山、敬亭山、琅琊山等城市近郊型山地，开发网球、羽毛球、溜冰、沙滩排球、沙滩足球等体育健康旅游产品。体育探险旅游产品。依托黄山、九华山、天柱山、齐云山、板桥自然保护区、磬云山地景区优美的自然风光和奇特的地质地貌景观，开发热气球、溜索、鸟人飞行、悬挂式飞翔、滑翔伞、超级跳伞、蹦极、悬崖跳水、野外生存、定向越野、穿越秘境、森林探险等空中探险和陆地探险旅游产品。体育赛事旅游产品。依托中国黄山国际山地自行车公开赛、中国黄山国际登山节等国际赛事，亚洲铁人三项、山地自行车越野赛、山地露营节等赛事节庆活动，开发体育赛事旅游产品。低空飞行旅游产品。开发低空观光、航空运动、航空摄影等低空飞行旅游产品。在皖南山区、大别山区推出低空飞行摆渡航线，建设黄山山脉、天目山山脉、大别山山脉低空飞行旅游走廊。

> **专栏 10**
>
> **山地体育旅游**
>
> 　　山地体育旅游产业基地：六安市悠然南山、六安市万佛山、芜湖市南陵丫山、池州市九华山、安庆市岳西天峡、黄山市齐云山、环黄山自驾游宿营地、徽杭古道。
> 　　山地体育精品赛事：大别山旅游风景道马拉松自行车赛、黄山市168国际徒步探险大会、环黄山国际公路自行车公开赛、"黄山论剑"国际武术大赛、黄山市齐云山国际养生万人徒步大会。
> 　　山地体育旅游精品线路：都市山地户外旅游线路、大别山山地户外旅游线路。

3. 山地研学旅行产品

充分利用山地动植物资源、地质资源、文化资源，开发地质地貌研学、生物研学、山区地方民俗体验、历史文化研学等研学旅行旅游产品。

4. 山地生态养生旅游产品

利用黄山、牯牛降、齐云山、九华山、天柱山、天堂寨、六安茶谷、马鞍山北部山地等优良的生态环境、清新的空气、宜人的气候、丰富的中药材、优质的温泉、特色的农产品等养生资源，开发森林康养、运动健身、避暑度假、温泉疗养、膳食保健等山地生态养生旅游产品。

5. 山地养老旅游产品

依托自然风光优美、气候宜人、水质优良、原生态特产丰富、山地景区交通条件较好的黄山、齐云山、九华山、牯牛降、天目山、天柱山、天堂寨等地，建设一批养老基地，开发养老度假、健康医疗、日常护理、中医保健、康复护理等养老旅游产品。

> **专栏 11**
>
> **山地养老旅游**
>
> 　　马鞍山市北部山地温泉旅游度假区、马鞍山市秀山医养示范基地、宣城市广德南部山区养生养老基地、铜陵市鹞山公园太阳城、池州市秋浦河温泉养老公寓、池州市康体养生基地、安庆市岳西国际文化养生产业园、安庆市天柱山万岁谷文化旅游养生养老中心、黄山市新安健康产业园、黄山市汤口温泉小镇、黄山市幸福新世界等。

6. 山地温泉旅游产品

依托六安市舒城县西汤池温泉、六安市舒城县山七温泉、六安市金寨县西庄温泉、六安市霍山县铜锣寨温泉、安庆市岳西县天悦湾温泉，开发差异化、主题化大别山温泉旅游产品。

依托合肥市巢湖市半汤温泉、合肥市庐江县东汤池温泉、马鞍山市含山县昭关温泉、马鞍山市和县香泉温泉，开发环巢湖山地休闲度假旅游产品。

7. 山地创意文化旅游产品

以红色文化、宗教文化、茶文化、温泉文化、民俗文化为主题，利用创意文化、文艺表演、文化展示、文化体验等手段，开发旅游演艺、虚拟旅游、文化节庆、动漫游戏等创意文化旅游产品，打造红色文创意化产业园、影视创意基地、创意文化小镇、知青小镇等一批文化创意产业基地。依托大别山地区、皖南山区的农业景观资源，开发创意农园。利用大别山、皖南三线厂遗址等工业遗产，建设创意工坊，建设三线创意文化旅游景区。

8. 山地美食旅游产品

依托九华山佛教文化、天柱山禅宗文化、齐云山道教文化资源，开发宗教养生系列旅游餐饮。依托皖南山区、大别山区等中药材基地，开发养生药膳餐饮。利用大别山区和皖南山区丰富的土特产资源，开发系列保健养生旅游有机食品。

（三）策划精品山地旅游线路

根据全省山地旅游资源特色和区域分布特点，以品牌山地景区为载体，以交通干线为依托，开发一批精品山地旅游线路。

专栏12

精品旅游线路

世界遗产名山之旅。核心城市：九江市—黄山市—上饶市—武夷山市。重点旅游区：庐山—黄山—三清山—武夷山。核心产品：山岳观光、文化体验。

佛教名山之旅。核心城市：乐山市—忻州市—池州市—舟山市。重点旅游区：峨眉山—五台山—九华山—普陀山。核心产品：朝圣祈福、宗教研学、禅修养生、山岳观光。

道教名山之旅。核心城市：成都市—十堰市—黄山市—鹰潭市。重点旅游区：青城山—武当山—齐云山—龙虎山。核心产品：道教养生、宗教研学、山岳观光。

大别山旅游风景道体验之旅。核心城市：孝感市—黄冈市—安庆市—六安市。重点旅游区：大悟山—三角山—天堂寨—白马尖—万佛山—天柱山。核心产品：红色旅游、乡村旅游、生态观光、自然科普。

长江山地户外运动线路。核心城市：马鞍山市—芜湖市—池州市—铜陵市—安庆市。重点旅游区：采石矶—马仁奇峰—九华山—齐山—浮山—大龙山。核心产品：山岳观光、休闲度假。

天目山—白际山山地户外休闲线路。核心城市：宣城市—黄山市。重点旅游区：徽杭古道—徐霞客古道。核心产品：山岳观光、体育运动。

皖南世界遗产之旅。核心城市：黄山市。重点旅游区：黄山风景区—西递宏村。核心产品：山岳观光、文化体验、休闲度假。

佛教朝圣之旅。核心城市：池州市—安庆市。重点旅游区：九华山—司空山—妙道山—天柱山。核心产品：佛教朝圣、宗教研学、禅修养生。

多彩大别山之旅。核心城市：六安市—安庆市。重点旅游区：悠然南山—白马尖—天堂寨—

天柱山。核心产品：山岳观光、红色缅怀、文化体验、研学旅行。

"三山三湖"精品山水之游。核心城市：黄山市—池州市—安庆市。重点旅游区：黄山—太平湖—九华山—升金湖—天柱山—花亭湖。核心产品：山水观光、宗教朝拜、湖泊度假、山地度假。

合肥经济圈山地游憩之旅。核心城市：滁州市—合肥市—淮南市—六安市。重点旅游区：琅琊山—紫蓬山—八公山—悠然南山。核心产品：山岳观光、豆腐文化体验、山地休闲。

皖北山地观光科普之旅。核心城市：淮北市—宿州市。重点旅游区：相山—龙脊山—皇藏峪。核心产品：自然科普、地方民俗科普、山岳观光。

七 特色工程

（一）山地国家公园工程

探索建立大黄山国家公园和跨省域的大别山国家公园，编制《大黄山国家公园规划》和《大别山国家公园规划》，形成自然文化遗产、自然保护区、风景名胜区、森林公园、地质公园等各类保护地统一、规范、高效的管理体制和机制。设立中国（黄山）国家公园建设论坛永久会址，加强国家公园建设的经验交流。

1. 建立大黄山国家公园

加强大黄山国家公园与美国黄石、加拿大班芙等国家公园的联系交流，突出改革创新，深化体制机制改革，全力抓好大黄山国家公园创建工程。探索大黄山国家公园管理体制与机制，编制《大黄山国家公园规划》。加强大黄山国家公园生态体系保护，落实其四至范围，明确其核心保护区、生态保育区、传统利用区和游憩展览区范围。加快大黄山国家公园的游憩展览区的休闲、度假、旅居、购物、运动、养生功能建设。

2. 建立跨省域的大别山国家公园

建立健全安徽省与湖北省、河南省等地区区域合作机制，探索大别山国家公园管理体制与机制，编制《大别山国家公园规划》，积极推进三省共建大别山国家公园。全面启动大别山生态补偿试点工作，编制生态补偿总体方案。加快建设大别山旅游扶贫快速通道。

3. 设立中国（黄山）国家公园建设学术交流论坛永久会址

借鉴国内外论坛运营模式，创新论坛运营模式，设立中国（黄山）国家公园建设论坛永久会址，建立高端特色永久性论坛地址，加强与各国和地区国家公园建设经验交流。做好中国（黄山）国家公园建设坛论总体规划。

(二)山地旅游跨界合作工程

山地旅游跨界合作主要分为跨界山系的旅游合作和跨界山岳景区的旅游合作发展,其中跨界山岳景区的旅游合作发展主要包括跨省、跨市、跨县三类山岳景区的旅游合作发展。

1. 跨界山系旅游合作

组建跨界山系旅游联盟,共建基础设施和公共服务、塑造整体形象联合营销。

专栏13

跨界山系旅游合作

大别山旅游发展合作。支持六安市、安庆市、黄冈市、信阳市、孝感市组建大别山山地旅游联盟,设立大别山国际山地旅游发展论坛。加强大别山基础设施和旅游设施建设,建成大别山无障碍旅游区。共推旅游线路、共办旅游节庆,建设大别山国家级红色旅游功能区、大别山国家公园。

天目山—白际山旅游发展合作。建立皖浙天目山—白际山生态旅游联盟,坚持"资源共享、信息共用、品牌共创、市场互动、错位发展、联动发展"原则,实现优势互补、合作共赢,提升天目山—白际山生态旅游影响力,建设天目山—白际山国际户外运动休闲旅游区。

五龙山旅游发展合作。支持婺源县和休宁县成立五龙山旅游联盟,坚持原生态开发理念,统一编制规划,统一建设基础设施,统一塑造旅游形象,建设皖赣边界"五龙山山地公园"。

---

2. 跨界山岳景区旅游合作

由上一级旅游行政管理部门牵头,跨界山岳景区所在地旅游行政管理部门和企业参与成立跨界山岳旅游景区旅游管理机构,共同规划,共同建设,联合营销,共塑品牌,联合运营,推进跨界山岳景区协作发展。

专栏14

跨界山岳景区旅游合作

天堂寨景区旅游发展合作。天堂寨景区地跨湖北、安徽两省三县,目前金寨天堂寨、罗田天堂寨、英山天堂寨处于独立发展状态。为促进天堂寨旅游资源的进一步保护和开发,三地应建立统一规划、统一宣传、统一开发的联合体,建设"大天堂寨景区";加强制度创新,成立跨界旅游联盟,整合三地的人力、物力和财力资源。

太极洞景区旅游发展合作。太极洞地处安徽广德新杭镇、江苏宜兴太华镇、浙江长兴白岘乡三地交界处。皖苏浙三省建立环境综合整治联席会议制度,联合督促。共同开发太极洞景区,将其建设成国家5A级景区。

牯牛降景区旅游发展合作。牯牛降景区位于黄山市祁门县与池州市石台县交界处,是安徽省第一个以森林生态类型为主的综合性国家级自然保护区,有"绿色自然博物馆"和"生物基因库"之称。两景区在行政管理层面应统一领导分区管理;企业经营层面应合作经营;旅游产品层面应错位发展；交通建设层面应建设环牯牛降景区交通环线；品牌共享，形成联合营销；联合开拓市场，塑造整体形象，将牯牛降景区建成国家5A级景区。

天门山景区旅游发展合作。天门山由东、西梁山组合而成，分别位于芜湖、马鞍山两市。芜马应联合成立统一的管理委员会，实现联合开发、统一规划、统一营销，将天门山景区建成国家4A级景区。

八公山景区旅游发展合作。由于行政区划的调整，八公山景区由跨淮南市、六安市山岳景区转变淮南市跨县山岳景区。支持八公山景区与寿州古城合作发展，联合创建国家5A级景区，共塑"大八公山"旅游品牌，建成集山地观光、山地休闲、山地体育、山地文创于一体的综合性山地旅游集聚区。

（三）山地旅游廊道工程

建设国家级、省级旅游风景道。支持大别山国家旅游风景道、皖南"川藏线"旅游风景道等省级旅游风景道建设，围绕国家级、省级旅游风景道，配套建设集自驾自行综合服务中心、旅游驿站、自驾车营地、观景平台、休憩设施等于一体的自驾自行旅游服务体系。

建设山地旅游绿道。对接全省绿道网络建设，建设山地旅游绿道，使山地旅游绿道联结山岳旅游景区，建成全省"一纵三横一环"旅游绿道，构筑慢行旅游交通网络。"一纵"即南北贯通绿道；"三横"分别指淮河绿道、沿江淮分水岭绿道、沿长江绿道；"一环"指的是环巢湖精品绿道。

建设徒步旅游风景小径。推广六安市金寨国家登山健身步道、黄山市168国际徒步探险基地、徽杭古道等建设经验，重点建设皖南山地、大别山区、皖东山地和皖北山地徒步旅游风景小径网络。

（四）山地旅游小镇工程

依托全省山地旅游资源禀赋较好的镇、村，借助创意化、艺术化、体验化、动漫化、生态化等手段，提升景观，引导特色产业发展，建设系列山地旅游小镇，形成环黄山、环九华山、环天柱山、天目山—白际山西麓旅游小镇集聚带和六安茶谷旅游小镇群。

（五）山地体育旅游产业基地工程

支持宣城市宣州区、泾县、旌德县、绩溪县，黄山市黄山区、休宁县、黟县等皖南县域，创建国家体育旅游产业基地。支持滁州市白鹭岛国际生态旅游度假村体育旅游产业基地、安徽（六安）兴茂悠然南山体育旅游产业基地、安徽（芜湖）丫山体育旅游产业基地、池州市九华山体育旅游产业基地、安庆市天峡风景区体育休闲度假公园、奇瑞黄山自驾游宿营地、齐云山体育旅游休闲产业基地、徽杭古道等省级体育旅游产业基地建设。支持攀岩基地、山地户外汽车营地、山地户外露营地、山地户外探险营地、滑雪体验基地、山地高尔夫、定向越野等山地体育旅游基地建设。支持蚌埠市万绿生态园、六安市大别山主峰、六安市石斛园、芜湖市丫山、宣城市宣木瓜、池州市九华山、安庆市巨石山、安庆市梦香缘、安庆市天悦湾、安庆市天柱福元乡村、黄山市黄山太极等山地中医药健康基地建设。以体育休闲产业为重点，促进体育与旅游、医疗、保健和生态有机结合，培育一批生态旅游、休闲度假、康体养生等旅游产品。举办山地自行车越野赛、山地健康跑、露营节、亲子步行游等系列山地体育活动。到 2020 年，力争建成 1 个国家级体育旅游产业（示范）基地和一批特色鲜明的省级山地旅游产业基地。

（六）山地中医药健康旅游基地工程

促进山地旅游与山地中医药产业融合发展。依托六安市金寨县、六安市霍山县、安庆市岳西县等地的石斛等名贵中药材，建设大别山区中医药健康旅游基地，推进康养旅游发展；依托灵芝、宣木瓜等名贵中药材建设皖南山区特色中药材产业基地，提升中医药文化养生旅游品牌。支持在皖南国际旅游文化示范区建设国际养生保健旅游基地。建立国家级中医药健康旅游示范区、示范基地、示范项目备选目录。到 2020 年，全省力争建成 1 个国家中医药健康旅游示范区，5 个国家级中医药健康旅游示范基地，50 个国家级中医药健康旅游示范项目；新增 20 个省级中医药健康旅游基地，打造一批中医药特色旅游小镇。支持建设安徽省中医药博物馆。

（七）山地研学旅行培育工程

依托黄山、天柱山、九华山世界地质公园和国家地质公园，开发地质地貌研学旅游产品。依托牯牛降、大别山等生物资源，建设全国研学旅游示范基地。以虚拟现实系统为媒介，物种起源和发展为主题，走进自然，建设集生物观光、研学旅游、科学考察为一体的生物基因库现代展示基地，建设自然博物馆。依托天堂寨、皇藏峪等森林公园，建设现代国家森林公园青少年儿童营地，开发探索自然奥秘、体验野外生存、学习历史知识等研学旅行产品。大力支持黄山市"中国研学旅游目的地"建设，宣城市中国宣纸文化园"全国研学旅游示范基地"建设。到 2020 年，创建多处中国研学旅游目的地和全国研学旅游示范基地，创建一批省级山地研学旅游目的地和山地研学旅游示范基地。

（八）山地生态环境保育工程

保护和优化山地环境。在山地旅游开发过程中，注重保护山地自然生态环境，进行科学的环境功能分区，坚持分区管理。

保护山地生物多样性。加强旅游旺季游客量监测与控制，预留生物多样性的自我修复和保护空间。强化法规法律制度建设，依法对生物多样性实施保护，加强自然保护区保护和建设，加强珍稀濒危物种保护。加强公众教育，提高当地居民及游客对生物多样性保护的意识。

加强山区水资源保护与利用。加强对山区水源涵养林、水土保持林的保护，确保水源地水质达标。合理利用山地温泉、瀑布、河流等水资源开展旅游活动。

加强山地森林资源保护与利用。实施退耕还林工程和森林增长工程，加强山区、低山区宜林地造林和森林培育工作；巩固完善集体林权制度改革，确保山林经营权落实到户；持续推进沿淮山地林下中药材与蔬果种植示范片、江淮丘陵种植养殖示范片、沿江山地丘陵苗木种植与生态旅游休闲示范片、大别山中药材种植与林产品采集加工示范片、皖南山区林产品采集加工与森林旅游示范片建设；重点在皖南、大别山区及合肥、滁州等地发展集城郊"林家乐"、生态家园休闲游项目和森林旅游精品景区于一体的山地森林旅游产业体系。

加强旅游风景道设计与美化。在满足公路工程技术标准的前提下，通过景观设计与美化，提升大别山国家旅游风景道、皖南"川藏线"等省级旅游风景道的文化价值和观赏价值。合理设计山地公路，增加旅游景观价值。道路边坡防护工程以原始植被绿化为主，辅以当地特色景观树、花卉种植，满足防护要求和美观效果。山地公路规划建设过程中，应充分利用山地自然景观和人文景观，为游客提供驿站、观光点，提升游览价值。

（九）山地旅游扶贫惠民工程

建立山地旅游扶贫村数据库，尽可能地将重点山地旅游扶贫村纳入省市县旅游精品线路，组织国内媒体和旅行商赴贫困地区开展踩线采风活动。加强山地旅游扶贫村设施建设，结合美丽乡村建设，加强村容村貌整治。发挥大别山红色旅游扶贫富民示范作用，创新山地宜游贫困村旅游扶贫模式，推进交通扶贫、鼓励金融扶贫、实施智力扶贫、推动电商扶贫、开展结对扶贫、优化扶贫管理。到2020年，通过山地旅游发展，全省实现山区脱贫50万人，山区农户年人均收入增收10%。

（十）山地旅游设施建设工程

1. 完善山地旅游交通设施

建立"立体、高效、环保"的山地旅游交通体系，保障山地旅游者"进出方便、来去自由"，实现"旅速游缓、旅短游长、旅中有游、游旅结合"的山地旅游交通目标。

专栏15

山地旅游交通设施

加强外部交通建设。通过航空、高速铁路、高速公路、城市轻轨等交通运输方式，实现客源地与山地旅游目的地之间的快速直达。重点建设皖南国际文化旅游示范区"三山三湖"轻轨、芜湖—黄山轻轨、合肥—大别山轻轨等。实施山地旅游景区（点）"最后一公里"通达工程，实现从机场、车站、码头到山地旅游景区（点）的无缝对接。

提升内部交通水平。建设低空飞行基地，开发低空飞行、空中旅游等活动。重点打造六安市"云中茶谷"、池州市九华山柯村直升机场、安庆市天柱山直升机场、黄山市通用机场等项目。中高山区开发步行和缆车、索道等交通方式；中低山区开发徒步登山步道、山地自行车；低山区提倡步行、自行车、马车、观光巴士、自驾车等交通方式，实现山地景区内部各景点及山地旅游小镇之间的交通通畅。

2. 建设山地智慧旅游景区

加快山地旅游景区（点）、重点山地旅游线路的智慧旅游设施建设。将5A级山地景区建成智慧旅游示范景区，实现山地国家4A级旅游景区免费Wi-Fi、智能导游、电子讲解、信息推送、智能停车系统等功能全覆盖。到2020年，实现山地国家3A级及以上旅游景区免费Wi-Fi全覆盖；在山地国家5A、4A级旅游景区推广电子门票，建立景区电子门票系统；利用物联网技术，实现景区智能化、数字化管理，建设智慧旅游景区。

3. 完善山地旅游商品销售系统

支持山地旅游商品品牌创建，举办山地旅游商品设计大赛和展销会，争取更多品牌进入"安徽旅游商品TOP100"，进入商场超市、宾馆酒店、公路服务区、机场车站、旅游景区。推进特色山地旅游商品后备箱工程。支持淘宝、京东等电商平台入驻山地旅游景区，开设销售网络旗舰店、专卖店，实现线上线下联动。

4. 开展山地旅游厕所革命

开展山地旅游厕所革命，建设实用、免费、富有景观特色的厕所。推行"以商管厕、以商养厕"管理模式。

5. 完善山地旅游安全设施

国家5A、4A级山地旅游景区，国家以及省级旅游风景道等重点山地旅游区域设立山地旅游救援中心，配套建设山顶眺望塔、观光站等安全设施，加强山地旅游重点景区及重点路段的实时监测，及时发布山地旅游气象、交通等信息。建立多功能山地旅游服务系统，提供自助导游、安全救援等服务。加强重点山地旅游路段和重要山地旅游景区（点）交通情况监测，及时发布山地旅游交通信息，保证山地旅游安全。

八 市场开拓

（一）市场定位

1. 国内客源市场

基本市场。山地旅游基本市场主要为本省市场、长三角城市群、长江中游城市群及周边省份市场。

重要市场。以京津冀城市群、珠三角城市群等经济发达且交通方便的市场为主。

机会市场。国内其他市场可作为机会市场。

2. 入境客源市场

黄山、九华山等是全省吸引入境客源的核心景区，要积极开拓港澳台市场；积极开拓以韩国、日本、新加坡、泰国为代表的东亚、东南亚市场，以美国、加拿大为代表的美洲市场，以英国、法国、德国、俄罗斯为代表的欧洲市场，以及澳大利亚、新西兰市场。

（二）形象定位

1. 总体形象

在"美好安徽，迎客天下"全省旅游形象基础上，塑造"皖山如画，迎客天下"全省山地旅游形象。

2. 分区形象

在全省山地旅游形象基础上，塑造五大山地旅游区形象。

皖南山地旅游区：诗画皖南，梦里徽州；东方瑞士。

大别山旅游区：巍巍大别山，醉绿新乐土。

皖东山地旅游区：醉美山水，诗画皖东。

环合肥经济圈山地旅游区：环城绿链，健康绿洲。

皖北山地旅游区：中原净地，健康家园。

（三）营销推广

在营销推广全省山地旅游形象的基础上，塑造一批山地旅游品牌；创新山地旅游营销思维和营销模式，完善营销推广体系，开创山地旅游营销新局面。

1. 塑造山地旅游目的地品牌

立足全省山地旅游形象，重点营销大黄山国家公园、大九华山佛教名山、大天柱山禅宗名山、大琅琊山国家山地休闲公园、天目山国际户外公园、大别山国家公园、大别山国家旅游风景道等一批山地旅游目的地品牌。

2. 推广四大新型营销

采取新媒体、新网络、新技术、新手段等营销方式，推动全省山地旅游持续发展。

新媒体营销。建立并优化山地旅游景区微信名称，增加微信功能、丰富微信内容、加强对微信的推广营销。建立山地旅游微博阵营，丰富微博内容，加强微博互动，开展微博营销活动。根据山地旅游景区特色，拍摄山地旅游系列微电影。

新网络营销。以受众为核心，依托多平台的大数据采集，以及大数据技术的分析与预测能力，精准定位客源市场。强化互动合作，选取投放山地旅游关键词、山地旅游创意广告软文，检测营销效果，提升旅游咨询网站的排名。

新技术营销。加强技术投入，推动信息互动，建立山地的"虚拟现实技术（VR）"营销系统，使游客足不出户可以浏览山地景区的美景，提前预览酒店、景区，提升对潜在客源的吸引力。

新手段营销。借助学者、明星、网红等知名人士的影响，通过网络直播等手段，提高旅游宣传的影响力，设计数字化旅游纪念品。借助"大会展"和"大旅游"融合趋势，利用各种会议会展、节庆、体育赛事推广山地旅游。

3. 强化五大联合营销

采取全域联动、行业联合、企业联手、媒体联姻、电子联网等模式发展全省山地旅游。

全域联动。共享旅游信息、旅游资源和旅游市场，让全省山地旅游元素融入长三角等旅游圈，提高影响力、吸引力。

行业联合。加强与旅行社、互联网等旅游企业合作，构建组织统一、策划统一、形象统一、产品统一的营销模式。

企业联手。提高山地旅游企业营销水平和能力，在产品、价格、销售渠道、促销等方面联合营销，提升营销效果。

媒体联姻。借助报纸、杂志、广播、电视、互联网等手段，实现山地旅游营销的多平台传播、多平台互动。

电子联网。在互联网平台发布山地旅游博客、山地微信，发布山地旅游游记、景区图片、旅游知识，借助互联网平台策划活动主题、筹办线上活动，利用互联网平台宣传全省的山地旅游资源，组织在线媒体，开展全省山地旅游市场推广活动。

九　保障措施

（一）管理体制

1. 创建国家公园

加强全省国家公园规划和建设，积极探索大黄山国家公园和大别山国家公园体制机制改革。

2. 改革市场监管机制

加强山地旅游执法监管力量建设，强化市场监管的"属地管理"，建立健全跨区域旅游执法协作机制。加强景区信息化监管机制，加强景区流量监控、旅游车辆统计分析、山地景区防火、防灾及环保监测为重点的景区监管。

3. 完善管理运营机制

支持山地旅游企业及企业集团建设。推动黄山、九华山等"景镇合一"管理模式，支持景区与周边社区的协调融合。构建以资本为纽带，跨省域、跨市县域的景区运营机制，完善景区资产配置，优化景区资产管理模式和运营模式，优化有形资产管理模式。鼓励黄山、九华山、天柱山等旅游景区探索门票实名制预约管理机制，适时开展"畅游"系列活动。

4. 建设山地旅游联盟

推动全省 4A 级以上山地旅游景区加入"中国山岳旅游联盟"。遵循"平台共建、品牌共创、价值共享"的宗旨，加强各山岳景区在资源保护、产品创新、营销联合、管理互动、科学研究及经验交流等方面合作，推进山地旅游发展。

充分利用黄山的世界性影响力，推动成立"一带一路"山地旅游联盟。充分利用中国山岳旅游联盟平台，在"中国山岳旅游联盟"的平台框架下，设立鄂豫皖大别山山地旅游联盟、皖浙天目山—白际山山地旅游联盟、皖赣五龙山山地旅游联盟。持续推进鄂豫皖大别山红色旅游、浙皖闽赣生态旅游合作交流。

（二）土地保障

落实土地集体所有权，引导山区农民出让土地承包权和经营权，积极引导农村土地流转。提倡点状、定向、租赁等多种土地供地模式。重点山地旅游项目建设用地计划纳入全省年度用地计划中统筹安排。鼓励旅游企业利用山区荒山、荒地、荒滩、河塘等开发旅游。利用现有山地旅游设施用地、房产增设住宿、餐饮、娱乐等商业服务设施的，经批准可以协议方式办理用地手续。鼓励长期租赁、先租后让、租让结合等方式供应山地旅游项目建设用地。加强部门联动与共同监管，加强山地旅游资源开发用地的规划管理。

（三）金融保障

1. 创新金融扶持措施

鼓励金融机构、大型旅游企业和地方政府设立山地旅游产业发展基金，对山地旅游产业予以支持。大力推广 PPP 开发模式，鼓励社会资本以市场化方式设立山地旅游产业发展投资基金。鼓励金融机构推出旅游信用卡等特色支付产品，开发适合山地旅游发展的金融保险产品。

2. 完善旅游融资担保体系

按照市场化、专业化原则开展旅游投资业务，运用股权、债券、基金、贷款等多种方式提供投融资服务。

（四）财政政策

划定山地生态功能区，完善财政转移支付政策。加大财政对山地旅游公共服务投入。

设立各市县旅游发展专项资金并逐年加大扶持力度。完善旅游发展资金补助政策，实施山地旅游奖惩制度，积极探索山地旅游经营者税费优惠政策。

（五）人才保障

创立全省山地旅游创客平台，支持山地旅游带头人创业。建立优秀导游人才信息库，建立全省优秀导游表彰制度和激励制度。完善山地旅游官方智库、民间智库、高校智库"三位一体"的旅游智库体系，加强山地旅游理论和应用研究。

（六）环境保障

落实国家和全省主体功能区政策，建立生态保护红线制度，推进绿色循环低碳发展，完善推广皖南山区、大别山区山地旅游生态补偿政策等，推动形成绿色旅游发展方式和生活方式。

1. 山地自然环境保护

（1）山体资源保护。明确重点山体保护名录及其保护责任主体、保护范围并向社会公布，实施山体保护生态补偿制度。

（2）水体资源保护。加强山区小流域综合治理，提高水土保持和水源涵养能力，切实保障山地河流水质，严格控制污染。

（3）森林资源保护。提升皖南国际文化旅游示范区核心区、大别山区、江淮丘陵区森林质量，提升森林生态旅游功能和森林旅游经济效益。加强黄山、九华山、天柱山、天堂寨、琅琊山等重点山地景观的森林防火和病虫害防治，促进森林健康，为山地旅游业开发提供重要载体。

（4）生物多样性资源保护。确定野生动植物禁猎采区和禁猎采期。加强林木采伐、造林、抚育等林业生产活动等，保护好野生植物资源。

2. 山地人文环境保护

（1）保护与传承山地文化。挖掘整理全省山区红色文化、历史文化、佛教文化、道教文化、禅修文化和山水文化，保护、弘扬山地优秀文化。挖掘整理山区戏剧、曲艺、编织、雕刻、民俗等非物质文化遗产，建立健全山区非物质文化保护体系，培养非遗传承人和优秀民间艺术家。

（2）建设宜居山村。推进美好乡村建设，发展乡村旅游产品，建立危房改造、饮水安全、村内道路建设、环境综合整治、农村清洁工程、沼气工程等稳定投入机制。引导金融机构积极支持改善人居环境工作。

加强村域的规划管理，保持山地村庄整体风貌与自然环境相协调。开展山地农房及院落风貌整治和村庄绿化美化。优化村居规划布局,重点整治山地乡村乱搭乱建现象。改善乡居村居环境,谋划旧村庄改造和开发利用,充分利用农村闲置资产。

(七)安全保障

加强省旅游、交通运输、国土、外事和气象等部门合作,建立健全旅游安全预警机制。强化突发应急处理能力。督促各地旅游主管部门、旅游企业和经营单位开展旅游安全隐患排查与整改工作,强化节假日和汛期、台风等特定时段旅游安全管理工作,严格落实领导带班、关键岗位24小时值守和突发事件报告制度。建立健全旅游安全应急救援体制。加强旅游从业人员安全风险防范和应急救助技能培训,重点景区配备专业医疗和救援队伍。建立旅游安全商业保险系统。

第五部分

安徽省"十三五"温泉旅游发展规划

安徽省 "十三五" 旅游业发展规划及专项规划

一 规划总则

规划性质。本规划是"十三五"期间,全省温泉旅游发展的指导性文件,属于《安徽省"十三五"旅游业发展规划》的专项规划。

规划目的。明确温泉旅游在全省旅游业中的地位和作用,提出温泉旅游发展目标,优化温泉旅游要素结构与空间布局,安排温泉旅游项目,构建温泉旅游公共服务体系,完善支撑保障体系,为安徽省旅游业"十三五"冲刺万亿元产业提供有力支撑。

规划范围。规划范围包括全省温泉旅游景区等各类温泉旅游载体,涵盖各类旅游资源。

规划期限。规划期限为 2016~2020 年。

规划依据。

1. 相关法律法规

《中华人民共和国水污染防治法》(全国人民代表大会常务委员会,1984 年颁布)

《中华人民共和国土地管理法》(全国人民代表大会常务委员会,1986 年颁布)

《中华人民共和国矿产资源法》(全国人民代表大会常务委员会,1986 年颁布)

《中华人民共和国水法》(全国人民代表大会常务委员会,1988 年颁布)

《中华人民共和国环境保护法》(全国人民代表大会常务委员会,1989 年颁布)

《安徽省矿产资源管理办法》(安徽省人民代表大会常务委员会,1998 年颁布)

《中华人民共和国可再生能源法》(全国人民代表大会常务委员会,2005 年颁布)

《安徽省旅游条例》(安徽省人民代表大会常务委员会,2005 年颁布)

《安徽省城乡规划条例》(安徽省人民代表大会常务委员会,2010 年颁布)

《中华人民共和国旅游法》(全国人民代表大会常务委员会,2013 年颁布)

2. 相关政策

《安徽省人民政府关于促进旅游业改革发展的实施意见》(皖政〔2014〕88 号)

《中共安徽省委安徽省人民政府关于将旅游业培育成为重要支柱产业的意见》(皖发〔2017〕9 号)

3. 相关规划与标准

《温泉企业服务质量等级划分与评定》(国家旅游局,2011 年颁布)

《国家"十三五"旅游业发展规划》(国务院,2016 年发布)

《"健康中国 2030"规划纲要》(中共中央 国务院,2016 年发布)

《安徽省"十三五"旅游业发展规划》(安徽省人民政府,2016 年发布)

《温泉服务基本术语》(GB/T 33533—2017)

二 现状分析

分析全省温泉旅游资源特征，了解全省温泉旅游发展现状，分析存在的主要问题与不足。

(一) 资源分析

1. 资源评价

温热水为主。全省温泉按温度可以分为两类：一类是60℃以上的中温热水；另一类属低温热水。多为温热水或温水，少数为热水，大多数温泉温度较高，少有季节性波动，均属于热矿水系列。

矿物质丰富。全省地热温泉无机盐及微量元素含量较大，康疗价值高。

水储量较大。全省地热流体可开采总量估算为 3.565×10^8 m³/a；其中已探明 40.2℃~60.0℃ 地热流体可开采量为 8.81×10^5 m³/a。已开发利用的地热资源仅占估算资源量的1%，除合肥市巢湖市半汤、六安市舒城县西汤池和黄山市黄山区汤口等已探明外，其他地区地热温泉资源勘查尚未系统展开。

温泉文化悠久。合肥市巢湖市半汤、马鞍山市和县香泉、黄山市黄山区汤口等多处古温泉文化悠久，开发利用的文化价值较大。

开发潜力可观。目前，全省地热温泉资源主要用于洗浴、地热供暖、温泉疗养、游乐休闲、水产养殖、花果栽培、家禽孵化、培育良种等方面，利用层次较低，提升潜力大，资源开发潜在效益大。

2. 资源分布

根据温泉资料分析发现全省已勘探的温泉资源以及有潜力开发成温泉的人工揭露热水孔共有32处，其中含3处矿山。多数位于隆起的大别山区、长江沿岸的巢湖—和县一带以及皖南山区，皖东及皖北丘陵较少。可供开发利用的地热温泉资源主要集中在合肥市、六安市、池州市、安庆市和黄山市五个市域范围内，亳州市、阜阳市、淮南市和滁州市等市次之，其他地区分布较少。

(二) 发展现状

全省地热温泉资源开发利用程度不同，资源管理体制机制各异，温泉旅游产品以传统产品为主，新兴产品较少。

资源利用。全省地热温泉资源旅游开发利用程度不同，主要可分为三类：一是以六安市舒城县山七温泉、汤池温泉等为代表的较低利用程度，基本处于点状非旅游开发利用阶段，约占1/4；二是以黄山市屯溪区醉温泉等为代表的中等利用程度，多以"温泉+酒店"形式利用，所占比重最大，约

3/5；三是以合肥市庐江县东汤池、安庆市岳西县汤池畈温泉为代表的高程度利用，资源集聚式开发，形成温泉旅游度假区，发展态势良好，该类温泉约占1/10。

资源管理。资源管理体制主要分为三种类型，一是以合肥市巢湖市半汤温泉、马鞍山市和县香泉等资源为代表，实施政府统一管理，该类温泉占比最大，约占3/5；二是以黄山市屯溪区醉温泉、黄山市黄山区飘雪温泉等资源为代表，实施企业自主管理，占比1/3；三是以合肥市庐江县汤池温泉、安庆市岳西县汤池畈温泉等资源为代表，实施政府企业共同管理，占比1/10。

产品开发。目前全省温泉旅游产品主要分为以温泉体验、住宿和餐饮为主的基础产品，多样化温泉泡池为主的特色产品，会议、娱乐、商贸为主的延伸产品等三种类型，以基础产品为主。

品牌建设。温泉旅游品牌建设滞后，目前有3个国家4A级旅游景区，1个国家特色小镇，2个省级旅游度假区，主要分布于合肥市巢湖市、庐江县、安庆市岳西县和黄山市等地。

市场主体。温泉旅游项目投资主体多元，投资主体实力差异明显，项目和投资规模不等，其中规模较大的有合肥市庐江县金孔雀温泉度假村、黄山市屯溪区醉温泉度假城等，投资规模均达20亿元，部分较小的温泉项目投资不足千万元。

客源市场。温泉旅游客源主要来自省内城市及周边省市，游客量每年5万~30万人次不等。合肥市庐江县汤池温泉、安庆市岳西县天悦湾温泉、黄山市黄山区飘雪温泉等客源市场范围较广、游客量较大。温泉游客以家庭亲子游、自驾游为主，商务度假型游客较少。

（三）主要问题

1. 资源价值认识不够

未能充分认识温泉资源的开发利用价值，温泉旅游资源利用水平不高。盲目开发、低效开发、破坏性开发等问题凸显，古温泉遗址等保护滞后，存在圈占资源等问题，资源监管保护缺失。温泉旅游管理和规划滞后，资源开发与保护的责任主体不清晰，相关监督保护制度有待健全。

2. 产品供给不足

以中低端产品为主，温泉设施和服务水平有待优化提升，标准化和规范化程度不高。产品类型单一，"温泉洗浴＋酒店"产品为主，休闲、康体、娱乐产品较少。产品特色不鲜明，与地方特色文化和相关资源缺乏融合。

3. 市场开拓成效不明显

市场季节性差异明显，休闲娱乐消费居多，度假养生消费占比较小。品牌建设滞后，温泉旅游目的地形象尚不鲜明。缺乏统一营销宣传，市场影响力有限。

4. 产业基础薄弱

温泉旅游产业政策有待完善，温泉旅游市场主体不强、实力有限，缺少温泉旅游龙头企业，行业协会和联盟等尚未建立，缺乏行业监管。温泉旅游专业人才缺乏，专业人才培养、培训滞后。

（四）发展机遇

1. 投资消费需求旺盛

温泉旅游日益成为大众休闲消费重要内容，市场前景广阔。温泉旅游投资日趋旺盛，大别山等新兴地区温泉投资项目快速增长，环巢湖等地区温泉项目投资持续增长。

2. 健康产业融合发展

"健康产业"加快发展，温泉旅游与健康产业融合不断深化，联动效益日益凸显。

3. 资源市场耦合共振

温泉与地热资源丰富，空间集聚明显，温泉地热资源空间分布与市场重叠，集聚发展优势明显。

三 发展战略

坚持创新、协调、绿色、开放、共享的五大理念，坚持产业化、规范化、融合化、精品化、品牌化五大发展战略，实施"温泉吨水产值两千元行动"计划，推动温泉旅游可持续发展，推动全省温泉旅游目的地建设，将温泉旅游建设成为全省万亿元旅游产业的增长点。

（一）主要战略

1. "健康温泉旅游"产业化战略

发挥温泉旅游的健康功效，推动温泉旅游与健康产业融合，构建全省温泉旅游产业体系，塑造温泉旅游产业链。发展温泉保健产品、温泉美容用品、温泉疗养设施设备等温泉旅游产品制造业；发展温泉健康管理、健康咨询、温泉教育培训、温泉旅游规划设计、温泉健康产品研发等温泉旅游服务业。

2. "品质温泉"规范化战略

加强温泉旅游标准化建设，推动温泉旅游设施设备、建设施工、服务管理、产品品质标准化、规范化建设；加强行业监管，建立行业准入制度，保障温泉旅游产品品质和服务质量。

3. "温泉旅游+"融合化战略

结合全省温泉地热资源优势和区域发展条件，推动温泉旅游+产业，实现温泉与养生、养老、文化、农业、科教等产业融合发展，创新温泉旅游体验产品，推动建设温泉旅游度假区、温泉旅游小镇、精品温泉酒店、温泉民宿和温泉主题街区等。

4. "全季温泉旅游"精品化战略

优化温泉旅游产品，丰富温泉旅游产品体系，培育温泉养老、温泉研学、温泉营地等温泉旅游新业态，开辟温泉消费新热点；提升温泉服务水平，规范温泉服务标准，加强温泉度假酒店和度假村的产品升级与服务优化，鼓励发展温泉民宿等；发展夏季"冷温泉"和温泉游乐体验产品，开发温泉旅游的季节产品，打造全季精品温泉产品体系。

5. "皖温泉旅游"品牌化战略

加强品牌化建设，塑造全省温泉旅游品牌，通过温泉旅游度假区、温泉旅游小镇等建设，打造具有国内外影响力的品牌温泉旅游目的地，开拓安徽温泉旅游市场。培育温泉旅游产业集团等龙头企业，发展中小温泉品牌企业，推动本土品牌合作；发展医泉、禅泉、药泉等系列美容、养生、保健温泉特色旅游品牌，打造"皖温泉旅游"体验品牌产品。

（二）发展目标

1. 总体目标

在规划期内，成为全省旅游业的重要支柱和品牌产业，打造全国知名的温泉旅游目的地。

实施全省温泉旅游产业振兴计划。温泉旅游产品质量明显提高，精品温泉酒店、星级温泉和温泉旅游景区等明显增多。温泉旅游市场不断拓展，温泉游客人数大幅提升，温泉旅游投资持续增长，温泉旅游品牌建设有序推进。温泉旅游产业规模、温泉产业综合收入明显提升，企业数量及规模持续壮大，产业链持续完善。实施"温泉吨水产值两千元行动"，提升温泉地热资源的旅游集约利用水平，温泉旅游的综合效益显著。

2. 发展指标

到 2020 年，将合肥市巢湖市半汤镇及庐江县汤池镇、亳州市谯城区郑店子景区、阜阳市阜南县田集镇长寿温泉度假村、六安市舒城县汤池镇、马鞍山市和县香泉镇、安庆市岳西县温泉镇、黄山市屯溪区醉温泉度假城 8 个小镇建设成安徽省旅游小镇。着力将合肥市巢湖市半汤镇及庐江县汤池镇、马鞍山市和县香泉镇、黄山市黄山区汤口镇打造成为国家级特色小镇。将阜阳市阜南县田集镇、六安市舒城县汤池镇、池州市东至县香隅镇建设成为省级特色小镇。将合肥市巢湖市半汤镇及庐江县汤池镇、马鞍山市和县香泉镇、安庆市岳西县温泉镇打造成为国家温泉旅游名镇。积极推进合肥市巢湖市半汤温泉旅游度假区、合肥市庐江县东汤池旅游度假区、安庆市岳西县天悦湾旅游度假区创建国家级旅游度假区。

专栏1

"十三五"温泉旅游产业发展指标

目标	指标	单位	2020年
经济目标	温泉旅游接待人数	万人次	1000
	综合收入	亿元	120
	温泉旅游5年累计投资	亿元	260
	带动就业	万人	100
品牌目标	国家旅游度假区	个	3
	省级旅游度假区（新增）	个	5
	国家温泉旅游名镇	个	4
	国家级特色小镇（新增）	个	4
	省级特色小镇	个	3
	安徽省旅游小镇	个	8
	4A级及以上旅游景区	个	6
	国家四星级及以上温泉	个	6
产业目标	精品温泉度假酒店	家	20
	温泉旅游企业集团	家	15
	温泉旅游装备制造企业	家	5
	温泉旅游用品制造企业	家	5

四　空间布局

根据全省温泉旅游资源分布特点和发展条件，构建"一带、两翼"的温泉旅游总体发展格局。

（一）中部温泉旅游带

着力建设大别山温泉旅游产业集聚区、马鞍山北部温泉旅游产业集聚区、环巢湖温泉旅游产业集聚区三大温泉旅游产业集聚区，形成全省中部温泉带，串联南京、合肥、武汉三大经济圈。

1. 大别山温泉旅游产业集聚区

大别山温泉旅游产业集聚区包括六安市、池州市东至县和安庆市，其中核心区为舒城县汤池镇、山七镇，金寨县吴家店镇，霍山县上土市镇，东至县香隅镇，潜山县天柱山风景区，岳西县温泉镇、菖蒲镇，太湖县汤泉乡和安庆经济技术开发区等。以岳西县天悦湾温泉、睡佛山温泉度假村为核心，将岳西天悦湾建成国家级旅游度假区；以舒城县西汤池温泉为核心，将舒城汤池建成省级旅游度假区；以金寨县西庄温泉为核心，将金寨西庄温泉建成省级旅游度假区；以霍山县陡沙河温泉为核心，将霍山陡沙河温泉建成省级旅游度假区。

2. 环巢湖温泉旅游产业集聚区

环巢湖温泉旅游产业集聚区包括合肥市巢湖市、肥东县、庐江县和滁州市定远县，其中核心区为巢湖市半汤镇，庐江县汤池镇、暖汤岗和罗河镇。以巢湖市御泉庄温泉、假日酒店为核心，将巢湖市半汤温泉建成国家级旅游度假区；以庐江县金孔雀温泉度假区、国轩温泉宫、万振逍遥别院温泉酒店为核心，将庐江县汤池温泉建成国家级旅游度假区。

3. 马鞍山北部温泉旅游产业集聚区

马鞍山北部温泉旅游产业集聚区主要包括含山县昭关镇及陶厂镇、和县香泉镇。以和县香泉温泉度假村、含山县褒禅山风景区为核心，将马鞍山褒禅山—香泉建成省级旅游度假区。

（二）温泉旅游南北发展翼

以黄山及皖西北温泉地热资源集聚区为主，形成黄山和皖西北南、北温泉旅游发展翼，与中部温泉旅游带相互呼应。

1. 黄山温泉旅游产业集聚区

黄山温泉旅游产业集聚区包括黄山市、宣城市旌德县，其中核心区为屯溪区、黄山风景区，黄山区汤口镇，歙县狮石乡，休宁县月潭湖等。以黄山市屯溪区醉温泉度假城、黄山区飘雪温泉度假村、黄山区汤口温泉等为核心，将屯溪区醉温泉建成省级旅游度假区。

2. 皖西北地热温泉旅游产业集聚区

皖西北地热温泉旅游产业集聚区包括亳州市谯城区、阜阳市、淮南市潘集区，其中核心区为谯城区郑店子镇、界首市、太和县经济开发区、阜南县和潘集区潘集镇。以谯城区郑店子尚汤温泉、太和县温泉度假村、阜南县田集长寿温泉度假村、潘集区温泉度假村为核心，力争建设省级旅游度假区。

（三）重点温泉旅游度假区

依托合肥市巢湖市半汤温泉、庐江县汤池温泉等八大重要温泉旅游资源，重点建设合肥市巢湖市半汤温泉旅游度假区、合肥市庐江县汤池温泉旅游度假区、六安市舒城县汤池旅游度假区、六安市金寨县西庄温泉旅游度假区、六安市霍山县陡沙河温泉旅游度假区、马鞍山市褒禅山香泉旅游度假区、安庆市岳西县天悦湾旅游度假区、黄山市屯溪区醉温泉旅游度假区八大重点温泉旅游度假区。

专栏2

重点温泉旅游度假区及创建目标

温泉旅游产业集聚区	重点温泉旅游度假区	创建目标
环巢湖温泉旅游产业集聚区	合肥市巢湖市半汤温泉旅游度假区	国家级旅游度假区、国家级特色小镇 国家温泉旅游名镇、安徽省旅游小镇
	合肥市庐江县汤池温泉旅游度假区	国家级旅游度假区、国家级特色小镇 国家温泉旅游名镇、安徽省旅游小镇
大别山温泉旅游产业集聚区	六安市舒城县汤池旅游度假区	省级旅游度假区、省级特色小镇 安徽省旅游小镇
	六安市金寨县西庄温泉旅游度假区	省级旅游度假区、安徽省旅游小镇
	六安市霍山县陡沙河温泉旅游度假区	省级旅游度假区、安徽省旅游小镇
	安庆市岳西县天悦湾旅游度假区	国家级旅游度假区、国家温泉旅游名镇 安徽省旅游小镇
马鞍山北部温泉旅游产业集聚区	马鞍山市褒禅山香泉旅游度假区	国家级特色小镇、国家温泉旅游名镇 省级旅游度假区、安徽省旅游小镇
黄山温泉旅游产业集聚区	黄山市屯溪区醉温泉旅游度假区	省级旅游度假区、安徽省旅游小镇

五 产业发展

遵循"温泉旅游+"发展路径，以温泉旅游企业建设为基础，打造温泉旅游产业链，优化产业结构，提升全省温泉旅游产业发展水平。

（一）壮大温泉旅游企业

1. 建设一批温泉旅游领军企业

引进知名温泉旅游企业，提升全省温泉旅游企业水平。鼓励大型温泉旅游企业通过兼并重组、品牌输出、连锁经营、发行债券、投资合作、融资上市等渠道做大做强。鼓励安徽省旅游集团、黄山旅游集团及黄山旅游发展股份有限公司、九华山旅游集团及九华山旅游发展股份有限公司、天柱山旅游发展有限公司等大型旅游企业投资温泉旅游，打造温泉旅游产业集群。支持合肥市庐江县金孔雀温泉度假村、安庆市岳西县天悦湾养生度假区、黄山市屯溪区醉温泉度假城等温泉旅游项目扩大投资，打造温泉旅游企业集团等。打造10家大型温泉旅游企业，其中3~5家为综合型温泉旅游企业。

2. 发展温泉旅游产业链企业

通过产业链延伸、企业规模扩张、技术创新等途径，建立一批具有影响力的温泉旅游装备制造企业。积极扶持温泉化妆品、温泉用品等温泉旅游用品企业，鼓励相关企业在合肥市等地建设温泉旅游产品研发设计中心。鼓励旅游规划设计类企业开展温泉旅游的规划设计。培育温泉旅游相关的健康咨询和管理等服务类企业。

3. 培育温泉旅游特色企业

发展温泉旅游特色精品企业，鼓励温泉度假村和度假酒店等专业化发展，建设特色精品酒店和温泉养老度假村等，鼓励发展温泉旅游民宿，建设温泉旅游民宿群。支持温泉特色餐饮企业，支持温泉与乡村特色饮食相结合，建设乡村温泉旅游集群。

（二）推动产业融合发展

1. 温泉 + 会议

支持环巢湖温泉旅游与会议旅游融合发展。以温泉休闲招揽会议，以会议旅游促进温泉休闲，发展温泉会议奖励旅游。

2. 温泉 + 度假

以合肥市巢湖市半汤国际温泉养生度假区、合肥市庐江县金孔雀温泉度假村等为基础，以休闲度假为主题，建设集温泉体验、度假休闲于一体的综合性温泉旅游度假区。以安庆市岳西县天悦湾养生度假区为依托，联动安庆市天柱山、花亭湖等景区，争创国家级温泉旅游度假区。

3. 温泉 + 养生

建设皖西北地热温泉中医药—道家养生、黄山市温泉新安医学美容养生、安庆市温泉禅修养生、六安市温泉茶养生等一批温泉养生基地。依托新安医学、中医药文化，建设合肥市巢湖市半汤温泉疗养基地、皖西北地热温泉、马鞍山市和县香泉、黄山市屯溪区醉温泉。形成温泉SPA、药浴、健身、体检等康复疗养产业链，发挥温泉的健康养身功能。

依托皖西北中医药和道家养生资源、大别山和新安江优质的生态环境，以温泉旅游资源为吸引物，发展养老产业，打造旅居养老基地，建设温泉旅居养老酒店和养生公寓等项目，形成集养身、养心于一体的温泉养老养生基地。

4. 温泉 + 运动

支持六安市舒城县金汤池温泉、六安市金寨县西庄温泉、安庆市岳西县天悦湾温泉、黄山市屯溪区醉温泉发展运动、漂流、徒步穿越等运动休闲项目。

5. 温泉 + 游乐

建设温泉乐园，开发温泉游乐项目，丰富温泉旅游产品类型。

6. 温泉 + 农业

将地热温泉资源与生态农庄开发有机融合，充分发挥温泉资源利用价值，发展高附加值温泉生态农业，建设温泉旅游主题农庄。

7. 温泉 + 文化

支持温泉文化创意旅游项目，开发利用合肥市巢湖市半汤温泉、马鞍山市和县香泉、黄山市屯溪区醉温泉等古温泉文化，提升温泉旅游吸引力。

8. 温泉 + 研学

发展温泉研学旅游，建设合肥市巢湖市半汤温泉、安庆市岳西县天悦湾温泉、黄山市屯溪区醉温泉等温泉研学旅游基地。

9. 温泉 + 商贸

发挥合肥市巢湖市半汤、马鞍山市和县香泉的区位优势，引进国内外品牌商品。充分挖掘地方民俗和历史文化，引入传统老字号商铺，建设温泉特色商业街。

10. 温泉 + 地产

开发温泉旅居别墅、温泉商务会所、产权式温泉度假酒店等旅游地产。建设一批温泉旅游综合体和温泉旅游小镇。

（三）拓展温泉旅游产业链

1. 温泉旅游装备产品研发

依托合肥市、蚌埠市、马鞍山市和芜湖市科教和制造业优势，建立温泉旅游装备产品研发中心，建立温泉旅游商品创意设计中心，提升温泉旅游装备和产品的质量、品牌及服务。

2. 温泉旅游装备产品制造

发展温泉旅游水质监测设备，打造温泉旅游水质监测设备品牌，培育形成一批温泉设备自主品牌和骨干企业。推进温泉度假村设施设备制造，打造集创意、研发、设计、制造为一体的温泉度假村装备制造产业集群。

3. 温泉旅游美容用品生产

支持温泉旅游美容用品研发，培育温泉旅游美容用品生产企业，建设温泉旅游美容用品产业园。加快温泉旅游洗浴用品产业发展，建设高品质温泉旅游洗浴用品产业园区。

4. 温泉旅游技术服务

支持合肥市庐江县金孔雀温泉度假村、安庆市岳西县天悦湾养生度假区等温泉旅游企业与知名旅游规划设计机构合作，面向省内外企业提供温泉开发利用技术咨询。培育合肥市庐江县金孔雀温泉度假村、合肥市庐江县国轩温泉宫、安庆市岳西县天悦湾养生度假区等温泉旅游企业，对外输出优秀的管理团队。依托省内外院校和相关机构，积极开展校企合作，建立温泉旅游专业人才培养基地。

六 产品体系

立足优质资源，适应市场需求，坚持差异化发展，通过全省五大温泉旅游产业集聚区建设，巩固提升温泉观光、温泉度假、温泉养生、温泉农庄等传统温泉旅游产品，培育温泉会议会奖、温泉养老、温泉民宿、温泉游乐、温泉演艺、温泉研学、温泉营地等新兴温泉旅游产品，打造精品温泉旅游线路，提升全省温泉旅游发展水平。

（一）提升传统旅游产品

巩固提升传统温泉旅游产品，提升传统温泉旅游产品品质。

1. 温泉观光

挖掘温泉文化内涵，规划建设一批温泉公园、温泉博物馆，丰富全省温泉观光旅游产品。优化"温泉＋核心景区"观光模式，加强黄山与飘雪温泉、醉温泉，天柱山与天悦湾温泉，万佛湖与西汤池温泉，天堂寨与西庄温泉，白马尖与上土市温泉融合发展。

2. 温泉度假

建设一批温泉旅游度假区，完善全省休闲度假产品体系。面向合肥、南京、武汉等经济圈市场，推出一批都市温泉度假旅游产品，将环巢湖温泉旅游休闲度假区项目纳入环巢湖国家休闲区重点建设内容。建设合肥市庐江县东汤池温泉爱情小镇、马鞍山市和县香泉温泉老街、黄山市屯溪区醉温泉休闲街区等一批温泉小镇。

3. 温泉养生

结合新安医学，建设黄山市温泉美容康养中心。建设马鞍山市香汤时尚康养中心和合肥市巢湖市温泉运动康养中心。利用岳西县禅文化资源，开发温泉禅养生旅游产品，谋划建设岳西县禅泉小镇。利用大别山生态资源、茶资源，建设金寨县茶养生温泉旅游产品。利用亳州市中草药资源，建设亳州市中医药温泉旅游养生基地。

4. 温泉农庄

提升皖北地热资源利用效率，实施皖北温泉农庄精品化、差异化战略，促进皖北温泉农庄转型升级。

（二）培育新业态旅游产品

谋划打造一批新业态温泉旅游产品，丰富全省温泉旅游产品。

1. 温泉会议会奖

依托合肥经济圈，通过"温泉+会议会奖"发展模式，谋划建设一批特色温泉酒店，大力发展温泉会议会奖旅游产品。

2. 温泉养老

建设合肥市庐江县汤池温泉养老基地、马鞍山市和县温泉养老小镇、安庆市岳西县温泉旅居养老小镇。利用亳州市中医药、五禽戏、道家养生等资源，建设亳州市中医养老小镇。促进温泉资源与大别山生态资源融合发展，建设六安市舒城县汤池温泉养老小镇。

3. 温泉民宿

推进安庆市岳西县温泉镇、温泉旅游民宿建设，打造特色温泉民宿街区。支持亳州市温泉民宿建设。

4. 温泉游乐

支持合肥市庐江县温泉宫温泉游乐项目、安庆市岳西县天悦湾儿童游乐园项目建设，利用巢湖市冷泉、庐江县冷泉，建设冷泉乐园，丰富夏季温泉旅游产品。

5. 温泉演艺

以合肥市庐江县金孔雀温泉旅游度假区为依托，以《孔雀东南飞》爱情故事为主线，打造温泉主题演艺。以安庆市岳西县天悦湾旅游度假区为依托，结合禅文化，谋划岳西县天悦湾《禅·泉演艺》。发展温泉旅游夜产品，丰富温泉旅游产品形态。

6. 温泉研学

深入发掘温泉文化，以温泉博物馆为依托，谋划一批研学旅游产品。建立一批省级温泉旅游研学基地。

7. 温泉营地

建设合肥市庐江县东汤池温泉营地、六安市金寨县西庄温泉营地、六安市霍山县上土市温泉营地、马鞍山市和县香泉营地、安庆市岳西县天悦湾温泉营地和黄山市温泉营地等，打造温泉营地产品。

（三）推出温泉旅游精品线路

开发精品温泉旅游线路，促进全省温泉旅游发展。以合肥市半汤御泉庄、合肥市东汤池金孔雀、合肥市东汤池温泉宫为依托，开展东汤池休闲度假之旅、半汤商务会议之旅。

以马鞍山市昭关温泉、香泉为依托，结合香泉湖、褒禅山等景区，开展马鞍山香山香湖香汤之旅。

以安庆市天悦湾为依托，结合司空山、三祖寺、花亭湖，开展禅山禅汤禅寺禅湖之旅。

整合大别山茶谷的温泉、名山、名湖、古镇和红色文化等旅游资源，将六安市西汤池、金寨蝙蝠洞、茶麻古镇、独山红镇等串点成线，开展茶谷茶山茶汤茶镇养心之旅。

通过"温泉+名山+名湖"模式，以黄山市醉温泉、安庆市天悦湾、六安市金寨西庄、六安市陡沙河为依托，联合黄山、天柱山、太平湖、升金湖、天堂寨、梅山水库、白马尖、佛子岭水库等名山名湖，形成名山名泉名湖运动休闲之旅。

通过"温泉+文化"模式，以黄山市醉温泉、黄山市飘雪温泉、亳州市温泉、六安市西庄温泉为依托，结合徽文化、老庄文化、三国文化、中医药文化、红色文化等，开展温泉旅游研学之旅。

以合肥市半汤、东汤池为依托，结合池州市九华山佛教文化，开展九华山沐浴礼佛之旅。

以皖西北地热温泉为依托，结合亳州市古井贡酒、中医药、五禽戏等资源，开展酒镇药泉之旅。

七　项目建设

谋划一批温泉旅游重大建设项目，强化项目扶持和指导，推动温泉旅游目的地建设；提升温泉旅游产业实力，推动温泉公共事业型项目建设，建立温泉数据库、温泉博物馆，推动温泉水循环利用等，强化温泉旅游发展基础。

（一）重大建设项目

1. 温泉旅游基础数据库建设项目

联合省国土资源等部门、相关市区县政府普查温泉资源，建立温泉旅游基础数据库。

2. 温泉旅游度假区项目

建立温泉旅游度假区备选名单遴选制度。支持合肥市巢湖市半汤温泉旅游度假区、合肥市庐江县东汤池旅游度假区和安庆市岳西县天悦湾旅游度假区创建国家级旅游度假区。推动六安市舒城县西汤池、六安市金寨县西庄、六安市霍山县陡沙河、马鞍山市和县香泉、黄山市屯溪区醉温泉创建省级旅游度假区，并将其纳入国家旅游度假区建设备选名录。

3. 温泉小镇项目

支持合肥市巢湖市半汤镇、合肥市庐江县汤池镇、马鞍山市和县香泉镇、安庆市岳西县温泉镇、黄山市黄山区汤口镇建设国家级特色小镇；重点培育阜阳市阜南县田集镇、六安市舒城县汤池镇、池州市东至县香隅镇等省级特色小镇。支持合肥市巢湖市半汤镇、合肥市庐江县汤池镇、马鞍山市和县香泉镇、安庆市岳西县温泉镇建设国家温泉旅游名镇。支持合肥市巢湖市半汤镇、合肥市庐江县汤池镇、亳州市谯城区郑店子景区、阜阳市阜南县田集镇长寿温泉度假村、六安市舒城县汤池镇、马鞍山市和县香泉镇、宣城市广德县笄山温泉小镇、安庆市岳西县温泉镇、黄山市屯溪区醉温泉度假城建设安徽温泉旅游小镇等。

4. 温泉养老基地项目

重点推进合肥市庐江县东汤池、皖西北温泉养老综合体、马鞍山市和县香泉、安庆市岳西县天悦湾建设。塑造一批主题鲜明、特色明显、内涵丰富的精品养生基地品牌。

5. 温泉旅游装备制造建设项目

支持合肥市建立集装备研发、文化创意、加工制造于一体的温泉旅游装备科创中心。支持合肥市、马鞍山市等建立温泉旅游装备制造基地。

6. 温泉康疗基地建设项目

发挥合肥市巢湖市半汤温泉运动损伤治疗功效，支持建设巢湖市半汤温泉运动康疗基地。结合亳州市丰富的中医药资源和养生文化，建设亳州市温泉康疗基地。结合黄山、大别山山地运动项目，支持六安市霍山县陡沙河温泉疗养中心、黄山市屯溪区醉温泉康疗基地建设。

7. 温泉中医药养生基地项目

推进新安医学与温泉旅游融合的黄山市屯溪区醉温泉养生基地建设；发挥亳州市丰富的中医药资源、华佗医学、道家文化优势，支持亳州市谯城区郑店子尚汤中药温泉养生基地建设。

8. 温泉博物馆建设项目

支持合肥市半汤博物馆、合肥市上汤博物馆、亳州市药汤博物馆、阜阳市寿汤博物馆、六安市茶汤博物馆、马鞍山市香汤博物馆、安庆市禅泉博物馆和黄山市丽汤博物馆等建设。

9. 古温泉文化遗产申报项目

加强合肥市巢湖市半汤、合肥市庐江县东汤池、六安市舒城县西汤池、马鞍山市和县香泉、安庆市岳西县汤池畈和黄山市黄山区飘雪温泉等古温泉保护利用，联合申报中国文化遗产，并联合全国相关古温泉争取列入世界文化遗产申报备选名录。

10. 温泉旅游培训基地项目

支持一批温泉旅游培训基地建设。支持亳州市谯城区郑店子中药道学文化养生、六安市舒城县西汤池休闲养老、马鞍山市和县香泉时尚养生、安庆市岳西县汤池畔禅修养生、黄山市屯溪区醉温泉美容美颜等特色温泉旅游培训项目，建设安庆市岳西县禅修养生温泉旅游培训基地、黄山市丽人养颜温泉旅游培训基地。

11. 温泉水循环利用项目

坚持温泉旅游绿色发展，实现温泉水循环利用。回收温泉旅游用水，用于农业生产、孵化等，建设温泉水农产品生产基地、温泉家禽孵化中心等。

（二）重点项目

专栏3

"十三五"重点温泉旅游项目

地区	项目名称
黄山温泉旅游产业集聚区	黄山市温泉基础数据库试点项目、黄山市醉温泉医疗美容温泉养生基地、黄山市醉温泉省级旅游度假区、黄山市醉温泉康疗基地、黄山市醉温泉度假城、黄山市醉温泉国际度假酒店提升项目、黄山市醉温泉·风情苑、黄山市汤口镇国家特色小镇、黄山市飘雪温泉度假村提升项目、黄山市丽人养颜温泉旅游培训基地、黄山市丽汤博物馆、黄山市月潭湖温泉度假项目。
大别山温泉旅游产业集聚区	大别山温泉基础数据库试点项目、大别山禅修养生温泉旅游培训基地、安徽民航温泉培训中心、六安市茶汤博物馆、六安市舒城县西汤池省级旅游度假区、六安市舒城县金汤池温泉度假村、六安市舒城县汤池镇省级特色小镇、六安市金寨县吴家店镇旅游小镇、六安市金寨县西庄省级旅游度假区、六安市霍山县陡沙河省级旅游度假区、六安市霍山县陡沙河温泉疗养中心、池州市东至县香隅镇省级特色小镇、安庆市禅泉博物馆、安庆市温泉镇旅游小镇、安庆市岳西县温泉镇国家特色小镇、安庆市岳西县温泉镇国家温泉旅游名镇、安庆市岳西县温泉精品民宿、安庆市岳西县天悦湾国家级旅游度假区、安庆市岳西县天悦湾温泉养老基地、安庆市岳西县天悦湾温泉装备制造基地、安庆市岳西县睡佛山温泉旅游景区。
马鞍山北部温泉旅游产业集聚区	马鞍山市香汤博物馆、马鞍山市含山县昭关国际温泉综合度假区、马鞍山市和县香泉镇旅游小镇、马鞍山市和县香泉镇国家特色小镇、马鞍山市和县香泉镇国家温泉旅游名镇、马鞍山市和县香泉省级旅游度假区、马鞍山市和县香泉温泉文化旅游节。
环巢湖温泉旅游产业集聚区	合肥市半汤博物馆、合肥市上汤博物馆、合肥市巢湖市半汤镇旅游小镇、合肥市巢湖市半汤国家级温泉旅游度假区、合肥市巢湖市半汤镇国家特色小镇、合肥市巢湖市半汤镇国家温泉旅游名镇、合肥市巢湖市半汤温泉运动康疗基地、合肥市巢湖市半汤温泉科创中心、合肥市巢湖市御泉庄温泉假日酒店、合肥市庐江县汤池镇国家特色小镇、合肥市庐江县汤池镇国家温泉旅游名镇地、合肥市庐江县金孔雀国家级旅游度假区、合肥市庐江县汤池镇旅游小镇、合肥市庐江县金孔雀温泉旅游度假区二期工程、合肥市庐江县金孔雀温泉养生中心、合肥市巢庐江县国轩温泉宫、合肥市庐江县国轩温泉养老项目、合肥市庐江县万振逍遥别院温泉酒店、合肥市庐江县东汤池温泉养老基地、合肥市庐江县东汤池温泉装备制造基地。
皖西北地热温泉旅游产业集聚区	亳州市药汤博物馆、亳州市温泉康疗基地、亳州市温泉养老基地、亳州市谯城区郑店子旅游小镇、亳州市谯城区郑店子尚汤中药温泉养生基地、阜阳市寿泉博物馆、阜阳市颍东区碧翠湖养生温泉、阜阳市颍泉区利源温泉国际大酒店、阜阳市太和县温泉度假村、阜阳市阜南县田集镇省级特色小镇、阜阳市阜南县田集镇旅游小镇、淮南市潘集区温泉度假村。
其他地区	宣城市广德县笋山温泉旅游度假区、宣城市广德县宣木瓜农庄温泉建设项目。

八 特色工程

明确温泉旅游发展目标，夯实温泉旅游发展基础，实施温泉旅游资源保护工程、温泉旅游标准化工程、温泉旅游小镇工程、温泉旅游惠民富民工程、温泉旅游企业培育工程和温泉旅游企业准入制工程，落实温泉旅游发展任务。

（一）温泉旅游资源保护工程

制定温泉资源保护政策。明确温泉资源保护利用的责任主体，权利与义务，实施温泉旅游资源可持续利用。

设立温泉地热资源保护区。根据科学勘探，设立温泉地热资源保护区。

实施古温泉遗产保护计划。实施合肥市巢湖市半汤温泉、合肥市庐江县东汤池、六安市舒城县西汤池、马鞍山市和县香泉温泉和黄山市黄山区飘雪温泉等温泉遗产保护计划。

加强温泉动态监测。科学利用温泉资源。加强古温泉监测管理，保障古温泉安全。实现温泉旅游的动态监测、智慧开发。开展温泉旅游专项研究。

（二）温泉旅游标准化工程

制定《安徽省温泉资源开采、管理标准》。实施温泉资源开采标准化工程，规范温泉资源开发技术标准和要求，杜绝私采、滥采，规范管理，保障温泉资源安全。实施温泉资源标准化管理，明确省政府相关部门及地方政府责任。

制定《安徽省温泉旅游行业标准》。实施温泉旅游建筑设计标准化工程，规范温泉旅游行业术语、代号、缩略语、信息图形标志等，规范温泉旅游设施建设标准。实施温泉水费收费标准化，制定全省温泉旅游用水收费基本标准，根据地区差异实行温泉水费动态调整制度，鼓励温泉用水弹性收费。

制定《安徽省温泉旅游服务标准》。规范温泉旅游服务要求。通过专业技能培训措施，提升温泉旅游服务质量，提供标准化温泉旅游服务。

（三）温泉旅游小镇工程

塑造小镇特色空间。以温泉为核心吸引物，秉承"宜居、宜购、宜业、宜养"理念，建设核心区面积不低于1平方公里的温泉旅游小镇。建设小镇综合服务中心、温泉文化广场、温泉博物馆、温泉街、温泉社区。加强与周边特色民宿、红色景区、农业园等景区的联动，构建温泉旅游小镇特色空间。

创新小镇发展体制机制。以温泉资源为核心，以温泉旅游特色体验为基础，开发温泉产品，构建温泉旅游小镇目的地，创新温泉旅游小镇新业态形成机制。探索宅基地置换等政策，创新小镇居民迁入机制。

制定小镇支持政策。加大对温泉特色小镇建设的资金支持力度，深化投融资体制改革，建立建设资金保障机制，整合温泉特色小镇的各类建设资金。鼓励企业、个人及外商，以多种方式参与温泉特色小镇的基础设施建设、房地产建设、配套工程建设，形成温泉特色小镇建设合力和资金的有效保障机制。

专栏4

全省温泉旅游小镇建设

区域	主题	小镇建议
合肥市巢湖市半汤镇	半汤小镇	半汤小镇综合服务中心、半汤博物馆、半汤文化广场、半汤街道、半汤康疗社区、创意农业园、特色产业园提升等。
合肥市庐江县汤池镇	汤池小镇	汤池小镇综合服务中心、汤池博物馆、汤池文化广场、汤池街道、汤池康疗社区、爱情主题景观、爱情文化馆等。
亳州市谯城区郑店子景区	药汤小镇	药汤小镇综合服务中心、药汤博物馆、药汤文化广场、药汤街道、药汤康疗社区、中药养生农庄、中医药主题景观等。
阜阳市阜南县田集镇长寿温泉度假村	寿汤小镇	寿汤小镇综合服务中心、寿汤博物馆、寿汤文化广场、寿汤街道、寿汤康疗社区、七星公园提升、长寿美食、寿文化主题景观等。
六安市舒城县汤池镇	茶汤小镇	茶汤小镇综合服务中心、茶汤博物馆、茶汤文化广场、茶汤街道、茶汤康疗社区、茶汤客栈、大别山茶馆、茶主题景观等。
马鞍山市和县香泉镇	香汤小镇	香汤小镇综合服务中心、香汤博物馆、香汤文化广场、香汤街道、香汤康疗社区、香汤古温泉遗址公园、香泉老街改造提升、芳香主题特色景观等。
安庆市岳西县温泉镇	禅汤小镇	禅汤小镇综合服务中心、禅汤博物馆、禅汤文化广场、禅汤街道、禅汤康疗社区、禅韵特色民宿、睡佛山温泉度假村提升、禅泉养生养老中心等。
黄山市屯溪区醉温泉度假城	丽汤小镇	丽汤小镇综合服务中心、丽汤博物馆、丽汤文化广场、丽汤街道、丽汤康疗社区、酒文化主题景观、新安医学养生馆等。

（四）温泉旅游惠民富民工程

加强温泉旅游设施建设。推进温泉旅游景区道路交通、供水供电、网络通信和环境保护等公共服务设施建设，惠及当地居民。

开展温泉旅游优惠活动。鼓励开展当地居民温泉旅游免费或优惠活动，推出温泉旅游一卡通产品。

促进当地居民就业。保障当地居民温泉旅游企业就业优先权，开展当地员工教育、培训活动，鼓励居民参与温泉旅游业，提高居民收入。

循环利用温泉废水。鼓励温泉弃水用于温室大棚种植作物、灌溉农田、培育花果等循环利用。

（五）温泉旅游企业培育工程

完善和创新温泉旅游企业的财税扶持政策，引导和鼓励金融机构对温泉旅游企业予以信贷支持。培育一批温泉旅游龙头企业，提高温泉旅游企业的科技、管理和服务水平，提升企业能级，塑造温泉旅游企业品牌。举办温泉旅游投资论坛，开拓温泉旅游企业市场。

（六）温泉旅游企业准入制工程

设立行业准入门槛，严格管控温泉资源开发，严格考察温泉资源开发企业实力。

制定温泉旅游业态指引政策。鼓励温泉旅游新业态和新产品企业开发利用温泉资源，优化温泉旅游产品结构。

开展温泉质量认证工作。对温泉水资源进行认证、检查，定期向社会公示认证、年检结果，让消费者享受"放心温泉"。

加强长效管控。实施长效监督机制，责令长期把控资源、"开而不发"的企业退出。

九　市场开拓

塑造安徽温泉旅游品牌形象，创新温泉旅游营销模式，开拓温泉旅游市场。

（一）塑造品牌形象

塑造一批温泉旅游产品品牌，扶持一批温泉旅游品牌企业，构建全省温泉旅游目的地品牌体系。

1. 综合品牌

以"1+N"（1个综合品牌+N个特色品牌）开发模式，在"美好安徽，迎客天下"的全省旅游形象基础上，塑造全省温泉旅游目的地品牌。

2. 特色温泉产品品牌

塑造"上汤""药汤""茶汤""香汤""禅汤"和"丽汤"六大温泉产品品牌，以品牌带动区域温泉旅游业发展。

专栏 5

全省温泉旅游产品品牌建设

建设区域	产品模式	品牌形象	形象内涵
合肥市	温泉·商务休闲、娱乐	上汤	以上喻德，喻尊贵，上汤之境，御享尊贵。依托地理位置优越性和开发现状，培育温泉商务度假产品。
亳州市	温泉·中医药	药汤	以药育泉，以泉促药。药汤之境，养身康体。结合亳州中草药资源，培育温泉康疗养生产品。
六安市	温泉·茶	茶汤	静饮茶，境浴泉。茶汤之意，修身养性。根据大别山丰富茶文化，培育温泉休闲度假产品。
马鞍山市	温泉·时尚	香汤	以香促泉，锦上添花。香汤之境，浑然天成。以香为主题，融入时尚元素，培育温泉健康时尚产品。
安庆市	温泉·禅	禅汤	以禅涵泉，以泉悟禅。禅汤之境，心身皆泽。结合地方文化特色，培育目的地温泉养生产品。
黄山市	温泉·新安医学	丽汤	皖南山水，新安医学。泉医相宜，汤养丽质。结合新安医学，培育温泉康体美颜产品品牌。

3. 温泉旅游企业品牌

塑造一批温泉旅游企业品牌，打造示范企业。

专栏 6

全省重点温泉企业品牌建设

合肥市庐江县金孔雀温泉旅游度假村。提升商务、会议、度假产品，创建国家五星级温泉。
安庆市岳西县天悦湾温泉旅游度假村。提升养生休闲产品，创建国家五星级温泉。
合肥市巢湖市半汤御泉庄温泉度假村。提升康疗度假产品，创建国家四星级温泉。
合肥市庐江县国轩温泉宫。提升温泉游乐产品，创建国家四星级温泉。
马鞍山市和县香泉温泉度假村。发展时尚休闲产品，创建国家四星级温泉。
黄山市屯溪区醉温泉度假城。发展美丽康体产品，创建国家四星级温泉。
亳州市谯城区郑店子尚汤温泉。发展中草药养生产品，创建国家三星级温泉。

（二）优化市场格局

在巩固和发展现有市场的基础上，顺应旅游市场需求和交通格局等变化，优化全省温泉旅游市场格局。

1. 重点开发国内客源市场

中部温泉旅游带重点开发合肥、南京、武汉三大经济圈市场。黄山温泉旅游产业集聚区重点围绕长三角城市群开展温泉旅游营销。皖西北地热温泉旅游产业集聚区以中原城市群和本地城市市场为主。注重开发京津冀、珠三角城市群和周边省份城市等客源市场。

2. 积极开拓入境客源市场

依托安徽省与港澳台的经济文化交流和交通优势，挖掘港澳台市场潜力，重点发展温泉商务度假旅游、温泉文化旅游和温泉休闲旅游市场。依托地缘亲近性和经济、社会和文化上紧密联系，加强与日韩温泉旅游业界交流合作，开发日韩温泉旅游市场，根据俄罗斯市场需求主推养生康体温泉旅游产品。加大面向欧美市场的高端温泉休闲度假旅游、养生康体旅游、温泉文化旅游推广力度。

（三）创新营销模式

实施精准营销，针对重点客源市场、优质客源市场采取系列营销措施，塑造安徽温泉旅游品牌。

1. 融入全省旅游营销

融入全省"1+N"品牌营销体系。与全省旅游品牌捆绑营销，展现温泉特色，塑造安徽温泉旅游品牌形象。

实施"皖人游皖泉"惠民行动。培育核心市场，形成口碑效应。

纳入全省精品线路营销。将温泉旅游纳入到全省精品旅游线路营销，增强市场对温泉目的地选择偏好。

"综合营销平台"设立"温泉旅游主题单元"。在全省旅游目的地营销平台设立"温泉旅游主题独立单元"，展示温泉旅游目的地形象和特色。

2. 实施精准营销

发挥"温泉旅游联盟"作用。建立全省温泉旅游企业品牌战略联盟，与全国重要客源城市建立区域战略营销联盟。深化与中国温泉产业服务联盟、中国温泉旅游协会等联系，加强温泉旅游合作。

跨区域联合营销。加强长三角城市群、长江中游城市群、中原城市群和珠三角城市群等重点客源地的营销，建立互惠互利的区域联合营销机制，跨地域联合开发温泉旅游市场。

建立跨行业合作联盟。与大型运动协会建立联盟，举办大型运动赛事，建立长期合作机制。与大型医疗机构建立合作制度，提升温泉疗养康体价值。

3. 加大活动营销

节事营销。举办温泉旅游文化节，培育省级温泉节庆品牌。以温泉小镇为空间载体，打造专场温泉演艺活动。加强对安徽·岳西天悦湾温泉旅游文化节、黄山国际温泉文化旅游节等宣传力度。结合大型运动赛事，联合举办节事活动，增强市场影响力。

公关营销。邀请名人和媒体考察访问，利用名人和媒体效应扩大影响，加强与世界旅游及旅行理事会、亚洲及太平洋旅游协会、世界旅行社协会联合会等国际旅游机构的合作，提升安徽温泉的国际知名度。

支持设立"中国（安徽）温泉旅游国际论坛"。设立"中国（安徽）温泉旅游国际论坛"，提升全省温泉旅游国际影响力。

十 资源保护

（一）科学保护，规范管理

1. 科学保护

科学勘察温泉地热资源，合理开发温泉地热资源。鼓励社会资本勘探温泉地热资源。动态监控温泉地热资源，建立地热能监测与资源管理信息管理系统。明确温泉地热资源的所有权、开发权、经营权和管理权等责权，明确温泉地热勘察主体、开发主体、开发重点、开发规模、开发时序和利用方式，明确温泉地热资源保护范围和保护措施。明确温泉地热资源保护主体，设立温泉地热管理机构。充分调动社会力量，发挥行业协会和企业的作用，建立政府、行业协会和企业为一体，以企业为主的保护管理模式。建立奖惩机制激励温泉旅游经营者保护资源和生态环境。

2. 规范管理

制定温泉旅游开发主体的遴选制度，严格监管温泉地热资源开发行为，落实温泉资源开发的采矿权和土地使用权等许可证制度。严格审批温泉旅游开发项目，加强温泉旅游项目动态管理。实现资源管理的科学化、规范化。

（二）控制容量，集约利用

1. 确定环境容量

对温泉旅游景区进行环境影响评价（IEA）和环境审计（EA），确定合理的环境承载力和游客容量，评估温泉旅游开发对环境的影响，确定温泉旅游环境容量。

2. 控制开发规模

根据温泉的储量和日可开采量，规定温泉旅游开发经营的规模，控制温泉旅游经营总用水量，严禁过度开发。要求温泉旅游经营者严格按审批量开采利用温泉。

3. 集约利用资源

控制开采量，提高温泉旅游资源的利用率，降低温泉旅游开发风险，可持续地保护和利用温泉旅游资源。

4. 水循环利用

建立温泉旅游水循环再利用设施，提高温泉旅游用水使用率，提高温泉旅游水资源价值。

（三）加强宣传，注重环保

1. 加强环境教育

开展生态环境保护教育，大力倡导文明环保旅游，加强生态环境保护科普工作，提高温泉旅游管理者、经营者、游客和当地居民的生态环境意识。

2. 建设生态景区

加强温泉旅游区（点）生态保护，认真落实环保措施，严禁破坏性开发，严格按规划建设景区，注重区域环境的整治、修复和提升，将温泉旅游景区建成生态旅游景区。

十一　保障措施

（一）管理体制

1. 强化全省温泉旅游领导

全省促进旅游业改革发展领导小组是协调解决全省温泉旅游发展重大问题领导机构，各地促进旅游业改革发展领导小组负责本地温泉旅游政策制度制定和实施、温泉旅游规划编制、开发建设项目立项和地热资源勘探等工作。合肥市、亳州市、阜阳市、马鞍山市、黄山市等地热温泉资源丰富的地方政府要高度重视温泉旅游的发展，并将温泉旅游纳入本地经济社会发展规划，及时研究、协调、解决发展中的重大问题。可根据需要成立专门的温泉管理机构，管理温泉资源开发利用事务，提高管理和决策效率。

2. 成立全省温泉旅游分协会

增强温泉旅游行业协会在市场监管、等级评定、人才培养、环境监管、法规宣传、资源配置、信息咨询中的作用，组织营销活动。

3. 制定温泉旅游管理标准

制定《安徽省温泉旅游服务规范》《安徽省温泉旅游设施标准》和《安徽省温泉旅游酒店标准》，加强温泉旅游标准化体系建设。

4. 加强温泉旅游资源监管

强化温泉旅游行业管理意识，落实各项管理措施。做好温泉地热资源的勘探、开发使用等监测管理工作，落实水质监测证和取水许可证制度，确保温泉地热资源的永续利用。

5. 发挥市场作用

鼓励实力强、技术高、专业性强的企业参与温泉旅游开发，提高温泉旅游的经济社会效益。

（二）土地保障

1. 保障温泉旅游建设用地

对市场前景好、依法取得采矿许可证的温泉旅游项目，国土资源主管部门优先将其纳入土地利用年度计划。各市县在新一轮土地利用总体规划修编工作中，要加强对温泉旅游开发建设用地需求和布局的分析研究，将温泉旅游开发建设用地纳入新一轮土地利用总体规划修编中进行统筹安排，在不突破建设用地总规模的前提下，优先保障温泉旅游建设用地。鼓励采取点状、定向、租赁等多种土地供地模式，对纳入市本级新增建设用地项目计划的重大项目，所需农转用计划指标由市本级统筹安排。鼓励旅游企业在拥有温泉资源的荒山、荒地、荒滩等建设温泉旅游项目，优先安排新增建设用地指标。利用现有温泉旅游设施、房产增设住宿、餐饮、娱乐等商业服务设施的，经批准可以协议方式办理用地手续。鼓励长期租赁、先租后让、租让结合等方式供应温泉旅游项目建设用地。

2. 加强温泉旅游用地服务监管

加强温泉旅游资源开发用地的规划管理，将温泉旅游建设要求纳入土地供应，政府部门要与取得温泉土地使用权的相关企业或个人签订建设温泉旅游项目协议书。

（三）金融保障

1. 创新金融支持措施

支持温泉旅游项目平台建设，开展温泉旅游项目招商引资活动，引进有实力、负责任的外资、民资参与温泉旅游开发。各级金融机构和信用担保机构加大对温泉旅游项目的信贷支持力度。鼓励温泉旅游企业采取股份改造、公开上市、发行企业债券等形式进行融资。鼓励国内各类企业、个人及外商，以多种方式参与温泉旅游的基础设施建设、房地产建设、配套工程建设，形成温泉旅游建设合力和资金的有效保障机制。鼓励金融机构、大型旅游企业和有条件的地方政府合作设立温泉旅游产业发展基金。鼓励企业探索通过项目特许经营权、收费权、门票收益抵（质）押等方式融资筹资。鼓励符合条件的企业发行企业债券，募集资金用于温泉旅游项目建设。运用公益基金对于温泉旅游的相关项目予以必要的资助。鼓励地方利用旅游产业引导资金等对温泉旅游产业予以必要的资金支持。鼓励金融机构推出旅游信用卡等特色支付产品，探索开发适合温泉旅游消费需要的金融保险产品。

2. 完善旅游融资担保体系

成立全省温泉旅游融资担保基金,按照市场化、专业化原则开展投资业务,运用股权、债券、基金、贷款等多种方式提供投融资服务。成立全省旅游产权交易平台,鼓励中小旅游企业进入平台。健全产权进入与退出机制,完善产权责任制度。发挥政府担保作用,加强风险控制。依法探索推行融资担保形式,依法建立和完善旅游融资担保体系。鼓励小额金融支持旅游小微企业。

3. 实施"走出去"金融支持政策

支持国内外战略投资者,通过合作、合资等方式筹建跨界融合的温泉旅游产业集团和产业联盟,参与省内温泉旅游项目建设。

(四)财政政策

1. 加大财政投入

对符合使用政策性资金的项目,优先列入申报中央预算(国债)投资项目年度计划和省财政预算内投资项目年度计划。设立全省温泉旅游发展专项资金,用于温泉旅游规划、宣传推广、人才培训和表彰奖励等,对经批准新开工的投资在1000万元以上的温泉旅游项目一次性给予20万~100万元不等的启动补贴资金。每年拿出一定的资金对温泉旅游度假(示范)区、温泉旅游特色镇、温泉旅游度假村、优秀企业进行表彰奖励。省地勘资金适当向温泉资源的勘探倾斜,鼓励各级涉旅发展资金适当向温泉旅游倾斜。在完善财政转移支付的基础上,加大财政转移支付的力度,加大财政对温泉旅游公共服务体系、公共设施、信息化建设等投入。支持温泉旅游整体促销。整合全省旅游宣传资源、旅游企业参加旅游推介活动、旅游精(新)品线路开发、开展旅游节庆和推介活动。利用财政投入引导支持安徽旅游集团、黄山旅游集团、九华山旅游集团等省内主要旅游企业投资温泉旅游。

2. 扩大专项资金补助

相关市县区可设立温泉旅游发展专项资金并逐年加大扶持力度。加大全省重点温泉集聚地生态补偿资金投入,实施温泉旅游发展资金补助和奖励政策。

3. 完善旅游财税政策

鼓励和支持申报国家或省级旅游度假区,支持温泉旅游项目的审批、开发、建设、经营和管理等。对温泉旅游产业集聚区基础设施建设项目贷款给予一定的期限贴息。将温泉旅游纳入旅游专项资金和现代服务业发展专项资金使用范围,对温泉精品项目给予补助、贴息等奖励性扶持。温泉宾馆、温泉饭店、温泉旅游景区实行与一般工业企业同等的用水、用电、用气价格。省国土资源部门要帮助解决完全温泉矿权等问题,并列入勘探资金补助项目予以支持。

（五）人才保障

1. 加强人才队伍建设

提高重点温泉旅游市县的旅游行政管理人才的准入门槛，扩大相关专业人才的比例。设立全省温泉旅游企业职业经理人信息库，制定吸引优秀温泉旅游管理和技术人才来皖创业、就业的鼓励政策。鼓励重点温泉旅游市县区出台温泉旅游技术和经营管理人才激励政策及创业政策。建立全省温泉旅游人才信息库，制订相关人才培养和激励计划，设立专业服务技能称号。

2. 强化人才培养

依托省内外相关高校、温泉旅游企业等，培养管理人才和技术人才。设立温泉旅游产品研发、策划和管理等方面人才市场。加强温泉旅游企业员工培训，提高温泉旅游从业人员经营管理能力和技术能力。

3. 推进人才合作体系建设

建立制度化的政府、企业、高校共同参与的温泉旅游交流平台。加强旅游行政主管部门与温泉旅游企业、旅游院校之间的深层次合作，加快促进旅游智库的建设。设立中国（安徽）温泉旅游投资论坛，交流发展经验。

（六）安全保障

1. 保障温泉资源科学利用

加强温泉资源的调查与探勘，为生态保护提供科学依据。构建温泉旅游资源信息库，实施动态监控，保障温泉资源科学合理利用。

2. 建立温泉旅游安全管理体系

加强旅游安全管理工作，制定温泉旅游安全事故处置预案，做好温泉旅游安全宣传工作，加强温泉旅游安全事故处置能力，提高温泉旅游企业与旅游者的安全防范意识。构建温泉旅游突发事件应急联动协调机制。联合医疗机构建立旅游救援中心。

3. 完善温泉旅游安全监测设施

完善温泉旅游安全设施建设，确保危险地段防护设施齐备、有效。加强温泉洗浴设施检查，确保无安全隐患。加强温泉旅游工作人员安全教育，从业人员上岗前要进行安全风险防范和应急救助技能培训，加强游客温泉旅游风险提示和安全培训。

第六部分
皖南国际文化旅游示范区旅游发展规划

安徽省"十三五"旅游业发展规划及专项规划

一 发展分析

皖南国际文化旅游示范区（以下简称"示范区"）区位条件优越，生态环境优良，文化底蕴深厚，旅游资源富集，是全国乃至世界上有重要影响、特色鲜明的文化旅游区域。1979年，邓小平同志发表了著名的"黄山谈话"，黄山成为我国现代旅游业的发源地，成为中国旅游的一张重要名片。2014年2月12日，经国务院同意，国家发展改革委员会正式批复《皖南国际文化旅游示范区建设发展规划纲要》（以下简称《纲要》），标志着皖南国际文化旅游示范区建设上升为国家战略。

为贯彻落实省委、省政府关于示范区发展精神，深化《纲要》提出的建设世界一流旅游目的地的战略定位和发展目标，围绕全域旅游发展的具体要求，推动"中国全域旅游发展先行区"建设，促进示范区旅游业转型升级、提质增效，加速示范区旅游国际化进程，构建新型旅游发展格局，带动促进示范区和全省经济社会协调发展，编制本规划。

规划范围为《纲要》确定的示范区范围（安庆市的枞阳县已划归铜陵市）。规划期限为2016年至2020年，重大问题展望至2030年。

（一）背景分析

1. 区域发展战略叠加

积极响应国家"一带一路"倡议。依托示范区丰富的高品质旅游资源和特色旅游产品，积极融入"一带一路"、长江经济带等国家战略平台，提升影响力；主动融入长三角，拓展客源市场、吸引资本、提高管理水平、提升对外交流；积极建设浙皖闽赣国家生态旅游协作区。示范区内的宣城市、池州市、安庆市和黄山市是浙皖闽赣生态旅游协作区重要组成部分，是浙皖闽赣生态旅游协作区协调发展重要支点。

2. 政策拉动效应显现

《国务院关于促进旅游业改革发展的若干意见》《国务院办公厅关于进一步促进旅游投资和消费的若干意见》《安徽省人民政府关于促进旅游业改革发展的实施意见》《安徽省"十三五旅游业发展规划"》和《皖南国际文化旅游示范区建设发展规划纲要》等为示范区发展提供了契机和支持。

3. 区域交通网络优化

"四纵三横"综合交通通道建设扎实推进，合福高铁、宁安高铁开通运营，杭黄高铁、合安九高铁、商合杭高铁、皖赣铁路扩能改造项目等相继开工建设。马鞍山慈湖长江大桥、芜湖长江二桥等过江通道建设稳步推进。黄山国际机场和池州九华山机场改扩建工程有序展开。示范区公、铁、水、空一体化的交通格局基本形成。

（二）基础分析

1. 资源价值优势凸显

垄断资源集聚。示范区垄断性资源富集，美誉度高。聚集了2处世界遗产、1处世界地质公园、3座国家历史文化名城、11处国家重点风景名胜区和7处5A级旅游景区等品牌资源，拥有一批国家自然保护区、国家湿地公园、国家城市湿地公园、国家历史文化名镇名村街区、国家重点文物保护单位和国家4A级景区，形成了享誉海内外的旅游吸引物集聚群。示范区核心区高品质资源集聚度更高。

文化底蕴深厚。示范区人文景观荟萃，以徽文化为核心，佛教文化、道教文化、文房四宝文化、黄梅戏文化、铜文化、诗歌文化和桐城文化等优秀传统文化具有很强的影响力。

生态环境原真。示范区气候适宜，生态环境优良、植被覆盖率高，是全国重要的水土保持、水源涵养和生物多样性维护生态功能区，是安徽省和长三角地区的重要生态屏障。

2. 市场范围逐步拓展

国内旅游市场稳中有进。示范区国内旅游收入占全省的比重近60%。国内游客主要来自本省，及江苏、浙江、上海、山东等地。

入境旅游市场独占鳌头。2015年示范区接待入境游客361.5万人次，占全省入境旅游人数的81.3%。形成了以亚洲为中心，欧洲和北美为两翼的入境客源市场格局，其中韩国、日本、港澳台等国家和地区是一级客源市场，美国、新加坡等欧美和东南亚地区国家是二级客源市场，俄罗斯、蒙古、菲律宾、印度和澳大利亚等国家是新兴客源市场。多元化、开放性的入境旅游市场格局渐趋形成。

3. 示范区建设扎实推进

示范区建设上升至国家战略层面，旅游业带动力进一步增强，旅游富民工程持续推进，全域旅游格局初步形成。示范区努力融入长三角区域发展大格局，积极参与浙皖闽赣生态旅游协作区建设，形成区域发展新版图，实现示范区与长三角区域、浙皖闽赣生态旅游协作区的融合发展。

（三）与《纲要》的关系分析

1. 发展定位

《纲要》提出了示范区发展"三大定位"。本规划分析了"三大定位"有机联系，在"美丽中国建设先行区、中国优秀传统文化传承创新区"定位基础上，聚焦示范区"世界一流旅游目的地"建设，将示范区建成中国全域旅游发展先行区。

2. 空间布局

在示范区"一圈、两带"（古徽州文化旅游发展圈、"三山三湖"山水观光旅游发展带、皖江城市文化旅游发展带）总体空间战略格局下，进一步突出重点，全域化布局。

3. 建设美丽中国建设先行区

《纲要》提出要加强生态建设和环境保护，促进资源节约集约利用，推进美好乡村建设。本规划将生态文明建设作为示范工程，提出了生态文明建设的"四大工程"。将美丽乡村作为旅游发展的重要新兴业态，提出建设一批旅游引领的美丽乡村。

4. 建设中国优秀传统文化传承创新区

《纲要》提出要加强文化遗产保护与传承，鼓励文化利用与创新，发展特色文化产业。本规划将传承创新传统文化作为示范工程，在《纲要》基础上提出优秀传统文化传承的国际化工程，提出运用"互联网+"推动文化传承利用的创新，广泛运用现代科技手段，创新文化旅游营销方式。

5. 建设世界一流旅游目的地

围绕建设世界一流旅游目的地，《纲要》提出打造特色旅游产品，壮大旅游市场主体，强化旅游管理和服务，推进旅游国际化。本规划按照世界一流旅游目的地的建设要求，结合全域旅游发展理念，贯彻省委、省政府提出的推动大黄山国家公园建设，建设一批国际水准旅游精品景区、发展一批具有国际竞争力的特色旅游商品、开发一批国际化旅游精品线路、打造一批顺应世界潮流的旅游业态、培育一批具有国际经营实力的领军企业等重点工程，着力在体制机制创新、生态文明建设、产业融合发展、旅游国际化、区域合作、传承创新优秀文化上做好示范建设，根据旅游发展要素，进行系统深化，统筹规划。

6. 强化实施保障

《纲要》提出要鼓励先行先试，在金融政策、土地政策、文化旅游政策等方面提出一系列发展措施。本规划结合全域旅游建设，进一步提出全域旅游发展的保障措施。

（四）问题分析

1. 认识高度亟待提升

在"一带一路"倡议与长江经济带、长三角城市群建设以及浙皖闽赣生态旅游协作区建设等区域战略叠加的背景下，应重新定位示范区山水生态、乡土空间与长三角城市群区域空间的关系，进一步提升对示范区资源价值的认识高度，改变长期以来示范区发展对长三角城市群的单向依赖关系，构建双向互动、协调发展的新型空间关系，实现更大区域更高层次的空间平衡，将示范区建成与长三角城市群生态、乡土空间统筹发展、协调发展的样板区。示范区旅游发展实现从经济价值主导向经济、文化、生态等综合价值释放的深度转变。

2. 供给质效有待优化

基础设施有待进一步完善。示范区水利设施以及地质灾害防护设施仍然薄弱，抵御自然灾害能力有待进一步增强。航空、高铁、高速与景区景点交通的互连互通水平较低，交通主干线与3A级以上景区、重点乡村旅游区等"最后一公里"问题尚未彻底解决。县、乡、村道路等级低，旅游资源与发展要素互联互通受限。国际化旅游饭店数量少，旅游饭店的特色化需进一步提升。旅游厕所建设数量不足，星级化、生态化的旅游厕所普及率有待进一步提高。重点景区游客服务中心建设规模较小，品质较低。

公共服务有待进一步提高。旅游信息中心、旅游咨询中心网络及多语种导识系统不够完善。旅游信息化、标准化、数字化相对滞后，网络化经营水平不高，未能很好地满足旅游者自助游、自驾游的个性化需求。旅游志愿者服务、旅游救助体系建设有待推进，旅游公共服务的现代化和个性化水平亟待提高。

产品结构有待进一步优化。旅游产品类型单一问题突出，仍然以自然、文化观光为主，观光型产品同质化明显。休闲、度假、养生、运动等产品供给薄弱；市场有待拓宽，游客重游率低、综合消费不高。

旅游产业有待进一步加强。旅游产业的竞争力弱，旅游企业规模小，缺乏大型龙头企业，现代企业制度建设需加强，国际化水平低，创新能力较弱。缺少多样性、差异化、特色化旅游中小微企业。仍然依赖于门票经济，产业带动效应不明显。

3. 制度保障亟须完善

人才机制有待健全。旅游行政管理人才、旅游企业经营管理人才、旅游专业技术人才缺乏，旅游人才国际化水平有待进一步提高。旅游人才引入机制亟待完善。旅游从业人员培训机制、上岗机制和竞争机制有待完善。人才激励机制、保障机制和退出机制有待健全。

资本引入机制有待健全。旅游资本市场开放程度不高，缺乏大资本注入，资本进入存在阻碍。缺乏有效的项目遴选机制和项目市场对接机制。

区域一体化机制有待健全。区域管理各自为政，缺少区域整合与联动，缺乏区域行政管理统筹安排和整合。区域间协作机制不畅。旅游社会组织、中介组织和行业协会缺乏统一的管理和调控。

二 建成中国全域旅游发展先行区

（一）指导思想

深入落实省委、省政府关于示范区发展的政策精神及《皖南国际文化旅游示范区建设发展规划纲要》的具体举措，进一步解放思想、改革创新，坚持政府引导、市场主导、创新驱动、项目带动、产业融合、统筹推进。更加注重文化建设和生态保护，更加注重城乡统筹和区域互动，更加注重民生改善和社会管理创新，着力推动生态、文化、旅游、科技融合发展，加快构建以文化旅游为特色的现代产业体系，提升发展质量和国际化水平，将示范区建成美丽中国建设先行区、世界一流旅游目的地、中国优秀传统文化传承创新区和中国全域旅游发展先行区。

（二）发展定位

示范区的旅游发展定位，是建成世界一流旅游目的地。为此，须构建国际标准的旅游吸引物体系、国际标准的公共服务体系，达到国际标准的旅游服务水平。

构建国际标准的旅游吸引物体系。拥有国际影响力的自然与文化资源；一批精品化的旅游景区和度假区、特色化的旅游产品、融入国际大循环的精品线路；形成有效的地域文化传统保护及传承机制；建设国际知名的旅游城市。

构建国际标准的公共服务体系。拥有水、陆、空立体化的对外交通体系，构建以交通通道、交通节点、交通服务为核心的系统化、网络化、便捷化、智慧化内部交通体系，以信息咨询服务、标识解说服务、网络信息服务为内容的信息咨询服务体系，以安全环境、安全设施、安全机制为内容的安全保障服务体系，旅游便民惠民服务体系和旅游行政服务体系。建设一流的国际社区。

达到国际标准的旅游服务水平。拥有结构合理、高水平的旅游从业人员队伍，形成具有强烈吸引力的人才引进机制，构建完善的旅游人才培养、培训体系；形成与国际接轨的旅游服务标准，将地方旅游服务标准上升为国家、国际标准；形成具有地方特色的旅游服务和旅游氛围；打造新兴旅游业态、建设具有国际经营实力的领军企业。

（三）发展目标

1. 总体目标

建成全域旅游发展先行区。到2020年，将示范区核心区各县（市、区）建成"国家全域旅游示范区"。旅游经济总量持续增长，旅游要素结构优化，旅游业带动性明显增强，游客与居民满意度明显提高。辐射带动示范区核心区之外的其他县（市、区）积极创建"国家全域旅游示范区"。将示范区建设成为中国全域旅游发展先行区。

旅游发展品质显著提升。建成一批享誉世界的旅游精品，旅游业态进一步丰富，文化旅游深度融合，生态环境进一步优化，相关产业协调发展，建成智慧化旅游公共服务体系，体制机制改革深入开展，旅游富民成效显著，居民文明素质进一步提高。

旅游国际化水平全面提高。进一步提高入境游客、旅游外汇收入占比；芜湖市、池州市、黄山市国际知名度显著提高；建成区域国际航空港，加强与周边主要国际空港的联系，开通与世界主要客源国（地区）城市的航线或旅游包机，与国内主要城市及旅游城市之间的直飞航线；旅游黄金水道通江达海；更多的国际知名旅游企业集团或企业进驻；旅游服务标准、服务设施与国际接轨。

2. 发展指标

专栏1

示范区旅游发展量化指标

目标	指标	单位	2020年
经济目标	国内旅游者人数	亿人次	4.6
	入境旅游者人数	万人次	500
	国内旅游收入	亿元	7000
	旅游创汇	亿美元	大于100
	旅游总收入	亿元	大于5000
	旅游生产经营单位	家	3万家以上
	休闲度假类旅游项目投资占比	%	大于60%
	来示范区游客逗留时间	天	2.5
	人均花费	元	1500
	旅游购物和娱乐消费占人均旅游消费的比重	%	45
品牌目标	省级旅游业集聚区	个	3个以上
	国家全域旅游示范区	个	15个以上
	国家5A级景区	个	10
	五星级饭店	家	20
	全国服务业500强	家	1-2
	全国百强旅行社	家	2左右
	新增国家旅游服务标准化单位	个	6左右
	国家和省级服务业品牌	个	12左右
乡村旅游目标	旅游强县创建	个	20以上
	旅游乡镇创建	个	100
	旅游示范村创建	个	1000
	乡村旅游创客示范基地创建	个	10
	四星级以上农家乐创建	家	600
	乡村旅游致富带头人	名	5000
公共服务体系目标	新建改扩建"最后一公里"	公里	300
	改扩建旅游厕所	座	1000座以上
	新建改扩建旅游集散中心、咨询中心	个	30
	新建改扩建自驾车（房车）营地、露营地	个	30
	新建改扩旅游景区停车位	个	35000
旅游国际化水平目标	进驻的国际旅游组织（机构）	个	40
	进驻的国际旅游企业集团	个	50
	世界级的文化旅游品牌	个	5-10
	入境游客占过夜游客比例	%	15
	旅游外汇收入占旅游总收入	%	13

（四）发展原则

1. 全域化

遵循全域旅游的发展理念，将旅游业作为优势产业，通过对示范区经济社会资源尤其是旅游资源、文化资源、生态环境、产业产品、公共服务、体制机制、政策法规、文明素质等进行全方位、系统化的优化提升，实现区域资源有机整合、产业有机融合、社会共建共享，以旅游业带动和促进经济社会协调发展，建设中国全域旅游发展先行区。

（1）党政统筹，协调推进。发挥地方党委、政府的领导作用，从区域发展战略全局出发，统筹规划、统筹部署，整合资源、协调联动、全面优化，形成推动全域旅游发展的强大合力。

（2）共建共享，互惠互利。充分发挥"旅游+"的整合功能，调动各方积极性，推动特色产业、城乡建设、现代科技、创意文化、生态文明建设等与旅游业有机融合发展，大力发展产业融合形成的新业态。

（3）因地制宜，突出特色。以特色引领全域旅游建设，立足示范区的实际，深入挖掘地域特色、文化特色，探索各具特色的统筹发展机制、发展模式。

（4）以人为本，突出实效。把游客、居民满意作为出发点和落脚点。使全域旅游的发展成效体现到游客和居民的口碑上，把旅游业建设成为地方的富民产业、快乐产业和幸福产业。

（5）合理利用，注重保护。落实"绿水青山就是金山银山""望得见山、看得见水、记得住乡愁"理念，划定生态保护红线，守住生态底线，在有效保护生态环境的前提下，科学合理开发各类旅游资源。

（6）改革创新，稳步推进。坚持问题导向和目标导向，以改革为动力、以创新为灵魂，针对全域旅游发展中的重大瓶颈，形成适应合力推动的统筹协调机制、综合执法机制、资源整合机制和社会保障管理机制，构建从全局谋划和推进全域旅游的体制机制和工作格局。

2. 精品化

围绕世界一流旅游目的地的发展定位和建设目标，强化精品意识，在旅游产品打造、业态创新、企业发展等方面提高标准、拓宽视野。通过"五个一批"工程的建设，做强示范区旅游产业的支撑，引领带动示范区旅游业整体品质及品牌影响力的提升。

3. 生态化

立足于生态环境和生物多样性的保护，以大黄山国家公园建设为核心，聚焦美丽中国建设先行区建设，着力推进示范区生态文明建设。改善生态环境，多措并举优化示范区生态系统，巩固山区生态安全屏障；构建生态家园，建设一批别具一格的山水村镇、风情小镇，使之成为美好家园和旅游精品景点；发展生态经济，注重示范区观光休闲农业、生态教育研学、生态体验等产品和业态的建设。

4. 国际化

坚持以国际化理念引领旅游业发展，以国际一流的标准和要求培育旅游市场、研发旅游产品、提升公共服务水平，推进旅游管理服务、培育旅游企业、塑造旅游综合环境，塑造面向国际的旅游品牌和主题形象。加强示范区旅游与国际旅游的接轨，坚持旅游产品国际化、服务标准国际化、市场营销国际化和合作发展国际化，全面提升示范区旅游的国际影响力和竞争力。

5. 示范化

充分认识示范区建设的战略意义，围绕美丽中国建设先行区、世界一流旅游目的地、中国优秀传统文化传承创新区、中国全域旅游发展先行区的定位，以国际化的视野和国际一流的标准，提升示范区内在品质，突出示范区区域本土特色，提高国际化水平。着力在体制机制创新、生态文明建设、产业融合发展、旅游国际化、推进区域合作、传承创新优秀文化上做好示范。

三 全域旅游空间布局

以《纲要》"一圈、两带"总体格局为基础，在示范区自然条件、文化基础、旅游资源、经济发展、社会环境等发展要素基础上，以"龙头提振、众星拱月、多廊贯穿、全域辐射"为整体布局理念，实现"一个发展极、五大集聚区、三大旅游环、十六个旅游主题功能区"的"15316"空间结构与布局。

（一）黄山—古徽州旅游发展极

充分展示黄山和徽文化魅力，保持徽州文化的完整性，推动徽州文化和黄山融合发展，通过多样化交通体系、智慧化公共服务体系，实现示范区景区景点、镇村体系互联互通。建设黄山—古徽州文化旅游发展极，提升国际知名度和美誉度，将黄山—古徽州旅游发展极建成美丽中国建设典范、极具国际影响力旅游目的地。

（二）五大集聚区

动感乐都——芜—马都市休闲度假旅游集聚区。紧紧依托长三角市场，以芜湖市主题公园群为龙头，整合马鞍山市山水诗城、北部山地的温泉等核心旅游资源，形成以活力城市、温泉度假、乡村休闲等功能为主体的现代休闲度假旅游区。

书乡田园——宣城文房四宝旅游集聚区。依托紧邻长三角城市群市场的区位优势，整合文房四宝之乡、山水田园、皖南古村落、古道等资源，建设中国自助旅游示范区。

生态原乡——牯牛降、升金湖原生态旅游集聚区。以大自然"生态博物馆"为理念，整合牯牛降、升金湖等原生态资源，建设原乡旅居、养生度假为主题的旅游集聚区。

佛韵诗乡——大九华山佛教文化旅游集聚区。以九华山风景区宗教文化为核心，整合大杏花村、秋浦仙境、齐山—平天湖、清溪河、万罗山等资源，建设以佛教文化、诗意山水为特色的文化休闲度假胜地。

禅意山水——大天柱山养生度假旅游集聚区。以禅宗文化为统领，山水生态环境为背景，整合天柱山、五千年文博园、花亭湖、岳西原生态山水资源，建设以国际度假养生为主题的旅游集聚区。

（三）三大旅游环

依托区域内高速公路、国道、省道交通系统，建设串接区域内主要旅游吸引物的三大旅游环，优化示范区交通网络，增强与区域外主要交通干线及交通枢纽的对接，夯实示范区全域旅游发展的基础，提升区域旅游一体化的水平。

加强对"一环"和"二环"在道路标准、沿途景观、旅游标识、服务区建设、休闲驿站等方面的统一规划与设计，形成道路畅通、景观优美、配套完善的风景廊道。

一环：黄山-徽文化精品环。屯溪区（S103）—徽州区（S215）—歙县（S215）—绩溪县（S217）—旌德县（S217-G205-S103）—黄山区（S218）—黟县（S218-S326）—休宁县（S326）—屯溪区。

二环：核心区慢行环。屯溪区（S103）—徽州区（S215）—歙县（S215）—绩溪县（S217）—旌德县（G205）—泾县（S322）—黄山区（S103）—青阳县（G318）—贵池区（G318、S221）—石台县（S221、S326）—祁门县（S326）—休宁县（S326）—屯溪区。

三环：示范区快速通勤环。黄山市（黄祁高速）—安庆市（安景高速、东至至潜山、怀宁高速）—池州市（沿江高速）—铜陵市（沿江高速）—芜湖市（芜宣高速）—宣城市（宣宁高速、溧黄高速）—黄山市。

（四）十六个旅游主题功能区

依托示范区内一批特色鲜明的山水生态资源、历史文化资源、宗教文化资源、温泉度假资源、特色乡村资源、城市创意文化等，进一步强化主题，彰显特色，加强区域内资源整合开发，建设一批功能完善、产品体系健全的主题化旅游功能区。

专栏 2

十六个旅游主题功能区

马鞍山市：马鞍山北部山地温泉旅游度假主题功能区。

芜湖市：欢乐芜湖主题公园群旅游主题功能区。

宣城市：宣城文房四宝文化旅游主题功能区。

铜陵市：中国铜都创意文化旅游主题功能区。

池州市：大杏花村文化旅游主题功能区、大仙寓山生态旅游主题功能区、牯牛降原生态旅游主题功能区、九华山佛教文化旅游主题功能区。

安庆市：天柱山国际养生度假旅游主题功能区、禅缘太湖文化生态旅游主题功能区、岳西国际山地养生旅游主题功能区。

黄山市：黄山风景区主题功能区、黄山市城市主题功能区、环太平湖国际度假旅游主题功能区（含宣城部分区域）、古徽州文化旅游主题功能区、黟县国际乡村主题功能区。

四　推进重点旅游工程建设

探索资源保护和合理利用的新型发展道路，努力形成自然资源产权归属更加明晰，保护和利用更加高效，统一、规范、高效的大黄山国家公园管理体制和保护机制，推动大黄山国家公园建设。建设一批国际水准旅游精品景区，发展一批具有国际竞争力的特色旅游商品，开发一批国际化旅游精品线路，打造一批顺应世界潮流的旅游业态，培育一批具有国际经营实力的领军企业，形成种类多样、特色鲜明的旅游产品新体系。大黄山国家公园和"五个一批"是示范区"十三五"旅游重点工程。

（一）探索大黄山国家公园建设

1. 探索大黄山国家公园建设范围

一级范围包含黄山风景名胜区及其相邻的"五镇一场"，即黄山区汤口镇、谭家桥镇、三口镇、耿城镇、焦村镇和洋湖林场。二级范围包含黄山、九华山和太平湖"两山一湖"等生态完整、物种保存较好地区。三级范围包含示范区核心区。

2. 突出生态保护

全面理清生态环境和资源状况，编制创建区保护规划。严格按照主体功能定位和保护目标，合理划定功能区，强化规划管控和监督执行，严格用途管制。

3. 统一规范管理

整合现有管理体制，明确管理机构，实行统一有效的保护和管理。探索跨行政区管理的有效途径。按照设立层级、保护目标等，清理规范、归并整合各类保护地的交叉重叠区域，实现一块牌子、一个管理机构。

4. 明晰资源权属

对水流、森林、山岭、草原、荒地、滩涂等自然生态空间进行统一确权登记。对集体所有的土地及其附属资源，通过征收、流转、出租、协议等方式，调整土地权属，明确土地用途。科学确定全民所有和集体所有的产权结构，合理分割并保护所有权、管理权、特许经营权等。

5. 创新经营管理

严格控制公共服务类价格。积极探索管理权和经营权分立，经营项目实施特许经营，公开招标竞价。建立多渠道、多形式的资金投入机制。建立因保护而使用受限的集体土地、林地、草地等合理补偿机制。鼓励周边社区居民和社会公众参与创建区规划、保护、管理、运行等，促进社区发展。

（二）建设一批具有国际水准的精品景区

1. 创建国家级旅游示范基地

按照《国家绿色旅游示范基地》行业标准，注重生态保护，加强旅游城市建设，提升旅游公共服务水平，推动旅游区转型升级，将示范区核心区建成产业要素齐全、产业链条完备、旅游环境舒适，在国内外具有影响力的国家级绿色旅游示范基地。

按照《国家人文旅游示范基地》行业标准，弘扬中华传统文化，推进景区转型升级和创新发展，将示范区核心区建成产业要素齐全、产业链条完备、旅游环境舒适、文化传承效应明显，在国内外具有影响力的示范性、综合性的国家级人文旅游示范基地。

按照《国家康养旅游示范基地》行业标准和"健康中国2030"规划要求，推动旅游和健康服务业的融合发展，丰富康养旅游内容，促进旅游业转型升级，改善旅游休闲环境，将示范区核心区建成产业要素齐全、产业链条完备、公共服务完善的国家级综合性康养旅游目的地。

按照《旅游休闲示范城市》行业标准，将示范区核心区城市建成旅游休闲功能突出、旅游休闲产业完善、旅游休闲环境和谐的国家级旅游休闲示范城市。

专栏3

国家级旅游示范基地创建备选名录

国家级绿色旅游示范基地：池州市、黄山市。

国家级人文旅游示范基地：池州市、黄山市。

国家级综合性康养旅游目的地：宣城市、安庆市。

国家级旅游休闲示范城市：马鞍山市、芜湖市、铜陵市。

按照《关于开展国家中医药健康旅游示范区（基地、项目）创建工作的通知》要求，创建一批国家中医药健康旅游示范区（基地、项目）。

2. 创建5A景区及国家旅游度假区

加大5A级景区创建力度，到2020年，每市至少创建1个国家5A级景区或国家级旅游度假区、生态旅游示范区。同时，提升示范区4A级景区、省级度假区建设水平。

> **专栏4**
>
> **5A级景区及国家级旅游度假区创建备选名录**
>
> 5A景区：马鞍山市雨山区采石矶景区、芜湖市鸠江区新华联文化旅游景区、宣城市宁国市青龙湾景区、宣城市宁国市恩龙山庄、宣城市广德县太极洞旅游区、宣城市泾县桃花潭-查济-黄田景区、铜陵市枞阳县浮山风景区、池州市贵池区大王洞风景区、池州市贵池区齐山-平天湖景区、池州市石台县牯牛降风景区、池州市青阳县九华山大愿文化园、安庆市太湖县禅源太湖旅游区、黄山市休宁县齐云山风景区。
>
> 国家级旅游度假区：马鞍山市含山县褒禅山香泉旅游度假区、宣城市宣州区敬亭山风景区、铜陵市铜官区天井湖旅游度假区、池州市贵池区杏花村风景区、黄山市黄山区及宣城市泾县太平湖-桃花潭风景区。
>
> 生态旅游示范区：芜湖市繁昌县马仁奇峰景区、芜湖市南陵县丫山风景区、安庆市岳西县大别山彩虹谷景区、安庆市岳西县司空山旅游区。

3. 建设多元化特色景区

结合示范区山水、森林、温泉、湿地、农业、文化等特色资源和区域功能，建设一批文化创意、休闲度假、红色旅游等多元化特色旅游景区。

> **专栏5**
>
> **多元化特色景区**
>
> 文化类：马鞍山市当涂县大青山李白文化旅游区、芜湖市镜湖区雨耕山文化旅游景区、宣城市古龙窑陶瓷文化旅游区、宣城市泾县中国宣纸文化园、铜陵市郊区大通古镇文化旅游区、安庆市怀宁县孔雀东南飞文化园、安庆市怀宁县海子文化园、安庆市岳西县司空山国际禅宗文化旅游区、黄山市屯溪区黎阳IN巷特色旅游区、黄山市歙县阳产艺术村落、黄山市黟县文化旅游创业园。
>
> 度假类：马鞍山市花山区濮塘休闲度假区、芜湖市南陵县大浦生态旅游区、宣城市宣州区白马山庄国际度假村、宣城市宁国市恩龙山庄生态旅游度假区、铜陵市义安区永泉农庄旅游度假区、池州市贵池区大王洞风景区、安庆市桐城市嬉子湖生态旅游度假区、安庆市岳西县天悦湾养生景区、黄山市屯溪区醉温泉度假区。
>
> 旅游风景道类：秋浦河画廊、新安江山水画廊、徽杭古道旅游风景道、皖南"川藏线"旅游风景道、青弋江旅游风景道。
>
> 原生态类：芜湖市南陵县丫山花海石林旅游区、宣城市宣州区鳄鱼湖景区、铜陵市郊区淡水豚自然保护区、安庆市岳西县天峡景区、黄山市黄山区翡翠谷风景区、黄山市祁门县和池州市石台县牯牛降景区。
>
> 研学类：宣城市宣州区文房四宝创意产业园、池州市贵池区秀山门博物馆、池州市东至县升金湖湿地科普研学基地、池州市青阳县九华山大愿文化园、黄山市屯溪区徽州文化博物馆、黄山市徽州区潜口民宅博物馆。

主题公园类：芜湖市鸠江区方特主题公园、芜湖市无为县米芾文化主题公园、安庆市太湖县五千年文博园、黄山市歙县"欧洲之星"欢乐谷。

4. 创建国家级全域旅游示范区

到2020年，将示范区核心区建成为"中国全域旅游发展先行区"。

（二）发展一批具有国际竞争力的特色旅游商品

开发一批创意水平高、地域特色鲜明的旅游工艺品和纪念品，一批具有国家著名商标、通过国际标准认证的旅游农副土特产品和契合现代市场需求的旅游生活用品。建设皖南旅游商品集散地，塑造"乐购皖南"品牌旅游商品。

专栏6

"乐购皖南"品牌旅游商品

马鞍山市：马鞍山（雨山区）采石矶食品有限公司——采石矶茶干礼盒、马鞍山（雨山区）厚林神雕有限公司——诗仙李白、马鞍山（花山区）横江手工艺术品有限公司——皖南景色、马鞍山（花山区）松源宝石有限公司——四宝祈福项链、马鞍山（花山区）学华剪纸艺术公司——太白邀月、马鞍山（博望区）润兴农业发展公司——"晶禾牌"稻鸭米、马鞍山（博望区）洪滨丝画手工艺术有限公司——洪滨丝画艺术品系列、当涂县安康菌业食品公司——蘑菇宴礼盒、当涂县太白农庄食品有限公司——太白酥饼、马鞍山（当涂县）黄池食品公司——黄池小菜系列、含山县褒禅山油厂——小磨麻油、含山县鸣鹿堂鹿业有限公司——鹿产品系列、含山县林头刻花玻璃厂——刻花玻璃工艺品系列、和县鸡笼山调味品公司——辣椒酱系列、和县乌江全记霸王酥食品有限公司——霸王酥。

芜湖市：芜湖（弋江区）蜂联有限公司——和联牌洋槐蜂蜜、芜湖（弋江区）傻子瓜子有限总公司——"傻子"尚礼礼盒、芜湖（镜湖区）飞龙铁画工艺品有限责任公司——铁画书法笔筒系列、芜湖（芜湖县）中益木榨食用油有限公司——益然香木榨菜籽油、（繁昌县）同福碗粥股份有限公司——同福碗粥、安徽（南陵县）徽王农业有限公司——蓝莓干、南陵县百善食品有限责任公司——百善贡酥、安徽（无为县）马恒兴板鸭有限公司——无为板鸭。

宣城市：宣州区宣笔厂——宣笔、安徽省（宣州区）宣酒集团——宣酒、宁国市詹氏食品股份有限公司——山核桃产品、郎溪县古南丰酒业有限公司——冰雕1997、广德县明德竹木工艺制品有限公司——工艺折扇、广德县徽风生态农业开发有限公司——吊瓜子、广德县志云笋业有限公司——水煮笋、广德县金龙山葛业有限公司——野生葛根粉、中国（泾县）宣纸股份有限公司——红星牌古艺宣纸、泾县宫庭竹木工艺品有限公司——绿檀木梳、泾县润发梳业——鸳鸯对梳、绩溪县胡开文墨业有限公司——生肖墨。

铜陵市：铜陵市铜官府文化创意股份公司——铜官府彩金唐卡、铜陵市凤丹种植科技开发有限责任公司——牡丹花蕊茶、铜陵市和平姜业有限责任公司——和平姜参茶。

池州市：安徽陵阳春酒业有限责任公司——九制黄精酒、池州市大九华山圣武雕塑有限公司——谛听、池州市态绿农特产品开发有限公司——九华佛点。

安庆市：安庆市（宜秀区）胡玉美酿造食品有限责任公司——胡玉美蚕豆辣酱、安庆（宜秀区）帝雅艺术品有限公司——铸胎掐丝珐琅器、桐城市牯牛背农业开发有限公司——桐城水芹茶、潜山县传文瓜子有限公司——传文瓜蒌籽、潜山县益寿工艺品开发有限公司——七仙女祝福茶具、潜山县天柱山糯米封缸酒业有限公司——糯米原汁封缸酒、安徽省（潜山县）德馨庄生态旅游发展有限责任公司——德馨庄特色豆制品、安徽（宿松县）十二钗酒业有限公司——十二钗玉钗酒、安徽（宿松县）力啸水产开发有限公司——绿色黄大湖大闸蟹、岳西县养生鞋业有限公司——养生手工布鞋、安徽（岳西县）天鹅寝纺股份有限公司——旅游车载系列产品、安徽（岳西县）未来农业发展有限公司——美食加茶籽油。

黄山市：黄山市（屯溪区）胡兴堂文化发展有限公司——徽墨酥、黄山市（屯溪区）胡兴堂文化发展有限公司——烧饼、黄山市（黄山区）猴坑茶业有限公司——百年世博纪念礼盒、徽州区谢裕大茶叶股份有限公司——黄山毛峰、黄山（徽州区）徽州竹艺轩雕刻有限公司——宏村窗纹书签、黄山（歙县）弘博歙砚有限公司——徽韵、黄山市（休宁县）松萝有机茶叶开发有限公司——"茗蕴珍藏"茶具、黄山市（休宁县）钰农食品有限公司——小壶天牌小竹笋、休宁县万安吴鲁衡罗经老店有限公司——8英寸万安罗盘、黄山市黟县金星工艺有限公司——徽州风韵石雕、安徽省祁门红茶发展有限公司——特级祁红皇茶。

（四）开发一批融入国际大循环的旅游精品线路

1. 十条经典国际化线路

（1）皖南世界遗产之旅。核心城市：黄山市。重点旅游区：黄山区黄山风景区、黟县西递、黟县宏村。核心产品：山岳观光、文化体验、休闲度假。

（2）九华山朝圣之旅。核心城市：池州市。重点旅游区：青阳县九华山风景区。核心产品：祈福朝圣、佛教研学。

（3）天柱山生态养生之旅。核心城市：安庆市。重点旅游区：潜山县天柱山景区。核心产品：禅修养生、山水生态度假。

（4）皖江黄金水道之旅。核心城市：马鞍山市、芜湖市、铜陵市、池州市、安庆市。重点旅游区：雨山区采石矶风景区、鸠江区天门山景区、鸠江区方特主题公园、镜湖区滨江公园、铜官区天井湖旅游区、九华山风景区、贵池区齐山—平天湖旅游区、贵池区杏花村旅游区、宜秀区巨石山旅游区、宿松县黄梅戏文化园。核心产品：文化体验、时尚游乐、主题城市休闲、山岳观光。

（5）皖南最美乡村游。核心城市：宣城市、黄山市。重点旅游区：泾县查济、旌德县江村、绩溪县龙川、歙县棠樾、黟县西递、黟县宏村等古村落。核心产品：古村落、山水田园。

（6）诗仙李白寻踪游。核心城市：马鞍山市、芜湖市、宣城市、池州市。重点旅游区：雨山区采石矶、当涂县大青山、鸠江区天门山、宣州区敬亭山、泾县桃花潭、齐山—秋浦仙境。核心产品：文化体验、山水生态观光、休闲度假。

（7）"三山三湖"精品山水游线。核心城市：池州市、安庆市、黄山市。重点旅游区：青阳县九华山、东至县升金湖、潜山县天柱山、太湖县花亭湖、黄山区黄山风景区、黄山区太平湖。核心产品：山水观光、宗教朝拜、湖泊度假、山地休闲。

（8）新安江山水画廊游线。核心城市：黄山市。核心产品：徒步观光、徽文化体验、自驾旅游、风光摄影。

（9）中国最美高铁之旅。核心城市：合肥市、宣城市、铜陵市、黄山市。核心产品：世界遗产、山水观光、文化体验。

（10）古道驿站时空穿越游。核心城市：宣城市、池州市、黄山市。重点旅游区：徽杭古道、徽池古道、徽青古道、旌歙古道等皖南古道。核心产品：文化体验、山水观光休闲。

2. 二十条区域内特色线路

（1）古徽州文化体验游线。核心城市：宣城市、黄山市。重点旅游区：徽杭古道、泾县查济、旌德县江村、绩溪县龙川、屯溪老街、古徽州文化旅游区、黟县西递、黟县宏村。核心产品：徽文化体验、徽文化研学、休闲度假、山水观光、户外运动。

（2）文房四宝之乡游。核心城市：宣城市、黄山市。核心产品：徽文化体验、乡村旅游。

（3）徽州民俗游。核心城市：宣城市、黄山市。核心产品：徽文化体验、民俗风情体验、乡村旅游。

（4）徽州名人故里游。核心城市：宣城市、黄山市。核心产品：徽文化体验、徽文化研学。

（5）沿江湿地游。核心城市：铜陵市、池州市、安庆市。核心产品：亲水休闲度假、湿地研学。

（6）中国铜都之旅。核心城市：铜陵市。核心产品：铜工业旅游、铜文化创意游、城市旅游。

（7）池州诗意山水之旅。核心城市：池州市。核心产品：文化体验、山水观光、休闲度假。

（8）中华禅宗溯源之旅。核心城市：安庆市。核心产品：禅宗文化、山水度假养生。

（9）欢乐芜湖动感之旅。核心城市：芜湖市。核心产品：主题公园、都市旅游。

（10）醉美温泉度假之旅。核心城市：马鞍山市。核心产品：温泉度假、乡村旅游、文化体验。

（11）皖南徽式休闲旅游小镇游。核心城市：宣城市、黄山市。重点旅游小镇：泾县桃花潭镇、泾县查济古镇、泾县榔桥镇、泾县宣纸小镇、泾县白地宣砚小镇、旌德县旌阳镇、旌德县灵芝小镇、徽州区潜口镇、黟县西递镇、黟县宏村镇等。核心产品：特色遗产、艺术体验、文化研学、休闲养生。

（12）长江画廊小镇游。核心城市：马鞍山市、芜湖市、铜陵市、池州市、安庆市。重点旅游小镇：雨山区采石古镇、镜湖区鸠兹古镇、郊区大通镇、枞阳县浮山镇、青阳县陵阳镇等。核心产品：特色景观、古镇观光、长江旅游。

（13）天目山—白际山山地户外休闲之旅。核心城市：宣城市、黄山市。重点旅游区：徽杭古道、徽开古道、逍遥岭古道、昱岭关古道、大连岭古道、谷雨岭古道。核心产品：山岳观光、体育运动。

（14）长江沿岸山地户外运动线路。核心城市：马鞍山市、芜湖市、铜陵市、池州市、安庆市。重点旅游区：雨山区采石矶、当涂县大青山、鸠江区天门山、繁昌县马仁奇峰、枞阳县浮山、青阳县九华山、贵池区齐山、宜秀区大龙山。核心产品：山岳观光、休闲度假。

（15）皖南红色经典之旅。核心城市：芜湖市、宣城市、黄山市。重点旅游区：镜湖区王稼祥纪念园、泾县皖南事变烈士陵园及新四军军部旧址、黄山区红军北上抗日先遣队纪念馆、徽州区岩寺新四军军部及八省健儿会师地、休宁县中共皖浙赣省委的常驻地石屋坑、黟县皖南苏维埃政府及柯村暴动旧址。核心产品：红色体验、研学教育。

（16）新安江徽州小镇之旅。核心城市：黄山市。重点旅游区：屯溪区黎阳in巷、屯溪区向上创业小镇、徽州区唐模、徽州区潜口镇、徽州区西溪南镇、歙县街口镇、歙县北岸镇、歙县昌溪镇、歙县深渡镇、歙县阳产、歙县漳潭、歙县绵潭、歙县瀹潭、歙县卖花渔村、歙县渔粮村、歙县徽城镇、歙县雄村、歙县棠樾、歙县许村、休宁县万安、休宁县祖源村、休宁县齐云山小镇、黟县渔亭。

（17）徽州美食文化之旅。核心城市：宣城市、黄山市。核心产品：宣城市绩溪县（胡氏一品锅等）、黄山市（毛豆腐、臭鳜鱼、红烧果子狸、徽州烧饼等）。

（18）文房四宝之旅。核心城市：宣城市、黄山市。重点旅游区：宣州区宣笔厂、泾县宣纸文化园、旌德县白地镇宣砚小镇、屯溪区老街、休宁县文房四宝手工作坊、歙县徽州古城。

（19）黄梅戏文化之旅。核心城市：安庆市。重点旅游区：大观区菱湖景区、大观区中国黄梅戏博物馆、大观区严凤英纪念馆、宜秀区黄梅戏艺术职业学院、怀宁县黄梅阁、潜山县黄梅阁。

（20）茶文化研学之旅：核心城市：宣城市、黄山市。核心产品：宣城汀溪兰香涌溪火青、黄山毛峰、太平猴魁、祁门红茶。

3. 十条跨区域精品线路

（1）皖中温泉度假游线。马鞍山市—合肥市—六安市—安庆市。重点旅游区：含山县昭关温泉、和县香泉温泉、巢湖市半汤温泉、舒城县汤池温泉、舒城县山七温泉、金寨县西庄温泉、霍山县陡沙河温泉、岳西县天悦湾温泉。核心产品：温泉度假、康体养生。

（2）药膳养生文化之旅。亳州市—淮南市—六安市—池州市—黄山市。核心产品：亳州药膳、淮南豆腐宴、大别山山珍宴、九华山素斋、屯溪徽菜、绩溪徽菜。

（3）安徽文化名山之旅。黄山市—池州市—马鞍山市—滁州市—淮南市—宿州市。核心景点：黄山风景区、九华山风景区、天柱山风景区、褒禅山风景区、琅琊山风景区、八公山景区、皇藏峪风景区。

（4）沪宁、宁安高铁游线。上海市—苏州市—无锡市—常州市—南京市—马鞍山市—芜湖市—铜陵市—池州市—安庆市。核心产品：都市旅游、休闲度假、佛教文化、山岳观光。

（5）名山名城名湖游线。黄山市—杭州市—绍兴市—嘉兴市—舟山市。核心产品：山水观光、徽式休闲、现代都市旅游、海岛旅游。

（6）新安江千岛湖—富春江山水画廊游线。黄山市—杭州市。核心产品：徒步观光、徽文化体验、自驾旅游、风光摄影。

（7）徽文化漫游之旅。江西省婺源县—安徽省黄山市—安徽省宣城市—江苏省扬州市。核心产品：徽州文化体验。

（8）佛教文化祈福朝拜之旅：山西省五台山（白塔、南禅寺大殿、显通寺铜殿、显通寺无量殿）—四川省峨眉山（伏虎寺、万年寺、报国寺）—安徽省九华山（化城寺、肉身宝殿、百岁宫、甘露寺、天台寺、旃檀林、慧居寺、上禅堂）—浙江省普陀山（法雨寺、普济寺、盘陀庵、灵石庵、莲洋午渡、短姑圣迹、莲池夜月、法华灵洞、千步金沙）。

（9）禅宗文化体验休闲之旅。河南省登封少林寺（初祖达摩）—湖北省黄梅四祖寺、五祖寺（四祖道信、五祖弘忍）—安庆市禅宗文化体验休闲（潜山山谷寺——三祖僧璨、司空山无相寺——二祖慧可，禅乐、禅食、禅茶、禅武、禅画、禅诗）—广东省肇庆南华寺（六祖慧能）。

（10）名山问道之旅。四川省青城山（上清宫、天师洞、建福宫、祖师殿、老君阁）—湖北省武当山（太和宫、净乐宫、玄天玉虚宫、复真观）—安徽省齐云山（洞天福地、太素宫、玉虚宫、真仙洞府、楼上楼景区）—江西省龙虎山（上清宫、天师府、正一观）。

（四）打造一批顺应世界潮流的新兴旅游业态

推进旅游业态由观光旅游为主向休闲度假与观光旅游相结合转变，推动"旅游+"跨界融合，支持发展"线上线下"和三次产业深度融合的新兴旅游业态。

1. 徽式休闲旅游

以徽文化为底蕴，以特色民宿、乡村旅游景区、农业休闲观光园、特色小镇、美丽乡村建设为抓手，开展乡村度假、深山探险、溪水漂流、森林氧吧、采摘尝鲜等特色乡村休闲旅游活动，加快产品创新、功能重组和特色重塑，打造示范区"徽式休闲"新业态。

专栏7

徽式休闲旅游

徽式休闲设施：以特色古村落为依托的精品民宿、休闲小栈。

徽式休闲营地：以旅游服务设施完备的自驾车、房车、帐篷露营地等为依托的休闲营地。

徽式特色小镇：以生产、生活、生态融合的乡村旅游综合体为依托的特色小镇。

创客基地：推广黄山市屯溪区黎阳创客小镇、黟县文化旅游创业园经验，形成一批文化艺术村落。

徽式休闲农庄：依托茶叶花卉苗木基地、蔬菜基地、果树基地、水产养殖基地、特色养殖基地等，建设徽式休闲农庄。

---

2. 茶文化旅游

依托示范区优良的生态环境及茶产业发展基础，延伸旅游功能，促进茶与旅游全要素融合，建设一批精品景观茶园、观光采摘茶园、主题休闲茶庄等。推动茶文化与地方特色文化、历史文化的融合，提升品位。推动茶文化与宗教文化的融合，促进佛茶、道茶、禅茶的发展。重点推进太平猴魁、祁门红茶、黄山毛峰等品牌茶的生产企业拓展旅游功能。

3. 养生旅游

充分利用示范区优质的山水生态环境和资源，温泉、中草药、特色植物、特色矿产（如硒）等特色资源，将养生养老与医疗康复、文化教育、家庭服务、旅游休闲、金融保险、互联网等相关领域相融合，建设中医药养生、"医养结合""旅居养生、候鸟养老"等各类养生养老平台和载体。建设一批"国家中医药健康旅游示范区（基地、项目）"。重点建设宣城市宁国市幸福城生态养生养老基地、宣城市泾县国家养老皖南示范基地、池州市仙寓山硒主题养生旅游度假区、安庆市岳西县天悦湾温泉中医药健康养生旅游基地、安庆市岳西县大别山石关旅游度假区等项目。

4. 创意文化旅游

积极利用红色文化、徽文化、宗教文化、桐城派文化、曲艺文化、奇石文化等文化资源，通过文化创意、文艺表演、文化展示、文化体验等方法，建设特色鲜明的文化创意旅游产业。

专栏8

创意文化旅游

主题公园：芜湖市鸠江区方特主题公园、池州市青阳县大愿文化园、安庆市太湖县五千年文博园等。

文化演艺：以"三山三湖"为核心的山水实景演出、综合技能表演、民俗风情表演等，推出《黄山黄梅》《徽韵》《宏村·阿菊》等优秀剧目。

文化节庆：马鞍山中国李白诗歌节、中国（宣城）文房四宝文化旅游节、池州国际傩文化节、中国池州杏花村国际旅游文化节、中国国际地藏文化节·九华山庙会、安庆市黄梅戏艺术文化节、中国黄山国际旅游节。

文化创意：马鞍山市雨山区朱然文化特色街区、马鞍山市花山区"创客+"文化创意产业园、马鞍山市花山区饮马湖文化创意园区、马鞍山市江东设计文化创意园、芜湖市鸠江区新华联文化老街、芜湖市弋江区动漫基地、芜湖市镜湖区雨耕山文化园、芜湖市镜湖区大砻坊工业创意文化园、宣城市非物质文化遗产传承与展示文化街区、宣城市广德县月克冲工业创意文化旅游区、铜陵市铜官区9号创意街区、铜陵市义安区铜矿遗址公园、池州市贵池区2046街区、安庆宜秀区中华老字号一条街、黄山市屯溪区屯溪老街、黄山市黟县秀里数字电影文化园。

---

5. 工业遗产旅游

利用皖南三线厂遗址、铜矿遗址公园等工业遗产，发挥芜湖市奇瑞汽车股份有限公司、中国（宣城）宣纸集团公司、安徽（宣城）宣酒集团股份有限公司、铜陵有色金属集团股份有限公司等工业企业在产品生产、劳动场景、厂区风貌、工业历史等方面的旅游功能，发展工业旅游。重点建设芜湖市大砻坊工业创意文化园、宣城市月克冲工业创意文化旅游区、铜陵市铜矿遗址公园等项目，支持奇瑞公司国家工业旅游创新单位建设。

6. 体育旅游

发展体育观赏型、赛事参与型、康体养生型、探险刺激型、户外运动型、民俗体验型等新兴旅游业态，发展品牌赛事活动、康体保健、体育文化创意、体育主题公园、体育旅游用品销售、体育主题酒店餐饮、户外运动装备制造等业态。支持"中国·黄山国际户外运动基地"建设。

专栏9

体育旅游

马鞍山市花山区濮塘海信体育休闲产业园、芜湖市鸠江区奇瑞途居龙山露营地、芜湖市弋江区体育旅游装备制造业基地、芜湖市三山区峨桥信德途居高尔夫露营地、宣城市宣州区敬亭山自行车基地、宣城市泾县水墨汀溪体育产业基地、宣城市绩溪县徽杭古道体育产业基地、铜陵市枞阳县安徽扬帆充气游乐设备制造有限公司、池州市贵池区平天湖国际赛艇赛事、安庆市宜秀区巨石山体育旅游产业园、黄山市屯溪区松柏高尔夫、黄山市屯溪区乐拓者旅游休闲运动中心、黄山市莱茵体育国家户外运动基地、黄山市黄山区东黄山体育拓展基地、黄山登山节、黄山市休宁县自由家黄山齐云营地、黄山市黟县宏村国家滑翔伞基地、黄山市黟县国际山地自行车节、黄山市祁门县168国际徒步探险基地。

---

7. 低空飞行旅游

以城市为依托，开发城市观光、主题乐园、主题会展、私人俱乐部和飞行培训等产品；以景区为依托，发展自然景区观光、景区空中交通、主题乐园和低空娱乐体验产品；发展以航空主题乐园为核心的娱乐体验产品。重点打造宣城市青龙湾直升机场及空中旅游观光项目、宣城市友情岁月度假区低空飞行、宣城市603航天主题乐园、安庆白马潭景区动力伞飞行等项目。

8. 自驾旅游、营地旅游

继续推动旅游基础设施和公共服务水平的提升，重点推进示范区"一环、二环"道路质量及景观提升，结合国省道服务区建设完善旅游公共服务设施建设，加强自驾游与户外运动、温泉养生等相关休闲业态的融合发展，不断丰富自驾游产品，建设一批自驾游旅游目的地。

编制自驾车房车营地建设规划，建设一批自驾车房车营地。重点建设马鞍山市房车露营地、芜湖市奇瑞途居龙山露营地、芜湖市信德途居高尔夫露营地、池州市九华山汽车露营地、黄山市奇瑞途居露营地、黄山市齐云山服务区汽车露营地等项目。

9. 温泉旅游

以马鞍山市含山县昭关温泉、马鞍山市和县香泉、安庆市岳西县天悦湾、黄山市屯溪区醉温泉等项目为载体，融合文化、养生、会议、体育、房地产等产业，发展温泉养老、温泉休闲度假、温泉医疗、温泉体验运动、温泉地产、科普研学等温泉旅游产业，建设一批中高端温泉旅游景区。围绕温泉旅游要素，发展洗浴、饮用、养生、健康、医疗、康复、美容、护理、健康管理、地产、酒店、农副产品产销等配套产业，发展温泉旅游产业链。

> **专栏10**
>
> **温泉旅游**
>
> 温泉旅游度假区：安庆市岳西县天悦湾国家级旅游度假区、黄山市屯溪区醉温泉省级旅游度假区。
>
> 温泉小镇：马鞍山市和县香泉镇、安庆市岳西县温泉镇、黄山市黄山区汤口镇。
>
> 温泉养老基地：安庆市岳西县天悦湾。
>
> 温泉康疗基地：黄山市屯溪区醉温泉康疗基地。
>
> 温泉博物馆：马鞍山市和县香汤博物馆、安庆市禅泉博物馆、黄山市丽汤博物馆。

10. 旅游装备制造

大力发展房车、新能源汽车、轻型飞机、酒店机器人、邮轮游艇、景区索道、大型游乐设施、木塑旅游设施（栈道、旅游厕所、岗亭、度假屋、农家乐改造设施）等旅游装备制造业，开发具有自主品牌的休闲、登山、潜水、露营、探险等户外旅游装备产品。

11. 研学旅行

依托自然和文化遗产资源、重大工程设施、知名院校、工矿企业、科研院所，建设一批国家级、省级研学旅游示范基地。推进"徽州书院"研学品牌建设。

> **专栏11**
>
> **研学旅行**
>
> 地质景观研学类：芜湖市南陵县丫山风景区、芜湖市南陵县马仁山风景区、宣城市广德县太极洞风景区、铜陵市枞阳县浮山风景区、池州市青阳县九华山风景区、安庆市潜山县天柱山风景区、黄山市黄山区黄山风景区、黄山市休宁县齐云山风景区。
>
> 徽文化研学类：宣城市绩溪县龙川景区、黄山市徽州区古徽州文化旅游区、黄山市黟县西递宏村古村落。
>
> 文博研学类：安庆市太湖县五千年文博园。
>
> 红色旅游研学类：芜湖市镜湖区王稼祥纪念园、宣城市泾县皖南事变纪念馆、宣城市泾县云岭新四军军部旧址、安庆市大观区独秀园、安庆市岳西县红军中央独立第二师司令部旧址、安庆市岳西县红二十八军军政旧址。
>
> 科技创意研学类：芜湖市鸠江区方特欢乐世界。
>
> 山水人文研学类：马鞍山市雨山区采石矶景区、马鞍山市含山县褒禅山景区、宣城市宣州区敬亭山旅游度假区、宣城市泾县桃花潭景区、池州市贵池区九华天池景区、池州市贵池区杏花村、安庆市桐城市六尺巷、安庆市太湖县花亭湖景区、黄山市黄山区翡翠谷景区。
>
> 自然生态研学类：马鞍山市花山区濮塘风景区、宣城市宣州区中国鳄鱼湖景区、铜陵市郊区淡水豚自然保护区、池州市东至县升金湖景区、池州市石台县、黄山市祁门县牯牛降风景区、安庆市岳西县大别山彩虹瀑布景区。

生态农业研学类：芜湖市繁昌县马仁奇峰景区、芜湖市南陵县大埔农业园、宣城市宁国市恩龙世界木屋村、池州市西郊贵池农业科技示范园、池州市东至县龙泉农业生态旅游区、池州市石台县安徽天方茶叶集团、黄山市屯溪区黄山植物大观园、黄山市黄山区芙蓉观光农业开发实验区、黄山市徽州区蜀源生态旅游区、黄山市歙县上丰花果山村落生态旅游区、黄山市休宁县农业高科技示范园。

非遗研学类：皖南（宣城市）宣州区文房四宝文化园、宣城市泾县中国宣纸文化园、安庆市怀宁县孔雀东南飞文化园、徽州艺术园。

遗址研学类：马鞍山市当涂县李白墓园、马鞍山市含山县凌家滩国家考古遗址公园、马鞍山市和县龙潭洞"和县猿人"遗址、铜陵市义安区金牛洞古采矿遗址。

12. 旅游综合体

建设宣城市南漪湖昆山生态旅游综合体、宣城市绩溪徽博园旅游综合体、铜陵市北斗星城旅游综合体、黄山市徽文化旅游综合体、环太平湖旅游综合体、美丽之冠（黄山）旅游综合体等。

13. 旅游小镇

以自然和文化资源为主题，建设一批特色旅游小镇。

专栏12

旅游小镇

特色小镇：马鞍山市雨山区采石小镇、马鞍山市花山区濮塘小镇、马鞍山市当涂县互联网小镇、马鞍山市含山县运漕小镇、芜湖市鸠江区鸠兹小镇、芜湖市三山区峨桥茶叶小镇、芜湖市芜湖县陶辛水乡遗产小镇、芜湖市芜湖县六郎水上慢城小镇、芜湖市芜湖县红杨汽车运动小镇、芜湖市芜湖县花桥古韵小镇、芜湖市南陵县烟墩特色小镇、宣城市开发区宣酒小镇、宣城市宣州区敬亭山小镇、宣城市宣州区扬子鳄小镇、宣城市郎溪县凌笪小镇、宣城市泾县宣纸小镇、宣城市泾县桃花潭小镇、宣城市泾县查济小镇、宣城市旌德县宣砚小镇、宣城市旌德县灵芝小镇、宣城市绩溪县徽州味道小镇、铜陵市郊区大通特色小镇、池州市贵池区棠溪特色小镇、池州市贵池区梅村特色小镇、池州市青阳县九华镇、池州市青阳县陵阳特色小镇、安庆市迎江区新洲农业休闲小镇、安庆市宜秀区五横慢生活小镇、安庆市桐城市孔城古韵风华小镇、安庆市桐城市嬉子湖渔乡情小镇、安庆市怀宁市石牌戏曲体验小镇、安庆市潜山县塔贩山茶飘香小镇、安庆市望江县回民风情小镇（回民村）、安庆市岳西县彩虹谷生态小镇、安庆市岳西县石关体育休闲小镇、安庆市岳西县温泉养生小镇、黄山市屯溪区黎阳休闲小镇、黄山市屯溪区黄山文创小镇、黄山市黄山区太平湖休闲运动小镇、黄山市黄山区谭家桥知青小镇、黄山市徽州区西溪南创意小镇、黄山市徽州区潜口养生小镇、黄山市歙县深渡山水画廊小镇、黄山市歙县南源口徽式园林小镇、黄山市休宁县齐云旅游小镇、黄山市休宁县溪口小镇、黄山市黟县宏村艺术小镇、黄山市黟县西递遗产小镇、黄山市祁门县平里祁红小镇。

特色街区：马鞍山市雨山区朱然文化特色街区、马鞍山市雨山滨江新区诺恒婚庆文化特色街区、马鞍山市博望区老街文化旅游区、马鞍山市含山县昭关风情街、马鞍山市和县镇淮古街、芜湖市鸠江区新华联文化街、宣城市宣州区水东明清老街、宣城市宁国市河沥溪老街、宣城市泾县皖风徽韵旅游街、宣城市泾县非物质文化遗产传承与展示文化街区、宣城市旌德县文庙文化街区、宣城市旌德县旌阳国际慢城建设、铜陵市铜官区9号创意街区、池州市贵池区2046街区、安庆市宜秀区中华老字号一条街、安庆市宜秀区历史文化街区、黄山市屯溪区屯溪老街历史文化街区、黄山市徽州古城文化旅游与文化创意街区。

14. 美丽乡村旅游

以"一村一品"为开发原则,注重保护古村落、特色村落,加强休闲农业和乡村旅游特色村的道路、电力、饮水、厕所、停车场、垃圾污水处理设施、信息网络等基础设施和公共服务设施建设,加强相关旅游休闲配套设施建设。支持特色农家乐、森林旅游人家、特色精品民宿建设。建设形式多样、特色鲜明、个性突出的主题旅游乡村。

15. 古道休闲旅游

加强对徽州古道、吴越古道、九华古道等古道的保护,积极开展徒步探险、古道研学等旅行活动。重点依托古道及周边山地和水域旅游资源,开发古道+户外运动、旅游商品、文化演艺、乡村旅游等综合性产品;推动古道资源的跨区域合作开发,完善标准化服务配套设施。推出皖南重点古道徒步旅游产品。

专栏13

古道休闲旅游

徽杭古道、徽安古道、徽开古道、徽饶古道、徽青古道、徽池古道、徽浮古道、徽泾古道、徽宁古道、徽湖古道、徽婺古道、旌太古道、旌浙古道、旌歙古道、九华佛茶古道、九曲岭古道、黄山登山古道、正德古道、吴越古道、永乐古道、霞客古道、箬岭古道、石台榉根关古徽道、鸦山古道、水竹坑乾隆古道、杨桃岭古道、丕岭古道、敬亭山一峰古道、牛栏岭古道、伍子胥古道、丰乐古道。

---

16. 邮轮旅游

依托长江黄金水道,优化邮轮港口布局,形成由邮轮母港、始发港、访问港组成的布局合理的邮轮港口体系,有序推进邮轮码头建设。建设马鞍山市、芜湖市、铜陵市、池州市、安庆市邮轮码头,重点建设池州市邮轮母港,设立中国(池州)内河邮轮发展论坛。

(五)建设一批具有国际经营实力的领军企业

1. 建设一批具有国际经营实力的领军企业

实施"壮大一批、升级一批、引进一批"的发展战略,加快建立旅游企业国际化经营管理制度,通过跨行业跨地区跨所有制兼并重组、产业链延伸、企业规模扩张、技术进步创新等途径，培育一批具有国际经营实力的领军企业，促进企业综合化、规模化、品牌化、网络化经营。

支持芜湖市华强文化科技产业有限公司、池州市九华山旅游集团、黄山市黄山旅游集团等发展成为以旅游业为核心业务兼顾会展、物流、金融、电子商务等现代服务业的旅游企业集团，通过资本输出、人才输出、管理输出和品牌输出等方式实施国际化布局。

吸引中外知名旅游企业，深化与希尔顿、雅高、洲际、温德姆、豪生等国际酒店集团和酒店管理公司的合作，吸引美国运通、爱尔兰国际旅游公司、美国艾派迪、英国托马斯库克等国际知名公司在示范区落户。

鼓励华侨城集团、开元集团、锦江集团、首旅集团等国内旅游战略投资商投资示范区。借助国内外知名旅游企业的品牌吸引力、现代化管理经验、旅游大项目投资，推动示范区旅游跨越式发展。

鼓励示范区内马钢集团、芜湖市奇瑞汽车股份有限公司、安徽（芜湖）海螺集团有限公司、铜陵有色金属集团股份有限公司、安徽（安庆）华茂集团有限公司等大型企业集团通过参股、直接投资等形式发展旅游产业。

引进电子信息技术，构筑网络信息平台，优化旅游业发展人才、资金、物资的配置，提升电子商务占旅游企业总营收的比重。

鼓励旅游集团与广电网络、电视传媒、影视演艺、出版传媒等文化产业集团融合组建文化旅游产业投资集团，提升文化旅游产业竞争力。

2. 培育一批专精特新的中小企业

优化示范区旅游中小企业发展的公共服务环境，着力完善中小旅游企业服务体系和扶持政策。加大投融资支持、信用担保、技术支持、管理咨询、信息服务、人才培训、对外交流与合作等公共服务的供给力度。不断完善和创新中小旅游企业的财税扶持政策，提升旅游中小企业竞争力，激发中小旅游企业的市场活力。通过提高传统旅游企业的科技、管理和服务水平，提升企业能级。扶持一批中小旅游企业在新三板上市。

实现错位经营，专业化发展，培育一批提供会展旅游、商务旅游、奖励旅游、自驾车旅游、生态旅游、乡村旅游等专项旅游产品的旅行社。

提高示范区景区的企业化管理水平，鼓励景区企业发展旅游纪念品生产销售、演艺娱乐等新型盈利模式，并向旅游交通、旅游住宿以及旅行社等领域延伸产业链。

支持旅游商品企业的创意设计，鼓励开发具有地域特色的旅游商品，形成由品牌旅游日用品、旅游纪念品、旅游工艺品、土特产品等构成的示范区旅游特色商品系列。

鼓励中小型住宿企业多元化发展、精品化建设、连锁化经营。鼓励发展分时度假、产权式酒店、公寓式酒店等新兴度假酒店业态；鼓励汽车旅馆、民居客栈、特色民宿、农家乐等特色住宿业发展。

塑造地方特色餐饮品牌。支持连锁经营、特许加盟，推动餐饮企业规模化发展，保护、支持示范区内餐饮老字号，继承和创新地方特色餐饮。

> **专栏 14**
>
> **"舌尖上的皖南"品牌餐饮**
>
> 地方特色餐饮品牌：盛德轩、梦都雨山湖饭店、宝庆大酒楼、耿福兴、同庆楼、四季春酒店、酱出名门、酱味观、徽商故里、新苏老徽馆、汪府景、皖南人家、徽州人家、首府饭庄、老街第一楼。
>
> 皖南金牌旅游小吃：虾籽面、小笼包、野生葛根糕、绩溪挞粿、徽州苞芦粿、深渡毛豆腐、蟹壳黄烧饼等。
>
> 特色菜肴：胡氏一品锅、黄山双石、红烧臭鳜鱼、徽州刀板香等。

支持旅游交通中小企业发展高铁站、火车站、飞机场、汽车站等交通枢纽直达景区旅游专线业务。支持旅游汽车租赁业务，发展落地自驾游，促进旅游交通运输业发展。

五 推进示范工程建设

围绕三大发展定位，着力在体制机制创新、生态文明建设、产业融合发展、旅游国际化、区域合作、传承创新优秀文化上做好示范。

（一）体制机制创新示范

1.构建现代旅游治理体系

强化示范区联席会议制度，规范示范区内部合作机制，实行示范区管理的轮值主席制。示范区七市轮流担任主席，任期一年，推动示范区各地市联动解决旅游发展中的重大问题。

2.改革创新全域综合统筹发展的领导体制

强化党委、政府对旅游业的领导，建立健全适应全域旅游发展的政策保障机制、资金整合使用机制、联合执法机制、整合营销机制、多规融合机制、目标责任考核机制。

3.建立旅游综合协调管理机构

示范区核心区县（区）设立旅游发展委员会，赋予其产业规划、综合监管、政策协调、旅游经济运行监测等职能。

4.加强全域旅游综合协调管理

推广设立综合性旅游管理机构和旅游警察、旅游法庭、旅游工商分局等"1+3+N"模式。建立旅游诚信系统和诚信披露制度，联合发布旅游警示和不良旅游企业信息，建立景区质量等级评定和门票价格惩戒联动机制，营造规范经营的旅游消费环境。加强全域旅游安全管理，构建旅游突发事件跨区域应急联动协调机制。制定全域旅游安全事件应急预案。

5. 推动景区治理体制改革

进一步强化旅游景区的市场主体地位，增强资本、人才、技术、管理等新要素驱动力，采取托管、联盟、跨界整合等手段促进景区做大做强。

6. 积极推进导游体制机制改革

促进导游管理从行政化、非流动、封闭式管理向市场化、自由化、法制化管理转变。探索建立自由有序流动的开放式导游管理模式。

7. 推广干部挂职任职制

鼓励国家部委机关干部和示范区干部相互挂职、任职，鼓励经济发达地区机关干部与示范区干部相互挂职，鼓励安徽省厅局机关干部与示范区干部相互挂职、任职，鼓励示范区与安徽省其他旅游板块干部交流。

（二）生态文明建设示范

1. 强化生态环境及灾害防护

（1）加强生态环境保护。一是优化旅游空间开发格局。实施主体功能区战略，落实主体功能区规划，构建平衡适宜的城乡建设空间体系，适当增加生活空间、生态用地，保护和扩大绿地、湿地等生态空间。二是促进资源节约。推动示范区旅游重点领域节能减排。开展重点用能单位节能低碳行动，实施重点产业能效提升计划。三是加大生态系统和旅游环境保护力度。实施生态修复工程，推进小流域综合治理。实施生物多样性保护工程，建立监测评估与预警体系。探索建立江河湖泊旅游生态水量保障机制。四是推进旅游污染防治。健全示范区跨区域污染防治协调机制，严格限制企业排污，连片治理河流污染，建立健康河流评价体系。加强示范区的大气监测。设立农药化肥施用红线。

（2）加强灾害防护。一是预防气象灾害。完善气象灾害监测信息网络。县级以上地方人民政府建设应急移动气象灾害监测设施，健全应急监测队伍。二是防御地质灾害。实施生态移民工程，推进黄山、九华山、天柱山、牯牛降等风景名胜区核心区原住民转移搬迁。三是防治病虫害。建立示范区联动治理机制，加强对示范区内森林食叶害虫、蛀干害虫的防治，全面完成黄山松材线虫病三道防线建设项目。四是预防森林火险。建设300公里生物防火林带。加强对进山旅游和生产经营人员的检查教育。完善森林火灾应急预案。

2. 推进生态文明示范工程建设

（1）旅游地碳补偿实施机制建设工程。探索建立碳排放权交易市场，推进示范区碳排放补偿机制试点先行，推进全国低碳旅游示范区建设。

（2）旅游健康河流评价体系建设工程。落实河长制，完善河流监控机制，探索河流评价国家标准，构建健康河流评价体系，统一河流健康评价指标和评价方法。完善沿岸环境基础设施建设，控制污水排放和提高污水处理能力，实施合理的人工生态建设，防治水土流失，推进示范区"三江三湖四河"重点流域生态保护。

（3）新安江生态补偿机制推进工程。进一步完善新安江流域生态补偿机制，编制生态补偿规划，建立科学的生态补偿机制，扩大生态补偿地域范围。

（4）国家级生态旅游示范城市建设工程。总结推广中国第一个生态经济示范城市池州市以及黄山生态城市建设的发展经验，健全环境治理和生态保护体系，完善生态文明绩效评价考核和责任追究制度，深入推进生态文明体制改革，建成一批"山水优美、生态优质"的旅游城镇。推进浙皖闽赣国家生态旅游协作区建设。

（三）产业融合发展示范

推进"旅游+"工程，充分挖掘一二三产业的旅游功能与旅游元素，促进旅游与一二三产业的融合发展，延伸产业链、拓宽产业面、集聚产业群。

1. 推动旅游业与第一产业融合发展

支持休闲农业和乡村旅游发展，充分利用示范区乡村生态环境、农业遗产、民间艺术等资源，融合农业生产、特色产品生产、农艺展示、文化体验等，鼓励发展特色农（渔）家乐、现代农业科技产业园。

采取以奖代补、先建后补、财政贴息、政策性担保、设立产业投资基金等方式支持休闲农业和乡村旅游发展，着力改善休闲旅游重点村基础服务设施。

积极扶持农民发展休闲旅游合作社。引导和支持社会资本开发农民参与度高、受益面广的休闲旅游项目。

支持有条件的地方通过盘活农村闲置房屋、集体建设用地、"四荒地"、可用林场和水面等资产资源发展休闲农业和乡村旅游。将休闲农业与乡村旅游项目建设用地，纳入土地利用总体规划和年度计划合理安排。发展一批全国知名的特色旅游村、主题旅游乡镇。

专栏 15

旅游与第一产业融合示范

马鞍山市当涂县桃花村、马鞍山市当涂县台湾花博园、马鞍山市和县台湾农民创业园、芜湖市芜湖县红杨镇和平生态园、芜湖市南陵县大浦乡村世界、宣城市宁国市恩龙木屋村生态农业园、宣城市广德县横山竹文化生态园、铜陵市义安区新桥高科技农业示范园、池州市贵池区涓桥农业科技示范园、池州市东至县河溪万亩生态茶园、池州市石台县大演茶文化生态园、池州市石台县秋浦渔村、安庆市潜山县查山生态园、安庆市岳西县大别山映山红大观园、黄山市黄山区沟村葡萄生态园、黄山市黄山区太平渔村、黄山市黄山区城澜村茶文化生态园、黄山市徽州区谢裕大茶文化园、黄山市歙县卖花渔村。

2. 推动旅游业与第二产业融合发展

依托示范区工业发展的基础，大力发展旅游装备制造业，提高旅游装备制造水平。推动旅游房车、新能源汽车、酒店机器人、小型旅游飞机、索道、邮轮游艇和游乐设施等旅游装备制造的发展。

支持宾馆饭店用品、户外用品、体育健身等旅游用品制造，提高旅游工艺品、纪念品的设计和制造水平。

发展工业旅游和工矿业遗产旅游产品，开发工业旅游线路。

专栏16

旅游与第二产业融合示范点

马鞍山市沿江低空飞行通用机场、蒙牛乳业（马鞍山）有限公司、马鞍山市和县羽毛球生产厂家、马钢集团、芜湖市奇瑞汽车股份有限公司、芜湖市奇瑞途居龙山房车露营地、三安光电股份有限公司、宣城市青龙湾通用机场、中国（宣城）宣纸集团公司、安徽（宣城）宣酒集团股份有限公司、宣城市广德县旅游装备制造产业园、铜陵有色金属集团股份有限公司、安徽（安庆）华茂集团有限公司等。

---

3. 推动旅游业与第三产业融合发展

推动旅游业与交通运输产业的融合发展。旅游交通基础设施建设应统筹考虑交通、游憩、娱乐、购物等旅游要素和旅游资源开发，构建便捷高效的"快进"交通网络和满足旅游体验的"慢游"交通网络。强化客运枢纽的旅游服务功能，提升高速公路服务设施的旅游功能，完善普通公路旅游服务设施，促进铁路旅游产品转型升级。打造精品公路旅游产品，支持发展邮轮、游艇等水上旅游产品，支持开发低空旅游线路，鼓励开发空中游览、航空体验、航空运动等航空旅游产品。重点支持皖南"川藏线"、京福高铁线、新安江山水画廊等一批风景廊道的旅游功能提升。

推动旅游业与文化产业融合发展，借助动漫技术、三维多媒体技术等现代高新技术手段，发展徽文化、桐城派文化、宗教文化、遗产文化、红色文化、戏曲文化等主题文化旅游产业。推动旅游业与影视、动漫等现代服务业的融合发展，依托主题乐园和文化娱乐产业园，发展新兴产业形态。大力推进旅游产业与体育产业的融合发展，依托大型体育赛事开展旅游活动，发展运动健身旅游产业。

推动旅游业与金融业的融合发展，扩大旅游业的融资渠道，支持旅游企业发行短期融资券、企业债券和中期票据以及在中小企业板和创业板上市融资；推动旅游企业与金融机构合作，开发适合旅游消费的金融产品；优化旅游业的金融支付方式，开通一卡通旅游服务；大力推进旅游保险，保障游客出行。推进旅游业与医药卫生领域，发展医疗健康旅游和养生养老休闲旅游。

加强旅游业与信息产业的融合发展，支持新兴信息技术在旅游业的应用，全面提高旅游业信息化水平。

推进旅游业与会议会展业的融合发展，塑造节事节庆和会议会展品牌。推进旅游业与商务业的融合发展，提升商务设施的接待能力与水平，重点打造马鞍山、芜湖等商务旅游城市。

> 专栏 17
>
> **旅游与第三产业融合示范**
>
> 　　**会议会展。**马鞍山市马鞍山国际会展中心、芜湖市博览中心、宣城市宣城国际会展中心、铜陵市国际会展中心、池州市国际商务会展中心、黄山市世界徽商论坛永久会址、黄山市雨润国际会议中心等。
>
> 　　**节事节庆。**中国（马鞍山）李白诗歌节、中国（芜湖）动漫博览会、中国（宣城、黄山）文房四宝文化旅游节、铜陵市青铜文化节、池州市九华山庙会、长江（池州）游轮发展论坛、中国（黄山）国际徽商大会、中国（黄山）国际旅游节等。
>
> 　　**商贸服务。**芜湖市鸠江区鸠兹古镇、芜湖市镜湖区中山路商业步行街、宣城市宣州区中国文房四宝及中国书画交易中心、铜陵市台湾风情文化商贸城、池州市旅游商品集散基地、池州市九华山水墨安徽购物基地、安庆市旅游商品集散基地、黄山市屯溪区老街服务业集聚区、黄山市屯溪区银蝶湖现代服务业基地、黄山市旅游商品集散基地等。
>
> 　　**文化创意。**马鞍山市含山县褒禅山香泉文化旅游产业园、芜湖市鸠江区雕塑公园、芜湖市鸠江区方特主题公园、芜湖市芜湖县红杨汽车休闲运动文化产业基地、宣城市宣州区文房四宝文化旅游创意产业园、铜陵市铜官区滨江文化创意园、铜陵市铜官区国际铜文化创意产业园、池州市贵池区杏花村文化旅游区、池州市青阳县九华山大愿文化园、安庆市怀宁县孔雀东南飞文化产业基地、安庆市怀宁县五千年文博园、黄山市屯溪区黎阳in巷、黄山市经济开发区蓝猫动漫基地、黄山市休宁县徽文化产业园、黄山市黟县文化旅游创业园等。
>
> 　　**体育旅游。**马鞍山市花山区濮塘海信体育休闲产业园、宣城市泾县水墨汀溪体育产业基地、宣城市绩溪县徽杭古道体育产业基地、黄山市黄山区奇瑞黄山自驾游宿营地、黄山市黟县桃花源体育健康休闲产业园、黄山市祁门县168国际徒步探险基地等。
>
> 　　**养生养老。**马鞍山市花山区颐然社区、马鞍山市花山区秀山医院医养结合示范基地、马鞍山市和县含山北部温泉旅游度假区、宣城市宁国市幸福新世界、宣城市泾县国家养老皖南示范基地、铜陵市铜官区鹞山公园太阳城、池州市康体养生基地、安庆市岳西县国际文化养生产业园、黄山市黄山区汤口温泉小镇、新安健康产业园等。

（四）旅游国际化示范

将旅游国际化战略作为实现世界一流旅游目的地建设目标的重要途径，全面提升示范区旅游国际化水平。

1. 旅游城市国际化

将城市旅游国际化作为示范区旅游国际化的主要切入点，重点推进芜湖市、池州市、黄山市的旅游国际化水平。

2. 打造世界级旅游吸引物

通过完善基础设施和公共服务体系，提升产品品质，创新旅游业态，提高管理及服务水平，提升、创建、培育一批具有世界级景区水平的国家 5A 级旅游景区，稳步推进国家级旅游度假区、国家级绿色旅游示范基地、国家级人文旅游示范基地、综合性康养旅游目的地、国家中医药健康旅游示范区（基地、项目）等建设。

3. 旅游产品开发国际化

进一步提升名山名湖名城旅游线路的国际影响力，提升徽文化研学、佛教文化旅游、国际乡村旅游、森林旅游和自驾车旅游、自行车旅游、徒步旅游、养生旅游、体育旅游等旅游产品质量，提高市场认知度和竞争力。

4. 资源与环境保护国际化

积极申报世界遗产，扩展世界文化遗产南古村落名录，积极支持九华山、天柱山等申报世界自然文化遗产，加大遗产保护力度，实现示范区资源和环境保护以及管理水平与国际接轨。

5. 公共服务建设国际化

建设国际化的网络交流平台，通过官方主流网络媒体发布旅游信息，加快官方智能手机旅游软件的开发。初步建成国际旅游休闲目的地自助无障碍体系，建设国际散客旅游自助服务的示范区。建设一批城市和景区旅游咨询中心以及旅游自助咨询平台，提高工作人员的技术水平和服务意识，加强名誉导游服务队伍建设。增设游客留言多媒体档案馆的建设，研发示范区旅游国际卡，扩大外币银行卡使用范围。

6. 产业服务质量标准国际化

建设适应国际游客需求的特色旅馆、酒吧娱乐等设施，培育若干国际旅游社区。推动更多企业开展 ISO 质量和环境管理体系认证。鼓励开展文化旅游综合标准化试点示范，加快制定完善旅游基础设施、旅游质量、旅游信息、旅游安全、旅游卫生、旅游环保等领域的标准，推进示范区公共旅游标识的国际化、标准化，积极参与制定旅游标识的国家及国际标准。

7. 旅游教育与研究国际化

深化与境外科研机构、相关院校的合作，加入国际旅游研究联盟。举办中高层旅游管理培训班，组织中高层旅游管理人员赴境外考察交流。

8. 市场营销国际化

积极培育一批外向型文化旅游集团，鼓励有条件的企业在境外设立分公司和产品营销网点。建立并完善旅游网络营销国际平台，将示范区营销系统链接到主要客源国（地）重要旅行商网站，推动示范区旅游信息与国际接轨。加密国际航线，开发培育示范区与国内重点国际旅游目的地间的航线，进一步拓展国际游客来皖通道。

支持企业利用国（境）外知名旅游节、文化节、艺术节、电影节等平台，积极推介文化旅游产品。加强与国外大型文化旅游企业开展合作，重点与日韩等主要客源国的大企业、会奖旅游公司等建立合作伙伴关系。

（五）区域旅游合作示范

以建设世界一流旅游目的地为目标，实施区域联动、资源共享、互惠互利发展战略，着力加强与国内外、省内外旅游合作，形成区域联动、部门合作、品牌共创的新局面。

1. 稳步推进国际合作

（1）融入"一带一路"。开展互办旅游推广周、宣传月和体育交流等活动，联合打造具有"一带一路"特色的国际精品旅游线路和旅游产品，方便沿线各国游客签证。

（2）依托国家间合作平台。依托中国—东盟、中国—欧盟和中国—南太和中美、中法、中俄、中澳、中日韩等旅游合作平台，加强示范区与境外旅游城市、友好景区交流合作。

（3）依托国际会议平台。依托上海合作组织成员国旅游部门领导人会议、东盟10+3会议、世界旅游文化会议、中日韩旅游部长会议、联合国世界旅游组织会议、南太旅游组织部长理事会、丝绸之路旅游部长会议、亚太旅游协会年会等会议平台营销示范区，做强做实国际徽商论坛，积极筹划黄山国际儒商论坛。

（4）完善出入境优惠政策。在合肥市及示范区口岸开放免签或落地签，延长多次往返签证、简化签证材料、实施电子签证、免签证费、缩短办签时间，提升游客签证便利程度。落实团队游客免签和72小时便利签证制度。

2. 持续推进省际联动

加强与示范区周边主要城市的合作，实现交通的全面对接，强化旅游产品的互补发展，推进马鞍山市、芜湖市与南京市，池州市与九江市，宣城市与南京市、杭州市，安庆市与九江市、武汉市，黄山市与景德镇市、上饶市、武夷山市等旅游城市的合作，推动景区、旅游园区之间的点对点的联动发展，实现周边地区旅游共同发展。

重点推进与长三角城市群的合作，进一步加强与长三角城市群的交通衔接，强化旅游营销宣传，保持长三角市场的持续增长态势。加强与长江经济带各省市的合作，实现资源共享、产品互补、客源互送。加强与浙江省、福建省、江西省的合作，共同建设浙皖闽赣生态旅游协作区。依托京福高铁、沪渝高铁、沪蓉高铁、商合杭高铁、杭黄高铁、合安九高铁、宁安城际等一批已建和拟建的高铁，加强与京津冀、珠三角都市圈及高铁沿线城市合作。

3. 强化推进省内的区域合作

合肥经济圈。推动合肥经济圈对示范区建设发展的引领、先导与服务作用，推进两区间快速通道建设，使合肥经济圈成为示范区重要客源地和中转站。

大别山自然生态旅游区。将大别山区红色文化、生态、乡村与示范区徽文化、山水风光等形成互补，加强两区间的多样化交通衔接。

皖北文化生态旅游区。突出历史文化、淮河风情，与示范区山水生态特色的旅游产品形成互补，成为沟通示范区与中原经济区旅游的桥梁。

4.重点推进示范区旅游一体化建设

（1）工作机制一体化。建立示范区联席会议制度，建立稳定的协调管理运行机构。推进重点工作，协调解决相关事宜，原则上7市轮值召开，每半年一次。

（2）规划编制一体化。加强示范区各市重大交通、水利等基础设施规划、重大旅游项目规划、跨界景区规划、环境保护规划等统筹协调，实现一张图管理模式。

（3）资源保护一体化。加强示范区生态环境治理及保护的一体化，对生态脆弱的重要景区，统一实行游客容量控制和环境监测制度。加强跨界景区和旅游资源富集地区的管理和开发。

（4）项目建设一体化。统筹示范区旅游重大基础设施和旅游景区建设，统筹协调示范区旅游项目的整体布局，集中力量建设具有国际影响力旅游重大项目。

（5）宣传营销一体化。强化"山水皖南，文化徽州"整体旅游形象，组建示范区旅游营销联盟。探索旅游专卖营销模式，逐步在国内外重点客源地联合设立营销机构。有效组合人员营销、广告宣传、网络营销、活动营销、节庆营销、影视推广等多种营销方式，提高市场营销效果。

（6）公共服务一体化。统筹示范区旅游公共服务体系建设，构建示范区水、陆、空立体化交通网络体系，建设示范区游客集散体系、咨询服务体系。强化示范区统一的监督机制，建立多元化的诉求渠道，确保公共服务体系建设规范有序，支持示范区的旅游公共服务平台发展。

（7）市场监管一体化。建立示范区旅游执法联动协查机制和案件会审制度，各地旅游监管部门调查取证互为有效、执法主体合法有效、环节程序审核规范，进一步提高行政执法主体的权威性和行政处罚措施的统一性；建立通畅的信息沟通平台和业务交流平台。

（8）人才队伍建设一体化。建立示范区人才培养合作机制，充分发挥特需人才和旅游院校在人才培养方面的重要作用，建立旅游相关人才培训基地，努力形成相互开放、资源共享、优势互补、合作共赢的人才培训基地体系；加强示范区旅游智库建设；整合旅游管理人员、专业技术人员、服务人员等各类人才，按照"资源整合、互联互动、安全共享"的原则，建设示范区旅游人才资源信息库。

（六）传承创新优秀文化示范

1.强化文化遗产传承与保护

（1）推动文化遗产传承。培养一批非物质文化遗产传承人，促进非物质文化遗产活态传承。推动文化遗产传承人和旅游人才培养相结合，建设复合型文化遗产人才队伍。加强文化遗产保护管理队伍建设，加大专业技术人员培训力度，培育高素质文化遗产人才队伍。积极开展非物质文化遗产的传播、教学和宣传展示，落实优秀传统文化进校园、进课堂、进教材，推动优秀传统文化永续传承。

（2）加强文化遗产系统性保护。保护古徽州文化资源，深入挖掘"徽州底蕴"，塑造"徽州味道""徽州艺术""徽州建筑"三大文化品牌。依据历史遗址和非遗项目富集程度，开展"定点保护"。

实施徽州文化经典数字化工程，重点建设示范区文化遗产基础信息库、市级以上文保单位档案库、不可移动文物数据平台。

具有重要文物价值的古村落增列皖南古村落世界文化遗产名录，将齐云山增列中国丹霞世界自然遗产名录，推动歙县徽州古城入列"中国明清城墙"中国世界文化遗产预备名单，推动徽州古道群申报世界文化遗产，推动徽州木拱廊桥加入浙闽木拱廊桥申遗名录，推动九华山申报世界自然与文化双遗产。建立健全示范区国家、省、市、县四级文化遗产名录体系。

加强徽州文化生态保护区建设，打造文化遗产密集区。积极推进皖南传统古村落整体保护和利用工作，扩大古民居旅游利用的范围，支持古民居发展商务旅游、特色民宿等。

加强重要遗址保护，发展遗址旅游，通过遗址体验旅游和遗址休闲旅游推进重要遗址本体保护。加强红色文化遗存保护，开发红色旅游资源。

强化非物质文化遗产保护，保护"宣纸传统制作技艺"人类非物质文化遗产，推动宣笔、歙砚和徽墨及其制作工艺等申报人类非物质文化遗产，徽州文献申报世界记忆遗产，落实国家级非物质文化遗产生产性保护基地建设，健全非遗代表性项目名录体系，编制皖南非遗项目保护规划，积极推进旅游演艺，活化非物质文化遗产。

加大资金投入力度，争取国家和省级专项保护资金，鼓励筹措社会资金，加强示范区历史文化名城名镇名街名村、大遗址、红色遗存等修缮保护。充分发挥歙县、安庆和绩溪国家历史文化名城的作用，支持黟县申报国家历史文化名城。

继续推进示范区千年古镇、千年古村落等地名文化遗产的保护及名录创建工作，保护示范区独特地名文化资源，传承和弘扬历史文化，扩大知名度和影响力。

（3）加强文化遗产保护与传承载体建设。推进国家考古遗址公园、皖南大遗址保护展示示范园区、遗址博物馆、文化产业园、图书馆、文化广场、红色名人故里等设施建设。支持国家一级博物馆徽州文化博物馆等博物馆建设。开展徽文化、桐城文化、佛教禅宗文化、道教文化、李白诗歌文化、戏曲文化等研究，建立示范区历史文化遗产资源保护经验交流、学术研究平台，支持安徽文化艺术门户网络——中安书画网等建设和宣传，支持故宫博物院驻黄山徽派传统工艺工作站、故宫博物院徽州分院、故宫博物院博士后黄山工作站建设。适时设立国家徽学研究院，举办皖南历史文化遗产保护、徽州文化生态保护等学术论坛。设立中国（皖南）非物质文化遗产传习基地，打造宣城市中国书乡、安庆市黄梅戏、安庆市六尺巷、黄山市徽州书院等研学基地。定期举办中国（黄山）非物质文化遗产传统技艺大展、中国（宣城、黄山）文房四宝文化旅游节、中国（安庆）黄梅戏艺术节等品牌旅游节庆项目。编制示范区文化遗产地图。支持示范区省市非遗教育传习基地建设。

（4）强化法规制度保障。落实《中华人民共和国文物保护法》，修订《皖南古民居保护条例》，编制示范区文物保护条例、非物质文化遗产保护相关法规及实施细则、重点遗址保护条例。建立健全示范区文化生态保护组织协调机制和监测机制，落实示范区文化遗产保护责任制度和追究制度，建立非遗项目保护传承评估制度。

2. 推动优秀文化利用与创新

（1）合理利用传统文化资源。发挥传习基地的作用，积极利用非遗资源，开发具有皖南特色的文化产品。建成一批以非物质文化遗产展示、传承、体验为内容的新型文化旅游景点，推动非物质文化遗产与经贸、旅游融合。促进文物保护与扶贫开发、生态旅游以及新型城镇化、社会主义新农村建设相结合，推动特色小镇、乡村旅游建设。充分利用皖南古村落、古民居、历史文化街区、大遗址、红色遗存等文化遗产，丰富城市内涵，提升文化品位。

（2）推动优秀文化创新发展。运用"互联网+"推动文化创新。广泛运用现代科技手段，创新历史文化旅游宣传营销方式，全方位展示丰富的历史文化资源。利用现代技术，改造提升徽剧、黄梅戏等传统戏剧，进一步增强观赏性。在保持传统工艺的基础上，丰富徽州三雕等传统工艺美术形式，建设一批以弘扬优秀传统文化为主题的文学、影视、演艺精品力作。依托互联网技术，加快发展动漫游戏、网络视听、移动多媒体、数字出版等新兴产业，推动"互联网+"对传统文化产业领域的整合。

（3）开发文化创意产品。扶持一批国家级、省级和市级非物质文化遗产代表性传承人、工艺美术大师，开发创意文化旅游产品。利用一批老工厂、老街区、老码头等文化遗址，建设高品位文化创意产业旅游新地标。鼓励皖南地区博物馆、美术馆、图书馆、纪念馆、非物质文化遗产保护中心等文化文物单位开发文化旅游创意产品，推动历史文化资源"活态保护"。利用古民居，开辟多种具备保护、传承、展示、旅游、生产、销售等综合功能的传统制作技艺传承、展示场所，开展多彩多姿的民俗活动展演。发展皖南特色民宿。

（4）打造高品质文化旅游品牌。建立以文化、旅游、生态为主要内容的股权产权交易平台，筹建示范区遗产交易平台，依托皖南丰富资源文化禀赋和研发实力，形成一批国内外有影响的文化旅游品牌。推进传统文化与演艺业结合，创新演出形式，提升节目创意，突出地域特点和文化特色，打造优秀文化旅游演出节目。支持有历史记忆、地域特色的文化城镇和乡村的建设。

3. 推进优秀文化传承保护国际化示范工程

整合示范区文化资源，探索文化遗产传承新途径，加强传统文化保护研究，丰富文化内涵，提升文化价值，彰显文化魅力，促进示范区文化旅游可持续发展，打造中国优秀传统文化传承创新区。

专栏18

传统文化资源保护传承工程

徽州文化生态保护区建设。重点打造徽州区—歙县—休宁县—黟县—祁门县、绩溪县—屯溪区—徽州区—歙县—休宁县2条文化生态发展轴，西递—宏村、屯溪—岩寺、呈坎—潜口、万安、甘棠—仙源、上庄—华阳—伏岭、祁山—历口—渚口、徽州古城—棠樾—唐模、许村等9个文化遗产密集区。

历史文化名城和古村落保护。以古村落、古街区、古民居、古祠堂、古牌坊、古树、古桥梁、古水圳、古井、古水塘、古水口、古塔等为核心，深入挖掘"徽派底蕴"，塑造"徽州味道""徽州艺术""徽州建筑"三大品牌。加强歙县、安庆、绩溪等国家历史文化名城保护，支持黟县申报国家历史文化名城，推进芜湖市镜湖区芜湖古城、宣城市泾县桃花潭、宣城市泾县查济和黄田、宣城市旌德县江村、宣城市绩溪县龙川、池州市贵池区石门高、池州市东至县南溪古寨、池州市青阳县九华老田吴村、池州市青阳县陵阳、黄山市徽州区呈坎等一批古村落古民居保护与利用。

重要遗址保护。马鞍山市雨山区朱然家族墓地、马鞍山市含山县凌家滩遗址、马鞍山市和县猿人遗址、芜湖市繁昌县窑遗址、芜湖市繁昌县人字洞遗址、芜湖市繁昌县—南陵县皖南土墩墓群、芜湖市南陵县大工山古铜冶遗址、宣城市宣州区古窑址群、铜陵市大工山—凤凰山铜矿遗址、池州市贵池区七星墩、安庆市潜山县薛家岗遗址。

红色文化遗存保护。芜湖市镜湖区王稼祥纪念园、芜湖市无为县新四军7师师部纪念馆、宣城市泾县新四军军部旧址、宣城市泾皖南事变烈士陵园、宣城市泾县王稼祥故居、池州市贵池区马衙新四军沿江先遣团驻地、安庆市太湖县刘邓大军刘家畈高干会议旧址、安庆市岳西县红二十八军军政旧址、黄山市黄山区红军北上抗日纪念馆、黄山市徽州区岩寺新四军军部旧址等红色遗存。

非遗和传统文化保护传承。建设马鞍山民间文化园，屯溪老街非物质文化遗产展示街，宣纸、宣笔、徽墨、歙砚、徽州三雕等非物质文化遗产传习基地。提升和规划建设马鞍山古床、芜湖铁画、宣城文房四宝、中国（铜陵）铜文化、池州傩文化、安庆黄梅戏、安庆桐城文派、安庆掐丝珐琅青铜工艺、黄山徽州文化等博物馆。

六 完善旅游公共服务体系

完善旅游交通服务体系、旅游集散服务体系、旅游信息咨询服务体系、旅游便民惠民服务体系、旅游安全保障服务体系和旅游行政服务体系六位一体的旅游公共服务体系，实行旅游服务标准化，为示范区文化旅游发展提供支撑。

（一）完善旅游交通服务体系

按照《纲要》提出的"四纵三横"综合交通通道布局，畅通旅游大动脉，打通旅游微血管，构建内涵更丰富、层次更多样、服务更优质、管理更高效的开放式、立体化旅游交通服务体系。

1. 加强示范区对外交通联系

优化旅游航空服务体系。加强示范区与上海虹桥、上海浦东、南京禄口、杭州萧山、合肥新桥五大国际机场交通衔接，建设禄口机场—马鞍山/芜湖/宣城、萧山机场—黄山快速旅游通道。改扩建黄山国际机场和池州九华山机场，将黄山国际机场建成4E级国际航空港。推进芜宣、安庆支线机场和岳西县、无为县、泾县等通用机场的建设。加密黄山直飞港澳台及日、韩航班，开通直飞美、英、俄、加等国航班；开通九华山直飞韩国航班。充分利用区域高铁和城际铁路网络，连接重要机场，实现航空铁路联运。

增强快速铁路的路网旅游功能。加强高铁沿线城市的合作，把握商合杭、合安九、杭黄、武杭和昌景黄高铁、皖赣铁路扩能改造项目建设机遇，提升京福高铁与宁安高铁交会的铜陵枢纽换乘功能，增强快速铁路的路网旅游功能。

加快高速公路网络化建设。推进济广高速（潜山至东至段）、济祁高速、芜宣高速改扩建工程。

创新水道旅游利用模式。提高示范区河流干线航运能力，加强与长江沿线省市的旅游合作，发展内河邮轮。

2. 推进示范区内部旅游交通设施建设

加快建设新增支线机场和通用机场到主要旅游景区（点）的旅游快速通道。建设"黄九天"旅游轻轨，完善城市和景区轨道系统，谋划建设宣城—泾县—黄山区—石台—东至高速公路。强化高速公路旅游综合服务功能，完善高速公路服务区旅游信息咨询、餐饮购物、住宿、医疗卫生等功能。实现高速公路覆盖所有县域。

加快马鞍山市九华路过江通道、芜湖市长江二桥、芜湖市城南过江隧道、铜陵市横港过江隧道等过江通道建设，促进跨江旅游联动发展。建设池州市长江邮轮母港，开发江海联运邮轮线路。把握马鞍山郑蒲港、芜湖港朱家桥港区、池州港江口港区三期、安庆港长风港区二期等建设机遇，建设具有旅游功能的客运码头。把握新安江、青弋江、秋浦河、姑溪河、水阳江等支流航道建设机遇，开设内河旅游专线和游轮、游艇等多种形式的旅游活动。积极发展湖泊旅游、湿地旅游。

加强示范区国、省、县道建设。实现二级及以上公路通达重点旅游乡镇。以国省干线公路服务区试点建设为契机，鼓励沿线设置驿站、简易自驾车房车营地、观景台、旅游公厕等设施。根据需要在农村公路沿线增设简易驿站、港湾式停车带和观景台。具备条件的道班公路可探索配套建设旅游停车场、驿站、简易自驾车房车营地等设施。加大景区和乡村旅游点停车场建设力度，鼓励在干线到旅游景区之间增设停车场，加强景区接驳服务。

落实"最后一公里"工程。继续实施交通主干线与3A级以上景区、重点乡村旅游区等"最后一公里"通达工程，全面提高旅游景区通达性。完善公共交通的旅游服务功能和旅游交通引导标识系统，完善停车场、服务区的配套基础设施。推行"畅游皖南"旅游直通车工程，开通主要交通枢纽与城市直达5A级旅游景区的旅游专线，加快实现机场、车站、码头到主要旅游景区的无缝对接。完善旅游交通路网，确保示范区景区与城区间、景区间交通的顺畅衔接。城市公共交通服务网络逐步延伸至主要景区（点）、旅游小镇和乡村旅游点。

完善景区内部交通网络。建设慢行交通系统及配套设施，继续推进自驾、骑行、徒步交通的设施建设，完善景区停车场地等设施。实现旅游景区、旅游小镇和乡村旅游点内旅游交通标识全覆盖。

鼓励发展特色旅游交通。优先发展旅游公共交通，推出一日券、多日券、现金券等多种公共交通券，鼓励旅游者选择轨道交通、公共交通出行。在示范区主要旅游城市和景区推广新能源汽车租赁服务。加快示范区绿道网络体系规划与建设，发展慢行旅游交通系统。

3. 推进交通服务设施建设

提升高速公路服务区旅游服务功能，完善住宿、餐饮、娱乐、购物等功能；推进国省道服务区建设，支持服务区选址与旅游景区、旅游城镇、旅游村结合，支持服务区建设与旅游服务驿站功能融合发展。

4. 建设旅游风景道

优化、提升示范区域内现有旅游公路网、铁路网，将原有交通通勤带提升为动静结合的旅游风景道，通过旅游风景道串联示范区景区、景点，重点建设22条旅游风景道。

专栏19

22条旅游风景道

6条高铁旅游风景道。合福高铁旅游廊道、宁安高铁旅游廊道、商合杭高铁旅游廊道、杭黄高铁旅游廊道、合九高铁旅游廊道、黄九天轻轨旅游廊道。

8条高速旅游风景道。合铜黄高速旅游廊道、沪渝高速旅游廊道、黄浮—杭瑞高速旅游廊道、济广高速旅游廊道、宣桐—溧黄高速旅游廊道、合安高速旅游廊道、合芜宣高速旅游廊道、常合高速旅游廊道。

4条国道旅游风景道。205国道旅游廊道、318国道旅游廊道、206国道旅游廊道、105国道旅游廊道。

4条河流旅游风景道。长江（安徽段）旅游廊道、新安江旅游廊道、青弋江旅游廊道、秋浦河旅游廊道。

（二）完善旅游集散服务体系

依托交通网络体系，建设由一级、二级、三级集散中心组成的示范区旅游集散服务体系。加强与上海、江苏、浙江、江西、湖北等周边省市旅游集散中心的衔接，构建由合肥及上海、南京、杭州、武汉、南昌组成的外部集散中心，实现示范区内外集散中心联动发展。完善旅游集散中心的多类型布局，重点建设航空型、高铁型、公路型、邮轮型四类旅游集散中心，形成示范区水、陆、空立体化的旅游集散服务网络体系。

1. 外部集散服务体系

重点依托合肥及上海、南京、杭州国家综合交通枢纽的优势，实现零距离换乘。完善智慧信息咨询、免税购物、旅游配套酒店、休闲娱乐、旅游产品交易、汽车租赁服务等一站式旅游服务，完善辐射长三角区域的旅游集散服务网络。

2. 内部集散服务体系

一级集散中心。重点建设芜湖、池州、黄山等示范区一级旅游集散中心。

二级集散中心。建设马鞍山、宣城、铜陵、安庆等示范区二级旅游旅游集散分中心。

三级集散中心。将核心区县区的县城和高铁经过的县城建设成三级集散中心，打造一批旅游节点县城。

3. 多类型旅游集散服务体系

航空型集散中心。依托示范区航空机场，完善游客集散、换乘、信息咨询、票务预订、行程讲解等多种服务功能，重点建设芜湖、宣城、池州、安庆、黄山等航空型旅游集散服务中心。

公路型集散中心。依托示范区城市、县城、重点旅游乡镇、主要景区的长途客运站、旅游集散中心等，拓展到达范围，配套换乘、咨询等服务功能，形成示范区具有较强覆盖率的公路旅游集散体系。

高铁型集散中心。发挥高铁交通便捷优势，依托高铁交通枢纽，重点完善智慧旅游体验中心、落地自驾、停车场等配套服务设施建设，依托马鞍山、芜湖、宣城、铜陵、安庆、黄山高铁站，建设一批高铁型旅游集散服务中心。

邮轮型集散中心。依托长江沿岸重要邮轮码头，加强游客接待服务中心、旅游观光巴士及大型停车场等基础设施建设。建设马鞍山、芜湖、铜陵、安庆邮轮旅游集散服务中心，加强池州长江邮轮母港建设。

（三）完善旅游信息咨询服务体系

1. 建设全域化旅游咨询体系

在主要交通出入口、车站、国家 3A 级以上景区设立旅游咨询服务中心，在游客集中的场所设立旅游信息咨询平台和自助信息查询系统，形成覆盖全区、提供多功能服务的旅游咨询网络。整合示范区旅游信息资源，建立标准统一、跨地区、跨行业、跨部门的多媒体数据库，扩大公共场所无线Wi-Fi 覆盖，强化云计算、物联网、现代通信、大数据等新技术在旅游中的运用。以微博和微信为载体，开发手机旅游 APP、景区二维码等，推进基于移动互联网技术的手机客户端。建设旅游城市和智慧景区，设立示范区门户网站，建设国际知名、国内一流的区域旅游在线服务平台。建立"咨询中心＋咨询台＋自助终端"的全域化旅游咨询服务体系。

2. 推进旅游企业信息化建设

支持旅游企业以信息技术推动管理和服务流程再造，支持数字旅行社、数字化酒店和数字化景区管理系统建设。鼓励旅游企业拓展信息提供、出游咨询、网络营销、网络预订、网上支付、投诉受理等在线业务。

（四）完善旅游便民惠民服务体系

1. 开发旅游惠民产品

推进"中国旅游日"、市民旅游日（周）、旅游惠民扶贫等便民惠民旅游活动。积极推广面向老人、儿童、残障人士、低收入人群等群体的优惠旅游产品。持续推进城市公园、公共运动场馆、博物馆、纪念馆、爱国主义教育基地和红色旅游景区的免费开放。加强与银行、邮政、餐厅、酒店、商场等合作，推出旅游年卡、旅游交通卡、旅游一卡通、旅游消费券等旅游惠民便民产品。

2. 推进旅游惠民休憩环境建设

实施清洁、绿化、亮化和美化工程，加快重点景区和道路沿线的绿道建设。建设城市休闲街区、城市绿地、城市湿地等公共游憩场所。

3. 加强旅游便民设施建设

持续推进旅游厕所新建、改扩建提升工程，提倡"以商建厕，以商管厕，以商养厕"旅游厕所管理模式。加快建设游客休息站、旅游购物街区、餐饮街区等旅游服务设施。统筹居民与游客的公共服务需求，实现设施共享。发展集游客流量预警发布、即时投诉服务、电子合同签订等功能于一体的旅游综合电子商务服务。

（五）完善旅游安全保障服务体系

1. 建立健全旅游安全保障机制

建立省、市、县三级旅游应急预案报备制度。加强上下联动、部门协作、区内外旅游安全应急救援合作，建立健全应急协调联动和快速反应机制。提升旅游者安全危机防范意识，强化旅游企业员工危机预防技能演练培训。严格规范旅游企业服务等级评估标准和旅游安全准入机制。健全旅游安全信息披露、旅游目的地安全风险信息提示、突发事件信息报告、应急及善后处置、旅游安全与应急宣传培训等制度。

2. 加强旅游安全风险防范建设

强化旅游企业安全主体责任，加强旅游日常安全管理，及时排查安全隐患。建立健全节假日旅游预报制度和警示信息发布制度。构建全域覆盖的旅游企业安全信用档案。落实公共卫生检疫防疫责任，确保示范区旅游饮食、饮水安全。充分利用微信、微博等媒介，开设旅行安全提示专栏，发布热点景区（点）最大承载量警示信息。科学编制危机管理应急预案。

3. 提高旅游安全应急处置能力

加强旅游安全应急体系建设，建立健全旅游气象、地质灾害、生态环境等预报预警系统和突发事件应急系统，加强旅游服务场所防范系统、自驾车救援系统、旅游紧急救援队等建设。鼓励有条件的旅游企业建立专、兼职的紧急救援队伍，建立政府救助与商业救援相结合的旅游救援体系，构建事前风险防范、事中紧急搜救、事后医疗救助的旅游支援服务体系。

4. 加强旅游保险服务体系

开展旅游保险宣传活动，强化全社会的旅游保险意识。深化"旅保合作"机制，加强旅游保险服务体系建设，支持涵盖酒店、旅行社、旅游交通、特种旅游项目等全要素旅游保险产品的开发。

（六）完善旅游行政服务体系

1. 推进旅游行政管理体制改革

设立省和示范区市、县（区）行政首长旅游联席会议，进一步强化、深化示范区联席会议的职能，加强信息咨询服务、交通便捷服务、安全保障服务等协作，打破行政界限，打造跨区域旅游合作平台。支持示范区核心区市县（区）"局改委"，提升旅游行政管理部门的综合管理能力。支持有条件市筹建旅游投资集团，引导旅游资源和市场开发。落实旅游规划，防范违规旅游开发行为。

2. 加强旅游行业和市场监管

落实市场监管职能，保障旅游市场健康发展。实行旅游企业淘汰退出机制，淘汰违规导游人员。完善旅游行业协会职能，加强旅游从业者的培训和教育。发挥24小时旅游投诉热线、"12301"电话语音系统等旅游服务热线和投诉举报平台作用，建立以游客评价为主的旅游目的地评价机制。

（七）完善旅游标准化体系

建立健全旅游标准化体系，推动旅游企业转型升级和精品化建设，提升旅游服务质量和管理水平。

1. 落实旅游业基本标准化建设

规范示范区机场、火车站、汽车站、码头、星级宾馆、大型商场、旅游景区、农家乐、民宿等旅游企业及公共场所的公共信息图形标志和标识牌，进行游步道、给排水、消防管通道等基础设施标准化改造建设。规范旅游标准化工作，执行旅游规划、旅游业分类、旅游经济核算等指南、指引、导则等。规范旅行社、饭店、在线旅游等旅游行业术语、代号、缩略语等。

2. 加强新兴旅游产品和业态的标准化建设

加强地方旅游标准化工作，完善地方旅游标准化管理，加强新兴旅游产品和业态的标准化建设，健全与国家标准、行业标准相协调的地方旅游标准体系。

> **专栏20**
>
> **旅游新兴产品与业态标准化建设**
>
> 旅游产品标准化。开展"徽式休闲"品牌标准的建设,制定"徽式休闲"客栈、民宿、茶馆等文化旅游休闲设施的建设标准。完善"徽姑娘"农家乐示范户评价指标。推进内河邮轮基地及配套设施标准化建设。制定徽菜制作标准,规范食材的产地、重量、配料、制作方法及型态进行规范,实现知名徽菜菜品的标准化生产。制定房车营地行业标准,规范房车营地星级评定。推进旅游风景道和旅游古道标准化建设,制定旅游古道星级评定标准。制定示范区研学旅行服务质量标准。推进旅游演艺服务与管理标准化。
>
> 旅游业态标准化。开展示范区主题酒店、度假酒店、精品酒店服务标准建设,推进示范区绿道旅游、自行车骑行、自驾游管理与服务标准化建设。制定示范区旅游特色街区服务质量标准。按照示范区国家和行业规定,制定示范区低空旅游运营规范标准。制定中医药健康旅游服务质量标准。制定旅游购物点质量等级划分与评定标准。
>
> 行业管理标准化。制定示范区乡村旅游服务标准,评选乡村旅游标准化示范点。制定旅游企业投诉处理规范和"旅游+互联网"示范企业服务规范。探索人才培养、人才评价、人才流动、引才用才等旅游人力资源管理标准化机制。示范区创建全域旅游标准化示范点。
>
> 信息技术与服务标准化。参照黄山智慧景区建设,制定示范区智慧景区标准化体系,推广智慧旅游"黄山模式"。规范旅游在线活动,制定旅游在线交易管理和服务标准。开展旅游企业信息化评定活动。

3. 落实旅游安全标准化建设

制定旅游安全、生态环境保护和文化遗产保护等技术法规标准,加强标准实施监督检查和行政执法,增强旅游标准的"硬约束"力。

> **专栏21**
>
> **旅游安全标准化建设**
>
> 旅游安全标准化。建立健全旅行社、星级饭店、A级旅游景区等企业安全生产的标准。制定示范区旅游紧急救援服务规范、旅行社安全规范、星级饭店安全规范、漂流旅游安全规范、水上娱乐安全规范、空中旅游安全规范等。
>
> 环境安全标准化。加强示范区生态环境预警与监管体系建设,制定和落实示范区景区最大承载量、旅游饭店和旅游景区节能减排标准。
>
> 遗产安全标准化。建立健全国家、省、市、县四级文化遗产名录保护标准体系。加强文化遗产地旅游承载量核定和管理工作。

七　建立健全智慧旅游体系

（一）强化旅游互联网基础设施建设

1. 完善互联网基础设施建设

完成全域 4G 网络联通，实现主要景区和乡村旅游点无线 Wi-Fi 全覆盖，建成全域覆盖的互联网公共服务系统。实施刷卡无障碍工程。支持景点、酒店、餐馆、旅游购物商场、乡村旅游点等投放 POS 机，提供刷卡、手机支付等服务，实现旅游消费电子化。

2. 对接大数据平台，提升旅游智慧化

建立景区电子门票系统，4A 级、5A 级景区推广电子门票。推广智能导游，实现景区智能化数字化管理，建设集咨询、展示、预订、交易于一体的智慧旅游乡村服务平台，支持社会资本发展乡村旅游电子商务平台。完善示范区旅游交通出行信息服务。将旅游服务、客流疏导、安全监管纳入互联网范畴，推进旅游交通信息平台建设。

（二）提高智慧旅游管理水平

1. 完善旅游政务办公系统

升级改造办公自动化系统，实现各级旅游行政管理部门办公系统互通互联。优化旅游政务信息发布，提高旅游政务信息发布的及时性、适时性、准确性和智能性。

2. 优化旅游诚信管理系统

建立旅游企业、从业人员和游客诚信监管发布平台及信誉公示机制，实行诚信管理。

3. 建立旅游项目管理系统

建立完善示范区旅游项目库，为旅游投资企业、旅游项目建设单位、旅游规划设计单位及旅游行政管理部门提供旅游项目信息。实施旅游项目的动态跟踪和日常管理提供服务，为旅游项目申报专项资金和旅游招商引资提供决策依据。

（三）推动"旅游+互联网"产业发展

1. 支持在线旅游创业创新

充分利用"互联网+"所形成的旅游新业态，推动"互联网+旅游"跨产业融合，提升芜湖市三只松鼠电子商务有限公司、池州市九华山佑途网、安庆市优旅网、黄山市途马网、黄山市爱途旅游等旅游电子商务企业发展。培育一批在线旅游租车企业。支持旅游互联网众创空间发展，建立马鞍山市、芜湖市"旅游+互联网"创业园区，建设一批符合国家标准的"旅游+互联网"创客示范项目。建立示范区旅游电商高级论坛，推动线上交易、线下交流。成立示范区旅游产业技术创新联盟，推动跨领域跨行业协调发展。

2. 推动"旅游+互联网"投融资创新

大力推广众筹、PPP等投融资模式，引导社会资本进入"旅游+互联网"领域。支持旅游企业互联网金融探索，建设在线旅游企业第三方支付平台。利用互联网投融资平台，鼓励旅游企业和互联网企业通过战略投资等市场化方式融合发展，鼓励旅游企业联合互联网金融机构推出旅游理财产品和旅游保险产品。

（四）创新旅游网络营销模式

发展旅游电子商务平台，鼓励利用互联网开展旅游营销信息发布、旅游产品在线预订和交易支付。支持利用旅游大数据开展营销宣传活动。建立广播、电视、报纸、多媒体等传统渠道和移动互联网、微博、微信等新媒体渠道相结合的旅游目的地营销体系。支持旅游企业与OTA平台合作，利用平台优势，扩大企业产品销售规模。鼓励旅游企业加强与门户网站、搜索引擎、UGC旅游网站等合作。

八 加强重点项目建设

建设一批具有特色性、唯一性、垄断性的重大旅游项目，推动世界一流旅游目的地建设；顺应国际化发展要求，启动一批投资规模百亿元以上的牵动性旅游项目；聚焦供给侧改革，谋划一批参与性、体验性、娱乐性强的新业态旅游项目，建设一批旅游公共服务设施项目。编制《皖南国际文化旅游示范区旅游投资指南》，储备一批类型丰富、业态新颖的旅游项目；推荐一批创新项目列入国家重点旅游项目库。

（一）文化旅游类项目

按照"国际知名、国内一流"标准，紧扣"多留遗产"的目标，强化文化创意，开发一批优秀的文化旅游项目，建设一批文化传承创新示范项目。重点推进宣城市文房四宝文化旅游综合体、中国（铜陵）铜都创意文化旅游综合体、池州市九华山宗教文化旅游综合体、池州市大杏花村文化综合体、安庆市五千年文博园、安庆市花亭湖文化生态旅游综合体、黄山市"徽州书院"研学基地建设。

> **专栏 22**
> **文化旅游类项目**
>
> 马鞍山：雨山区烟墩山文化创意产业园、雨山区采石古镇、雨山区马鞍山科技馆、雨山区动漫水世界、雨山区滨江欢乐世界、花山区"创客+"文化创意产业园、花山区鹛街、花山区海信体育休闲产业园、当涂县大青山李白文化旅游区、当涂县台湾花博园、含山县凌家滩国家考古遗址公园。
>
> 芜湖市：鸠江区鸠兹古镇、鸠江区新华联国际文化旅游度假区、鸠江区新华联文化老街、鸠江区奇瑞途居龙山房车露营地、鸠江区方特、三山区三华山文化园、三山区信德途居高尔夫宿营地建设、镜湖区雨耕山酒文化产业园、镜湖区芜湖旅游商品经济园区、镜湖区鼎湖1876国际文化旅游广场、镜湖区大砻坊科技文化园、镜湖区堂子巷文化创意产业园、镜湖区芜湖科技馆、镜湖区鸠兹广场、芜湖县明达文化创意中心、芜湖县和平生态公园研学基地、南陵县影视文化创意产业基地、南陵县丫山房车露营地。
>
> 宣城市：宣州区0563创客街（文房四宝产业创客基地）、宣州区宣酒文化园、旌德县旌—绩徽派古村落研学旅游基地、泾县云岭红色旅游经典景区、泾县宣酒文化园、泾县红色文化产业园、泾县红色旅游基地、泾县金太阳文化创意产业基地、泾县大桃花潭人文旅居基地、广德县603航天文化体验区、广德县宣木瓜文化产业园、广德县卢湖风情小镇项目、中国宣城文房四宝文化旅游综合体、宣城旅游创意产业中心。
>
> 铜陵市：铜官区"铜官府"铜工业文化产业园、铜官区铜官山化工遗址文创园、铜官区铜陵科技馆、铜官区东乡武术文化产业园、铜官区铜官山盆景艺术文化园、铜官区天井小镇旅游街区、铜官区西湖欢乐世界、郊区大通文化旅游区、郊区铜山镇南泉寺、义安区铜陵市北斗星城创意文化旅游区、义安区童梦奇园主题乐园、义安区铜陵梧桐花谷文化生态旅游、枞阳县陈瑶湖红色旅游、枞阳县摩崖石刻博览馆、枞阳县文广艺术中心、枞阳县岱鳌山文化旅游、枞阳县浮山文化园、枞阳县浮山徽业风情小镇、中国铜都创意文化旅游综合体、铜文化创意产业园、徽韵古民居、棚户区遗存。
>
> 池州市：贵池区大杏花村文化文化综合体、贵池区兴惠未来城大型室内游乐场、贵池区东壹号、贵池区百荷步行街、东至县江心洲回族特色生态文化旅游区、青阳县九华山宗教旅游文化综合体、青阳县九华山大愿文化园、青阳县柯村。
>
> 安庆市：迎江区48号电商文化园、迎江区安庆科技馆、迎江区开心哈乐儿童乐园（金华联店）、宜秀区邓石如·邓稼先故居文化产业园、宜秀区安庆历史文化街区、桐城市活海欢乐水世

界、怀宁县黄梅戏大观园、怀宁县海子文化园、怀宁县孔雀东南飞文化产业基地、潜山县天柱山万岁谷文化旅游养生养老中心、潜山县天柱山地质公园博物馆、太湖县五千年文博园、太湖县安庆禅宗文化园、太湖县五千年文博园二期、岳西县国际养生文化产业园、岳西县大别山彩虹谷旅游区、岳西县大别山滑雪乐园。

黄山市：屯溪区屯溪老街、屯溪区黎阳休闲小镇、屯溪区新徽天地、徽州区国际茶文化园、徽州区古徽州文化旅游区、徽州区徽州文化园国际旅游度假区、歙县"徽州书院"研学基地、歙县"欧洲之星"欢乐谷、休宁县齐云山生态文化旅游综合开发项目（祥源齐云小镇）、黟县旅游休闲度假康体户外营地、祁门县168国际徒步探险基地、开心一乐儿童主题公园。

（二）度假养生旅游类项目

依托自然资源和人文资源优势，建设一批"高质量、高品位、高价位、深体验"的国家级旅游度假区和省级旅游度假区，塑造一批主题鲜明、特色明显、差异突出、内涵丰富的精品度假养生品牌。重点推进宣城市泾县国家养老皖南示范基地、池州市牯牛降原生态旅游、池州市大仙寓山生态旅游、安庆市天柱山国际养生旅游、安庆市岳西国际山地养身旅游功能区、新安江旅游和太平湖—桃花潭国际旅游建设。

专栏23

度假养生旅游类项目

马鞍山：雨山区采石矶景区创建5A级旅游景区、花山区濮塘度假区、花山区濮塘森林公园、含山县褒禅山香泉旅游度假区、含山县太湖山景区、含山县昭关国际温泉旅游综合度假区、含山县横山景区、和县香泉省级旅游度假区、和县香泉镇国家特色小镇、和县香泉镇国家温泉旅游名镇、和县香汤博物馆、和县香泉镇旅游小镇、和县香泉湖景区、和县香泉温泉文化旅游节、和县鸡笼山—半月湖景区。

芜湖市：芜湖县陶辛水韵文化生态旅游集聚区、芜湖县珩琅山旅游度假区、芜湖县生态六郎·水上慢城旅游区、繁昌县马仁奇峰旅游景区、无为县三公山生态观光旅游区。

宣城市：宣州区宣城书乡田园、宣州区敬亭山景区、宣州区中国鳄鱼湖景区、宣州区宛陵湖景区、宣州区南漪湖昆山生态旅游度假村、宁国市天目山西麓户外休闲基地、宁国市千秋畲族风情园景区、宁国市青龙湾生态旅游综合开发工程、宁国市世界木屋村·养心生态城、郎溪县伍员山国际旅游度假区、郎溪县观天下景区、郎—广现代农业休闲基地、广德县南部山区养生养老基地、广德县卢湖竹海生态文化旅游区、广德县茅田山长寿休闲养生区、广德县大石塘生态度假区、广德县紫金寺禅修养生休闲区、广德县东亭全域旅游提升项目、广德县灵山—天堂山养生度假区、广德县太极洞景区（创5A）、泾县查济景区、泾县水墨汀溪景区、泾县大桃花潭景区（创5A）、旌德县黄山东线生态旅游基地、旌德县全域旅游示范区、绩溪县家朋生态旅游区。

铜陵市：铜官区大铜官山公园、铜官区天井湖景区天井湖国家级旅游度假区、郊区环祠堂湖环境整治及景观打造、义安区凤凰山景区旅游开发、义安区十里长冲旅游资源开发、义安区莲花寺生态休闲度假山庄、义安区金榔太阳冲景区、义安区金榔喀斯特公园、枞阳县浮山景区旅游开发（创5A）、枞阳县白荡湖—白云岩综合旅游开发、枞阳县陈瑶湖湿地公园、枞阳县周潭镇枫林旅游综合开发、枞阳县大山花海世界综合旅游开发、枞阳县将军庙林场旅游开发、枞阳会宫晓春生态园扩建、枞阳县凤凰洲养生度假岛、九华湖生态旅游开发、友安健康休闲园。

池州市：贵池区狮形山苗圃生态园、贵池区霄坑大峡谷景区、贵池区馨园现代农业科技示范园暨清溪观光旅游示范基地、贵池区平天湖旅游度假区、东至县九天仙寓南溪古寨、东至县升金湖国家湿地生态保护区、石台县西海温泉度假村、石台县秋浦河温泉养老公寓、石台县牯牛降景区（创5A）、石台县牯牛降原生态旅游综合体、石台县怪潭景区中医疗养中心、石台县仙寓山富硒养生基地、石台县醉山野景区、青阳县独龙峡谷旅游区、青阳县九华山风景区遗产地保护提升工程、青阳县九华大峡谷、青阳县九华温泉、郊区万罗山景区。

安庆市：宜秀区大龙山国家森林公园旅游综合开发、桐城市嬉子湖生态保护旅游开发工程、太湖县安徽禅源太湖旅游区（创5A）、太湖县禅源太湖旅游区、太湖县花亭湖综合开发、宿松县石莲洞国家森林公园、岳西县大别山彩虹谷、岳西县国际山地养身旅游综合体、岳西县天悦湾温泉养生基地、岳西县大别山彩虹谷旅游区（创5A）和大司空山旅游区（创5A）司空山文化旅游综合开发项目、岳西县石关生态旅游度假村。

黄山市：屯溪区黄山醉温泉养生基地项目、黄山区黄帝源休闲度假区、徽州区西溪南古村落旅游综合开发工程、徽州区徽州文化园国际旅游度假区、休宁县幸福新世界休闲养生度假首期项目、休宁县齐云山景区（创5A）、富礼乡村旅游休闲综合开发工程。

（三）主题公园旅游类项目

加强主题创意，以文化复制、文化移植、文化陈列以及高新技术等手段，建设一批主题公园。加强芜湖主题公园集群建设，塑造"欢乐芜湖"品牌，将芜湖建设成为主题公园研发和人才培养基地。

专栏24

主题公园旅游类项目

芜湖市：芜湖城市雕塑园、芜湖方特五期项目、芜湖新华联文化旅游项目。
铜陵市：西湖欢乐世界、枞阳游乐中心。
黄山市："欧洲之星"欢乐谷。

（四）体育旅游类项目

秉承"亲近自然、健康人生、低碳生活、文明和谐"的健康理念，加强旅游与体育融合，重点推进池州市、芜湖市、黄山市自驾游（房车）基地、黄山市太平湖国际帆船俱乐部、黄山市168国际徒步探险基地建设。

> **专栏 25**
>
> **体育旅游类项目**
>
> 芜湖市：鸠江区奇瑞途居龙山房车露营地、三山区信德途居高尔夫露营地。
>
> 宣城市：皖南川藏线自驾游基地、绩溪县宣城古道徒步游基地。
>
> 池州市：池州自驾游（房车）基地、东至县升金湖自驾车营地、石台县怪潭房车宿营地。
>
> 安庆市：岳西县大别山滑雪乐园。
>
> 黄山市：黄山区太平湖国际帆船俱乐部、黄山区奇瑞途居（黄山）房车营地、休宁县塔岭半岛、黟县旅游休闲度假康体户外营地、黟县浪潮产业基地、祁门县168国际徒步探险基地。

（五）乡村旅游类项目

整合优化乡村文化、乡村田园景观、农业高科技术示范园、农副产品、农业节庆等乡村旅游资源，建设一批满足城乡居民休闲观光、农事体验、乡村文化传承、科普宣传等功能要求的乡村旅游项目，重点推进郎—广现代农业休闲基地、黟县国际乡村提升项目、中国书香田园乡村旅游综合开发项目建设。

> **专栏 26**
>
> **乡村旅游类项目**
>
> 马鞍山市：雨山区采石古镇、花山区濮塘小镇、含山县昭关风情街、含山县运漕古镇、含山县老鹅汤美食村。
>
> 芜湖市：镜湖区西河老街特色小城镇、南陵县大浦乡村世界。
>
> 宣城市：宣州区南部田园乡村旅居基地、宣州区宣木瓜创意农业产业园、宁国市休闲食品产业园、旌德县江村景区、旌德县朱旺景区、旌德县仙草产业园、绩溪县上庄景区、绩溪县徽菜产业园。
>
> 铜陵市：郊区大通古镇和悦老街、郊区大通古镇澜溪老街、义安区天井小镇旅游街区、义安区永泉农庄旅游度假区、枞阳县小缸窑生态休闲农庄、枞阳县浮山徽业风情小镇。
>
> 安庆市：大观区美好甜园、桐城市孔城老街旅游度假区、潜山县天柱福元乡村民宿休闲区。

（六）旅游装备制造类项目

推进芜湖市奇瑞房车、铜陵市铜艺术品等旅游装备制造业的发展；加大房车、低空风行、游艇、酒店机器人、户外运动等装备制造的研发力度，建立皖南旅游装备业研发基地。

> **专栏 27**
>
> **旅游装备制造类项目**
>
> 马鞍山市：濮塘区海信体育休闲产业园、和县羽毛球及运动系列产品制造基地。
>
> 芜湖市：奇瑞房车。

宣城市：广德县旅游装备制造产业园。
铜陵市：铜艺术品制造基地。
安庆市：宿松县户外体育用品制造基地。

（七）旅游风景道项目

选择生态景观品质高、文化资源价值高的线型旅游资源，开发体验型旅游产品，建设精品旅游风景道，培育新的旅游消费增长点。重点推进新安江山水画廊、徽州古道群、青弋江山水田园项目建设。

专栏28

旅游风景道项目

流动的山水画卷：新安江山水画廊旅游风景道。
流淌文化的河流：青弋江山水田园旅游风景道。
记载瞬间的美景：合福高铁旅游风景道。
欢乐新干线：长江黄金水道旅游风景道。
渐行渐美的旅行：合铜黄高速旅游风景道。
别赶路，去感受路：205国道旅游风景道。
神奇密径：皖南"川藏线"。

（八）旅游小镇类项目

依托示范区资源禀赋较好的镇、村，建设创意化、艺术化、体验化、动漫化、生态化系列旅游主题创意村镇。重点推进宣城市泾县桃花潭镇、池州市九华镇、黄山市黄山区汤口镇等旅游小镇建设。

专栏29

旅游小镇类项目

马鞍山市：花山区濮塘镇、博望区丹阳镇、当涂县黄池镇、当涂县护河镇、当涂县石桥镇、当涂县塘南镇、当涂县乌溪镇、当涂县大陇镇、当涂县太白镇、含山县运漕镇、和县香泉镇。

芜湖市：鸠江区鸠兹古镇、三山区峨桥镇、芜湖县西河古镇、芜湖县陶辛镇、芜湖县六郎镇、繁昌县孙村镇、南陵县丫山镇、无为县红庙红色小镇。

宣城市：宣州区水阳镇、宣州区敬亭山小镇、宣州区扬子鳄小镇、宣州区宣州水东文化小镇、宁国市港口镇、宁国市胡乐镇、宁国市梅渚镇、广德县邱村镇、广德县海棠小镇、广德县四合小镇、广德县东亭激情周末小镇、泾县云岭红色小镇、泾县桃花潭镇、泾县琴溪养老小镇、泾县榔桥小镇、泾县茂林红色小镇、泾县中国宣纸·燕青文创小镇、泾县查济小镇、旌德县灵芝小镇、旌德县旌阳镇、旌德县白地镇、绩溪县徽州味道小镇、绩溪县瀛洲镇、开发区宣酒小镇。

铜陵市：郊区大通镇、枞阳县浮山镇、枞阳县汤沟镇。
池州市：东至县东流镇、青阳县陵阳镇、青阳县九华山茶溪小镇、九华山风景区九华镇。
安庆市：桐城市孔城镇、怀宁县石牌镇、潜山县天柱山镇、潜山县水吼红色小镇、太湖县禅源太湖旅游小镇、宿松县趾凤乡红色小镇、望江县鸦滩镇、岳西县响肠镇、岳西县店前镇、岳西县温泉镇、岳西县河图镇、岳西县黄尾镇。
黄山市：屯溪区黎阳休闲小镇、屯溪区向上创业小镇、黄山区汤口镇、黄山区太平湖休闲运动小镇、黄山区谭家桥知青小镇、徽州区呈坎镇、徽州区潜口养生小镇、徽州区岩寺红色小镇、徽州区西溪南创意小镇、歙县深渡山水画廊小镇、歙县三阳镇、歙县渔梁小镇、歙县石潭村、歙县卖花渔村、歙县许村、歙县雄村镇、休宁县万安古镇、休宁县五城茶干小镇、休宁县万安罗经文化小镇、休宁县流口生态小镇、休宁县齐云旅游小镇、休宁县溪口汽配小镇、黟县西递遗产小镇、黟县宏村艺术小镇、祁门县平里祁红故里小镇。

（九）旅游服务类项目

以市场为导向，建设主客共享的旅游服务类项目，实现质量升级。推进大别山（安庆）国家旅游救援中心、黄山市国际中心、黄山市新徽天地建设。

> **专栏30**
>
> **旅游服务类项目**
>
> 安庆市：安庆市旅游集散中心、安庆市旅游码头、大别山（安庆）国家旅游应急救援中心、大别山（岳西）旅游集散中心。
> 黄山市：黄山市国际中心、黄山市新徽天地、黄山市香茗中心。

（十）旅游交通类项目

在主要旅游城市建设一批重点旅游交通项目，强化与周边地区的联通性，重点推进环九华山公路、大别山旅游扶贫（红色旅游）公路、环牯牛降公路、环太平湖—大桃花潭公路、环黄山公路、黄山—九华山—天柱山旅游轻轨、长江邮轮港建设。

> **专栏31**
>
> **重大旅游交通类项目**
>
> 示范区：示范区"一环""二环"、宣城—泾县—石台—东至高速公路、国省道服务区及旅游服务功能提升、国省县道自驾游风景道、黄九天轻轨。
> 宣城市：青龙湾直升机场、环黄山公路提升工程、环太平湖—大桃花潭公路提升。
> 铜陵市：京福高铁与宁安高铁互联互通提升项目。
> 池州市：长江邮轮港、环九华山公路、环牯牛降公路。

安庆市：中华禅宗文化旅游公路、环大别山旅游扶贫（红色旅游）公路。

黄山市：环牯牛降公路、环太平湖—大桃花潭公路、黄山旅游交通枢纽、环黄山公路。

九 提升旅游品牌形象

（一）构建示范区旅游目的地品牌形象体系

1. 强化示范区整体旅游品牌形象

在安徽省"美好安徽，迎客天下"品牌形象的统领下，强化"山水皖南，文化徽州"示范区旅游品牌形象。全媒体推介示范区品牌形象，全力构建示范区品牌体系，提高示范区品牌价值和品牌效应，塑造具有国际影响的示范区旅游品牌。

2. 塑造城市旅游品牌形象

塑造示范区城市旅游品牌，推进城市旅游目的地品牌体系建设，强化芜湖市、池州市、黄山市国际旅游城市品牌，彰显示范区城市品牌活力。

专栏 32

城市旅游品牌形象

1. 马鞍山市——千古人文地，一城山水诗。彰显运动健康休闲主题，强化休闲功能，做足山水文章。展示文化品位，美化休闲环境。塑造"千古人文地，一城山水诗"城市旅游品牌，建设成为长三角重要的运动健康休闲和山水园林城市。

2. 芜湖市——欢乐芜湖。彰显欢乐体验主题，以高科技主题公园集聚区为重点，大力发展创意文化旅游产业。塑造"欢乐芜湖"城市旅游品牌，建设成为国家动漫产业基地、文化产业示范基地、度假旅游城市。

3. 宣城市——山水诗乡，多彩宣城。突出文房四宝、生态休闲主题，发挥毗邻苏浙的区位优势，发展人文旅游、红色旅游、生态旅游。塑造"山水诗乡，多彩宣城"的城市旅游品牌，建设成为面向长三角地区文化生态休闲基地和苏浙皖交会区域重要的中心城市。

4. 铜陵市——生态铜都，幸福铜陵。彰显生态山水铜都主题，壮大铜文化产业，发展工业旅游和乡村生态旅游。塑造"生态铜都，幸福铜陵"城市形象，建设成为世界铜都和全国著名青铜文化旅游城市。

5. 池州市——佛山九华，福地池州。围绕佛文化和生态资源，以九华山、大愿文化园、杏花村、升金湖、牯牛降为重点，开发礼佛朝拜、生态观光、休闲度假、文化体验、康体养生等旅游产品，塑造"佛山九华，福地池州"城市旅游品牌，建设成为世界佛文化观光胜地和国际生态休闲城市。

6. 安庆市——戏曲圣地，文化名城。彰显文化古城、黄梅戏之乡特色，以文化体验、红色旅游、休闲度假、康体养生为重点，大力发展文化旅游，塑造"戏曲圣地，文化名城"旅游品牌，建设成为全国重要现代化历史文化名城。

7. 黄山市——梦幻黄山，礼仪徽州。依托山水生态综合优势和徽文化资源，推动文化旅游规模化、品牌化、国际化建设，塑造"梦幻黄山，礼仪徽州"的黄山市旅游品牌，建设成为全国重要的休闲产业基地和特色鲜明的现代国际旅游城市。

3. 提升重点景区旅游度假区品牌形象

进一步塑造、提升核心景区形象，打造一批国际知名的品牌旅游景区和旅游度假区，以特色旅游景区和旅游度假区品牌彰显示范区品牌活力。

专栏33

重点景区旅游度假区品牌形象

千古一秀——采石矶生态文化旅游品牌形象。依托马鞍山市采石矶、濮塘、大青山和宣城市横山的旅游资源，挖掘李白文化资源，打造以文化欣赏、自然观光和休闲为主要功能的综合型旅游景区，塑造生态文化旅游品牌。

欢乐随心——方特欢乐度假旅游品牌形象。综合芜湖市方特欢乐世界、方特梦幻王国、方特水上乐园、方特东方神画主题园区，打造方特旅游度假区，塑造方特欢乐度假旅游品牌形象。

洞天福地——太极洞研学旅游品牌形象。依托独特的石灰岩溶洞型地质景观以及生态优良的山水环境景观，开展观光、文化、生态旅游，塑造研学旅游品牌。

江南古祠——龙川文化休闲度假旅游品牌形象。依托绩溪龙川、徽杭古道、千年仁里、鄣山大峡谷等旅游景区，着力提区休闲度假旅游基础设施功能，塑造文化休闲度假旅游品牌形象。

佛韵九华——大九华山宗教文化旅游品牌形象。以九华山风景区宗教文化为核心，整合池州市齐山—平天湖、大杏花村、秋浦仙境、清溪河、万罗山等资源，塑造大九华山文化旅游品牌。

禅意山水——大天柱山生态养生旅游品牌形象。以禅宗文化为统领，整合安庆市天柱山、五千年文博园、花亭湖、岳西县原生态山水资源，三祖寺等禅宗文化景观，提升天柱山"世界地质公园"品牌，塑造大天柱山禅修养生旅游品牌。

休闲天堂——花亭湖文化休闲旅游品牌形象。依托安庆市花亭湖、五千年文博园、西风洞、佛图寺、龙山、狮子山等资源，综合自然景观和禅宗文化，打造集观光、度假、疗养、娱乐、休闲于一体的综合风景区，塑造花亭湖休闲旅游品牌形象。

梦幻黄山——大黄山旅游品牌形象。以黄山风景区为核心，加强旅游目的地体系建设，丰富旅游新型业态，打造观光、休闲、户外运动、康体养生等主题型的精品旅游产品。提升旅游服务质量，强化规范化、标准化管理，塑造大黄山旅游品牌形象。

画里乡村——徽州古村落休闲旅游品牌形象。以黄山市西递、宏村为引领，联合黄山市徽州古城、棠樾、唐模、潜口、呈坎、南屏和宣城市龙川、上庄、江村、查济等精品景区，打造徽州古村落集聚区，塑造中国古村落（徽州）休闲旅游品牌。

江南翡翠——太平湖—桃花潭度假旅游品牌形象。依托太平湖优质的水域风光和桃花潭文化旅游资源，重点发展湖泊度假、户外运动休闲项目。塑造太平湖休闲运动旅游品牌形象。

问道齐云——齐云山休闲旅游品牌形象。将齐云山与齐云山镇、云岩湖、横江等有效整合，以道教文化为精髓，以优良的生态环境为载体，塑造齐云山问道养生旅游品牌形象。

（二）大力提升旅游企业品牌

1. 引进国际旅游企业品牌

坚持旅游企业"引进来"和"走出去"相结合战略，引进美国万豪、英国洲际、法国雅高、德国途易等国际知名旅游企业，通过强强联合、投资合作、品牌连锁、授信支持、融资上市等途径，借助国际知名旅游企业的品牌资产、管理经验，提升示范区旅游国际化水平。

继续加强与国内大型旅游企业及企业集团合作，积极引进携程旅游集团、华侨城集团公司、开元旅业集团有限公司、锦江国际（集团）有限公司、海航旅游集团有限公司、北京万达旅业投资有限公司、南京金陵饭店集团有限公司、南京雨润集团等国内著名旅游企业来示范区投资，推动示范区旅游企业做大做强。

2. 培育示范区自主旅游企业品牌

培育示范区自主企业品牌，形成品牌集聚。鼓励和引导安徽旅游集团、黄山旅游发展股份有限公司、九华山旅游发展股份有限公司等企业"走出去"。提升安徽中青旅、黄山中海国际旅行社等旅行社品牌。推进示范区精品民宿客栈、特色酒店、旅游露营品牌化经营，塑造示范区民宿、精品酒店和旅游营地品牌。推动同庆楼、耿福兴、徽商故里、皖南人家等餐饮企业规模化发展。

十　开拓旅游市场

（一）优化旅游市场格局

1. 积极拓展入境旅游市场

（1）港澳台市场。加强与港澳台旅游贸易商、代理商等建立的合作关系，加强在港澳台旅游展览会、贸易会上的宣传营销。主推观光旅游、休闲度假、文化旅游、探亲访友、商务会议、购物旅游。

（2）日本市场。加强与日本旅游业界的合作交流，发展友好城市、友好景区，开设直航包机航线，推进与日本的旅行社建立稳定合作关系。在日本主要客源城市举办旅游宣传推介促销会，邀请日本旅行商到示范区采风。在日本设立示范区旅游机构，针对东京、大阪、福冈等主要客源城市，推出遗产旅游、商务旅游、皖南茶文化体验旅游、皖南古村落旅游、徽州文化体验旅游、徽式休闲旅游、传统工艺美术欣赏体验旅游等。

（3）韩国市场。与韩国地方政府、企业合作举办旅游大型展示会，与韩国企业建立合作伙伴关系。对韩国主要客源城市首尔、釜山、大邱、大田和光洲等，主推九华山佛教旅游、黄山观光度假旅游、太平湖休闲旅游，全面推介商务会议、奖励旅游、购物旅游、美食旅游、体育旅游，营销观光旅游产品和文化旅游产品。

（4）东南亚市场。与东南亚市场旅游贸易商、旅游代理商建立利益共享合作关系。注重示范区文化旅游产品、会展商务旅游产品宣传与推广，着重营销示范区文化节事旅游、观光旅游、休闲度假、探亲访友、商务会议和购物旅游。

（5）欧美市场。以美国、加拿大、俄罗斯、英国、德国、法国、意大利和澳大利亚等国家为优先目标市场，着重营销示范区自然生态旅游、历史文化旅游、宗教旅游和健康养生旅游。

（6）新兴市场。抓住国家"一带一路"倡议的战略机遇，瞄准中亚和埃及、伊朗等新兴市场。邀请新兴市场旅游企业来示范区实地考察，共商旅游合作，培育旅游市场新增长点。

2. 大力发展国内旅游市场

（1）省内市场。省内市场是基础客源市场。凭借示范区优质旅游资源和日益完善的交通优势，吸引省内游客。加强省内城市间旅游合作，开展"美丽皖南行""皖南踏春""皖南晒秋"等系列活动，以主题游、特色游、家庭游、自驾游为营销重点。

（2）长三角市场。长三角是主要客源地。大力发展休闲度假游、高铁沿线游，积极开展"来皖南，好休闲""坐高铁、游皖南"等系列活动。以周末游、精品游、文化游、乡村游、度假游、高端游为营销重点。

（3）京津冀、珠三角市场。京津冀、珠三角是优质客源市场。充分利用高铁、航空交通条件，以文化游、观光游、休闲游、精品游、高端游为营销重点。

（4）周边市场。江西、湖南、湖北、河南等周边省份是重要客源市场。积极开展"好邻居常串门"等活动。依托距离优势和交通优势，以自驾游、自助游、文化游、家庭游为营销重点。

（5）中远程市场。大力拓展东北市场、西南市场、西北市场等中远程市场，加强与中远程市场的联系合作。充分发挥示范区山水、文化特色旅游产品的吸引力。

（二）创新市场营销策略

1. 营销目标

全面拓展入境旅游市场，扩大示范区旅游在境内外的影响力。稳步扩大入境旅游市场份额，延长入境游客停留时间。大力发展国内旅游市场，延长国内游客的停留时间，提高人均旅游消费水平。提高示范区游客的满意度，提高游客重游率。完善营销旅游绩效管理，建立稳定旅游营销队伍。

2. 营销策略

（1）国际营销。坚持将境外营销作为重点，积极融入各类国际性旅游营销网络，加强与重点海外市场的主要旅行商、国际著名旅游营销机构和以中国市场为主要业务对象的旅行社合作。邀请国际主流媒体实地考察，制作示范区主题旅游推广节目。探索旅游专卖营销模式，在重点客源地设立营销机构。加密国际航线，增设旅游包机、旅游游轮，便利国际交通。邀请客源国著名影视明星、旅游达人等考察访问，加强与国际旅游机构的合作，扩大示范区旅游的国际影响力。

（2）整合营销。强化"山水皖南，文化徽州"整体旅游形象营销，组建示范区旅游营销联盟，深化示范区旅游营销合作，加强与长三角、京津冀、珠三角和周边省份等国内重点客源市场的区域旅游交流合作。推出景区联票，让利于游客。坚持政企联动、城市联手、区域联合，形成营销合力。统一示范区旅游标识，促进景区、旅行社、饭店等旅游产业要素一体化营销。加大高铁旅游营销力度，联合举办旅游摄影大赛、自驾游推广、研学旅行推广等专题活动。联合开展全域旅游创建活动。借助中国山岳旅游联盟、长江旅游推广联盟，融入国家旅游宣传推广系统。

（3）网络营销。完善示范区国际网络旅游营销平台，将示范区旅游营销系统连接到主要客源国（地）重要旅行商的网站，推动示范区旅游信息与国际接轨。推进示范区旅游网站建设，提供及时便捷的旅游信息，推介特色旅游产品，展示示范区旅游形象。科学利用网络搜索营销、网络新闻营销、网络事件营销、网络活动营销、网络微博营销、网络社区营销、网络视频营销、网络动漫和图片营销等手段，推广示范区旅游品牌形象，提高美誉度。

（4）大数据营销。建设示范区智慧旅游大数据平台，建立数据分享机制，做到精准营销。借助数据挖掘和信息采集技术，优化市场预测，提升抗风险能力。采用晴雨表模式开展旅游营销绩效评估，制定旅游营销绩效评估指标体系，提高旅游营销效益。

（5）媒体营销。加强与国际国内知名高端媒体的战略合作。邀请境外重点客源地旅行商、媒体到示范区进行深度访问、交流拍摄旅游专题片，在国内主流媒体播放系列宣传节目。与境内外旅游城市开展旅游形象片置换播放。推出营销奖励政策，增强传统媒体的营销效果。充分利用多元化、立体式的影视营销，借助影视传播，深度营销示范区旅游。编制示范区精品线路折页、自驾游手册、自由行攻略等纸质宣传品。

（6）节事营销。举办示范区特色旅游节庆活动，培育国际旅游节庆品牌。借助国内外有较大影响力的旅游交易会、博览会和赛事营销示范区旅游。加大中国黄山国际旅游节暨国际旅行商大会、中国黄梅戏艺术节、马鞍山中国李白诗歌节等具有国际影响力的旅游节庆的宣传力度。争取将黄山作为以绿色、人文和可持续发展为主题的世界性论坛永久会址。升级中国黄山国际山地自行车公开赛、中国黄山国际登山节等国际赛事。开展"最受欢迎的皖南自驾游线路""皖南自驾游电子书"等评选活动，办好中国（皖南）自驾游大会。

十一　保障体系

（一）强化政策保障

1. 财政金融政策

争取国家和省财政支持，加大财政投入，探索发行示范区旅游设施建设地方政府债券，推动示范区旅游设施、旅游重点项目建设。安徽省产业发展基金重点支持示范区文化旅游重点项目、基础设施、生态保护等领域建设。安徽省旅游发展专项资金支持重点旅游项目、乡村旅游开发、旅游设施、旅游宣传营销、旅游商品开发。

争取国家旅游产业基金、旅游国债基金和外国政府贷款、国际金融组织等资金的支持，加强与银行等金融机构合作，加大示范区旅游重大项目信贷支持。探索设立皖南国际文化旅游产业投资基金"皖南国际文化旅游示范区旅游投资开发公司"，规范发展地方政府投融资平台公司，整合资源，在风险可控、商业可持续的前提下，充分发挥平台公司投资、融资的作用。引导社会资本跟进，支持示范区PPP模式旅游项目。充分利用现有股权产权交易机构，开展以文化、旅游、生态、节能减排为主要内容的股权产权转让交易，探索发行企业（公司）债券、短期融资券、中期票据、中小企业私募债等方式融资，不断拓宽融资渠道。支持证券公司对拟上市旅游企业进行专业的业务指导。支持旅游企业在主板、中小板、创业板和境外市场上市，支持已上市的旅游企业通过增发、配股、发行公司债等多种方式开展再融资，鼓励兼并重组、整体上市。

鼓励旅游景区经营权、股权、商标专用权质押和林权、土地使用权抵押等。积极推进金融机构和旅游企业开展多种方式的业务合作，探索开发适合旅游消费需要的金融产品，增强银行卡的旅游服务功能。支持金融机构在示范区设立分支机构，在特色旅游城镇、乡村及旅游景区开办网点并增设银行自助设备。

加大示范区旅游招商引资力度，把旅游招商列入境内外重大招商活动之中。编制示范区旅游招商引资指南，明确项目投资导向。积极利用媒体宣传、节庆活动、实地考察、商会联谊等方式搭建示范区招商引资平台。

2. 土地政策

在产权明晰、保护权益的前提下，深化城镇建设用地增加与农村建设用地减少的挂钩试点，探索增减挂钩指标的合理使用范围。支持在科学规划和保护生态环境的前提下，对低丘缓坡荒滩等未利用土地进行旅游综合开发利用。加大对列入示范区规划的文化旅游重大建设项目和必要配套基础设施用地的支持力度。加强与相关规划的衔接，积极探索建立文化旅游用地新机制。支持开展农村宅基地有偿使用和流转试点，支持不改变农用地性质的项目采用约定用途、控制使用条件，并用给予农村集体经济组织和农民合理补偿的方式取得土地。经营性旅游用地分别以招标、拍卖、挂牌出让、租赁等方式取得土地使用权。对道路、旅游厕所、停车场等旅游配套设施用地，按行政划拨方式取得土地使用权。利用降低土地价格、延长土地使用年限等措施，引导更多旅游项目使用"三荒"等土地。

3. 环保政策

示范区内的重点生态功能区要实行严格的污染物排放标准和总量控制指标，大幅度减少污染物排放。实行严格的产业准入环境标准。按照国内先进水平，根据环境容量逐步提高产业准入环境标准。严格限制排污许可证的增发，完善排污权交易制度，制定较高的排污权有偿取得价格。旅游资源开发要同步建立完善的污水垃圾收集处理设施。探索环境税的征收。严格实行河长制，严格禁止不利于水生态环境保护的水资源开发活动，实行严格的水资源保护政策。优化生态补偿考核指标，扩大新安江流域生态补偿规模和范围。健全矿山地质环境治理生态补偿制度，加强土地复垦实施监管。逐步提高生态公益林补偿标准。开展饮用水源保护区、自然保护区和重要湿地等生态补偿。探索市场化生态补偿方式。支持在生态环境质量提升、资源利用效率提高和生态文化教育等方面创建一批示范基地、示范企业。

4. 产业政策

制定并颁布旅游产业结构调整指导目录，引导旅游投资活动。示范区内城乡建设要优先完善旅游项目基础配套设施，重大项目建设规划要有利于旅游功能发挥。依托资源，突出创新，策划储备一批旅游项目，加大旅游业招商引资力度。尽快实现包括旅游业在内的一般服务业用电与工业用电同价。推动示范区内乡村旅游经营户按规定享受小微企业增值税优惠政策。进一步规范旅游景区价格行为，建立景区质量等级评定与门票价格水平惩戒联动机制。

5. 文化遗产保护政策

坚持保护文化遗产的真实性和完整性，坚持依法和科学保护，统筹规划、分类指导、突出重点、分步实施。物质文化遗产保护要贯彻"保护为主、抢救第一、合理利用、加强管理"的方针。加强文物资源调查研究，依法登记、建档，在此基础上分类制定文物保护规划。严格执行重大建设工程项目审批、核准和备案制度，改进和完善重大建设工程中的文物保护工作。统筹规划、集中资金，切实抓好重点文物维修工程。严格实施跟踪监测，动态管理，进一步加强历史文化名城（街区、村镇）保护。加强对文物市场的调控和监督管理。非物质文化遗产保护要贯彻"保护为主、抢救第一、合理利用、传承发展"的方针。进一步做好非物质文化遗产的普查、认定和登记工作。在科学论证的基础上，制定非物质文化遗产保护规划。采取有效措施，抢救珍贵非物质文化遗产。进一步完善评审标准，严格评审工作，建立非物质文化遗产名录体系。正确处理保护和利用的关系，在有效保护的前提下合理利用。

（二）优化组织保障

1. 统筹协调组织

完善示范区联席会议制度，负责示范区建设发展工作，落实工作责任，协调解决示范区建设中重大事项。在国家有关部门的指导下，编制具体实施方案，按照本规划确定的重点任务，抓紧推进相关项目实施。制定示范区建设综合考核评价指标体系，完善工作激励机制，将示范区建设目标完成和政策落实情况纳入科学发展考核评价体系。

2. 改革组织管理体制

支持示范区核心区市县（区）实行"局改委"，增强旅游综合协调职能。探索组建市县（区）旅游投资公司。培育和壮大市场主体，深化景区体制机制改革，以重要旅游景区体制机制改革突破口，分类指导，重点推进国有旅游景区所有权、管理权、经营权相分离的改革。

3. 旅游社会组织改革

支持成立示范区旅游发展促进会，发挥旅游行业纽带作用，强化旅游行业协会在引领行业发展、维护企业合法权益、诚信自律、规范市场、人才培养等方面的服务功能。优化旅游行业协会组织结构，创造条件组建示范区旅行社、景区、旅游饭店、旅游商品、导游等行业协会的分会。

（三）提升人才保障

1. 加强示范区文化旅游人才培育机制

支持高校为重点的旅游人才培养基地建设，重点支持示范区内一至两所本科院校，建设全国一流旅游学科专业，各地市支持建设一批中高等旅游职业院校，开设一批旅游相关专业。加强文化旅游行政管理人才、经营管理人才、专业技术人才、服务技能人才等人才队伍建设。在5年内，分批培训500名文化旅游企业负责人、5000名文化旅游部门负责人等中高级管理人员；组织培训500名营销、创意、规划、咨询等旅游创新人才，10000名乡村旅游带头人；开展对10000名非遗传承人、景区工作人员和旅行社、饭店、农家乐等企业的一线员工的岗位培训。2020年，示范区文化旅游直接从业人员达40万人，持证上岗率及职业化水平有明显提升。

2. 加强示范区旅游人才引进机制

创新人才引进机制。探索人才柔性流动机制，鼓励用人单位以特设岗位、项目聘用和人才租赁等方式引进文化旅游人才。建设50个文化旅游领军人才团队，重点加大对国家级非物质文化遗产代表性传承人、工艺美术大师等特殊人才支持力度，遴选一批文化旅游领域杰出人才，资助一批重点项目、重要演出、重点专著。解决引进人才任职、社会保障、户籍、子女教育等问题，简化来华人才签证、居留程序，落实相关待遇。建设示范区文化旅游发展智库。

3. 加强示范区文化旅游人才激励机制

加大旅游人才创业创新扶持力度。以财政资金为引导，旅游企业和社会组织投入为主体，积极扶持示范区文化旅游人才创业创新，以多种形式支持鼓励旅游企业和社会力量参与文化旅游人才队伍建设。健全文化旅游人才激励保障机制。完善人才奖励制度，推行期权、股权等中长期激励办法，建立以政府奖励为导向，用人单位和社会力量奖励为主体的人才奖励体系。

4. 加强示范区文化旅游人才交流管理机制

推动示范区与省内外旅游院校、科研机构开展产学研深度合作，加强与联合国教科文组织、世界旅游组织等组织和专业机构的联系交流。建立省内旅游院校与示范区内各市、县旅游行政管理部门、文化旅游企业双向交流机制。建立示范区文化旅游人才资源库，构建从业人员教育培训、考核评价、人才交流等信息网络中心。建立各级党政领导班子和领导干部人才工作目标责任制，创新人才评价、考核机制，建立科学、动态、开放的文化旅游人才评价体系。

第七部分
皖北文化生态旅游区旅游发展规划

安徽省"十三五"旅游业发展规划及专项规划

第一篇 | 分析篇

> 皖北文化生态旅游区区位条件优越，生态环境优良，文化底蕴深厚。为深入贯彻落实省委、省政府进一步加快皖北地区发展的战略部署，根据《安徽省国民经济和社会发展第十三个五年规划纲要》《安徽省"十三五"旅游业发展规划》《皖北地区经济和社会发展"十三五"规划》等有关要求，依托中原经济区平台，策应皖北振兴，深入实施加快皖北旅游振兴计划，构建皖北特色的区域性旅游目的地，打造安徽旅游发展新的增长极，促进"冲刺万亿产业，基本建成旅游强省"建设，提升皖北地区旅游业在国家和全省区域发展格局中的战略地位，编制本规划。
>
> 按照省加快皖北地区发展战略总体要求，依据《皖北地区经济和社会发展"十三五"规划》确定区域范围，本规划所指皖北地区，包括皖北六市（淮北市、亳州市、宿州市、蚌埠市、阜阳市、淮南市）及沿淮四县（定远县、明光市、凤阳县、霍邱县），土地面积5.3万平方公里。规划期为2016—2020年，重大问题展望至2030年。

一　旅游发展基础

重点回顾皖北"十二五"期间旅游发展取得的成就，分析"十三五"旅游发展面临的新形势，全面总结制约皖北区域旅游发展的主要问题。

（一）发展成就

"十二五"以来，在省委、省政府的正确领导下，皖北各市党委政府统筹部署，各级旅游行政管理部门积极作为，皖北旅游业呈现较快发展态势。集中表现为以下方面：

1. 核心指标快速增长

"十二五"期间，皖北六市旅游接待各项指标均实现快速增长。2015年年底，皖北六市接待游客总量9494.67万人次，相比2010年，增长167%；其中入境游客20.85万人次，相比2010年，增长208%；实现旅游总收入584.83亿元，相比2010年，增长231%。

2. 产业规模不断壮大

2015年年末，皖北地区国家A级旅游景区84家，其中阜阳市颍上县八里河景区成功创建国家

5A 级旅游景区，4A 级以上景区 32 家。三星级以上旅游饭店 114 家，其中四星级以上饭店 55 家。旅行社 353 家。创建全国休闲农业与乡村旅游示范点 6 个，省级旅游示范村 11 个。

3. 政策拉动效应增强

近年来，皖北各市出台了一系列政策和措施，推动旅游业发展。淮北市、宿州市、蚌埠市分别出台了《关于进一步加快发展旅游业的实施意见》，提出了旅游业发展战略目标；亳州市出台了《关于进一步加快乡村旅游发展的实施意见》《关于深化农村改革转变农业发展方式全面推进农业现代化建设的实施意见》等支持旅游业改革发展的政策文件。亳州市、凤阳县分别成立国资旅游公司，在推进三权分离、完善法人治理结构方面开展了卓有成效的探索。阜阳市政府出台《关于促进旅游业改革发展的实施意见》，将旅游业发展指标纳入县市区政府年度目标考核。淮南市编制完成《大八公山区域旅游总体发展规划》，旅游资源整合利用改革试点工作取得了阶段性进展。

4. 项目建设持续推进

"十二五"期间，皖北地区旅游项目建设持续推进。截至 2015 年年底，皖北地区在建旅游项目共计 224 个，总量占全省在建旅游项目的 17.18%，总投资 1990 亿元，其中 5 亿元以上的旅游项目 99 个。淮北市洪庄文化创意产业园、亳州市中华药都养生文化园等 7 个项目进入省旅指委联系调度项目目录，蚌埠市花鼓灯嘉年华等一批重大旅游项目投入运营。策划储备了 342 个旅游项目，投资额超过 1596 亿元。

5. 营销宣传持续推进

各市、县（区）依托自身资源优势，不断加大宣传力度，拓展旅游市场。积极参与国内外重要的旅游交易会、博览会，积极配合全省"1+N"旅游推介活动；淮北、宿州、蚌埠各市注重高铁沿线的客源市场宣传，积极加入"京沪高铁旅游推广联盟"，深化沿线城市旅游合作；依托区域内文化旅游资源，培育了一批具有较大影响力的文化旅游节庆活动；依托区域内特色农业资源，培育了一批农业旅游节庆活动；加强旅游宣传片、宣传册、旅游地图等营销资料的优化设计；引导旅游企业开启 O2O 电商模式，逐步重视网络营销手段；注重区域旅游营销合作。

（二）面临形势

1. 发展环境不断优化

中原经济区、淮河生态经济带、合芜蚌自主创新示范区等国家战略的提出，将有力促进皖北地区基础设施建设、产业结构调整升级。省委、省政府提出加快皖北地区发展的战略部署，《安徽省国民经济和社会发展第十三个五年规划纲要》《安徽省"十三五"旅游业发展规划》《皖北地区经济和社会发展"十三五"规划》等正式颁布，明确了"十三五"时期皖北发展的目标任务和工作重点，将进一步促进区域协调发展，促进皖北地区与全省同步建成小康社会。近年来，国家、省出台并实施了系列推动旅游业改革发展的纲领性文件，为优化皖北地区旅游产业结构、推进旅游行业改革等提供了政策依据，旅游产业政策的调控力不断增强。

2. 内生市场需求旺盛

皖北区域人口众多，人口密度大，区域内生市场需求旺盛。皖北地区六市四县国土面积5.3万平方公里，占全省37.3%。截至2015年年底，皖北区域总人口3710.1万，占全省的53.4%，全年地区生产总值6881.8亿元，占全省的31.3%，人均GDP18549元。按照行业规律，皖北区域正处于大众旅游爆发期。大众旅游时代已经悄然而至，旅游日益成为大众的常态化、刚性化的生活方式。

3. 交通等基础设施不断完善

外部交通格局显著改善。京沪、合蚌、郑徐等高速铁路投入运行，商合杭高速铁路、郑阜高铁全面开工建设，皖北城际铁路网络规划与建设加速推进，皖北地区逐步迈向高铁时代。合淮阜、淮蚌、徐明高速公路陆续建成，济广高速公路全线贯通，皖北地区基本形成"四纵四横"高速公路网骨架。民用航空加快发展，新建亳州市、宿州市、蚌埠市民航机场，实施阜阳市机场改扩建，皖北航空网络体系加速建设。皖北地区内部通达条件大幅提升，农村道路畅通工程持续推进，旅游景区景点与交通干线的"最后一公里"瓶颈改善。

淮河黄金水道建设纳入国家战略，治淮工程扎实推进，淮水北调工程全线主体工程已经完成并通水验收，引江济淮工程开工建设。

4. "互联网+"助推旅游发展

近年来，以互联网、物联网、云计算、大数据等为代表的现代信息技术飞速发展，旅游与信息化产业的融合加快，"互联网+"全面推进，旅游方式、旅游管理模式、旅游宣传推广方式、旅游业态正在发生巨大变化，旅游电子商务、智慧旅游、虚拟旅游、数字酒店全面普及，将为皖北区域旅游业创新发展增添新动力。

5. 旅游业发展成为投资热点

皖北地区目前正处于产业转型升级的关键期。随着旅游业的蓬勃发展，越来越多的大型地产、互联网企业、金融企业等进军旅游业，旅游业跨界融合与创新发展成为热点。除了传统的高星级酒店、景区、主题公园外，乡村旅游投资异军突起，客栈、民宿、旅游特色村镇、文化商旅街区、旅游产业集聚区、旅游综合体、旅游地产、旅游风景道、休闲渔港码头、旅游装备制造、低空飞行、游艇等旅游业态纷纷出现，旅游金融、旅游资本运营新模式开始产生，资本生产要素对皖北地区旅游业发展的支撑作用进一步提升。

（三）主要问题

皖北旅游业发展与市场预期还有一定差距，主要表现在以下方面：

1. 旅游发展意识有待增强

各市、县（区、市）党委、政府要进一步充分认识大众旅游的时代特征和旅游需求规律，充分认识皖北地区强大的内生旅游市场优势及综合交通条件快速改善的机遇，充分认识旅游业的综合带动作用与富民效应，增强发展旅游业的信心。转变"重文化、轻生态；重赋存修复、轻活化利用；重景区发展、轻产业融合"的发展观念，牢固树立创新、协调、绿色、开放、共享的发展理念，使旅游业成为带动皖北各市、县（区、市）经济社会发展的强大动力，为建设旅游强省贡献力量。

2. 体制机制有待加强

在政府主导皖北旅游业发展过程中，认识不到位、投入不足、力度不够、机构不完善等方面的问题表现较为突出。目前，皖北还有部分市、县（区、市）没有配备专职的旅游管理人员，大部分市、县（区、市）旅游行政管理部门严重缺员，部分市、县（区、市）机构改革后旅游部门力量削弱、管理缺位。旅游行政管理体制有待进一步健全，旅游部门统筹协调、推进工作的能力有待提升；旅游景区机制僵化、权属不清现象仍然存在；旅游业发展的土地、金融、人才等保障制度有待进一步落实；旅游创新创业、企业建设等市场体制机制有待落实，市场活力仍需进一步释放。

3. 产业基础较为薄弱

纵向比，皖北旅游业有了较快发展。横向比，从省内看，皖北户籍人口约占全省的一半，行政区域面积占全省的1/3，2015年GDP总量约占全省的31.3%，但旅游总收入仅占全省旅游收入的14.2%，多项指标均落后于合肥经济圈、皖南示范区板块，也落后于全省平均水平。

皖北地区旅游资源丰富，但未实现有效利用，A级景区数量少，等级低。截至2015年年底，皖北地区六市四县A级景区仅占全省总数的15%，其中5A级旅游景区仅1家。旅行社仅占全省的24.1%，旅游星级饭店仅占全省总数的21.12%，星级农家乐仅占全省总数的9.5%。旅游产业覆盖面有限，旅游目的地建设体系滞后。

跨界融合的旅游产业集团和产业联盟缺乏。中小企业规模有限，多元化发展不足，投融资等企业服务支撑体系有待健全，旅游金融、创意、设计、咨询等企业较为缺乏。旅游创新创业力量有待提升，旅游创客基地等特色市场主体培育仍需加强。

4. 产品有效供给有待加强

产品开发层次不高，观光、文化、度假等旅游产品特色不强，类型单一；乡村旅游、生态旅游开发水平弱，城市旅游、会议会展、文化创意、研学旅行、康体养生等新业态产品欠缺，旅游消费热点不足，旅游产品整体影响力较弱，旅游营销力度需进一步加强，旅游营销模式及手段需进一步优化。

5. 重点支撑项目较缺乏

与皖南示范区、合肥经济圈相比，皖北地区缺乏有影响力的景区，对区域旅游发展产生的集聚和辐射作用不够，对中远程游客吸引力有限，一定程度上制约了旅游全面发展。整个区域以单体旅游景区点为主，缺乏互动联系；市场主体发育滞后，缺乏拳头产品，旅游龙头企业规模不大、能力不强、影响不足。

6. 公共服务有待完善

皖北地区的景区环境、城市环境、社区环境总体还不能适应旅游发展需要。城市能级不高，游憩和接待设施较为缺乏，旅游集散和咨询服务功能较弱，旅游厕所、旅游标识标牌、旅游停车场等亟待加强。旅游管理和服务品质有待提升。公共服务标准尚未健全，标准执行及评估等工作有待加强。"景区最后一公里"问题尚未彻底解决。立体化、多层次、一体化的旅游通达系统有待加强。信息化发展水平较低，智慧旅游系统、设施、平台等有待完善。旅游便民惠民措施未能较好地满足大众需求，惠民政策有待落实，利民、便民设施建设仍需加强，旅游消费安全等保障措施有待提升。

7. 旅游人才严重缺乏

皖北地区旅游人才数量不足，旅游行政管理人才严重缺员，具备较高业务水平的人才需进一步充实，具备较高旅游经营管理水平的人才较少；旅游从业人员整体素质需进一步提升，懂旅游经济规律、掌握旅游专业知识、具备旅游经营管理才能专门人才较少，旅游基层从业人员整体素质偏低，难以适应现代旅游业发展的需要。

综合研判，皖北地区"十三五"期间旅游业发展处于转型升级、跨越发展、市场需求旺盛、交通格局优化等的战略机遇期，也面临着理念意识、体制机制、产品业态、旅游环境、旅游人才等制约旅游发展的诸多问题，同时存在供需严重失衡、市场活力不足等多种挑战，但总体上机遇大于挑战。必须把握机遇，攻坚克难，科学有效地布局"十三五"期间的工作任务，实现皖北地区旅游业发展的振兴与崛起。

二 旅游资源分析与评价

系统梳理皖北地区主要旅游资源数量、质量、性质、分布、价值、存在环境、利用现状、开发条件等基本状况，为皖北地区旅游发展规划提供科学依据。

（一）旅游资源类型

根据国家旅游局《旅游资源分类、调查与评价》（GB/T 18972—2003）确定的旅游资源分类体系，皖北地区主要旅游资源单体共946处，旅游资源亚类25种，占旅游资源全部亚类型数（31种）的80.6%，旅游资源基本类型65种，占旅游资源全部基本类型数（155种）的41.9%（专栏1）。其中，自然类旅游资源亚类11种，占全部亚类数的64.7%，基本类型19种，占全部基本类型数的26.8%，单体资源232处，占皖北资源单体的24.52%；人文类旅游资源亚类14种，占全部亚类数的100%，基本类型46种，占全部基本类型数的54.8%，单体资源714处，占皖北单体资源数的75.48%。

专栏1

皖北旅游资源类型结构

主 类	指标	资源类型总数		皖北旅游资源类型数		淮北资源类型所占比例（%）		资源单体总数	单体占总数比例（%）
		亚类	基本类型	亚类	基本类型	亚类	基本类型		
自然类	地文景观（A）	5	37	3	5	64.7	26.8	54	24.52
	水域风光（B）	6	15	4	8			123	
	生物景观（C）	4	11	3	5			54	
	天象与气候景观（D）	2	8	1	1			1	
	小计	17	71	11	19			232	
人文类	遗址遗迹（E）	2	12	2	7	100	54.8	139	75.48
	建筑与设施（F）	7	49	7	24			324	
	旅游商品（G）	1	7	1	6			153	
	人文活动（H）	4	16	4	9			98	
	小计	14	84	14	46			714	
合计		8	31	155	25	65	80.6	41.9	946	100

（二）旅游资源评价

1. 三大品牌资源

（1）文化旅游资源：底蕴深厚、类型丰富。皖北地区历史悠久，文化厚重，是安徽三大文化圈之一，是中华传统文化的重要组成部分。

五座历史文化名城。包括亳州、寿县国家级历史文化名城，涡阳、蒙城、凤阳三座省级历史文化名城。

十大历史文化品牌。极具代表性的有禹王文化、老庄文化、管鲍文化、楚汉文化、三国文化、隋唐运河文化、大明文化、建安文化、中医药文化、古水利文化等。

一批历史文化名人。拥有影响中华历史和文化的名人，包括老子、庄子、管子、颜回等先哲，"三曹父子""竹林七贤"等文学艺术的巨擘，大禹、刘安、华佗、朱元璋等历史名人。

一批厚重历史遗存。包括古战场、古遗址、古墓葬、古文物、古生物化石、古道观、古庙宇等，种类丰富，数量众多。其中，国家级重点文物保护单位31处，省级重点文物保护单位172处。

一批非物质文化遗产。拥有种类多样的传统音乐、舞蹈、戏曲、美术、技艺、医药等非物质文化遗产，国家级非物质文化遗产26处，省级非物质文化遗产115处。

一批红色历史遗迹。皖北地区是一片红色热土，拥有淮北市濉溪县临涣文昌宫淮海战役总前委旧址、淮北市濉溪县双堆集淮海战役战场遗址公园、亳州市涡阳县新四军四师指挥部旧址、宿州市萧县蔡洼淮海战役总前委会议旧址、蚌埠市怀远县孙家圩渡江战役总前委旧址、淮南市谢家集区新四军纪念林等多处红色遗存。

（2）生态旅游资源：水网密布、生态优良。百余个重要生态湿地。区域内拥有面积1000公顷以上的重要湿地35处，面积100~1000公顷的重要湿地89处；已建的湿地类型自然保护区10处，其中国家级9个，省级15个，市级8个；已建湿地公园18个，其中国家级10个，省级8个；拟建湿地公园43个，其中国家级13个，省级30个；拟建湿地类型湿地保护小区6个；拟申报国家重要湿地11个。

十余座文化生态名山。皖北地区山地虽不高，但文化与生态充分融合，主要包括：淮北市相山区相山、淮北市烈山区龙脊山、宿州市萧县皇藏峪、蚌埠市怀远县荆涂山、淮南市八公山区八公山、滁州市明光市嘉山、滁州市明光市女山、滁州市明光市大横山、滁州市凤阳县韭山、六安市霍邱县安阳山。

（3）休闲农业资源：绿色田园、瓜果飘香。一批现代农业示范区。皖北地区内拥有4个国家级现代农业示范区，37个省级现代农业示范区。

一批种类多样的特色农园。如淮北市段园大庄葡萄园、淮北市塔山石榴基地、淮北市和村苹果观光采摘园、淮北市薰衣草庄园、亳州市万亩芍花园、中药草养生园、宿州市砀山梨园、蚌埠市西海庄园等，品种多样，特色鲜明。

百余个特色农业品种。皖北地区具有多种特色种植和特色养殖品种，分布广、产量高，各种农产品琳琅满目。

专栏2

百余个特色农业品种

类别	特色农业品种
果蔬类	塔山石榴、段园石榴、怀远石榴、徐里石榴、大庄葡萄、萧县葡萄、砀山酥梨、铁佛无籽西瓜、板桥无籽西瓜、丁土楼的"笨"西瓜、砀山西瓜、淮北苹果、烈山苹果、和村苹果、黄营灵枣、宿州王枣子、周岗雪枣、冬枣、大青枣、砀山黄桃、怀远鲜桃、泗县墩集草莓、曹庵草莓、蓝莓、萧县胡萝卜、高滩萝卜、恋思萝卜、曹街子萝卜、鲍沙滩的萝卜、高老庄黄瓜、临涣五香大头菜、潘集酥瓜、淮南香草、苗台大青豆、来安三蒜、口孜大蒜、亳州观堂大蒜、老集生姜、会龙辣椒、潘刘于庄的秋黄瓜、姜岗葫芦等。
苗木类	朴树、皂角、椰榆、乌桕、黄连木、杜梨、国槐、垂柳、臭椿、刺、阜南杞柳、利辛银杏、杨树、桉树、泓森槐、樱桃树、八棱海棠、桂树、毛桃核树、黑山樱树、酸枣仁树等。
粮食类	如丰优香占优质稻、夹沟香稻米、朱马店糯米、白莲坡贡米、颍上大米、皖麦38、紫薯、红薯、明光绿豆、红豆、固镇花生、核桃、黑豆、荞麦等。
养殖类	白山羊、伏羊、皖北黑猪、皖北猪、圩猪、皖南花猪、定远猪、六白猪、小香猪、皖北黄牛、鲁西牛、荷兰奶牛、毛驴、梅花鹿、马、肉鸽、种鸽、大雁苗、皖北大白鹅、野鸭、野鸡、草鸡、红腹锦鸡、贵妃鸡、蓝孔雀、绿孔雀、鸵鸟、果子狸、沱湖螃蟹、大蚂虾、草鱼、池河梅白鱼、女山湖大闸蟹、怀远大闸蟹、怀远黄金甲鱼、怀远泥鳅、黑鱼、瓦店山羊等。
中草药	亳芍、亳菊、亳花粉、亳桑皮、桔梗、桔牡丹、丹参、黄芪、白芷、大青根、薄荷、留兰香、益母草、射干、百合、壁虎、芦根、茅根、宿半夏、芡实、蛹虫草片、黄精酵素等。

2. 多类型组合资源

皖北地区拥有包括两淮煤矿及塌陷区的工业遗产资源、特色美丽乡村资源、特色小镇、地热温泉、民俗文化、美食资源等多类型地方特色资源。

在全域旅游资源观视角下，皖北地区旅游资源丰富，特色鲜明。但长期以来，对皖北地区旅游资源优势认识不足，旅游资源未能有效利用与转化，如何实现资源的有效整合，增强创意，开发符合市场需求及具有市场竞争力的产品,成为未来皖北地区旅游业发展的重中之重。

三 旅游市场开拓

随着人民生活水平的提高和闲暇时间的增加,旅游需求不断增加,皖北旅游客源市场形成明显特征。

(一)旅游市场特征

通过对2010—2015年皖北地区六市旅游总收入以及入境和国内旅游人数、收入等方面分析,皖北旅游市场呈现如下特征。

1. 旅游总收入特征

2010年皖北六市旅游总收入为171.4亿元,安徽省旅游总收入为1151亿元,同比占全省的14.89%。2015年皖北旅游总收入584.83亿元,安徽省旅游总收入为4120.2亿元,同比占全省的14.2%。从2010年到2015年,皖北旅游总收入总量虽然在上升,但2015年相对2010年占全省的比例略有下降。

2010年皖北六市旅游业总收入从高到低依次是阜阳市、蚌埠市、亳州市、淮南市、宿州市、淮北市,其中阜阳市旅游总收入为36.5亿元,占皖北的21.31%,旅游总收入最低的为淮北16.8亿元,占皖北地区总和的9.8%。到2015年年末,皖北六市旅游总收入排名发生较大变化,从高到低依次为蚌埠市、亳州市、宿州市、淮南市、阜阳市、淮北市,其中蚌埠市上升最快,位居皖北第一位,旅游总收入为162.56亿元,占皖北地区的27.8%,亳州市、宿州市总量与排名也有较高上升,阜阳市下滑较快,淮北市始终处于较低水平,旅游总收入在2013年下降,2015年较2014年也没有增加。

2. 入境旅游市场特征

从入境旅游来看,皖北六市近六年入境旅游游客总数分别是6.77万人次、9.48万人次、13.84万人次、16.17万人次、18.89万人次、20.5万人次,人数逐年上升,而安徽省近六年的入境旅游人数分别是198.4万人次、265.2万人次、331.5万人次、385.5万人次、405.1万人次、444.6万人次,皖北地区的入境市场比例不及全省的5%。皖北旅游入境市场在全省相对落后。从各市来看,无论是从入境旅游人数还是旅游外汇收入方面,亳州市、宿州市、蚌埠市、淮南市均有所增加,而淮北市和阜阳市的入境旅游市场增长较慢。

3. 国内旅游市场特征

从国内旅游市场看,皖北六市近六年国内旅游游客总数分别是3553.64万人次、5275.99万人次、

6897.43万人次、7623.05万人次、8444.4万人次、9855.82万人次，人数逐年上升，而安徽省近六年的国内旅游人数分别是15349万人次、22534.8万人次、29200万人次、33600万人次、38000万人次、44400万人次，皖北六市国内旅游游客总数占安徽全省国内旅游游客总数比重不足1/4。皖北六市国内旅游市场均呈现增长态势，但在全省的旅游发展中仍处于相对落后状态，未来有较大发展空间。

（二）潜在旅游市场

1. 皖北内生旅游市场

皖北拥有较多人口所带来的红利为皖北旅游发展提供广阔的内生市场，随着皖北经济社会不断发展，皖北内生市场的活力将被进一步释放。

根据皖北六市国民经济和社会发展第十三个五年规划纲要中2020年经济社会发展的主要目标，皖北内生市场出游规模潜力巨大。

2. 皖北周边旅游市场

皖北周边市场主要包括以合肥市为中心的合肥经济圈市场、以郑州市为中心的中原经济区市场、以徐州市为中心的淮海经济区市场、以南京市为中心的南京经济圈市场。这些潜在客源地为皖北旅游业发展提供广阔的市场。

（1）合肥经济圈市场。合肥经济圈包括合肥市、淮南市、滁州市、六安市、桐城市。2015年年底，常住人口2065.27万，面积47497平方公里，地区生产总值9110.67亿元，是皖北旅游发展重要省内市场。

（2）中原经济区市场。中原经济区包括河南全省、山西东南部、河北南部、山东西南部和安徽西北部，共5省30个地级市及3个县、市辖区。2015年，中原经济区生产总值共计56125亿元，人口约1.79亿。随着商合杭、郑阜高铁建设和开通以及多条高速公路的建成通车，中原经济区逐渐成为皖北旅游发展重要市场。

（3）淮海经济区市场。淮海经济区北接齐鲁、南连江淮、东濒黄海、西临中原。淮海经济区总面积17.8万平方公里，2015年总人口1.2亿，地区生产总值为35450.94亿元。京沪高铁、郑徐高铁为皖北旅游发展提供新契机。

（4）南京经济圈市场。南京经济圈苏皖两省，包括南京、镇江、扬州、淮安、马鞍山、滁州、芜湖、宣城8市，包含31个市辖区、8个县级市和20个县，总面积6.3万平方公里。2015年年底，常住人口3337.58万，地区生产总值23986.51亿元，是皖北旅游发展重要市场。

3. 高铁专项旅游市场

近年，国内高铁交通发展迅速，高铁缩短了区域时间距离，为皖北旅游发展带来新契机。

（1）京沪高铁专项市场。京沪高铁线路全长1318公里，纵贯北京、天津、上海三大直辖市和冀鲁皖苏四省，连接环渤海和长江三角洲两大经济区。北京市、天津市、上海市以及河北省、山东省、江苏省等地将成为皖北地区旅游发展潜在客源市场。

（2）合蚌高铁专项市场。合蚌高铁线路全长131公里。合蚌高铁对合肥经济圈和皖北地区中心城市蚌埠市之间的联系至关重要，也为合肥经济圈的游客前往皖北地区旅游提供了一条快捷通道。

（3）郑徐高铁专项市场。郑徐高铁途经河南、安徽、江苏三省，全长361.9公里。郑徐高铁连接淮海经济区和中原经济区，为皖北旅游业发展提供广阔市场。

（4）商合杭高铁专项市场。商合杭高铁全长794.5公里，商合杭高铁沟通中原经济区、长三角经济区与皖北的联系，有利于皖北开拓中原经济区、长三角经济区客源市场。

（5）郑阜高铁专项市场。郑阜高铁全长277公里，极大地方便了中原经济区与皖北的联系，有利于皖北开拓中原经济区的客源市场。

（三）旅游市场定位

1. 国内旅游市场定位

国内市场主要涵盖皖北内生市场以及皖北的周边市场，尤其是合肥经济圈、中原经济区、淮海经济区、南京经济圈等客源市场。

一级市场：皖北内生市场是基础客源市场。凭借皖北地区优质旅游资源和日益完善的交通优势，吸引皖北内部游客。

二级市场：周边经济区是皖北旅游重要客源市场。

三级市场：大力发展高铁沿线旅游市场。

专栏3

市场	定位
一级市场	皖北内生市场
二级市场	合肥经济圈市场、中原经济区市场、淮海经济区市场、南京经济圈市场。
三级市场	高铁沿线旅游市场。

2. 入境旅游市场定位

目前，皖北入境旅游发展仍处于初级阶段。

一级市场：港澳台市场。突出皖北深厚的历史文化，加强港澳台旅游市场宣传营销，主推观光旅游、历史文化旅游、探亲访友、商务会议、购物旅游。

二级市场：日韩等东亚、东南亚市场。把握"一带一路"倡议带来的新机遇，注重文化产品以及会展商务产品宣传与推广；着力推出皖北文化节事旅游、历史文化旅游、探亲访友、商务会议、购物旅游。

三级市场：欧美市场以及澳大利亚市场。优先目标市场为美国、俄罗斯、加拿大、英国、德国、法国、意大利和澳大利亚等国家。着力推出历史文化旅游和健康养生旅游。

第二篇 ｜ 战略篇

四　总体要求

（一）指导思想

深入实施加快皖北振兴战略，依托中原经济区平台，策应皖北振兴，培育后发优势，以创新地域文化、深耕绿色发展为统领，着力创新旅游体制机制，营造良好旅游发展环境；着力培育旅游中心城市，壮大旅游强县和旅游小镇，提升旅游公共服务能力；着力推动旅游产业融合，做大做强旅游产业体系；着力加强精品景区建设，构建特色鲜明的旅游产品新体系；着力推进生态文明建设，强化文化遗产传承与保护；推动"皖北旅游振兴计划"，打造具有皖北特色的区域性旅游目的地，加快形成安徽旅游新的增长极，更好服务于皖北振兴、安徽旅游强省战略，闯出一条皖北旅游崛起的新路。

（二）发展定位

顺应大众旅游市场潮流，服务皖北振兴、安徽旅游强省发展大局，进一步增强旅游综合实力和竞争力，显著提升旅游产业对皖北社会经济的贡献率，构筑生态环境新支撑、创造联动发展新模式，建设成为安徽旅游新的增长极，构建中原文化旅游重要标志区，成为苏鲁豫皖区域的重要休闲旅游目的地。

（三）发展目标

围绕 2020 年建成安徽旅游强省的要求，综合考虑未来发展的趋势和条件，确定"十三五"时期皖北地区旅游发展目标。

1. 发展目标

坚持政府引导、创新驱动、产业融合、以人为本，全面实施皖北旅游振兴计划决策部署。立足安徽省旅游"十三五"规划目标，到 2020 年，力争 5 年国内外游客接待量突破 2 亿人次，入境游客接待量突破 50 万人次，实现旅游总收入超过 2000 亿元，累计完成旅游项目投资 2000 亿元。

聚焦把旅游业培育成重要支柱产业，旅游经济总量规模上台阶，旅游结构效益上水平，旅游公共服务体系补短板，旅游生态环境有改善，打赢旅游脱贫攻坚战，旅游在皖北国民经济和社会发展中的战略地位更加突出,成为推动"新常态"下皖北经济转型发展的新动力。

2."皖北旅游振兴计划"决策部署

今后五年是皖北地区旅游立足新起点、谋求新发展、实现全面振兴的关键阶段,围绕"大美皖北、畅游皖北、文化皖北、绿色皖北"四个皖北协同发展,实施皖北旅游振兴计划,推动"迈上新台阶、建设新皖北"取得重大进展,闯出皖北旅游发展新路。

(1)创新旅游体制改革行动计划。建立皖北地区旅游"6+4"(6市4县)联席会议制度,形成常态化、轮值化、专题化协商机制。各市轮流担任主席,任期一年,明确规定专项任务。实行党政统筹,各市县成立旅游工作领导小组,各党政一把手任组长。创新行政管理体制,结合当地实际积极稳妥地推进单列"旅游局"。重点推进有条件的市县(区、市)设立旅游委员会。

加大省级财政支持皖北旅游业发展力度。设立各市县旅游产业发展专项资金,逐年加大扶持力度。市财政安排旅游发展资金不少于1000万元;县财政安排旅游发展资金不少于300万元。遵循市场化、专业化原则开展投资业务,运用股权、债券、基金、贷款等多种方式提供投融资服务。创新采取点状、定向、租赁等多种土地供地模式,重点旅游项目建设用地计划纳入全省年度用地计划中统筹安排。

(2)"大美皖北"旅游环境提升行动计划。打扫好屋子"迎客",全面塑造皖北旅游新形象。整治提升旅游环境,实现旅游环境精细化管理。

皖北"显山露水"工程建设。开展山体生态绿化恢复、河流沿线景观建设,重点加快城区河湖等沿线带状绿地和健康绿道建设。"皖北新田园"景观建设。不断加大农村基础设施建设,加强农村环境保护与治理,丰富皖北休闲农业旅游景观。旅游景区环境卫生整治。重点整治3A级以上旅游景区和乡村旅游点及其周边游客集中场所环境卫生。实施改厕、改厨旅游"双改"工程,提升"双改"的质量和规模。

(3)实施"畅游皖北"智慧化行动计划。统筹铁路、公路、航运、航空等建设,畅通旅游大动脉,打通旅游微血管。实施"最后一公里"通达工程。强化重要交通节点和高速公路服务区的旅游功能。积极推进"旅游+互联网"工程。

(4)激活"1+4"旅游市场行动计划。顺应旅游市场需求和交通格局等变化,重点开拓皖北内生市场和"四向"旅游市场格局,重塑皖北旅游市场新格局。充分发挥皖北人口红利优势,进一步释放皖北内生市场的活力。出台"皖北人游皖北"系列政策。充分发挥皖北区位、交通优势,挖掘合肥经济圈、中原经济区、淮海经济区、南京经济圈的客源市场潜力。

(5)提升旅游中心城市能级行动计划。强化城市设计和特色塑造,增强旅游服务设施,提升城市旅游吸引力和服务水平。到2020年,力争完成"七个一批"重点建设任务,即开展建设"一批游客服务中心、一批城市旅游休闲示范区、一批特色文化创意街区、一批环城乡村旅游带、一批旅游度假区、一批有影响力的博览会、一批特色文化旅游节"。

①一批游客服务中心。按照以市为主、市建省补的原则,建设一批旅游咨询中心、集散中心,提供较为完善的旅游公共服务平台。

②一批城市旅游休闲示范区。依托主城区的河流、湖泊、山体等资源,规划建设一批城市旅游休

闲示范区,增强城市休闲体验功能。重点建设淮北市南湖生态旅游休闲区、亳州市涡河滨水旅游区、宿州市新汴河旅游休闲区、蚌埠市龙子湖旅游度假区、阜阳市颍州西湖旅游休闲区、淮南市龙湖—舜耕山休闲运动区。

③一批特色文化创意街区。挖掘与传承皖北地区传统文化、美食文化等元素,融入现代文化创意元素、休闲元素,规划建设一批特色文化创意街区。

④一批环城乡村旅游带。强化城乡统筹,依托各城区周边丰富的乡村旅游资源,激发城市客源潜力,发展环城游憩产业,完善乡村旅游产品的创新及公共配套,拓展旅游新空间。编制环城乡村旅游专项规划。

⑤一批旅游度假区。开发一批以生态休闲、康体养生、休闲度假、文化体验为特色的国家级、省级旅游度假区,到2020年,取得实质性成果。重点建设淮北市龙脊山山地运动旅游度假区、亳州市健康养生旅游度假区、宿州市皇藏峪山地旅游度假区、蚌埠市沱湖美食旅游度假区、阜阳市八里河湿地旅游度假区、淮南市焦岗湖湿地旅游度假区。

⑥一批有影响力的博览会。以各城市独特的产业优势、鲜明的文化特色,定期举办有影响力的博览会。重点建设中国淮北食品工业博览会、中国(亳州)中医药博览会、宿州灵璧国际奇石文化博览会、蚌埠文化艺术品博览会、安徽省(阜阳)花卉博览会、淮南市文化产业博览会。

⑦一批特色文化旅游节。依托各市旅游资源优势,进一步提升城市品牌知名度和影响力。重点建设淮北市石榴文化旅游节、中国(亳州)老子文化节、亳州养生文化旅游节、中国(砀山)梨花旅游节、中国(蚌埠)花鼓灯歌舞节、中国(阜阳)管子文化旅游节、阜阳太和书画艺术节、中国(淮南)豆腐文化节。

(6)启动"五个一百"培育行动计划。盘活存量,做好增量。启动"五个一百"培育行动计划,加速培育特色旅游实体,提升旅游产业发展水平。

①百个四季果园。立足皖北丰富的田园、林果、水产、生态等农业资源优势,建设一批文化创意农园、休闲农场、农业庄园、市民农园、现代农业科技示范区等休闲农业与乡村旅游新形态产品。到2020年,在皖北地区谋划建设各类休闲农业园区等100个左右四季果园,创建国家农业公园。

②百个湿地公园。千里淮河,千里湿地。以绿色发展理念为指导,培育新优势,做活水文章、打好生态牌,加快推进淮河流域生态旅游建设,依托国家级和省级湿地类型自然保护区、国家级和省级湿地公园、国家级和省级水利风景区,开展湿地观光、湿地休闲、湿地度假、湿地科普、湿地探险、湿地运动和湿地疗养等。到2020年,谋划建设100个湿地公园。

③百个3A级以上景区。到2020年,每市至少推出一个景区创建国家5A级旅游景区,并取得实质性进展,争取1~2家景区成功创建。推出30个景区创建4A级旅游景区。

④百个旅游小镇。以皖北奇石、湿地、历史文化、酒文化、孝文化等特色资源和产业为基础,建设一批旅游小镇。到2020年,谋划建设100个左右的旅游小镇。

⑤百个美丽乡村。以皖北特色古村落及美好乡村建设为依托,立足当地资源特色和生态环境优势,到2020年,打造100个左右的美丽乡村。

(7)提升文化旅游人才保障行动计划。加强旅游人才培训、引进、激励、管理,建设文化旅游行政管理、经营管理、专业技术、服务技能、教学科研、乡村文化旅游、导游和"非遗"传承等人才队伍。支持高等院校旅游学科专业建设，大力发展旅游职业教育，支持各市职业技术学院、各县职业高中旅游专业建设。安排旅游行政管理干部挂职锻炼和外出考察，学习旅游管理先进经验。

3. 发展指标

专栏4

皖北"十三五"旅游业发展主要指标

目标	指标	单位	2020年
经济目标	海内外游客人数	亿人次	2
	旅游消费、旅游投资	亿元	2000
	旅游总收入	亿元	2000
	城乡居民人均出游次数	次	3次以上
	来皖北游客逗留时间	天	2
	人均花费	元	1000
	旅游购物和娱乐消费占人均旅游消费的比重	%	40
	国家5A级景区	家	2
	五星级饭店	家	7
	国家全域旅游示范区创建	个	8
	国家中医药健康旅游示范区（基地、项目）	个	2
	城市旅游休闲示范区创建	家	6
	文化创意街区创建	条	6条以上
	环城乡村旅游带创建	条	6
	推出国家级、省级旅游度假区创建	个	12
	特色博览会创建	个	6
	特色文化旅游节创建	个	6
	国家级、省级湿地公园旅游产品	个	12个以上
	国家级、省级农业公园旅游产品	个	12个以上
乡村旅游目标	旅游强县创建	个	6个以上
	旅游乡镇创建	个	50个以上
	旅游示范村创建	个	150个以上
	四星级以上农家乐创建	家	100
	乡村旅游致富带头人	名	2000
旅游扶贫目标	乡村旅游扶贫重点村	个	100
公共服务体系目标	新建改扩建"最后一公里"	公里	100
	改扩建旅游厕所	座	400座以上
	新建改扩建旅游集散中心、咨询中心	个	6
旅游贡献度	文化综合贡献度		显著上升
	旅游生态效率		显著上升
	惠民休闲幸福指数		显著上升
	旅游业创新指数		显著上升

（四）发展战略

1. 设施提升战略

完善公共服务体系，提升基础设施承载力。提升和完善皖北交通基础设施，推进旅游交通"最后一公里"工程，实现水陆空全域联动的立体化旅游交通体系；提高互联网在旅游业中的结合度，加快"旅游+互联网"产业发展，构建互联网基础设施智慧体系；推动旅游便民设施建设，推进旅游惠民休憩环境建设，实现旅游公共服务普惠化；提升旅游危机响应能力，及时发布重要安全信息，落实旅游安全与保障服务体系。

2. 生态保育战略

落实主体功能区战略，积极开展皖北生态保育战略。加强淮河沿线湿地治理和皖北采矿塌陷区生态旅游再利用工程建设，深入推进旅游业与农林渔副业的融合发展，形成生态保护与生态旅游的良性循环。完善旅游产业发展方式，创新旅游发展模式，形成生态旅游产业体系。完善资源、生态环境保护体系，重塑湿地旅游新构架，开发沿淮湿地旅游，建立生态经济带发展机制，推动淮河生态经济带发展。

3. 产业融合战略

积极推进"旅游+"，促进产业深度融合。提高产业融合意识，加快旅游与一、二、三产业的融合发展，延伸产业链、拓宽产业面、集聚产业群。大力支持休闲农业与乡村旅游发展；充分挖掘皖北工业遗存，发挥工业的旅游功能，推动工业和旅游走向融合共赢；发挥皖北文化底蕴优势，以休闲度假、康体养生、文化娱乐、商务会展等旅游业态为抓手，全面推进旅游与第三产业融合。

4. 产品创新战略

构建丰富多彩、特色鲜明的旅游产品新体系。提升传统业态旅游产品，继续发展并提升观光、文化等传统旅游产品；立足全域旅游资源观，开发新业态旅游产品，加强线下产品与线上产品相结合，形成传统旅游产品与新业态旅游产品并举发展态势。开发一批旅游精品景区，发展一批具有竞争力的特色旅游商品，打造一批特色旅游精品线路。

5. 品牌创建战略

创建"黄淮风情，皖北传奇"的文化生态旅游品牌，丰富文化生态旅游体验。巩固发展传统旅游目的地品牌，培育新兴的旅游目的地品牌，创建田园生态旅游、湿地旅游等新兴旅游目的地；融合多元文化，诉说皖北风情，以皖北丰富的文化为重要载体，深入挖掘，活化文化；以山地、河流、湖泊和湿地为重要依托，绿色发展，生态优先；形成以文化、生态为特色的皖北旅游品牌。

6. 人才发展战略

实施"人才强旅，科教兴旅"战略。建立规模适当、素质优良、结构优化、勇于创新、适应发展的皖北旅游人才队伍，着力培养一批旅游行政管理人才、旅游企业经营管理人才、旅游专业技术人才、旅游服务技能型人才等。建立健全旅游人才培育体系，构建旅游人才培养新模式，搭建旅游人才培训平台，创建多层次、多类型旅游人才培训体系。

7. 体制机制优化战略

创新行政管理体制，开创旅游合作新机制。重点推进有条件的市县（区、市）旅游部门"局"改"委"，提升旅游行政综合管理能力；改革景区管理体制，创新景区合作机制，优化旅游发展环境；健全体制机制保障体系，提高土地、资金、人才等要素的支撑能力；推动皖北与合肥经济圈、中原经济区、淮海经济区和南京经济圈的跨区域合作机制，形成高效有力的旅游体制机制体系。

第三篇｜规划篇

五　优化旅游空间布局

（一）旅游空间布局

依据皖北的旅游资源禀赋和发展基础，以高铁、高速路网、淮河水系为骨架，以蚌埠为主核、其他五市为次核的旅游中心体系，以"协同并进、融合集聚、多廊贯穿、绿带环绕"为布局思路，以"六大中心"为引领，融合"两大板块"，以"十二大旅游主体功能区"为支撑，以"四大廊道"为构架，"六大绿带"镶嵌其中，联动发展。最终确定皖北的旅游空间布局为"621246"旅游空间布局。

（二）空间发展思路

1. 六大旅游中心

以蚌埠市为沿淮和皖北旅游中心城市，增强蚌埠市在皖北地区的引领作用，同时以淮北市、亳州市、宿州市、阜阳市、淮南市为皖北旅游次中心城市，充分发挥各市的地缘优势，实现跨区域联动发展，形成"一核引领，五心共建"的格局。

蚌埠市——沿淮及皖北的旅游中心城市。充分发挥铁路、公路和内河水运综合交通优势，依托交通枢纽打造旅游经济枢纽，建成引领皖北旅游发展核。

淮北市——皖东北区域性旅游中心城市。引领资源型城市转型，抓好采煤塌陷区综合治理，建设全国资源型城市旅游转型升级样板区和山水生态旅游城市，建成皖东北区域性旅游中心城市。

亳州市——皖豫旅游节点城市。增强皖豫节点城市功能，发挥皖西北豫东地区旅游联动支撑作用，建成皖豫旅游节点城市。

宿州市——皖东北区域性旅游中心城市。立足皖北传统农业大市和农村改革先行区的发展优势，建设现代农业旅游强市，建成皖东北区域性旅游中心城市。

阜阳市——皖西北区域性旅游中心城市。充分发挥临近中原的优势，建成中原文化旅游区西门户城市。

淮南市——联结合肥经济圈的节点城市。积极推进合淮同城化发展，强化与合肥经济圈的旅游联动发展，建成联结合肥经济圈的节点城市。

2. 两大旅游发展板块

皖西北旅游发展板块。以皖西北田园风光、历史文化等为依托，深入推进特色农业发展，提升农业观光园、生态园等旅游业态发展质量，丰富休闲农业旅游景观，推进国家现代农业庄园创建，提升休闲功能。打好文化牌，结合农耕文化、历史文化、水利灌溉文化等特色文化，构建集田园风光、文化旅游和休闲度假等功能为一体的皖西北旅游发展板块。

皖东北旅游发展板块。围绕区域特色林果产业，辅之以花卉花艺，加快推进特色林果与花卉产业提质增效和转型升级，丰富旅游项目载体，增强文化休闲功能。充分利用山水资源，做好生态文章，发展体育运动、休闲度假等旅游产业。深入挖掘红色文化、遗产遗址、楚汉文化等优质文化资源，构建集休闲农业、休闲体育、休闲文化为一体的皖东北旅游发展板块。

3. 十二大重点旅游主体功能区

运河故道——隋唐大运河文化遗产旅游功能区。
最美湿地——淮北坍陷湿地群休闲旅游功能区。
皖北名山——大皇藏峪、相山山地休闲旅游功能区。
古城亳州——亳州古城文化休闲旅游功能区。
甜蜜果都——宿北现代林果农业旅游功能区。
淮上明珠——蚌埠—凤阳都市文化休闲旅游功能区。
现代田园——阜亳双城乡村休闲旅游功能区。
淮河国闸——阜南王家坝红色文化旅游功能区。
田园水乡——颍上八里河休闲度假旅游功能区。
千年楚韵——寿州古城—八公山文化生态旅游功能区。
岭上原乡——滁西（凤、明、定）江淮丘陵休闲旅游功能区。
改革探源——凤阳小岗村红色文化旅游功能区。

4. 四大旅游廊道

郑徐高铁线旅游风景道——新廊道。依托淮北市和宿州市，充分利用郑徐高铁，结合连霍高速，形成联通中原经济区和淮海经济区的大动脉，积极融入"一带一路"，成为旅游区际融合的重要桥梁。

济广高速生态旅游风景道——新通道。以亳州市、阜阳市两大中心城市为依托，积极发挥中原文化旅游区东大门的优势，建设联结中原文化旅游区、大别山扶贫旅游示范区的重要旅游通道。

京福高铁线旅游风景道——新动脉。以蚌埠市、淮南市为重要依托，提升蚌埠市旅游中心功能，联合淮海经济区，促进皖北文化生态旅游区、合肥经济圈旅游区、皖南国际文化旅游示范区三大板块的融合联动发展。

淮河生态旅游风景道——新走廊。将淮河建设成为连接东中部地区的黄金旅游通道，积极参与新亚欧大陆桥区域经济发展合作，创新湿地生态休闲、现代农业休闲等旅游发展模式，成为全国新型农业旅游先行区、示范区，重筑第三条出海"黄金水道"。

5. 六条滨河生态文化休闲旅游带

（1）颍河—泉河生态文化旅游带。串联阜阳市区、界首市、太和县、颍上县，以颍河—泉河绿色生态为脉，以湿地、湖泊为载体，整体塑造生态颍河，绿色水乡的形象。充分发挥颍上县八里河风景区的带动作用，提升颍州区颍州西湖、颍泉区阜阳生态乐园、颍上县迪沟、颍上县尤家花园—五里湖等景区，串联成"颍上明珠"，成为打造和提升颍河生态旅游带的着力点。有机整合颍考叔孝文化、管鲍友谊文化、欧苏师徒文化，打造成皖西北文化、生态共融的绿色旅游长廊。

（2）涡河生态文化旅游带。联合亳州市城区、涡阳县、蒙城县、怀远县，整合涡河沿线远古历史遗址、重大历史事件、人文历史传说、著名历史人物，塑造"涡淮道家文化带"的整体形象，建设高品质文化河流生态旅游廊道。

（3）古黄河生态文化旅游带。以黄河故道为脉，将古黄河打造成联结豫皖苏文化旅游重要目的地。深植地方特色文化，结合唢呐、武术等资源，大力发展文化演艺，依托特色林果、故道湿地，打响"果海绿洲、世界梨都"的美誉度，塑造国家级生态示范区品牌。积极培育临空产业，形成地上游、空中看的立体化旅游模式。

（4）隋唐大运河精品遗产旅游带。联合淮北市区、濉溪县、宿州市区、灵璧县、泗县，结合古运河保护工程，在做好文化遗产保护前提下，深入挖掘和引入隋唐文化元素，建设原生态运河公园、运河风情影视基地、运河文化产业园，注重与运河豫苏段的合作。重点提升淮北市濉溪县柳孜隋唐运河码头遗址、淮北市濉溪县临涣古城、宿州市埇桥区涉故台、隋唐运河遗址泗县段等沿线重点资源，结合文化演艺，活化再现盛世隋唐风情，融入灵璧奇石文化、楚汉文化，构建以多元文化体验、研学休闲为主题的大运河精品遗产旅游带。

（5）淠河生态旅游带。以水利风景区为重要依托，充分挖掘利用古水利灌溉遗址遗迹，结合农耕文化，建设淠河灌溉工程的历史展览馆。以淠河沿线的重要水利遗址遗迹为载体，再现水门塘、安丰塘、正阳关等历史风貌，利用好湖泊资源，提升休闲度假功能。注重与大别山扶贫旅游示范区的联动发展，构建以水利风景区与灌溉工程为载体，以观光体验、休闲度假为主题的生态旅游带。

（6）江淮运河生态旅游带。加强沿线生态保护，注重挖掘沿线文化，差异化分段发展与整体协同发展相结合，充分利用西淝河沿线的生态优势，提升休闲功能，打造休闲运动之河；依托瓦埠湖等资源，发挥农渔优势，增强观光旅游、休闲度假等功能。发挥江淮运河联通中原文化旅游区、合肥经济圈、皖江城市带等功能，建设集观光旅游、休闲运动、文化体验、养生度假为一体的生态旅游带。

六　创新旅游产业发展

依托"旅游+"发展路径，以"互联网+"为契机，充分融合各产业行业，创新皖北旅游产业发展模式。积极培育骨干旅游企业，支持中小微旅游企业发展，发展特色旅游产业。提升旅游产业要素，优化产业结构，促进产业升级，加强产业融合，延展产业链。发展重点产业，培育产业集聚区。打造具有专业化、集约化、精细化、特色化、多元化、集团化的皖北旅游产业发展模式，开创皖北旅游产业发展新局面。

（一）打造龙头企业、培育中小微企业

1. 培育骨干旅游企业

加快旅游企业集团化建设，壮大旅游产业主体，加大整合力度，通过兼并重组、品牌输出、连锁经营、发行债券、投资合作、融资上市等渠道，组建大型旅游企业集团，完善现代企业制度，培育皖北的旅游骨干企业。鼓励私营企业、民营资本与政府进行合作，参与公共基础设施的建设，投资旅游业，寻求新的发展。重点推动淮北矿业（集团）有限责任公司、安徽口子酒业股份有限公司、安徽古井集团有限责任公司、亳州建安旅游控股集团、亳州康美中医药发展有限公司、安徽省皖北煤电集团有限责任公司、阜阳祥源旅游控股集团、阜阳华润电力有限公司、安徽金种子酒业股份有限公司、淮南矿业（集团）有限责任公司、淮浙煤电有限责任公司等大型企业参与旅游投资建设。

充分发挥市场在旅游资源配置中的决定性作用，通过扩大开放、招商引资，引进一批实力雄厚的战略投资者作为皖北旅游产业发展的重要支点，借助国内外知名旅游企业的品牌吸引力、现代化管理经验、旅游大项目投资，促进皖北旅游产业又好又快发展。

改善区域内旅游企业融资难的问题，改善皖北旅游发展的融资环境。加大政府主导旅游企业整合力度，重组旅游饭店、景区、旅行社、旅游交通等旅游企业，构建综合型旅游企业集团。

力争到2020年，打造5~6家大型旅游企业集团，区域内年营业收入亿元以上旅游企业达20家。

2. 支持中小微旅游企业发展

推进旅游经营企业化、运作市场化，积极支持中小微旅游企业发展，引导和支持中小微旅游企业提高经营管理水平和自身市场开拓能力，争取国家的融资、财政、税收、人力资源培训等方面的对中小微旅游企业政策支持，健全中小微旅游企业发展专项基金，加快推进中小微旅游企业服务体系建设。

鼓励引导民间资本参与发展旅游业，逐步降低饭店、旅行社等竞争性领域旅游企业的国有资产比重，积极培育产权多元化的旅游市场主体。

支持一批专精特新的中小微旅游企业发展，提升中小微旅游企业核心竞争力，不断丰富产业业态，丰富供给要素，扩大产业整体规模，不断增强满足市场需求能力。

3. 发展特色旅游产业

依托皖北特色旅游资源，发展特色旅游产业。完善特色旅游企业注册准入手续，对于特色旅游企业发展给予资本和政策等支持。鼓励毕业大学生、返乡创业民工、专业技术人才积极投身特色旅游产业创业。努力打造创意旅游发展基地，重点支持亳州市酒文化旅游产业基地、亳州市中医药文化旅游产业基地、宿州市符离集餐饮文化旅游产业基地、蚌埠市沿淮民俗文化旅游产业基地等建设。

（二）加快产业升级、促进产业融合

1. 提升旅游产业要素

（1）创新餐饮体验。皖北地区各地市结合当地旅游商品特色，加快建设符合现代旅游特点、具备承接大众旅游的美食街区或美食城。

深度挖掘皖北特色美食和美食文化，将亳州牛肉干、涡阳狗肉汤、蒙城撒汤、宿州符离集烧鸡、萧县面皮、萧县皇藏峪蘑菇鸡、阜阳地锅鸡、阜阳格拉条、太和板面、淮南豆腐宴、淮南牛肉汤、凤阳梅市咸水鹅等特色风味小吃打造成"皖北风味"品牌。

支持本土餐饮企业，打造特色餐饮聚集地。鼓励皖北本土餐饮企业连锁经营。做出品牌，打响名气；在城区、景区建设美食主题商业街，形成商业集聚效应；积极引进国内外知名餐饮企业品牌连锁店入驻皖北。

专栏5	皖北特色餐饮系列
菜品饮食	淮北南坪响肚、濉溪临涣烧饼、濉溪烙馍、亳州牛肉馍、亳州五香黄牛肉、亳州锅盔、亳州玛糊、亳州魏武粉皮、涡阳干扣面、涡阳狗肉汤、涡阳义门羊肉汤、蒙城油酥烧饼、蒙城撒汤、利辛贡馍、宿州符离集烧鸡、宿州奶汁肥王鱼、砀山桶子鸡、萧县皇藏峪蘑菇鸡、萧县面皮、萧县羊肉汤、蚌埠固镇湖沟烧饼、蚌埠金涂山烧全鸡、蚌埠盘丝饼、阜阳格拉条、阜阳枕头馍、阜阳地锅鸡、阜阳部ित板鸭、阜阳撒汤、阜阳皮丝、太和板面、淮南上窑徽子、淮南夏集面圆、淮南八公山豆腐、淮南牛肉汤、霍邱鸡蛋烧饼、定远板栗炖土鸡、凤阳梅市咸水鹅、凤阳酿豆腐等。
农产品	黄里石榴、塔山石榴、砀山酥梨、苏赵梨、郝圩酥梨、黄晶梨、萧县葡萄、上窑葡萄、曹庵草莓、太和樱桃、潘集酥瓜、沱湖红心鸭蛋、阜阳咸鸭蛋、三官核桃、皇藏峪香椿芽、皇藏峪莪子、夹沟香稻米、固镇连龙花生、高滩萝卜、永安土豆、太和贡椿、红薯粉丝、日月牌粉丝、观堂大蒜、高公大蒜、脱水蔬菜、御膳麻油、凤阳藤茶等。
水产品	西淝河大闸蟹、天河珠蚌、沱湖螃蟹、天井湖银鱼、淮王鱼、瓦埠银鱼、明光女山湖大闸蟹、怀远泥鳅等。
药膳	宿半夏、芍药、亳菊、亳花粉、亳桑皮、亳紫菀、亳丹皮、亳桐、寿柴胡、香草、正阳蒿子、老罐嘴、薄荷、丹参、桔梗、防风、玄参、白芍、菊花、板蓝根、丹皮、夏枯球、白术等。

结合各地的特色文化，将区域特色文化活动融入到美食旅游之中。将淮北市梆子戏、亳州市华佗五禽戏、宿州市马戏、蚌埠市五河民歌、淮南市花鼓灯等民俗演艺节目植入美食街、美食城。

（2）优化住宿环境。发展特色住宿，在城区、景区和主要交通干线上建设民宿、青年旅舍等，形成皖北地区的特色住宿。加快引进连锁型经济快捷酒店，为旅游者提供便捷而又便宜的住宿。

加强星级酒店建设，引进品牌星级酒店，提升皖北旅游的住宿质量和住宿环境，提高城市的住宿品味和层次。到2020年，力争五星级酒店达到7家，高星级主题文化酒店达到10家。

（3）打造品质景区。建设一批高水平的旅游景区。支持淮北市隋唐运河景区、亳州古城景区（含花戏楼、曹操地下运兵道、涡河风景带）、宿州市皇藏峪国家森林公园、蚌埠市花鼓灯嘉年华景区、阜阳市祥源文旅城（含阜阳生态园）、淮南市毛集焦岗湖旅游区、淮南市寿县古城景区、滁州市狼巷迷谷景区、滁州市凤阳小岗村等一批4A级景区的5A创建；支持一批4A级景区建设。

（4）提升旅行社实力。做大做强皖北地区旅行社。实施大型旅行社之间的连锁经营、混业经营和资产重组；鼓励中小旅行社走专业化、个性化的发展道路。

提高旅游行业管理和服务人员的工作能力，经常性地举办业务水平大赛等业务培训，提高旅游行业的服务质量。

加强旅行社的外联能力。拓展与旅游景区、旅游酒店、旅游汽车租赁公司之间的联系。通过新媒介宣传和销售旅行社产品，提升皖北地区旅行社竞争力。持续打造安徽中青旅股份公司、安徽环球旅行社股份公司、阜阳阜之旅国际旅行社有限公司等，提高旅行社集团化规模与水平。

2. 加快旅游产业融合

（1）推动旅游业与第一产业融合发展。依托皖北地区农业资源，利用好乡村优良的自然风光、文化习俗以及特色地方产品，加大游乐、体验和文化要素植入，把农业园打造成乡村旅游景区；同时结合美好乡村建设，开发农业旅游资源，打造特色民俗村、农家乐、特色民宿等业态，实现农业和旅游业的融合发展。

（2）推动旅游业与第二产业融合发展。对工业园区进行旅游整体设计，将参观廊道与旅游游道有机结合，将园区管理设施、公共基础设施与旅游接待中心功能有机结合，变工业园区为旅游景区。

在采煤塌陷区修复中，充分利用生态，营造个性景观，完善基础设施，增加参与和体验性项目，将沉陷区变成亲水型生态旅游景区。

（3）推动旅游业与第三产业融合发展。抢抓文化大发展大繁荣契机，将各类已建博物馆和将要兴建的博物馆打造成为旅游景区；依托国家级、省级、市级文物保护地，在科学保护的前提下，建设淮北市濉溪县柳孜大运河遗址、淮北市濉溪县宋运河码头遗址、亳州市谯城区曹操地下运兵道、亳州市涡阳县店集镇柘王宫遗址、亳州市蒙城县尉迟寺遗址、宿州市埇桥区陈胜吴广起义旧址、蚌埠市淮上区双墩遗址、淮南市大通区寿州窑、淮南市凤台县寿唐关、滁州市凤阳县明皇陵等遗址公园；利用体育场馆设施，开发健身康体旅游。

3. 延展旅游产业链

完善与深化皖北旅游产品谱系，延展旅游产业链，主抓龙头企业，做大旅游产业集群，激发市场活力。以皖北旅游核心吸引物为重要节点构建吸引链；以吃、住、行、游、购、娱六大旅游要素和旅游功能服务产业为支撑构建配套链；以购、节、展、娱、体、文、演等联动要素发展休闲农业、文体、康体、会展、商贸等联动产业构建延展链，延长游客停留时间；构建龙头企业引领、旅游运作推介、企业主体与中介组织积极参与的运营链。通过大力提升观光产业链、着力打造休闲度假链、积极发展生态体验链，实现皖北旅游业的全产业化发展。

（三）遴选重点产业、打造产业集聚区

1. 山地旅游产业集聚区

以山地观光、山地休闲、山地度假、山地养生、山地运动等为主题，创新健康养生、避暑休闲、度假疗养、山地运动、汽车露营、科普探险、修学旅行等新兴业态，延伸山地旅游产业链。以淮北市

龙脊山、宿州市皇藏峪山、蚌埠市涂山、淮南市八公山等为依托，建设一批山地旅游产业集聚区。

> **专栏6**
>
> **山地旅游产业集聚区**
>
> 淮北市南山汉文化养生产业集聚区、淮北市相山—龙脊山旅游度假产业集聚区、宿州市大皇藏峪山地休闲产业集聚区、蚌埠市涂荆山文化观光产业集聚区、淮南市八公山禅修养生产业集聚区、滁州市女山山地度假产业集聚区、滁州市韭山山地研学产业集聚区。

2. 湿地旅游产业集聚区

以湿地观光、湿地休闲、湿地度假、湿地科普、湿地探险、运动疗养等为主题，培育健康养生、避暑休闲、户外运动、商务会议、研学旅行等新兴业态，延伸湿地生态旅游产业链。以八里河、淮河、沱湖、涡河、西淝河等河流湖泊为依托，建设一批湿地旅游休闲产业集聚区。

> **专栏7**
>
> **湿地旅游产业集聚区**
>
> 淮北市濉溪县南湖城市休闲湿地旅游度假区、亳州市谯城区郑店子涡河城市湿地休闲度假区、宿州市埇桥区新汴河城市湿地观光产业集聚区、宿州市砀山县黄河故道湿地观光休闲产业集聚区、宿州市利辛县西淝河湿地度假产业集聚区、蚌埠市沿淮湿地休闲产业集聚区、蚌埠市怀远县四方湖湿地观光休闲产业集聚区、蚌埠市五河县沱湖湿地观光度假产业集聚区、阜阳市颍上县八里河湿地休闲产业集聚区、淮南市凤台县焦岗湖湿地休闲产业集聚区、滁州市明光市女山湖湿地生态产业集聚区、六安市霍邱县水门塘湿地观光产业集聚区。

3. 农业旅游产业集聚区

以观光农业、休闲农业、有机农业、体验农业等为主题，大力发展自然观光、康体运动、农事体验、素质教育、商务培训、现代农业等新兴业态。以淮北市塔山石榴、宿州市砀山酥梨、宿州市萧县葡萄、蚌埠市怀远石榴等特色农业资源为依托，延伸农业旅游产业链条，建设一批农业旅游产业集聚区。

> **专栏8**
>
> **农业旅游产业集聚区**
>
> 皖东北现代林果休闲产业集聚区：淮北市烈山区四季榴园现代农业示范、淮北市烈山区和村苹果观光采摘园、宿州市砀山果园场酥梨黄桃种植园、宿州市萧县大庄葡萄种植基地、蚌埠市怀远县石榴农产品产业示范园。
>
> 皖西北田园生态休闲产业集聚区：亳州市兴华农业综合示范庄园、亳州市林拥城南外环苗圃产业园、亳州市世外桃源乡村旅游区、亳州市润耕天下假日农庄、亳州市洺畔绿洲生态旅游度假区、亳州市印象江南生态乐园。
>
> 皖北现代牧业休闲产业集聚区：淮北市山羊养殖基地、亳州市黄牛养殖基地、淮南市东辰生

态农业示范区。

沿淮岗丘花木旅游产业集聚区：蚌埠市怀远县西海现代农业科普示范基地、阜阳市花博园展览园、滁州市明光市潘村洼省级现代农业示范区、滁州市定远县金山滴水省级现代农业示范区、滁州市凤阳县小岗村现代农业示范园。

4. 历史文化遗产产业集聚区

依托人类活动遗址、历史事件发生地、军事遗址、废弃寺庙、废弃生产地、交通遗址、废城与聚落遗迹等旅游资源，采用适当的修复手段，并运用现代技术手段，结合相应的文化背景，让游客感悟文化历史、传承优秀历史文化。以淮北濉溪县临涣古城、亳州古城、淮南寿县寿州古城、滁州凤阳县明中都皇故城等历史遗产为建设重点，打造一批具有历史文化韵味的旅游产业集聚区。

> **专栏9**
>
> **历史文化遗产产业集聚区**
>
> 淮北市濉溪县临涣古城项目产业园、亳州市谯城区古城文化旅游区、亳州市魏武建安文化旅游区、亳州市华佗中医药文化产业集聚区、宿州市砀山县黄河故道生态文化旅游观光带、宿州市灵璧县垓下古战场历史文化旅游区、宿州市泗县隋唐大运河文化产业集聚区、蚌埠市大禹文化旅游区、阜阳市颍上县明清文化旅游集聚区、淮南市寿县淝水之战历史文化旅游区、滁州市凤阳县大明文化产业集聚区。

5. 会议会展产业集聚区

以"山、河、湖、温泉"等特色旅游资源为载体，引进国内外大型会议会展，延展会议会展旅游产业链条，发展餐饮业、商业、交通运输业、广告通讯业等相关配套产业。以淮北、蚌埠、阜阳等都市会议会展场馆为依托，建设一批会议会展旅游产业集聚区。

> **专栏10**
>
> **会议会展旅游产业集聚区**
>
> 淮北市会议会展旅游产业集聚区、亳州市康美中药城酒店会展中心、宿州市灵璧石国家文化会展中心、蚌埠市会议会展旅游产业集聚区、阜阳市会议会展旅游产业集聚区、阜阳市颍上度假村世界之城度假小镇会议会展中心、淮南市山南商务休闲区。

6. 文化创意产业集聚区

以饮食文化、红色文化、曲艺文化、诗歌文化、大明文化、建安文化、奇石文化等为主题，利用文化创意、文艺表演、文化展示、文化体验等手段，整合形成集创意、研究、生产、销售于一体的文化科技旅游产业链。以文化娱乐产业园、主题公园、动漫游戏产业园、宗教文化产业园等为依托，建设一批文化创意产业集聚区。

> **专栏 11**
>
> **文化创意产业集聚区**
>
> 亳州市五禽戏文化演艺产业园、亳州市古井酒文化创意产业集聚区、亳州市剪纸艺术文化产业园、亳州市中医药文化创意产业集聚区、亳州市蒙城县庄子文化体验园区、宿州市埇桥区符离集烧鸡文化产业园、宿州市埇桥区白居易文化产业园、宿州市灵璧奇石文化创意产业集聚区、蚌埠市蚌山区花鼓灯文化创意产业集聚区、蚌埠市怀远县大禹文化旅游区、蚌埠市五河县顺河老街文化创意街区、阜阳市颍泉区祥源·颍淮生态文化旅游城、阜阳市界首市伏羲文化产业园、阜阳市界首市彩陶工艺品文化产业园、阜阳市阜南县柳编工艺品文化产业园、淮南市豆腐文化创意产业集聚区、滁州市凤阳县大明文化产业园。

7. 红色旅游产业集聚区

依托中国共产党领导人民在革命战争和和平建设时期建树丰功伟绩所形成的纪念地、标志物为载体，以其所承载的革命历史、革命事迹和革命精神为内涵，组织旅游者开展缅怀学习、参观游览的主题性旅游活动。以抗日战争、解放战争、改革开放三个时间点，打造一批红色旅游产业集聚区。支持淮南市联合全国侵华日军罪证遗址所在地，成立爱国主义教育研学基地。

> **专栏 12**
>
> **红色旅游产业集聚区**
>
> 抗日战争时期：亳州市涡阳县新四军第四师司令部旧址、亳州市涡阳县新四军四师纪念馆、蚌埠市五河县于圩革命烈士陵园、淮南市大通区侵华日军罪证遗址、淮南市谢家集区新四军纪念林景区、滁州市明光市抗日民主政府纪念馆。
>
> 解放战争时期：淮北市濉溪县小李庄淮海战役总前委旧址、淮北市濉溪县临涣淮海战役总前委旧址、淮北市濉溪县中共淮海战役总前委旧址、淮北市濉溪县淮海战役双堆集战场旧址、宿州市萧县蔡洼淮海战役总前委旧址、蚌埠市蚌山区渡江战役总前委旧址。
>
> 改革开放时期：阜阳市阜南县王家坝淮河水利工程、滁州市凤阳县小岗村。

8. 中医药养生产业集聚区

利用自然、人文、康体、农业等旅游资源，结合中医药技术方法，通过康体养生、洗浴养生、药膳医疗等形式提供健康养生服务。以养生山庄、疗养温泉等康体养生基地为载体，建设一批中医药健康养生旅游产业集聚区。

> **专栏 13**
>
> **中医药养生旅游产业集聚区**
>
> 亳州市华佗中医药博物馆、亳州市健康养生基地、亳州市康美中药城养生文化区、亳州市中华药博园、亳州市尚汤温泉、阜阳市高端医药产业园。

9. 体育旅游产业集聚区

以体育观光、赛事参与、康体修心、运动康复、健身培训、探险刺激、文化创意、民俗体验为主题，发展体育观赏型、赛事参与型、康体养生型、探险刺激型、民俗体验型等新兴业态，建设品牌赛事活动、康体修心养生、体育文化创意、体育主题公园、体育旅游用品销售、体育主题酒店餐饮、户外运动装备制造等体育旅游产业。

专栏 14　　　　　　　　　　体育旅游产业集聚区

亳州市五禽戏养生产业园、亳州市利辛县环西淝河自行车赛事中心、宿州市砀山县官庄林场马术俱乐部、宿州市砀山县沙土国黄土风情运动旅游区、阜阳市太和县沙颍河汽车露营地。

---

10. 乡村旅游产业集聚区

以休闲农业、绿色景观、田园度假、风情民俗、健康养生为主题，培育国家农业公园、国际驿站、乡村民宿、乡村庄园/酒店/会所、养生山吧、休闲农场/牧场、生态渔村、山水人家、洋家乐等新兴业态。以乡村自然生态与田园风光、遗产与建筑、人文民俗、景观意境为依托，建设一批乡村旅游产业集聚区。

专栏 15　　　　　　　　　　乡村旅游产业集聚区

皖西北乡村旅游产业：亳州市谯城区莲溪温泉休闲度假村、亳州市涡阳县兴华农庄、亳州市利辛县祥隆生态农庄、亳州市利辛县印象江南生态园、亳州市利辛县颐生园生态农家乐、亳州市利辛县淝畔绿洲颐养庄园、阜阳市颍东区碧翠湖生态农业有限公司等。

皖东北乡村旅游产业：淮北市杜集区凤凰山生态农庄、淮北市烈山区榴园村农家乐、淮北市濉溪县双林雅苑、宿州市砀山县碧清庄园、宿州市萧县饮马泉农家乐、蚌埠市固镇县香雪度假村等。

沿淮乡村旅游产业：蚌埠市禹会区禾泉农庄、淮南市谢家集区洞山东华怡乐生态园、淮南市凤台县绿吧生态园、淮南市寿县君湖·刘老根生态农庄、滁州市凤阳县小岗村培训中心农家乐、六安市霍邱县泉水农家山庄等。

---

11. 工业旅游产业集聚区

以工业生产过程、工厂风貌、工人劳动生活场景为主要吸引物，发展工业遗产旅游、工业科普旅游、产业公园、企业文化旅游、工业购物旅游等工业旅游项目。以煤矿工业、白酒制造业、食品加工业、新能源产业为着力点，建设一批工业旅游产业集聚区。支持淮南市创建全国工业旅游城市。

专栏 16	
	工业旅游产业集聚区

　　煤矿工业：淮北市煤矿开采沉陷区公园、淮南市煤矿开采沉陷区公园等。

　　白酒制造业：淮北市口子酒产业园、亳州市古井贡酒产业园、亳州市高炉家酒产业园、蚌埠市皖酒产业园、滁州市老明光酒产业园等。

　　食品加工业：淮北市幸运方便面产业园、亳州市五洲牛肉干产业园、宿州市符离集烧鸡产业园、宿州市砀山酥梨黄桃罐头产业园等。

　　新能源产业：淮北市光伏发电项目产业园、亳州市生态旅游农业光伏发电产业园、宿州市符离集光伏发电产业园、宿州市朱山光伏发电产业园等。

七　打造旅游产品体系

　　整合旅游资源，推进旅游产品转型换代。建设旅游精品景区，培育和打造旅游新业态产品，开发精品旅游线路，构建种类多样、特色鲜明的旅游产品新体系。

（一）建设旅游精品景区

1. 创建国家中医药健康旅游示范区（基地、项目）

　　按照《关于开展国家中医药健康旅游示范区（基地、项目）创建工作的通知》要求，探索中医药健康旅游发展的新理念和新模式，创新发展体制机制，推广应用互联网技术，在产业化改革创新等方面先行先试，推动旅游业与养老相结合，与中医药健康服务业深度融合，推动亳州市、阜阳市太和县等地创建国家中医药健康旅游示范区（基地、项目）。

2. 创建国家 5A 级旅游景区

　　创新旅游产品、优化景观环境、突出品牌形象，提升区域内重点 4A 级景区，加大 5A 创建力度，到 2020 年，每市至少推出一个景区创建国家 5A 级旅游景区，并取得实质性进展，争取 1~2 家景区成功创建。

专栏 17	
	皖北地区 5A 级旅游景区创建备选名录

　　淮北市：淮北隋唐运河。

　　亳州市：亳州古城景区（北关历史街区及郑店子温泉旅游度假区）。

　　宿州市：皇藏峪景区。

　　蚌埠市：花鼓灯嘉年华。

阜阳市：阜阳祥源文旅城（含阜阳生态园）。
淮南市：寿州古城—八公山旅游区，焦岗湖景区。
沿淮四县：凤阳小岗村。

3. 提升创建一批 4A 级旅游景区

以区域内重点 3A 级景区及近年新建的特色景区为基础，提升和创建一批 4A 级旅游景区，到 2020 年，每市至少推出 5 个以上项目创建 4A 级旅游景区，并取得实质性成果。

> **专栏 18**
> **皖北地区 4A 级旅游景区创建备选名录**
>
> 淮北市：相山区隋唐大运河博物馆、相山区相山公园、烈山区龙脊山自然风景区。
> 亳州市：谯城区安徽沪谯中药饮片厂、涡阳县天静宫、蒙城县庄子祠、蒙城县雪枫公园—板桥集战斗纪念馆。
> 宿州市：灵璧县钟馗酒文化博物馆、灵璧县虞姬文化园、泗县江上青烈士纪念园。
> 蚌埠市：龙子湖区龙子湖、禹会区张公山公园、淮上区淮河蚌埠闸水利风景区、怀远县白乳泉景区。
> 阜阳市：颍州区颍州西湖、颍州区中国粮仓博物馆、颍上县五里湖生态湿地公园。
> 淮南市：大通区上窑旅游区、潘集区后湖生态园景区、凤台县茅仙洞旅游景区、凤台县淮上回风园景区、寿县正阳关玄帝庙公园、寿县天宝双遗文化园、凤台县焦岗湖旅游区。
> 沿淮四县：明光市：抹山文化旅游景区、燕子湾景区；定远县：金山文化旅游景区、藕塘—令狐山风景区、定远古城；凤阳县：鼓楼风景区、韭山洞风景区、龙兴寺景区；霍邱县：李氏庄园、水门塘公园。

4. 建设国家级、省级旅游度假区

充分依托区域内良好的生态环境，深入挖掘文化内涵，合理定位，差异开发，结合山地、水体、历史文化、乡村等特色资源，开发一批以生态休闲、康体养生、休闲度假、文化体验为特色的休闲度假产品，建设一批国家级、省级旅游度假区。

整合历史文化、中医药文化、美食文化、酒文化及湿地生态、温泉等资源与要素，建设以文化为主题的亳州古城国家级旅游度假区；立足八里河国家 5A 级景区的发展基础，进一步完善度假设施，提升景区品质，升级度假产品，建设以生态为主题的八里河国家级旅游度假区；以相山、龙脊山为骨架，充分利用万亩石榴园、万亩杏园等特色林果及美丽乡村资源，配套度假设施，创意特色产品，建设以乡村为主题的大相山国家级旅游度假区。

到 2020 年，每市至少推出一个项目创建旅游度假区，并取得实质性成果。

专栏 19	皖北地区旅游度假区创建备选名录

淮北市：相山—龙脊山旅游度假区、南湖旅游度假区。

亳州市：亳州（以郑店子温泉为核心产品）健康养生旅游度假区、西淝河及茨淮新河体育旅游度假区。

宿州市：黄河故道湿地文化旅游度假区、皇藏峪山地旅游度假区。

蚌埠市：龙子湖旅游度假区、沱湖旅游度假区。

阜阳市：八里河旅游度假区。

淮南市：焦岗湖湿地旅游度假区。

沿淮四县：明光市：老嘉山山地旅游度假区、女山湖湿地旅游度假区；霍邱县：水门塘公园旅游度假区。

5. 创建国家级全域旅游示范区

到 2020 年，将皖北地区旅游发展条件及基础较好的县（市、区）创建成为"国家全域旅游示范区"。

专栏 20	皖北地区创建国家全域旅游示范区名录

淮北市：全域旅游示范区（市域）。

亳州市：谯城区。

宿州市：砀山县、灵璧县。

蚌埠市：五河县。

阜阳市：颍上县。

淮南市：寿县。

沿淮四县：凤阳县。

（二）培育和打造新业态旅游产品

立足皖北地区内生旅游市场需求及旅游消费新趋向，深入推进"旅游+"，促进旅游产品开发的跨界融合，整合区域文化、农业、生态、工业、体育、美丽乡村等资源，推进旅游产品转型换代，构建种类多样、特色鲜明的旅游产品新体系，重点培育和打造十九大类新业态旅游产品。

1. 文化创意旅游产品

文化创意产业园区。依托区域内隋唐运河世界文化遗产及红色文化、老庄文化、楚汉文化、三国文化、大明文化、管鲍文化等文化资源优势，以创新科技、创新服务、创意社区、创意生活和创意消费多位一体的新模式，构建多个集产业、文化、旅游、合作、社区等多元化功能于一体的皖北创新创业发展新平台。培育创新型文化旅游企业，鼓励文化从业者、创业者"文化移民、艺术移民"，做强创意文化旅游产业。

文化演艺。挖掘皖北地方特色，借助现代高科技和舞台艺术等手段，推动花鼓灯、泗州戏等表演艺术类非物质文化遗产创新发展。区域内5A级旅游景区及"十三五"期间列入5A创建名录的景区至少推出一台常态化的旅游演艺节目。

影视基地。依托皖北丰富的历史文化资源，在重点景区建设一批影视基地、影视拍摄外景地和剧情体验区、影视文化旅游产品开发展示区等，活跃皖北文化创意旅游市场。

文创街区。挖掘与传承皖北地区传统文化元素，融入现代文化创意元素、休闲元素，建设时尚高雅的文化创意街区。"十三五"期间，皖北地区各市、县（区、市）至少建设一条文化创意街区。

非遗文化旅游产品。保护和传承皖北地区非物质文化遗产项目，建设一批非物质文化遗产传习基地，积极搭建非物质文化遗产传承人代表作品展示和交易平台，创新传播、传习形式，推动皖北地区民间文学、传统音乐、舞蹈、戏剧、曲艺、体育、游艺、杂技、美术、技艺和民俗与文创产业相融合。

专栏21

文化创意旅游产品

文创产业园区：宿州市旅游商品产业示范园、宿州市砀山文化产业园、宿州市灵璧县文化创意产业园、宿州市泗县运河文化旅游产业园、蚌埠市星宇文化创意产业园、蚌埠市大学科技园、淮南市志高文化科技动漫产业园、淮南市舜耕山主题公园。

文化演艺：亳州市五禽戏文化演艺、亳州市魏晋文化演艺、亳州市老庄文化演艺、宿州市马戏大世界、宿州市砀山梨园演艺、宿州市灵璧磬乐演艺、阜阳市颍州西湖文化演艺、阜阳市八里河水上风情演艺、淮南市焦岗湖水上风情演艺、蚌埠市龙子湖之夜时尚演艺、蚌埠市花鼓灯演艺、滁州市凤阳花鼓演艺、滁州市凤阳大明文化演艺。

影视基地：淮北市相山区中央新影影视基地、宿州市泗县星光影视基地、淮南市凤台县焦岗湖海顿水韵影视基地。

文创街区：淮北市濉溪老街、亳州市谯城区北关明清商业街区、宿州市埇桥区符离集风情商业街、宿州市灵璧县钟馗文化街、阜阳市颍上县滨河人文街、蚌埠市怀远县北宋荆山街、淮南市大通区煤都文化休闲街、淮南市寿县楚国风情街、淮南市寿县陶店回族风情街。

非遗产品：淮北市口子窖酒酿造技艺、淮北市临涣酱培包瓜制作工艺、亳州市千年古井贡酒酿造工艺、宿州市符离集烧鸡制作技艺、宿州市药物布鞋制作技艺、阜阳市彩陶烧制技艺、阜阳市毛笔制作技艺、阜阳市淮河柳编工艺：黄岗柳编、霍邱柳编；阜阳市刺绣：细阳刺绣、界首刺绣；阜阳市杜氏刻铜技艺、淮南市豆腐传统制作技艺、宿州乐石砚制作技艺、淮南市紫金砚制作技艺、淮南市寿州窑陶瓷制作技艺、淮南市大救驾制作工艺。

2. 休闲农业旅游产品

国家农业公园。立足皖北农业资源优势，发展集农业生产、农业旅游、农产品消费为一体的高端休闲农业与乡村旅游新业态，创建淮北市四季榴园、宿州市砀山梨园、阜阳生态园等国家农业公园，打造集农耕文化展示、现代农业生产及皖北民风民俗体验的现代新型大农业旅游区。

文化创意农园。建设一批以农业为基础、以创意为手段，融合文化教育、科技与创意产业的时尚农业园区，将传统农业与科技、文化创意产业相融合。重点建设一批文创农产品农场、文创农艺工坊、文创农品专营店、文创主题农庄、文创亲子农园、文创休闲农场、文创酒庄、文创现代农业示范园区等项目。

农业庄园。依托现代农业基础，升级乡村旅游产品，建设一批农业庄园，发展以户外休闲、养生度假为主题的休闲旅游业态。建设一批葡萄庄园、蓝莓庄园、薰衣草庄园、中药草养生园、艺术庄园、乡村酒店等主题化庄园。

市民农园。推动休闲农业园区对接城市社区，发展订单农业、众筹农业、有机农业等新兴业态，建设一批社区支持农业（CSA）试点农园，活跃本地周末乡村旅游市场。

现代农业科技示范区。依托区域内国家级现代农业示范区、省级现代农业示范区建设一批融观光、采摘、教育、研学、农产品加工、生物育种和休闲度假等功能为一体的国家级现代农业科技示范区。

到 2020 年，在皖北地区建设 100 个左右各类重点农业休闲旅游园区。

专栏 22

休闲农业旅游产品

淮北市：相山区凤凰山省级现代农业示范区、相山区凤凰山生态农庄、杜集区高岳省级现代农业示范区、杜集区卧云庄园、烈山区榴园省级现代农业示范区、烈山区榴园村农家乐、烈山区老猫洞生态园、烈山区龙翔山寨、烈山区四季榴园景区、濉溪县百善省级现代农业示范区、濉溪县双林雅苑。

宿州市：埇桥区国家现代农业示范区、埇桥区灰古省级现代农业示范区、埇桥区凤凰堤生态农业观光园、埇桥区夏刘寨村农家乐生态观光旅游项目、砀山县黄河故道省级现代农业示范区、砀山县百果园、砀山县碧清庄园、萧县饮马泉山庄、萧县现代农业观光示范园（葡萄主题公园）、萧县杜楼省级现代农业示范区、灵璧县三河省级现代农业示范区、灵璧县现代农业博览园、泗县大路口省级现代农业示范区、泗县刘圩省级现代农业示范区、泗县现代农业综合试验区。

蚌埠市：淮上区梅桥省级现代农业示范区、怀远县龙亢农场省级现代农业示范区、怀远县古城省级现代农业示范区、怀远县禾泉农庄、怀远县绿色田园农庄、怀远县西海庄园、怀远县水海葡萄园、怀远县农家厨房、怀远县四方湖农庄、怀远县东河湾农家乐、怀远县绿田农庄、五河县沫河口省级现代农业示范区、五河县大新省级现代农业示范区、五河县沱湖度假村、固镇县连城省级现代农业示范区、固镇县香雪度假村。

亳州市：谯城区大杨省级现代农业示范区、谯城区莲溪温泉休闲度假村、涡阳县国家现代农业示范区、涡阳县楚店省级现代农业示范区、涡阳县颐生园生态农家乐、涡阳县兴华农庄、蒙城县乐土省级现代农业示范区、利辛县永兴省级现代农业示范区、利辛县泥畔绿洲颐养庄园、利辛县祥隆生态农庄、利辛县印象江南生态园、利辛县张村镇生态休闲农庄、利辛县西泥河休闲观光农业产业园、利辛县白鹭洲景区。

阜阳市：颍州区西湖省级现代农业示范区、颍东区碧翠湖生态农业有限公司、颍东区毕航产业园、颍东区正午省级现代农业示范区、颍泉区中市省级现代农业示范区、界首市邴集省级现代农业示范区、界首市颍南植物园、临泉县单桥省级现代农业示范区、太和县国家现代农业示范区、太和县旧县省级现代农业示范区、阜南县会龙省级现代农业示范区、颍上县国家现代农业示范区、颍上县红星省级现代农业示范区、颍上县小张庄生态庄园。

淮南市：谢家集区洞山东华怡乐生态园、潘集区草原人家、潘集区高皇省级现代农业示范区、凤台县朱马店省级现代农业示范区、凤台县毛集夏集省级现代农业示范区、凤台县创大生态农业园、凤台县绿吧生态园、寿县迎河省级现代农业示范区、寿县安徽君湖·刘老根生态农庄、寿县康寿农家乐、寿县瓦埠湖渔家乐、寿县瓦埠湖休闲生态农业示范园。

沿淮四县：明光市：潘村洼省级现代农业示范区；定远县：金山滴水省级现代农业示范区；凤阳县：小岗省级现代农业示范区、藤茶山庄、小岗村培训中心农家乐；霍邱县：长集省级现代农业示范区、泉水农家山庄、田园度假村、明青生态园。

3. 水上休闲旅游产品

依托皖北丰富的河流、湖泊、水塘等水资源及渔业资源，塑造皖北水乡品牌，建设一批水上休闲旅游产品，开发休闲垂钓、游泳、漂流、帆船、水上竞技、水上拓展、码头、游艇等休闲旅游产品。

专栏23

水上休闲旅游产品

淮北市水上休闲运动基地、亳州市涡河水上夜游项目、亳州市茨淮新河利辛阚疃水上运动、蚌埠市龙子湖水上游、蚌埠市大巩山樵子涧水库、蚌埠市沱湖水上游、阜阳市八里河水上风情演艺、淮南市月亮岛水运动公园、淮南市峡山口淮河水上游、淮南市焦岗湖水上运动区、淮南市焦岗湖旅游度假区、淮南市焦岗湖水上风情演艺、淮南市焦岗湖水上酒店、淮南市瓦埠湖水上游、淮南市瓦埠湖渔家乐旅游区、淮南市安丰塘水上游、滁州市凤阳山水库、滁州市燃灯水库水上游。

4. 现代主题公园产品

以区域内文化、农业、大运河遗址、湿地等资源为主题，充分利用现代科技手段，构建游乐型、情景模拟型、观光型、主题和风情体验型、4D体验型主题公园。

专栏24

现代主题公园产品

淮北市龙脊山道教主题公园、亳州市道教文化旅游区、亳州市庄子文化主题公园、宿州市"两河四岸"中央游憩区城市户外运动主题公园、蚌埠市嘉年华、阜阳市太和环球嘉年华游乐园、淮南市合淮休闲游憩区舜耕山主题公园、淮南市大通湿地—万人坑旅游区世界和平主题公园。

5. 会议会展旅游产品

依托皖北地区各市、县（区、市）的特色资源优势，把握新型城镇化建设新机遇，大力发展会议会展旅游产品，重点推进亳州文化创意类、两淮工业遗产利用类等国际性会议会展发展。

专栏 25

会议会展旅游产品

淮北市相城雕塑艺术会展、淮北市柳孜大运河文化商务会展、宿州市灵璧石国家文化中心会展活动、蚌埠市龙子湖会议会展中心、阜阳市颍州西湖会议中心度假区、阜阳市会议会展中心、阜阳市颍上度假村世界之城度假小镇会议会展中心、淮南市山南商务休闲区。

6. 城市旅游综合体产品

融旅游、地产、科普文化、美食购物、娱乐休闲、办公商务等业态于一体，推动各市、县（区、市）建设一批城市旅游综合体。

专栏 26

城市旅游综合体产品

亳州市万达城、亳州市美凯龙、宿州市首创文化步行街、宿州市澳门风情街、蚌埠市万达城、蚌埠市百乐门、阜阳市万达城、阜阳市祥源文旅城、淮南市京澳中央广场。

7. 旅游小镇产品

以区域内历史文化、湿地、特色农业、酒文化、红色文化、工业遗产文化等特色资源和产业为基础，建设一批旅游小镇。到 2020 年，谋划建设 100 个左右的旅游小镇。

专栏 27

特色小镇（街区）旅游产品

淮北市：杜集区朔里镇、杜集区石台镇、杜集区段园葡萄小镇、濉溪县临涣休闲古镇、濉溪县柳孜运河文化古镇、濉溪县双堆集红色旅游小镇、濉溪县铁佛镇。

宿州市：埇桥区大泽乡千年古镇、埇桥区符离集千年古镇、埇桥区夹沟镇、砀山县良梨镇、砀山县官庄坝镇、砀山县玄庙镇、萧县庄里镇、萧县新庄镇、萧县杨楼镇、萧县白土千年古镇、灵璧县渔沟镇奇石主题小镇、泗县泗城千年古镇。

亳州市：谯城区十八里镇、谯城区古井酒文化主题小镇、谯城区城父千年历史文化名镇、涡阳县高炉白酒休闲小镇、涡阳县义门文化遗产小镇、涡阳县闸北镇、涡阳县曹市历史文化名镇、蒙城县小涧生态历史小镇、利辛县阚疃镇。

阜阳市：颍州区西湖生态小镇、颍泉区行流淮菊镇、界首市光武镇、界首市大黄人文古镇、阜南县王家坝镇、颍上县八里河镇、颍上县南照镇、颍上县迪沟生态小镇、颍上县荷兰小镇。

淮南：八公山区八公山镇、凤台县毛集镇、凤台县毛集文化小镇、凤台县夏集商贸小镇、大通区上窑镇、凤台县刘集镇、寿县隐贤千年古镇、寿县瓦埠千年古镇、寿县正阳关千年古镇。

蚌埠市：禹会区秦集生态小镇、怀远县万福镇、怀远县古城镇、五河县沱湖螃蟹小镇。

沿淮四县：明光市：女山湖镇、自来桥镇、张八岭镇、石坝镇；定远县：炉桥千年古镇；凤阳县：小溪河镇、花鼓艺术小镇、水晶小镇、临淮关千年古镇；霍邱县：临水古镇、范桥工业小镇。

8. 美丽乡村旅游产品

以区域内特色古村落及美丽乡村为依托，立足当地资源特色和生态环境优势，突出乡村"三生"（生产、生活、生态）特点，深入挖掘乡村文化内涵，以"一村一品"为开发理念，加强休闲农业和乡村旅游特色村的道路、电力、饮水、厕所、停车场、垃圾污水处理设施、信息网络等基础设施和公共服务设施建设，加强相关旅游休闲配套设施建设。推广"村＋园"发展模式，建设形式多样、特色鲜明、个性突出的主题乡村。到 2020 年，打造 100 个左右的美丽乡村。

专栏 28

美丽乡村旅游产品

淮北市：杜集区矿山集街道办南山村、杜集区北山村、烈山区塔山石榴村、濉溪县刘桥镇刘桥村。

亳州市：谯城区十河镇位李村谯城区、谯城区十八里镇小怀村、谯城区观堂镇晨光村、谯城区大杨镇丁固村、涡阳县城东街道办事处黄庄村、蒙城县马集镇柴河村、利辛县城关镇苏店村、利辛县王人镇曹店村、利辛县城北镇大管村（原刘家集乡）、利辛县张村镇柳西村、利辛县阚疃镇大桥村、利辛县孙庙乡和谐村、利辛县马店孜镇水寨村、利辛县永兴镇诸王村、利辛县展沟镇展沟村。

宿州市：埇桥区栏杆石相村、埇桥区夹沟镇头村、埇桥区永镇关湖村、砀山县官庄坝镇岳庄坝村、砀山县良梨镇良梨村、砀山县良梨镇马庄村、砀山县良梨镇杨集村、砀山县曹庄镇回民许庄、砀山县玄庙镇古黄新村、砀山县玄庙镇吴寨村、砀山县玄庙镇红星村、砀山县官庄坝镇刘楼村、砀山县赵屯镇下楼村、萧县杜楼镇纵袁庄、萧县杜楼镇鞭打芦花车牛返村、萧县白土镇费村、萧县庄里乡庄里村、萧县丁里镇胜利村、萧县刘套镇魏安、萧县刘套镇芈集村、萧县丁里镇郭庄、萧县官桥镇高庄、萧县圣泉乡营子行政村、萧县酒店乡酒店行政村、萧县杨楼镇尹庄、萧县杨楼镇裴庄、萧县杨楼镇张口行政村、灵璧县卓庄村、灵璧县虞姬村、灵璧县彭黄村、灵璧县丁李村、灵璧县磐云村、灵璧县黄岗村、灵璧县马庄村、灵璧县沟涯村、灵璧县大吴村、泗县大路口乡邓公村、泗县大路口乡龙湖村、泗县山头镇潼城村、泗县长沟镇戚庙村、泗县泗城镇朱桥社区、泗县开发区曹苗村、泗县刘圩镇秦场村、泗县刘圩镇刘圩村、泗县墩集镇霸王村、泗县大庄镇佃庄村。

蚌埠市：怀远县淝河乡红星村、五河县沱湖乡沱湖村、五河县沱湖乡淮河村、固镇县新马桥镇徐郢村、固镇县新马桥镇徐郢村胡洼村。

阜阳市：颍州区西湖镇大许村、颍州区西湖镇迎水村、颍州区王店镇桃花村、颍州区九龙镇龙王村、颍东区枣庄镇牛庙村、颍东区袁寨镇北照村、颍东区袁寨镇袁寨居委会、颍东区枣庄镇刘庄行政村、颍东区枣庄镇李庄行政村、颍东区枣庄镇杨寨行政村、颍泉区葛桥村、颍泉区王官行政村、颍泉区苗营社区、界首市随湾村、界首市顾集镇于庄村、界首市代桥镇刘寨村、界首市邴集乡邴集村、临泉县城关镇流鞍社区、临泉县白庙镇鲁阁村、临泉县田桥乡代桥村、临泉县杨桥镇新安社区、临泉县新华街道吕寨村、太和县赵集乡草北村、太和县黄庄村、太和县双浮镇刘老桥村委会、太和县税镇镇姚寨村、阜南县苗集镇前进村、阜南县地城镇李集村、阜南县黄岗镇姜庄村、阜南县会龙镇何寨村、阜南县中岗镇南街村、阜南县柳沟镇柳沟村、阜南县赵集镇刘集村、阜南县田集镇田集村、阜南县公桥乡阮城村、阜南县新村镇天棚村、阜南县王家坝镇李郢村、阜南县鹿城镇冷庙村、阜南县许堂乡运河村、阜南县郜台乡马家湖村、阜南县方集镇大张湾村、阜南县方集镇裴湾村、颍上县夏桥镇龙王庙村、颍上县八里河镇朱岗村、颍上县迪沟镇汤店村、颍上县江店孜镇李庙村、颍上县王岗镇淮罗村颍上县、颍上县耿棚镇灵台村、颍上县建颍乡新庄村、颍上县十八里铺镇古店村、颍上县垂岗乡墩黄村。

淮南市：田家庵区尹祠村、大通区孔店乡河沿村、谢家集区孙庙村、八公山区八公山梨乡、凤台县毛集实验区、凤台县焦岗湖镇焦岗湖社区、寿县陶店回民乡、寿县大泉村、寿县安丰街道、寿县郝圩村、寿县十字路街道、寿县团岗村。

沿淮四县：明光市：梅郢村、嘉山村；定远县：高埂村、三官村；凤阳县：小岗村、赵庄村、大王府村；霍邱县：马店镇李西圩村、曹庙镇甄岗村、岔路镇元圩村。

9. 乡村民宿产品

鼓励城镇和农村居民利用自用住宅空闲房间，结合当地人文、自然景观、生态、环境资源及农林渔牧生产活动，以家庭副业方式经营，提供游客乡村生活居所。引导社会资本投资民宿发展，政府提供土地、产权、消防等方面的支持。到2020年，打造一批特色鲜明的精品民宿。

10. 自驾车旅游产品

顺应自驾车旅游发展趋势，依托区域内高速公路、国省县道网络体系，打造多元化的自驾车旅游精品线路，建设一批自驾车营地、房车营地、露营地、自驾车综合服务中心，在生态环境较优、交通较为便捷的乡村区域，建设一批高标准、高规格、生态环保的乡村营地。联合各类俱乐部等专业组织，拓展推广渠道。

专栏29

自驾车旅游产品

淮北市烈山区龙脊山汽车营地、淮北市濉溪县临涣镇茶文化休闲区自驾车服务站、宿州市埇桥区新汴河汽车营地、宿州市砀山—萧县果海庄园旅游区自驾车庄园、宿州市砀山县黄河故道观光带自驾车营地、宿州市萧县皇藏峪生态旅游区瑞云寺景区山地野营地、蚌埠市五河县大巩山汽车旅游基地、阜阳市颍州区泉河自驾风景带及自驾营地、阜阳市颍上县小张庄生态庄园果园野营地、淮南市寿县安丰塘水利文化旅游区汽车营地、滁州市凤阳县梅市乡野温泉知青点"广阔天地"野营地。

11. 养生养老旅游产品

充分利用"中华药都"的品牌优势及区域内丰富的中草药种植资源，依托丰富的河流、湖泊、山地等自然资源和良好的生态优势，建设一批集自然养生、保健护理、养老休闲、旅游疗养为一体的国家级和省级养生养老示范基地。重点建设淮北市及宿州市砀山—萧县林果养生产业聚集区、亳州市中医药养生产业聚集区、阜阳市湿地生态养生产业聚集区。打造亳州市中华养生城旅游度假区、宿州市灵璧石养生基地、淮南市上窑老年休闲养生基地、淮南市八公山仙道养生基地等。

12. 工业遗产旅游产品

以矿区遗址及厂矿设备、建筑等为载体，开发工业遗产旅游，推动淮北市、淮南市资源型城市转型发展。重点保护淮北第一钻遗迹，支持淮北市煤炭博物馆、淮北市国家矿山公园旅游体验区建设，开展矿山治理的研学之旅；推进淮北市南湖塌陷区湿地度假区和淮南市东辰生态园的建设，增强示范效应，加强淮北市、淮南市塌陷区旅游化建设和利用。

13. 体育旅游产品

发展体育观赏型、赛事参与型、康体养生型、探险刺激型、户外运动型、民俗体验型等旅游新兴业态，发展品牌赛事、康体保健、体育文化创意、体育主题公园、体育用品销售、体育主题酒店和餐饮、户外运动装备制造等体育旅游业态。

专栏30

体育旅游产品

淮北市龙脊山山地度假区、宿州市马戏主题乐园、蚌埠市黑虎山休闲运动主题公园、蚌埠市大巩山休闲运动主题公园、蚌埠市芦山休闲运动主题公园、蚌埠市龙子湖滨河公园体育休闲中心、阜阳市乡村高尔夫俱乐部、淮南市月亮岛水运动公园。

---

14. 研学旅行产品

依托区域内自然和文化遗产资源、重大工程设施、重点院校、工矿企业、科研院所，建设一批国家级、省级研学旅行示范基地，重点建设亳州市老庄书院、建安书院等国家级研学旅行示范基地，推动亳州市申报中国研学旅行目的地。

专栏31

研学旅行产品

淮北市濉溪县临涣古城墙、亳州市谯城区谯东镇药用植物园、亳州市建安书院、亳州市老庄书院、宿州市灵璧石文化中心、宿州市灵璧石文化创意产业园、淮南市田家庵区十涧湖国家城市湿地公园、淮南市寿县瓦埠湖湿地公园、滁州市凤阳花鼓艺术小镇。

15. 红色旅游产品

依托皖北地区在革命和战争时期建树丰功伟绩所形成的纪念地、标志物为载体，结合生态资源、特色农业资源及美丽乡村建设，打造一批红色革命教育基地、红色旅游小镇，丰富红色节事节庆活动。活化红色记忆，创新红色旅游景区和演艺产品，创新展陈设计，建设具有情景化、互动化、参与性、高科技、游乐化的体验型红色旅游展馆。加强与皖西、苏北等革命老区的红色旅游跨区域合作，开发红色旅游精品线路。

16. 低空飞行旅游产品

以城市为依托，开发城市观光、飞行培训等产品；以景区为依托，发展景区观光、航空主题乐园和低空娱乐体验产品；支持集滑翔伞、热气球、无人机、飞艇、直升机、航模于一体的综合飞行营地建设。重点发展宿州市砀山梨树王景区梨树花海低空飞行等项目。

17. 高铁旅游产品

把握皖北地区高铁及城际轨道交通网络建设机遇，开发"高铁+（食、宿、游、购、娱）"旅游产品，支持蚌埠市、阜阳市等高铁交通枢纽站的休闲旅游产品开发，规划和建设落地自驾服务中心，规划和推出京福高铁田园乡村旅游线、商合杭高铁文化体验旅游线等重点高铁旅游线路。支持航空、高铁、高速与景区景点交通的互连互通。

18. 节事节庆旅游产品

依托老庄文化、楚汉文化、三国文化、大明文化、管鲍文化、红色文化、大运河文化等特色资源，开发具有全国影响力的节事节庆旅游产品，充分挖掘乡村民俗文化，大力发展乡村节事节庆产品。

专栏32

节事节庆旅游产品

文化类节事节庆：淮北市雕塑艺术节、亳州市中医药文化节、亳州市酒文化旅游节、亳州市老庄文化节、宿州市灵璧石文化节、蚌埠市大禹文化节、淮南市八公山旅游节、明文化节、淮河风情文化节、楚文化节、京杭运河文化节、皖北民俗文化节、乡村文化节。

农业类节事节庆：淮北市石榴节、淮北市葡萄节、淮北市杏花节、宿州市砀山梨花观光节、宿州市砀山伏羊节、蚌埠市螃蟹节、淮南市曹庵桃花草莓节。

民俗类节事节庆：亳州市五禽戏文化节、宿州市埇桥马戏艺术节、淮南市豆腐文化节、滁州市凤阳花鼓艺术节。

论坛：中国（蚌埠）淮河生态发展论坛。

博览会：中国亳州康美中药材博览会。

体育赛事：亳州市环西淝河国际自行车公开赛、宿州市国际网球公开赛。

19. 线上旅游产品

搭建线上平台出售皖北生鲜产品、农特产品、旅游产品、特色工艺品，构建通畅、高效、便捷的"网货下乡"与"农产品进城"的双向商贸流通体系。开发虚拟旅游产品，重点支持利用虚拟等技术开发反映淮河文明、大运河文明等文创旅游产品。

（三）开发精品旅游线路

1. 十条精品线路

（1）红色基因传承之旅。核心城市：淮北市、宿州市、蚌埠市、阜阳市、淮南市、滁州市凤阳县。重点旅游景区：濉溪县临涣文昌宫淮海战役总前委旧址、濉溪县双堆集淮海战役战场遗址公园、涡阳县新四军四师指挥部旧址、萧县蔡洼淮海战役总前委会议旧址、蚌山区孙家圩渡江战役总前委旧址、谢家集区新四军纪念林。核心产品：红色历史研学、文化体验。

（2）皖北世界文化遗产之旅。核心城市：淮北市、宿州市、滁州市凤阳县、淮南市寿县。重点旅游区：濉溪县柳孜隋唐运河码头遗址、濉溪县临涣古城、埇桥区涉故台、隋唐运河遗址泗县段、凤阳县明中都皇故城国家考古遗址公园、寿县寿州古城、寿县安丰塘古水利工程。核心产品：古水利文化、古城、运河古镇、研学旅行。

（3）"玉带淮河"风情览胜之旅。核心城市：蚌埠市、阜阳市、淮南市和明光市、凤阳县、霍邱县。重点旅游景区：龙子湖区龙子湖、怀远县荆涂山风景区、怀远县白乳泉、五河县沱湖、颍州西湖、阜南县王家坝、颍上县八里河风景区、八公山区八公山、凤台县茅仙洞、凤台县峡山口、寿县焦岗湖、寿县古城、明光市浮山堰、凤阳县明皇陵、凤阳县小岗村、霍邱县临淮岗风景区。核心产品：淮河风光、民俗风情、古城古镇、历史文化、美食购物。

（4）"涡河景观带"先贤圣哲追忆之旅。核心城市：亳州市涡阳县、蒙城县，蚌埠市怀远县。重点旅游景区：谯城区道德中宫、涡阳县天静宫、蒙城县庄子祠。核心产品：老庄圣贤名人文化、道家文化、养生修学、生态观光。

（5）"中华药都"健康养生之旅。核心城市：亳州市。重点旅游景区：亳州市康美中药城、亳州市亳城古道、亳州市郑店子中华药都养生园、亳州市林拥城城市绿带等。核心产品：中华传统养生、药膳食疗、康体保健、人文传奇。

（6）动感温泉度假之旅。核心城市：亳州市、阜阳市阜南县、六安市霍邱县。重点旅游景区：谯城区郑店子温泉度假区等。核心产品：地热温泉旅游、休闲度假旅游和康体养生旅游。

（7）京福高铁田园乡村之旅。核心城市：淮北市、宿州市、蚌埠市。核心产品：世界遗产旅游、山水观光、文化体验。

（8）商合杭高铁文化体验之旅。核心城市：亳州市、阜阳市、淮南市。核心产品：山水观光、文化体验。

(9)两淮矿区工业遗产之旅。核心城市：淮北市、淮南市。重点旅游景区：淮北市矿山公园博物馆、淮南市煤矿塌陷区。核心产品：工业遗产创意游、城市旅游。

(10)皖东北山地乡村之旅。核心城市：淮北市、宿州市。重点旅游区：相山区相山、烈山区龙脊山和萧县皇藏峪等风景区。核心产品：休闲观光、自驾旅游。

2. 区域特色旅游线路

(1)醉美酒乡之旅。核心城市：淮北市、亳州市、宿州市、蚌埠市、阜阳市以及滁州市明光县。重点旅游景区：淮北市濉溪口子酒文化博览园、淮北市葡萄酒庄园、淮北市塔山石榴园、淮北市怀远榴园、亳州市古井酒文化博览园、亳州市高炉酒文化旅游小镇、阜阳市金种子生态产业园等。核心产品：古井贡酒、口子酒、种子酒、高炉家酒、老明光酒、霍邱临水坊、葡萄酒、石榴酒等酒文化体验旅游。

(2)特色乡村之旅。核心城市：淮北市、亳州市、宿州市、阜阳市以及滁州市凤阳县。重点旅游区：杜集区南山村、濉溪县临涣镇、谯城区古井镇、砀山县良梨镇、阜南县王家坝和凤阳县小岗村。核心产品：民俗风情、传统工艺、山里人家、古村落、山水休闲。

(3)体育健身之旅。核心城市：亳州市蒙城县、利辛县，蚌埠市怀远县，阜阳市，淮南市凤台县。核心产品：体育骑行、自驾旅游、徒步观光、体育风光摄影。

(4)皖北湿地之旅。核心城市：蚌埠市、阜阳市、淮南市和六安市霍邱县、滁州市明光市和凤阳县。重点旅游景区：利辛县西淝河湿地公园、利辛县白鹭洲、砀山县岳庄坝、泗县石龙湖湿地公园、怀远县四方湖、五河县沱湖湿地风景区、颍上县迪沟、颍上县八里河、明光市女山湖、霍邱县城东湖、霍邱县城西湖。核心产品：亲水休闲度假、观光游览、自驾旅游、休闲健身、湿地研学。

(5)舌尖体验之旅。核心城市：六市四县。重点美食：亳州市药膳美食、宿州市符离集烧鸡、宿州市皇藏峪蘑菇鸡、蚌埠市怀远大闸蟹、蚌埠市沱湖螃蟹、阜阳市枕头馍、阜阳市八里河鱼宴、淮南市豆腐宴、淮南市牛肉汤、淮南市羊肉汤、滁州市凤阳酿豆腐等。核心产品：美食旅游、休闲观光、风味小吃、民俗体验。

（四）开发特色旅游商品

开发一批创意水平高、地域特色鲜明的旅游工艺品和纪念品，一批具有国家著名商标、通过国际标准认证的旅游农副土特产品和契合现代市场需求的旅游生活用品。建设皖北旅游商品集散地，塑造"乐购皖北"品牌形象。

专栏33

皖北旅游必购商品

淮北市：口子窖酒、活性炭、小磨黑芝麻油、香辣牛肉酱、相王建城铜车马、临涣酱包瓜、品肠、老酸奶、民俗泥塑、中国结系列产品、蓝莓、"抱元洞"端午茶、面灯、虎头鞋、烧饼、塔山石榴、段园大庄葡萄。

亳州市：古井贡酒、五洲牛肉、方敏牌保健品、正益牛肉、苔干、恒盛牌五香牛肉、养生花茶、黄精酵素系列、玛咖露酒、蛹虫草片。

宿州市：徽香源精品老味烧鸡、尧舜牌礼品木盒葡萄酒、灵璧石（八音石）、"泗州"药物布鞋与"覆云"药物布鞋、砀山酥梨、健得丰黄桃罐头、灵璧磐石毛泽东画盘、木雕烟具、桃木剑、天下第一福、小方子花生、"素雅"纯红薯粉丝、"石龙湖"牌精品粉丝和"石龙湖"牌紫薯养生粉系列产品、符离集烧鸡、宿州乐石砚、砀山桶子鸡、萧县羊肉汤、萧县狗肉、蕲县马蹄酥烧饼、栏杆牛肉、撒汤、夹沟香稻米、皇藏峪蘑菇鸡、墩集小方子花生、泗县绿壳养生鸡蛋、泗县红薯粉丝、萧县葡萄酒、萧县全蝎、萧县野生蘑菇、宴嬉台酒、埇桥区大店野兔、埇桥区高滩萝卜、埇桥区药闫粉丝、尤彩霞剪纸、车轮饼、泗县螃蟹、金钱饼烧牛肉、草沟烧饼。

蚌埠市：金涂山牌烧全鸡、秀之舞牛角工艺品、民间腊味系列、珍藏版石榴酒、花鼓灯娃娃、多用珍珠项链、电子芯片、怀远石榴、怀远鲜桃、怀远葡萄、怀远大闸蟹、怀远黄金甲鱼、怀远泥鳅、五岔牌烧全鸡、亚太石榴酒、成果石榴酒、乳泉酒、白莲坡贡米、高老庄黄瓜、沙沟相思萝卜、龙亢竹编。

阜阳市：《笛韵》、剪纸、刺绣披肩、J-FDE80、雾里看花四件套、蜜香村休闲点心、美好安徽剪纸邮票套装、剪纸"凤凰涅槃"、帆伦汀娜背包、皖山皖水V3酒、赵侠馓子、栗座莲花蕾台灯、便携式户外野餐篮、吕长明牛肉、屏风挂笔、糕点、老炊牛肉休闲产品、太和贡椿、姜尚烙画葫芦、华诗雅蒂尊享特色蚕丝被、懒觉大王花生、剪纸《颍州西湖》、九龙戏墨、帐篷等户外休闲用品、彩陶、"刀马人"彩陶、贡菜园苔干、柳编制品、毛笔、阜南县部台板鸭厂板鸭、阜阳剪纸、真丝服装绸缎家纺等、泥人、刺绣工艺品、枕头馍、馓子、格拉条、太和板面。

淮南市：寿州窑·楚大鼎、淮南金箔洁面皂、焦岗湖牌咸鸭蛋、"老刘头"淮南牛肉汤、剪纸《淮南子·神话故事》、豆麸饼干、"五色牛"淮南牛肉汤、刘香豆干、寿州窑陶瓷、紫金砚、柳编工艺品、红油腐乳、"延龙"牌炒制瓜子、启航山茶油、春申府大救驾、英式皇家约克奶酥、英雄曡、紫金印玺摆件、板桥空调席。

沿淮四县：明光县："明龙"绿液酒、明绿御酒、女山湖系列水产品、明光绿豆。定远县：梅白鱼。凤阳县：凤画、凤阳花鼓、凤阳花鼓女、小岗村大包干十八颗红手印、小岗笔筒、水晶镇纸、小岗大礼、韭山滕茶、凤阳酿豆腐。霍邱县：木片篮、田孝琴、鹅肥肝、柳编系列、剪纸作品。

八 推进旅游重点项目

（一）项目建设思路

依据《安徽省"十三五"旅游发展规划》，结合皖北实际情况。通过谋划一批重大旅游项目，实现旅游资源、发展要素和经济活动等在地理空间上集中，充分发挥集聚、扩散效应，以点带面实现皖北旅游的整体发展；建设一批旅游公共设施和基础设施项目，促进当地社区居民和游客的资源共享；建设一批市场指向型的旅游项目，提高旅游业的市场竞争力；培育一批新兴的旅游项目，实现创新发展,发挥"旅游+"的活力;建设一批全民、全要素、全行业参与的旅游项目,通过发展全域旅游,实现资金、技术、人才和管理等要素空间集聚。

加强对重点旅游项目的支持和引导,积极提升其战略地位。加强对休闲度假类旅游项目的投资,发展集观光、休闲、度假于一体的文化生态旅游。建立旅游投资管理专员制度,完善主要旅游项目调度、统计报告和督查考核等制度。

(二)皖北重大特色建设项目

1. "大美皖北"特色建设项目

以"旅游发展,环境提升先行"为立足点,全面提升皖北旅游环境,全面塑造"大美皖北"旅游新形象。

(1)皖北"显山露水"景观提升项目。开展山地生态绿化恢复工程,保护、恢复山地植被,整治河流湖泊沿岸景观。重点加强淮北市龙脊山、宿州市皇藏峪、蚌埠市荆涂山、淮南市八公山、滁州市女山、滁州市大横山、滁州市韭山和六安市安阳山八座名山山地生态保育;积极推动淮河干流及涡河、浍河、泉河、隋唐大运河、淠史杭灌区、江淮运河等河流沿线景观的规划与建设,重点加快城区河湖、湿地等沿线绿地和绿道建设。

(2)"皖北新田园"田园景观建设项目。不断加大农村基础设施建设,加强产地环境保护与治理,引导、控制种植品种,以单品种规模化种植与小规模特色化种植相结合。以国家级、省级现代农业示范区为重点,丰富皖北休闲农业景观,提升休闲旅游功能,重点推进淮北市濉溪县百善省级现代农业示范区、亳州市涡阳县国家现代农业示范区、宿州市埇桥区国家现代农业示范区、阜阳市太和县国家现代农业示范区和阜阳市颍上县国家现代农业示范区等休闲农业旅游开发。

(3)皖北旅游"双改"卫生整治项目。实施改厕、改厨旅游"双改"工程,提升"双改"的质量和规模。提升皖北地区3A级以上旅游景区、乡村旅游点及其周边游客集中场所的环境卫生。重点推进淮北市隋唐运河景区、亳州市古城景区、宿州市皇藏峪国家森林公园、阜阳市祥源文旅城、蚌埠市花鼓灯嘉年华、淮南市焦岗湖、淮南市寿州古城、滁州市凤阳狼巷迷谷、滁州市凤阳小岗村等旅游景区环境卫生整治。

专栏34

"大美皖北"旅游环境提升项目

城市/地区	"显山露水"工程	"新田园"工程	"双改"工程
淮北市	南湖沿岸景观整治、龙脊山山体生态保育	相山区凤凰山省级现代农业示范区、烈山区榴园省级现代农业示范区、濉溪县百善省级现代农业示范区	相山区相山公园景区改造工程、相山区淮北隋唐运河景区改造工程、烈山区四季榴园景区改造工程
亳州市	涡河沿岸景观整治、西淝河沿岸景观整治、茨淮新河沿岸景观整治	涡阳县国家现代农业示范区、蒙城县乐土省级现代农业示范区	谯城区花戏楼景区改造工程、谯城区曹操运兵道景区改造工程、谯城区南京巷钱庄景区改造工程

续表

城市/地区	"显山露水"工程	"新田园"工程	"双改"工程
宿州市	皇藏峪山山体生态保育、浍河沿岸景观整治、黄河故道沿岸景观整治	埇桥区国家现代农业示范区、埇桥区灰古省级现代农业示范区	萧县皇藏峪景区改造工程、灵璧县奇石文化园景区改造工程
蚌埠市	荆涂山山体生态保育、沱湖沿岸景观整治、隋唐大运河沿岸景观整治	怀县远古城省级现代农业示范区、五河县沫河口省级现代农业示范区	蚌山区花鼓灯嘉年华景区改造工程、龙子湖区龙子湖景区改造工程、禹会区张公山风景区景区改造工程
阜阳市	颖河沿岸景观整治、泉河沿岸景观整治	太和县国家现代农业示范区、颖上县国家现代农业示范区	颖泉区阜阳生态园景区改造工程、颖上县迪沟生态乐园景区改造工程、颖上县尤家花园—五里湖景区改造工程
淮南市	八公山山体生态保育、焦岗湖沿岸景观整治	凤台县朱马店省级现代农业示范区、潘集高皇省级现代农业示范区	大通区上窑景区改造工程、凤台县焦岗湖景区改造工程、寿县古城景区改造工程
沿淮四县	明光市女山、凤阳县韭山、霍邱县安阳山等山体生态保育、明光女山湖沿岸景观整治、霍邱水门塘沿岸景观整治	明光市潘村洼省级现代农业示范区、定远县金山滴水省级现代农业示范区、凤阳小岗省级现代农业示范区、霍邱县长集省级现代农业示范区	定远县古城景区改造工程、凤阳县小岗村乡村旅游区改造工程、凤阳县狼巷迷谷风景区改造工程、霍邱县临淮岗景区改造工程

2. "畅游皖北"特色建设项目

（1）"畅游皖北"旅游交通建设项目。改扩建亳州市、宿州市、蚌埠市、阜阳市机场，大力开发直航的国际和地区航线，建设淮北市、宿州市砀山县、泗县等通用机场，开展低空飞行。到2020年，皖北六市力争联通快速客运铁路，所有县城通达高速公路。实施等级公路与3A级以上景区、重点乡村旅游区等"最后一公里"通达工程。将3A级以上旅游景区与交通干线"连接线"建设纳入全省农村公路畅通工程。到2017年年底，实现旅游标识皖北地区全覆盖。

（2）高速公路服务区旅游化重大建设项目。强化高速公路服务区和重要交通节点的旅游功能，成为皖北地方特色产品、地域文化的展示交易体验平台。

3. "文化皖北"特色建设项目

（1）皖北世界遗产保护性利用重大项目。增强运河沿线区域的互动合作，推动隋唐大运河整体开发，提升整体品牌；推动淮南市寿县寿州古城墙—滁州市凤阳县明中都皇城城墙申报世界文化遗产；推动淮南市寿县安丰塘、六安市霍邱县水门塘公园等古水利工程申报世界重要农业文化遗产暨世界灌溉工程遗产。

（2）皖北"藏于地下的中华文明"保护性利用重大项目。深挖历史文化，促进皖北地区埋藏于地下的历史文明、遗址遗迹的保护性利用，重点推进亳州市谯城区曹操运兵道、亳州市蒙城尉迟寺史前人类遗址、重要历史名人墓葬、两淮废弃废旧矿井等综合性旅游开发。

（3）皖北重要历史遗存活化提升重大项目。在增强保护的基础上，推进皖北地区的古历史街区、古建筑、古园林、古关隘、古字画、古石刻和古代生活用品等重要历史遗存的旅游化利用。重点推进淮北市濉溪县临涣古镇茶楼、亳州市谯城区花戏楼、亳州市古井酒窖、亳州市蒙城县庄子祠、亳州市涡阳县天静宫、阜阳市龙虎尊、阜阳市颖上县尤家花园、淮南市寿县正阳关等的旅游利用提升开发。

推进皖北历史名人的符号化、动漫化、艺术化等"三化"工程，建设一城一（名人）馆。

（4）皖北系列国家战争遗址公园建设重大项目。挖掘皖北地区丰富的古代、近代历史战役及解放战争的重大战役，尤其是决定中国历史走向重要战役遗址资源，整合区域内自然、历史文化资源，充分利用科技、文化创意手段，增强参与性、体验性，建设一批具有重要影响力的战争遗址公园。重点建设垓下之战、赤壁之战、秦晋之战、淝水之战、淮海战役、渡江战役等重要战争遗址公园。

（5）"皖北美食节"轮席制重大项目。整合皖北地区丰富的美食资源，举办"皖北美食节"节庆活动，提升皖北美食的品牌影响力和知名度，实行皖北地区各市轮流举办制度。推进皖北美食的标准化、品牌化、精细化等"三化"工程，延伸美食产业链。

（6）皖西北中医药健康养生旅游项目。依托自然资源和人文资源优势，建设一批"高质量、高品位、高价位、深体验"的中医药健康养生旅游目的地，塑造一批主题鲜明、特色明显、差异突出、内涵丰富的精品健康养生品牌。利用亳州丰富的中医药资源、华佗医学资源、道家文化资源，打造亳州温泉医药国际养生旅游综合体。依托阜阳市等中医院的医疗技术和设施设备，建设医疗健康旅游基地。

（7）皖北书画艺术旅游利用项目。发挥萧县书画、阜阳剪纸、太和县书画等遗产文化、人才和市场优势，支持太和书画艺术节，支持萧县、太和县、泾县、吴江区、扬州市和青州市六地书画联展。支持萧县、太和县的中国书画艺术之乡、中华诗词之乡建设；鼓励萧县、太和县创建国家、省研学旅行基地。

4."绿色皖北"特色建设项目

（1）皖北现代农业示范区旅游化提升项目。坚持"以农促旅、以旅强农、农旅融合"的发展模式，推出一批规模化的国家级、省级现代农业示范区的旅游化提升项目，强化整体景观，完善配套设施，植入休闲业态，增强农业休闲、研学等功能。重点推动亳州市涡阳县、宿州市埇桥区、阜阳市太和县、阜阳市颍上县等国家级现代农业示范区的旅游化提升。

（2）"万亩林果"系列精品化旅游开发项目。依托一批具有较好的发展基础及较高知名度的特色林果种植园区，拓展空间、挖掘农耕文化、增强景观效果、丰富体验内容，开发一批具有重要影响力的特色林果休闲园区。重点推进淮北市杜集区段园葡萄园、烈山区四季榴园，亳州市谯城区万亩芍花园，宿州市砀山县万亩梨园，阜阳市颍州区花博园等项目建设。

（3）"两淮"工业遗产旅游开发项目。遵循"生态文明"理念，综合利用两淮工业遗产资源，运用科技、创意、艺术等手段，建设一批示范性工业遗产旅游项目。重点推动塌陷区生态修复基础上的旅游化利用，增强示范效应，推动资源性城市的转型发展。重点建设淮北市国家矿山公园、淮北市南湖塌陷区湿地综合开发，淮南市"深入地球行在煤海"——"淮南工矿体验之旅"体验游览主题公园、淮南市"蒸汽机时代"田园观光旅游项目、淮南市东辰生态园塌陷区生态修复项目、老淮南近代城市风情休闲街区等项目。支持有条件的工业企业、工业园区、工业展示区域、工业历史遗迹以及反映重大事件、体现工业技术成就和科技文明等载体创建全国工业旅游示范点和工业旅游基地。

（4）皖北湿地群旅游项目。依托皖北淮河流域以及煤矿塌陷区丰富的湿地旅游资源，以谋划建设百个湿地公园（湿地自然保护区）为抓手，构建国内一流的复合型湿地旅游区。重点推进淮北市烈山区南湖城市湿地公园、宿州市泗县石龙湖湿地公园、宿州市砀山县和萧县黄河故道湿地保护区、蚌埠市淮上区三汊河国家湿地公园、淮南市凤台县焦岗湖国家湿地公园等一批国家级和省级湿地公园（湿地自然保护区），打造皖北湿地群旅游项目。

专栏 35

重点湿地建设项目

地区	湿地类重点项目名称
淮北市	国家级：淮北市烈山区南湖国家城市湿地公园。 省级：濉溪县凤栖湖湿地公园。
亳州市	国家级：涡阳县道源国家湿地公园。 省级：利辛县西淝河省级湿地公园。
宿州市	国家级：泗县石龙湖湿地公园。 省级：砀山县黄河故道省级自然保护区、萧县黄河故道湿地省级自然保护区、泗县沱河省级自然保护区。
蚌埠市	国家级：蚌埠淮上区三汊河国家湿地公园。
阜阳市	国家级：太和县沙颍河国家湿地公园、颍上县迪沟国家湿地公园、颍州区颍州西湖国家湿地公园。 省级：颍东区东湖省级湿地公园、颍泉区泉水湾省级湿地公园、界首市两湾省级湿地公园、临泉县泉鞍洲省级湿地公园、阜南县王家坝省级湿地公园。
淮南市	国家级：淮南凤台县焦岗湖国家湿地公园。 省级：潘集区泥河省级湿地公园、凤台县凤凰湖省级湿地公园。

专栏 36

国家级、省级湿地公园分类及发展方向

类别	湿地公园	发展方向
自然河湖型	亳州市利辛县西淝河省级湿地公园、宿州市泗县石龙湖湿地公园、蚌埠市淮上区三汊河国家湿地公园、阜阳市颍州区颍州西湖国家湿地公园、阜阳市界首市两湾省级湿地公园、阜阳市界首市两湾省级湿地公园、阜阳市颍上县迪沟国家湿地公园、阜阳市太和县沙颍河国家湿地公园、淮南市潘集区泥河省级湿地公园、淮南市凤台县凤凰湖省级湿地公园、淮南市凤台县焦岗湖国家湿地公园。	建立保育区、过渡区、游憩区，依托良好的自然景观、丰富的生物资源、深厚的文化底蕴，开展湿地观光、湿地科普、湿地探险、运动疗养等活动。
城市河湖型	淮北市烈山区南湖国家城市湿地公园、阜阳市颍泉区泉水湾省级湿地公园。	依托优越的地理环境、便捷的交通优势，以湿地休闲、湿地度假为主题，培育户外运动、商务会议等新兴业态。
水库型	阜阳市阜南县王家坝省级湿地公园。	在保护湿地生态环境前体下，结合王家坝精神和淮河文化的展示，建成集湿地生态保护、湿地科研监测与科普宣教、湿地合理利用及宏扬王家坝精神为一体的省级湿地公园。
沼泽型	阜阳市颍东区东湖省级湿地公园。	在保护湿地生物多样性、生态功能完整性的基础上，力争把东湖建成集观光度假、环境教育、科普和科研等功能于一体的一流的国家湿地公园。

续表

类别	湿地公园	发展方向
煤矿塌陷型	淮北市烈山区南湖国家城市湿地公园、淮北市濉溪县凤栖湖湿地公园、亳州市涡阳县道源国家湿地公园、阜阳市颍东区东湖省级湿地公园、阜阳市颍上县迪沟国家湿地公园。	充分挖掘塌陷区湿地在改善生态环境、美化城市、科学研究、科普教育和休闲游乐等诸多方面所具有的生态、环境和社会效益，力争把塌陷区湿地建设成集保护、科研、观光、度假、休闲、娱乐、生态教育等功能于一体的新型国家湿地公园。
湿地自然保护区	宿州市萧县黄河故道湿地省级自然保护区、宿州市砀山县黄河故道省级自然保护区、宿州市泗县沱河省级自然保护区。	依托丰富的荷花、芦苇、候鸟以及果林资源，以亲水、观鸟、赏花、品果为独特游憩风格，打造国内一流的湿地休闲旅游品牌。

（15）"一城一带"（环城乡村旅游带）旅游项目。整合优化皖北特色农副产品、田园生态景观、农业高科技术示范园等乡村旅游资源，培育休闲观光农业品牌，以城市周边为中心，建设一批以乡村自然生态与田园风光、遗产与建筑、人文民俗、景观意境为依托的环城乡村旅游带。

（三）重点建设项目

发挥市场主体作用，整合旅游资源，结合皖北各市旅游特色，加大旅游资本投入，打造系列重点旅游项目。通过重点项目建设，带动皖北旅游经济发展。

专栏 37　重点建设项目清单

	农业旅游类
淮北市	杜集区南山生态休闲综合体、杜集区段园葡萄采摘旅游基地、杜集区高岳现代农业示范园、杜集区天盛南山采摘园、杜集区双楼花海、烈山区龙脊山自然风景区、烈山区四季榴园、烈山区老猫洞生态园、濉溪现代农业综合实验示范区、濉溪县薰衣草庄园。
亳州市	谯城区大周生态旅游度假村、谯城区润耕天下现代农业示范园、谯城区五马桃园基地、涡阳县兴华农业综合示范庄园、涡阳县桃花岛生态农业园、涡阳县五马竹柳园、利辛县西淝河休闲观光农业产业园、利辛县农业综合开发示范园。
宿州市	埇桥区国家现代农业示范区、埇桥区凤凰堤生态农业观光园、砀山县黄河故道园艺场、砀山县砀山梨园、萧县葡萄观光园、萧县饮马泉山庄、灵璧县现代农业博览园。
蚌埠市	龙子湖区万绿生态园、淮上区绿禾农业生态园、怀远县绿色田园农庄、怀远县西海庄园、怀远县四方湖农庄、怀远县龙亢农场、怀远县现代农业综合示范区建设、怀远县淮矿生态农业园项目、五河县新一禾现代农业生态园项目、蚌埠国家农业科技园区项目、现代生态农业产业化示范区建设高标准农田建设项目、江南园林生态休闲观光旅游项目、五彩田园。
阜阳市	颍州区阜阳花博园、颍州区恋思萝卜和大青茄基地、颍州区湖滨国际生态庄园、颍州区金种子生态产业园、颍东区西兰花基地颍上县八里河风景区、颍泉区阜阳生态乐园、颍泉区印象江南生态园、颍泉区闻集冬春草莓基地、颍泉区古西湖现代农业科技示范园、颍泉区闻集特色农业休闲区、颍泉区宁老庄大地景观园、颍泉区花木生态产业园、界首市马铃薯基地、临泉县加工型调味菜基地、太和县樱桃园、太和县桔梗和香椿基地、阜南县延秋辣椒基地、阜南县晚秋黄梨基地、颍上县水生蔬菜和芦笋基地、泉河生态经济示范区建设。
淮南市	潘集区后湖生态园、潘集区架河现代农业综合开发示范区、凤台县创大生态农业园、寿县瓦埠湖休闲生态农业示范园。
明光市	燕子湾景区。

续表

霍邱县	长集镇省级现代农业示范园、潘集镇三万亩荷园、恒兴生态庄园。
工业遗产旅游类	
淮北市	烈山区国家矿山公园、烈山区南湖塌陷区湿地综合开发项目。
淮南市	"深入地球行在煤海"——"淮南工矿体验之旅"体验游览主题公园、"蒸汽机时代"田园观光旅游项目、东辰生态园塌陷区生态修复项目。
文化旅游类	
淮北市	相山区隋唐运河古镇、杜集区刘开渠故居、杜集区南山汉文化博物馆、烈山区洪庄文化创意产业园、烈山区龙脊山风景区、濉溪县淮河战役总前委旧址纪念馆、濉溪县淮河战役双堆集烈士陵园、濉溪老城石板街、濉溪县临涣古镇。
亳州市	谯城区古城旅游区保护与开发工程、谯城区商汤文化园旅游综合体、谯城区商汤文化园、谯城区康美华佗国际中药城研学基地、谯城区康美中药城、谯城区皖北烈士红色旅游基地、谯城区曹操故居、谯城区华佗故居、谯城区华佗文化休闲广场、谯城区陈抟文化产业园、谯城区城父千年古镇、谯城区亳州民营博物馆群、谯城区中华药博园、涡阳县一河两岸老子文化景城综合体、涡阳县石弓山遗址公园、涡阳县龙山监狱文化旅游区、涡阳县天静宫三期工程、涡阳县龙山遗址公园、蒙城县楹联主题文化体验园区、蒙城县尉迟寺国家遗址公园、蒙城县板桥国家战场公园、涡河生态文化旅游带、蒙城县庄子文化产业园、亳州市文化馆、亳州博物馆新馆、卞皇后宗祠遗址恢复工程、老庄文化创意产业园、中视江淮风情产业园。
宿州市	埇桥区符离白居易文化产业园、砀山县黄河故道文化生态旅游综合开发工程、萧县淮海战役总前委会议旧址、灵璧县虞姬文化园、灵璧县钟馗酒博物馆、灵璧县钟馗文化园、灵璧县灵璧石和楚汉文化旅游园、灵璧县奇石文化园、泗县运河遗址、泗州隋唐古运河文化旅游城、宿州市博物馆。
蚌埠市	蚌山区花鼓灯嘉年华二期、龙子湖区白石山佛教文化园、龙子湖区大明文化产业园、龙子湖区古民居博览园、禹会区禹墟遗址文化园、禹会区天河古镇、淮上区双墩文化遗址公园、怀远县白乳泉综合提升项目、怀远县大禹文化主题旅游产业园、五河县顺河历史文化名街、固镇县垓下古城战场遗址公园、固镇县谷阳城遗址公园、国家级文化产业示范园、淮河水上风情文化旅游区、万绿文化山庄、蚌埠歌剧院与音乐厅、蚌埠印象、珠城艺术街区、欧美风情小镇、皖北数字出版印刷基地、图书文创智慧城、中国玉器艺术创作园、蚌埠非物质文化遗产创城中心。
阜阳市	颍州区颍州西湖文化旅游城、颍州区颍州西湖大田原色古镇、颍州区三宝文化产业园、颍州区粮仓博物馆、颍州区颍州古城、阜阳（颍东）程文炳大院、颍东区魏沟阻击战遗址及口孜魏晋文化遗址公园、颍泉区祥源·颍淮生态文化旅游城、颍泉区筑梦广场、颍泉区阜阳影视广场、颍泉区黄江创意文化城、颍泉区伍明历史文化体验区、颍泉区行流红色文化旅游区、颍泉区伍子胥文化公园、界首市彩陶传承基地、界首市伏羲文化产业园、界首市翰墨文化产业园、临泉县古沈国遗址公园、临泉县文化产业园、临泉县宏扬杂技培训综合基地、太和县发艺文化产业园、阜南县王家坝淮河风情园、阜南县王家坝抗洪纪念馆一期工程、阜南县柳木文化产业园、阜南县柳编之都博物馆、颍上县阜阳文化创意产业园、颍上县鼓韵文化创意产业园、颍上县文化旅游基地、颍上县中国管园、颍河文化风情旅游带、泉河生态观光景观带。
淮南市	田家庵区舜耕山文化主题公园、大通区上窑古镇工程项目、大通区"万人坑"改扩建项目、大通区上窑红色旅游区、谢家集区春申君战国文化园、八公山区大八公山历史文化旅游区、八公山区非遗文化产业园、八公山区淮南子文化园、寿县古城旅游区、凤台县焦岗湖休闲度假旅游区、寿县紫金石展示交易聚集区、寿县安丰塘历史文化旅游区、凤台县焦岗湖影视城、中国历代古墓葬展示园、淮南子剪纸博览园、少儿艺术研发培训基地。
明光市	抹山文化旅游景区。
定远县	楚汉古战场遗址文化园、金山文化生态旅游区、中原局三次会议旧址、包青天廉政文化公园、定远古城。
凤阳县	明中都皇故城及明皇陵、大明皇家影视城、小岗村景区。
霍邱县	李氏庄园开发建设项目、临淮岗风景区整体提升项目。
湿地旅游类	
淮北市	相山区东湖湿地公园、相山区时代公园、烈山区龙吟湖景点、烈山区化家湖水库、烈山区太山水库、烈山区湿地公园、濉溪县南湖生态旅游区、濉溪县乾隆湖风景区、濉溪县凤栖湖生态公园。
亳州市	涡阳县道生园、蒙城县三圩湿地生态园、蒙城县雪枫公园、利辛县白鹭洲国家级水利风景区、利辛县西淝河休闲观光农业产业园、南湖湿地公园、涡河风景带、犀牛潭峡谷。

续表

宿州市	埇桥区五柳龙泉湖游览区、萧县岱湖湿地公园、萧县南湖休闲绿地综合体、萧县圣泉寺、泗县石龙湖湿地、隋唐运河遗址泗县段、新汴河风景带、新濉河风景带。
蚌埠市	禹会区涂山风景区、禹会区黑虎山湿地公园、禹会区圣泉旅游景点、淮上区三叉河湿地公园、怀远县白乳泉景区、怀远县上口门闸水利风景区、怀远县四方湖养生养老旅游度假区、怀远县芡河湖休闲度假区、五河县沱湖湿地旅游风景区、五河县天井湖旅游度假区、固镇县胡洼闸风景区、固镇县张家湖湿地、环龙子湖文化景观带、沱河风景带、浍河风景带、漴河风景带、潼河风景带。
阜阳市	颍东区东湖湿地公园、颍东区碧翠湖国际文化旅游度假村、颍泉泉水湾湿地公园、界首市代桥两湾湿地公园、界首市莲蒲湖湿地公园、界首市刘秀公园、临泉县柳家花园、太和县颍河国家湿地公园、阜南县淮河公园、阜南县王家坝—淮河风情旅游区、颍上县八里河景区提升改造工程、颍上县尤家花园-五里湖湿地景区提升工程、颍上县迪沟景区提升工程、泉河风景带、五河口水利风景区。
淮南市	田家庵区月亮岛水运动公园、田家庵区龙湖公园、谢家集区十涧湖国家城市湿地公园、凤台县毛集农业生态旅游景区、凤台县焦岗湖休闲度假区、寿县安丰塘水利风景区、寿县瓦埠湖湿地公园、寿县正阳关旅游景区、寿县丰华公园、淮河滨河生态旅游区。
明光市	老嘉山景区、女山湖、跃龙湖、八岭湖、尿布滩遗址、林东水库、柳巷东西涧湿地、分水岭水库。
定远县	高塘湖湿地公园、花园湖湿地公园、大石塘水库、桑涧水库、岱山水库、墩子王水库、解放水库、仓东水库、黄桥水库、蔡桥水库。
凤阳县	卧牛湖风景区、花园湖湿地公园、淮河风景带、凤阳山水库、燃灯水库、鹿塘水库、官沟水库。
霍邱县	水门公园、临淮岗、城西湖、城东湖、老圈行水库、楼湾水库、三流水库、乌江水库、龙潭水库、东风水库。
乡村旅游类	
淮北市	相山区东湖生态园、濉溪县南湖生态旅游区。
亳州市	谯城区康美华佗国际中药城研学旅行基地、谯城区中华药博园、利辛县蝴蝶泉生态文化休闲旅游度假区、利辛县西淝河休闲观光农业产业园、亳州温泉度假区、乡村旅游升级与提升系列工程。
宿州市	萧县梅村生态园省级森林公园、萧县岱湖湿地公园、萧县鼎茂休闲农庄暨黄河故道园艺场、萧县葡萄主题公园、萧县凤山森林公园、灵璧县现代农业博览园。
蚌埠市	龙子湖区安惠山庄、淮上区绿禾农业生态园、五河县新一禾现代生态观光园、五河县天井湖旅游度假区、五河县淮畔草原旅游度假区、怀远县四方湖养生养老旅游度假区、怀远县芡河湖休闲度假区、固镇县新马桥旅游度假区、万绿文化山庄、欧美风情小镇、五彩田园、江南园林乡村生态休闲观光旅游项目、农民文化乐园工程。
阜阳市	颍泉区宁老庄大地景观园。
淮南市	凤台县焦岗湖休闲度假区、寿县乡村旅游综合开发工程。
度假养生类	
淮北市	相山区东湖生态园、烈山区龙脊山自然风景区、濉溪县淮北隋唐运河（创5A）、濉溪县南湖生态旅游区、濉溪县临涣古城、濉溪老城石板街。
亳州市	谯城区城父千年古镇、谯城区中华药博园、谯城区南湖湿地公园、谯城区玉皇湾水上乐园、涡阳县一河两岸老子文化景观综合体、蒙城县三圩湿地生态园、利辛县蝴蝶泉生态文化休闲旅游度假区、利辛县西淝河休闲观光农业产业园、涡河生态文化旅游带、亳州温泉度假区、乡村旅游升级与提升系列工程。
宿州市	砀山县黄河故道文化生态旅游综合开发工程、萧县梅村生态园省级森林公园、萧县岱湖湿地公园、萧县鼎茂休闲农庄暨黄河故道园艺场、萧县葡萄主题公园、萧县凤山森林公园、萧县南湖休闲绿地综合体、灵璧县现代农业博览园、泗县运河人家、泗县石龙湖湿地、泗州隋唐古运河文化旅游城。
蚌埠市	蚌山区芦山休闲运动主题公园、蚌山区鹏欣水游城、蚌山区嘉年华二期项目、蚌山区城南新区旅游休闲度假区、龙子湖湖上升明月、龙子湖古民居博览园、龙子湖安惠山庄、龙子湖大明文化产业园、禹会区天河古镇、禹会区黑虎山休闲运动主题公园、淮上区绿禾农业生态园、怀远县白乳泉景区、怀远县农民文化乐园工程、怀远县四方湖养生养老旅游度假区、怀远县芡河湖休闲度假区五彩田园、五河县新一禾现代生态观光园、五河县顺河历史文化名街、五河县沱湖湿地旅游风景区、五河县天井湖旅游度假区、五河县淮畔草原旅游度假区、五河县大巩山休闲运动主题公园、固镇县新马桥旅游度假区、淮河水上风情文化旅游区、环龙子湖文化景观带、万绿文化山庄、珠城艺术街区、欧美风情小镇、皖北休闲露营基地项目、江南园林乡村生态休闲观光旅游项目。

续表

阜阳市	阜阳城南新区双清湾文化中心、颍州区花博园、颍州区颍州西湖、颍东区东湖湿地公园、颍东区碧翠湖国际文化旅游度假村、颍泉区祥源·颍淮生态文化旅游区、颍泉区泉水湾湿地公园、颍泉区宁老庄大地景观园、颍泉区行流红色旅游小镇、界首市代桥两湾湿地公园、界首市莲蒲湖湿地公园、临泉县桃花岛旅游风景区、太和县沙颍河湿地公园、太和县嘉年华、太和县沙颍河汽车露营地、阜南县王家坝—淮河风情旅游区、颍上县八里河景区提升改造工程、颍上县尤家花园—五里湖湿地景区提升工程、颍上县迪沟景区提升工程、泉河生态经济示范区、泉河、沙颍河骑游绿道。
淮南市	田家庵区月亮岛水运动公园、田家庵区舜耕山城市旅游休憩带、田家庵1976城市记忆、大通区九龙岗1949城市记忆、大通区上窑旅游区、谢家集区李郢孜伊斯兰风情文化街区、寿县古城—大八公山旅游区（创5A）、凤台县焦岗湖休闲度假区、淮河滨河生态旅游区。
主题公园类	
蚌埠市	蚌埠星宇文化创意产业园、花鼓灯嘉年华、嘉年华二期项目。
阜阳市	太和嘉年华。
淮南市	志高文化科技动漫产业园、大汉不夜城、哈米王国儿童体验中心。
体育运动类	
宿州市	颍上县南湖休闲绿地综合体。
蚌埠市	蚌山区芦山休闲运动主题公园、禹会区黑虎山休闲运动主题公园、五河县大巩山休闲运动主题公园、皖北休闲露营基地项目。
阜阳市	泉河、沙颍河骑游绿道。
淮南市	田家庵区月亮岛水运动公园。
旅游小镇类	
淮北市	烈山区烈山镇、濉溪县新蔡镇、濉溪县临涣镇、濉溪县柳孜镇、濉溪县双堆集镇。
亳州市	谯城区古井镇、谯城区城父镇、涡阳县高炉镇、涡阳县新兴镇、蒙城县板桥集镇、利辛县马店孜镇。
宿州市	埇桥区夹沟镇、埇桥区符离镇、砀山县良梨镇、萧县官桥镇、灵璧县渔沟镇、泗县大路口乡。
蚌埠市	怀远县龙亢镇、五河县沱湖乡、固镇县濠城镇。
阜阳市	颍州区西湖镇、颍东区插花镇、颍泉区行流镇、界首市舒庄镇、临泉县长官镇、太和县原墙镇、阜南县王家坝镇、颍上县八里河镇、颍上县迪沟镇、颍上县小张庄村。
淮南市	大通区上窑镇、八公山区八公山镇、寿县八公山乡、凤台县李冲回族乡、凤台县毛集实验区毛集镇、寿县小甸镇、寿县安丰塘镇。
明光市	女山湖镇。
定远县	藕塘镇。
凤阳县	小岗村。
霍邱县	临淮岗乡。

九 完善旅游公共服务体系

（一）提升旅游交通服务体系

在规划期内建设集水、陆、空于一体的现代化立体旅游交通运输网络，构建便捷的"两小时旅游交通网"，形成各种交通方式有机协调，交通设施结构合理，旅游交通线路设计科学的旅游交通格局，解除交通滞后给旅游业造成的制约。

1. 完善旅游综合交通，带动区域旅游空间拓展

加快皖北高速公路的建设，形成区域旅游高速公路骨架，尤其是打通皖北的十字交叉交通网络和高速服务区旅游化建设。建设连接宿州市到阜阳市、蚌埠市到亳州市的高速公路和城际铁路；完善民航机场设施，增加旅游航线，充分发挥蚌埠市机场和阜阳市机场的空港口岸作用，增辟通往国内重要城市的空中航线，增加航班；开通淮河干流、涡河、沱河、新汴河、泉河、颍河、茨淮河等河流的水上客运航线，为开发游船旅游打下基础，初步建成畅通、安全、便捷的现代化综合运输体系。

2. 建设对外交通系统，支撑皖北旅游外向拓展

全面建设"两纵两横一交叉"的高速公路骨架，大力提升通往周边主要城市的交通干线，提升重要旅游景区和省际间的公路等级；充分发挥蚌埠市、阜阳市等机场作用，加强航空支线建设，开辟东南亚和日本、韩国等地的空中航线；大力发展通用航空，合理布局通用机场建设；加快建设旅游专用码头，提高游船档次，初步建成集水、陆、空于一体的现代化立体旅游交通网络。

（二）完善旅游集散服务体系

1. 建立旅游集散中心体系

构建集散中心、集散分中心、集散点组成的三级旅游集散中心体系。依托重点旅游乡镇、旅游聚集区建设旅游集散点。逐步实现机场、火车站、汽车站、公交车站、主要景区的无缝对接。加强皖北旅游城镇、旅游景区和旅游集散中心间的联系，推动联网售票、异地订票，实现区域化、网络化运营。

2. 完善自驾游服务体系

依托皖北现有服务区进行旅游功能的完善和提升，增加旅游导引、旅游咨询、旅游宣传、特色购物等旅游服务功能。配套咨询服务台、资料展柜、通信设备、旅游商品部、游客休息处、旅游厕所、停车场等设施。

依托交通道路和风景优美之地或旅游景区，在具备一定自然条件、社会条件以及用地条件的场地，建设汽车露营地。

以重要的旅游村镇及重点景区为节点，设立旅游汽车租赁点，提供预约租车、送车上门、异地还车、汽车救援等服务。

（三）构建旅游信息咨询服务体系

1. 完善旅游咨询中心网络

完善以旅游咨询中心为基础的现场信息服务窗口，到2020年，基本形成涵盖皖北的机场、高铁站、火车站、汽车站、高速公路服务区等，以及人流密集区、3A级以上景区、重点乡村旅游点的旅游咨询服务网络。健全旅游咨询中心运行和服务保障机制，不断满足市民和游客旅游信息服务需求。

2. 提升旅游信息网站服务功能

完善以旅游资讯网站为中心的在线旅游信息服务集群，优化皖北旅游信息网站服务功能，充分利用网络、微博、微信等新媒体，拓宽信息服务渠道、扩大信息覆盖面，提升旅游信息采集及发布效率。

3. 提升旅游热线服务功能

完善以旅游服务热线为基础的旅游信息声讯服务系统，推进旅游服务热线与政务、工商、物价、公安等热线协调与联动，健全一站式旅游服务机制。

（四）强化旅游便民惠民服务体系

1. 开展旅游惠民活动

推动皖北的城市公园、博物馆、纪念馆、爱国主义教育基地、公共体育运动场馆等免费开放或设立免费开放日，推动更多景区推出旅游年卡以及一日游、多日游等优惠卡。办好"旅游惠民月"活动，推出更多服务特殊人群的旅游优惠政策。

2. 推进旅游厕所建设

提升皖北的旅游景区、旅游交通沿线、旅游集散地、乡村旅游点、旅游餐馆、旅游娱乐场所、休闲步行街区等区域旅游厕所的建设和管理标准化水平。鼓励企业、社会团体积极参与厕所建设和管理。

3. 推进旅游公共服务设施建设

推进街心公园、休闲街区、城市绿地等公共休憩区建设。进一步完善皖北慢行系统的旅游服务功能，优化皖北旅游休闲环境。

4. 推进智慧旅游发展

加强"智慧皖北"建设，加快推进无线网络、多语种无线导游服务等设施建设。到2020年，皖北4A级以上景区和市级以上乡村旅游点实现免费无线局域网、智能导游、电子讲解、在线预订、信息推送等功能全覆盖。

（五）落实旅游安全保障服务体系

1. 加强旅游安全防范

建立健全皖北热点景区景点最大承载量警示信息发布平台，及时发布景区景点承载量信息和旅游安全提示信息，引导游客安全有序旅行。落实旅游企业安全培训责任制，实现一线从业人员旅游安全知识培训全覆盖。加强投保旅游责任险工作，力争旅行社责任险统保示范项目统保率达到100%。推动住宿、旅游交通及高风险旅游项目等经营者实施责任保险制度。

2. 加强旅游安全监管

建立健全旅游用车联合检查制度，全面推动旅游客运汽车安装具有行驶记录功能的卫星定位装置并实行联网联控。强化对景区游乐设施和高风险旅游项目的安全监管。加强大型旅游节庆活动的安全管理，建立健全活动方案和应急预案制度，安全管理责任、人员、措施同步落实。

3. 提升旅游应急处置能力

建立健全多部门协同的旅游应急处置机制，加强应急预案执行情况的督导检查，推动旅游企业建立应急队伍，完善应急救援设施设备，加强应急培训和演练。统筹公安、医疗、消防、武警等救援力量和专业化救援队伍，切实做好旅游突发事件应急救援工作。

4. 完善旅游保险产品和服务体系

开展旅游保险宣传活动，强化全社会旅游保险意识。深化"旅保合作"机制，加强旅游保险服务体系建设，推进建立涵盖酒店、旅行社、旅游交通、特种旅游等全要素旅游保险体系。

（六）加强旅游行政服务体系

1. 加强部门协作

加强旅游与公安、城市管理、交通运输、商务、安全监管、食品药品监管、工商、质监、物价等部门的联动合作，协同推进旅游信息、便捷交通、安全保障等惠民便民服务措施，全面提升无障碍旅游服务水平。强化旅游综合执法和属地监管，着力整治旅游市场的热点难点问题，不断优化旅游市场环境。

2. 健全完善旅游投诉处置体系

健全皖北旅游投诉处理和服务质量监管综合协调机制。加强行政调解与司法诉讼联动，构筑旅游投诉行政调解与法院审理的便捷通道。健全旅行社责任险调解处理、垫付资金管理等制度，提升游客与旅行社、旅行社与保险公司之间民事纠纷的调解处置效率。

3. 推进旅游诚信建设

结合皖北社会信用体系建设，建立健全旅游与相关行业共享信用信息平台。支持旅游协会等中介组织依法制定实施旅行社、导游、饭店、景区服务评价标准，设立品质旅游产品榜，建立网上评价旅游企业和从业人员服务形象平台。建立定期发布旅游经营服务不良信息和依法公布违法违规信息的工作机制，支持新闻媒体曝光旅游违法违规事件，营造鼓励诚信、惩戒失信的浓厚氛围。

（七）创新旅游标准化体系

建立健全旅游标准化体系，推动旅游景区转型升级和精品化建设，完善旅游基础设施、优化配套功能、规范服务管理。

1. 旅游基础设施标准化

规范旅游厕所、旅游集散中心、交通道路等建设标准。规范机场、高铁站、火车站、汽车站、码头、星级宾馆、乡村农家乐、大型商场、旅游景区等旅游企业及公共场所的公共信息图形标志。规范旅游行业术语、代号、缩略语。

2. 旅游业态标准化

加强地方旅游标准化建设，完善地方旅游标准化管理，加强新兴旅游领域标准化建设，建立健全地方旅游标准体系。完善基础设施建设，制定乡村旅游实施标准。制定皖北文化旅游开发、建设、评价标准和实施细则。探索建立中医药健康旅游服务质量标准。完善旅游商品质量监督体系，开展皖北旅游购物点质量等级划分与评定活动。

3. 旅游安全标准化

建立健全旅游安全规章制度。构建旅游安全管理控制系统，建立安全管理责任制。完善旅游饭店、宾馆、旅行社等旅游企业安全生产标准。规范旅游食品安全系列标准。

十　构建智慧旅游体系

（一）强化旅游互联网基础设施建设

提升旅游城市、旅游线路、旅游景区（点）、乡村旅游点、旅游企业等互联网设施水平。

1. 完善旅游基础设施实现无线覆盖

协调有关部门，实现机场、码头、车站、旅游集散中心等场所无线覆盖，支持景区、酒店、乡村旅游点做好无线覆盖建设，提供安全、便捷、高效的无线联网服务。支持各景区、酒店、餐馆、旅游购物商场无现金支付设施建设。

2. 建设旅游信息门户

建立皖北旅游信息门户，利用城市旅游门户网站、移动客户端、多媒体互动信息屏等管理与服务平台，提供全方位的信息服务。鼓励和支持各市县区旅游部门及旅游企业建立旅游网站、本地旅游手机 App、微信公众号等，链接省旅游信息门户。

3. 建立游客信息服务体系

充分发挥智慧旅游公共服务平台和旅游咨询服务热线的作用，建设统一受理、分级处理的旅游投诉平台。建立健全信息查询、旅游投诉和旅游救援等方面信息化服务体系。支持基于移动通信终端的旅游应用软件开发应用，提供无缝化、即时化、精确化、互动化的旅游信息服务。支持旅游相关服务产品的电子商务平台融合。积极鼓励多元化投资，参与旅游公共信息服务平台建设。

（二）提高智慧旅游管理水平

1. 建立智慧旅游管理体系

建立健全旅游应急指挥平台，提升旅游应急服务水平。完善在线行政审批系统、产业统计分析系统、旅游安全监管系统、旅游投诉管理系统，建立使用规范、协调顺畅、公开透明、运行高效的旅游行政管理机制。

2. 优化智慧旅游管理系统

完善旅游政务办公系统，升级改造办公自动化系统，实现各级旅游行政管理部门办公系统互通互联。优化旅游诚信管理系统。设立游客咨询服务窗口，创建旅游企业、从业人员和游客诚信监管发布及信誉公示平台，实行诚信管理。建立旅游项目管理系统。完善皖北地区旅游项目库，整合旅游投资信息资源，实施旅游项目的动态跟踪和为日常管理提供服务。

3. 建立智慧旅游管理中心

建立皖北智慧旅游管理中心，积极加强与大型网络搜索引擎和大型电商品牌合作，建立智慧旅游数据库，推行旅游智能化管理、营销。加强政府、高校、企业"政产学研"互动，开展智慧旅游大数据研究，提升旅游管理、决策的科学性。

（三）推动"旅游+互联网"产业良性发展

1. 支持在线旅游创业创新

鼓励多种创新主体利用互联网开展在线旅游创业创新。推动"互联网+旅游"跨产业融合。提升古井酒店集团等旅游电子商务企业发展。培育一批在线旅游租车企业。支持旅游互联网众创空间发展，建立淮北、蚌埠等"旅游+互联网"创业园区，建设一批符合国家标准的"旅游+互联网"创客示范项目。创建全国创新型农业现代化先行区，建设旅游电商基地。建立智慧旅游示范项目数据库，鼓励旅游企业利用终端数据进行创业，支持智慧城市解决方案提供商以及云计算、物联网、移动互联网应用项目进入旅游业，鼓励有条件的地区建立智慧旅游产业园区。建立皖北地区旅游电商高端论坛，推动线上交易、线下交流。构建皖北地区旅游产业技术创新联盟，推动跨领域跨行业协调发展。

2. 大力发展在线旅游新业态

支持企业利用互联网平台，整合私家车、闲置房产等社会资源，规范发展在线旅游租车和在线度假租赁等新业态。创新发展在线旅游购物和餐饮服务平台，积极推广"线上下单、线下购物"在线旅游购物模式和手机餐厅服务模式。积极发展在线旅游平台企业，整合上下游及平行企业资源、要素和技术，推动"旅游+互联网"的跨界融合。

3. 推动"旅游+互联网"投融资创新

推广众筹、PPP等投融资模式，引导社会资本进入"旅游+互联网"领域。支持旅游企业互联网金融探索，建设在线旅游企业第三方支付平台。利用互联网投融资平台，鼓励旅游企业和互联网企业通过战略投资等市场化方式融合发展，鼓励旅游企业联合互联网金融机构推出旅游理财产品和旅游保险产品。

（四）创新旅游网络营销模式

发展皖北旅游电子商务平台，鼓励利用互联网开展旅游营销信息发布、旅游产品在线预订和交易支付。支持皖北旅游目的地利用旅游大数据挖掘，建立广播、电视、报纸、多媒体等传统渠道和移动互联网、微博、微信等新媒体渠道相结合的旅游目的地营销体系。支持旅游企业与OTA平台合作，利用平台优势，扩大企业产品销售规模。鼓励旅游企业加强与门户网站、搜索引擎、UGC旅游网站等合作，进行产品和服务营销。鼓励旅游企业通过微博、微信等网络新媒体方式，培育黏性客户，提升企业精准营销能力，激发市场消费需求。

十一 推进旅游区域联动发展

当前，皖北旅游发展的需求和支撑条件趋向成熟，正处于转型升级的关键时期，面临旅游跃升式发展的重大机遇。实施区域化战略，实现"区域融合、交通一体、设施共享、业态互补、环境齐治"的区域旅游发展新格局，有利于皖北旅游创新发展。

（一）旅游区域联动发展战略

1. 打造皖北"6+4"旅游联合体

省旅游行政管理部门牵头，联合各市县旅游行政管理部门，组建皖北6市和沿淮4县的"6+4"

旅游联合体，建立健全皖北旅游工作联席制度和合作保障机制，编制皖北旅游发展总体规划，谋划皖北旅游发展。建设和推广旅游精品线路，加强皖北旅游网站相互链接和信息互动，建设皖北统一的旅游信息交换平台；推进跨区域无障碍旅游等。

"盘河串彩珠，星塘涵绿洲。"皖北区域空间结构，有利于节点突破、轴向拓展和旅游网络建设，有利于打破行政界限，共享旅游资源，联合开发旅游产品。加强旅游轴线"廊道"系统工程建设，将重要旅游节点串连成一个有机整体，加快皖北区域旅游联动发展。

2.打造皖北跨界"1+4"旅游联合体

加强皖北与合肥经济圈、中原经济区、淮海经济区和南京经济圈之间的联系，建设皖北跨界"1+4"旅游联合体。

加强皖北与合肥经济圈旅游合作和协调发展，形成旅游合作联盟，构筑联系通道，使合肥经济圈旅游功能有效辐射皖北。皖北与合肥经济圈联合是皖北跨界旅游合作的核心。

皖北联合中原经济区、淮海经济区和南京经济圈组建跨省旅游联合体，加快区域间航空、铁路、公路交通的快捷化、便捷化建设，强化综合交通体系衔接，充分利用庞大市场资源，推动旅游业合作，实现"客源互送、营销互推"。实现联合体优势互动和整体崛起，发挥辐射带动作用。

3.加快融入"一带一路"新格局

响应"一带一路"倡议，充分发挥皖北地区的生态、人文、健康养生以及区位交通等优势，主动融入"一带一路"，加快区域旅游的互联互通。

4.积极与相关区域开展旅游合作

加强与长三角、长江经济带以及皖南国际文化旅游示范区等区域旅游合作，聚集皖北与各区域旅游合作结合点，进行"点对点"合作，实现特色旅游产品延伸和互补、客源互送。

（二）旅游区域联动发展策略

1.打造"无障碍"旅游区

实施人才强旅政策。旅游人才资质互认，各类旅游职业资质证书互认。建立皖北旅游培训基地，有计划、分批、分层次地对皖北旅游服务人才进行统一培训。

实施旅游交通互联互通政策。打通区域旅游交通壁垒，实现旅游通道的连接与互通；取消他方旅行车辆入城、入景区限制规定，减免旅行车辆过路过桥费。

实施旅游运营共享政策。推行皖北区域旅游一卡通，提供优惠、提供便利；支持旅行社跨地域网络化经营，景区及旅行社互设营业点，实行异地联网售票；皖北景区相互提供旅游信息；鼓励区内外旅行社开发皖北区域旅游线路。

实施皖北统一的旅游安全预警和救援政策。制定皖北地区统一的旅游安全应急预案，实施制度化的旅游安全应急预演，统一指挥，统一应对。

2. 联合开发推广旅游线路

根据客源市场需求，注重旅游资源结构和旅游景点的特色性与多样化，策划设计皖北主题特色旅游线路，联手开发市场。

3. 互推共赢合作营销

充分发挥皖北旅游营销联盟的作用，合作营销皖北旅游，鼓励在客源地举办推广活动，整体宣传皖北旅游；鼓励在旅游网站等媒体上，整体营销皖北旅游，鼓励皖北与客源地有实力的旅行社合作，吸引团队游客；开发"本土化"的皖北区域线路产品，吸引自助旅游者和自驾车旅游者。

十二　重塑区域旅游品牌形象

依据《安徽省"十三五"旅游业发展规划》，将"黄淮风情，皖北传奇"作为皖北旅游总体形象，以促进皖北旅游一体化进程。巩固传统旅游品牌，培育新兴旅游品牌，重塑旅游目的地品牌体系。强化旅游企业品牌，实施"旅游+"发展战略，提升皖北旅游整体发展水平和竞争力。

（一）构建区域目的地品牌体系

整合现有品牌资产，塑造皖北、"6+1"旅游带、六市四县旅游目的地品牌体系，形成以整体品牌为统领，"6+1"旅游带和六市四县品牌为支撑的区域旅游目的地品牌体系。

1. 皖北地区整体旅游品牌

以"黄淮风情，皖北传奇"旅游品牌为依据，深度挖掘皖北"黄淮风情"的文化旅游体验价值、"皖北传奇"的休闲度假旅游体验价值，完善皖北旅游品牌内涵。依托多元文化、和谐生态的特色旅游资源，以农业生态旅游、湿地旅游、历史文化体验旅游、康体养生旅游等为核心产品，塑造休闲农业旅游目的地、湿地度假旅游目的地、文化休闲旅游目的地和健康养生旅游目的地。

专栏38

皖北旅游备选品牌形象

千年人文淮水，生态魅力皖北	古城古山水，新景新皖北	畅游皖北，体验皖美
走进新皖北，感受江淮情	寻古沿淮厚文化，醉今水乡慢生活	大美皖北，淮上风情
走千走万，不如淮河两岸	显山露水，大美皖北	乘兴而来，畅游皖北
旷美皖北，畅游黄淮	山河皖北，生态之乡	文化故土，生态原乡
皖之生态，河淮之北	文化生态长河，休闲养生福地	淮上江南，传奇皖北
探古城风韵，赏皖北风情	淮风皖韵，旷美皖北	

2. 六市四县旅游目的地品牌

在皖北地区整体旅游品牌统领下，塑造六市四县旅游目的地品牌体系。

专栏 39

六市四县级旅游目的地品牌

淮北市——山水相城，生态淮北。依托淮北丰富的农业旅游资源，以发展塔山石榴园、大庄葡萄园、南山村、远创农业科技开发园、黄新庄村、口子酒等为示范，支持龙脊山自然风情区、四季榴园、南湖景区、南山生态休闲、华家湖、国家矿山公园景区、濉溪老城、临涣古城、中国隋唐大运河柳孜遗址等建设，塑造"精美相城，精致淮北"的城市旅游品牌，建设成为全国知名乡村旅游和休闲旅游目的地。

亳州市——天下道源、曹操故里，中华药都、养生亳州。充分挖掘老庄文化、三国文化、华佗中医药文化等旅游资源价值，把旅游业与药业产业发展结合起来，发展"旅游+文化"的休闲旅游模式，实现"身与心"的养生。塑造"天下道源、曹操故里，中华药都、养生亳州"城市旅游品牌，建设国际著名的、中国重要的中药养生休闲旅游基地。

宿州市——楚风汉韵，传奇宿州。围绕宿州丰富的历史文化资源，以皇藏峪国家森林公园、灵璧石和楚汉文化旅游区为重点，开展森林体验（森林步行、森林浴、林中体验、观鸟、树屋村寨、空中缆车）、文化体验、休闲度假、康体养生等旅游活动，大力发展文化生态旅游，塑造"楚风汉韵，传奇宿州"旅游品牌，力争打造成全国文化生态旅游名城。

蚌埠市——禹会诸侯地，淮上明珠城。挖掘蚌埠市禹王文化、史前文化、大汉文化、明文化等淮河文化深厚底蕴，全面提升发展诸如淮河、天河、龙子湖、张公湖、四方湖、沱湖的滨水观光休闲度假旅游产品，开展"旅游+文化"，发展生态休闲度假旅游，充分发挥毗邻江苏、南临皖江城市带的区位优势，将蚌埠打造为皖北旅游龙头，塑造"禹会诸侯地，淮上明珠城"的城市旅游品牌。谋划建设成为面向皖江地区、长三角地区生态休闲基地。

阜阳市——皖风徽韵，梦里水乡。依托湿地生态综合优势和欧苏文化资源，重点整治泉河风景带，挖掘王家坝特种旅游资源价值，借助八里河景区影响力，整合颍上旅游资源；整合开发颍州西湖、阜阳生态园、老泉河湿地、五河口景区、坎河溜森林公园，建设"颍州西湖"大湿地景区。塑造"皖风徽韵，梦里水乡"城市旅游品牌，建设集生态观光、文化体验、休闲娱乐于一体的国家湿地旅游城市。

淮南市——豆腐故里，五彩淮南。围绕淮南丰富的生态旅游资源和历史文化资源，打造八公山楚汉文化寻源之旅、焦岗湖湿地—塌陷区生态观光之旅、淮河风情览胜之旅和淮南美食之旅，塑造"豆腐故里，五彩淮南"城市旅游品牌。推进合淮六旅游一体化、同城化建设，建设合肥经济圈主要的休闲旅游目的地。

明光市——帝王故里，淮风水韵。以良好的生态环境和深厚文化为依托，深入挖掘明文化，打造女山湖古镇旅游、抹山历史文化体验、淮河风情宝岛旅游、大横山地质风貌景区等旅游项目，塑造"帝王故里，淮风水韵"旅游形象。将明光建设成为以休闲度假旅游为特色，集文化体验、山水观光、休闲度假、宗教民俗、乡村旅游为一体的明文化旅游带核心区。

定远县——美好定远，将相故里。突出地方文化特色，积极发展康体运动旅游、民族民俗风情旅游、农业观光休闲等特色旅游，塑造"美好定远，将相故里"的主题品牌。

凤阳县——凤阳是个好地方。依托丰富的人文旅游资源与自然景观资源，以朱元璋故里和明中都为代表的明文化和以小岗村为代表的中国农村改革历史事件为主要抓手，塑造"凤阳是个好地方"的旅游品牌。谋划建成有国际影响力的明文化旅游、乡村旅游和花鼓灯创意文化旅游标志地。

霍邱县——淮河"三峡"地，皖西鱼米乡。以霍邱悠久的历史文化积淀、特色旅游资源和社会经济活动为依托，以临淮岗风景区、水门塘风景区、三霄文化园风景区三大景区为重点，塑造"淮河'三峡'地，皖西鱼米乡"的旅游品牌。将霍邱谋划建设成为大别山北麓和淮河岸边的旅游名城和全国知名、全省一流的旅游目的地。

3. "6+1" 旅游廊道目的地品牌

打造黄河故道、隋唐大运河、涡河、颍河—泉河、西淝河、浍河以及淮河干流"6+1"旅游廊道目的地品牌。充分挖掘皖北多彩的历史文化资源和丰富的自然生态资源，通过旅游廊道建设，实现皖北旅游联动发展，提升整体水平。

专栏40

"6+1"旅游廊道目的地品牌

1. 黄河故道——游黄河故道，品梨园风味。以黄河故道区的砀山、萧县万亩梨园为基地，深植地方特色文化，结合唢呐、武术等资源，大力开展梨园文化演艺，建设全国重要乡村旅游、生态旅游度假区。

2. 隋唐大运河——品千年古韵，梦隋唐盛世。加强隋唐大运河流经的省内地区的旅游联合发展，活化利用运河遗产资源，彰显盛世隋唐风情，建设隋唐大运河文化旅游区。同时，融入灵璧奇石文化、楚汉文化等，构建多元文化体验和研学休闲的大运河遗产精品旅游带。加强与隋唐大运河流经的外省城市区域合作，共同培育中国大运河精品旅游廊道。

3. 涡河——天下道源，魅力涡河。整合涡河沿线亳州城区、涡阳、蒙城、怀远等旅游资源，重点建设花戏楼（明清商业街）、老子故里、庄子故里、高炉镇等景区，开发涡河旅游线路，形成集明清历史游、老庄道教文化游、高炉工业旅游和白酒文化旅游等为一体的涡河旅游带。

4. 颍河—泉河——绿色颍泉，田园水乡。依托颍河、泉河沿岸湿地、湖泊以及历史名人，发挥八里河的品牌效应，提升颍州西湖、颍泉阜阳生态乐园、颍上迪沟、颍上尤家花园—五里湖等景区，开发颍考叔孝文化、管鲍友谊文化、欧苏师徒文化等文化资源，建设皖西北文化、生态共融的绿色旅游长廊。

5. 西淝河——身动心动，动感西淝。以西淝河良好的生态环境和沿河两岸美丽的生态乡村环境为基础，以利辛县旅游资源为开发重点，开展乡村马拉松、拓展运动、自行车骑行等活动，塑造集运动、探险、越野、竞技于一体的休闲体育旅游品牌，建设知名的休闲运动旅游目的地。

> 6. 淠河——碧水映红霞，桂花香两岸。依托淠河沿线水利、灌溉工程所形成的平湖景观以及沿岸桂花树，营造"碧水、红霞、花香"意境，以水门塘、安丰塘、正阳关等历史文化景观为节点，发展生态观光、生态休闲、生态体验旅游。
>
> 7. 淮河——走千走万，不如淮河两岸。依托淮河沿线湖泊及煤矿塌陷区丰富的湿地旅游资源，融入淮河文化众多的历史遗迹和历史事件，开展文化生态旅游。以淮河为线，整合沿淮旅游资源，建设一流的文化生态旅游带，成为安徽旅游发展的新的增长点。

（二）强化提升旅游企业品牌

1. 引进省外大旅游企业品牌

坚持旅游企业"引进来"基本战略，引进祥源控股集团、万达集团、首旅集团、中青旅、中旅集团等国内著名旅游企业，通过强强联合、投资合作、品牌连锁、授信支持等途径，借助知名旅游企业的品牌资产、管理经验，为皖北旅游发展注入新的生命力。

2. 培育皖北自主旅游企业品牌

培育皖北地区自主企业品牌，形成品牌集聚。鼓励安徽口子酒业股份有限公司、安徽古井集团有限责任公司、亳州建安旅游控股集团、亳州康美中医药发展有限公司、安徽金种子酒业股份有限公司、淮南矿业集团公司等自主品牌投资皖北旅游业。

充分利用皖北雄厚的工矿企业的资本，采取PPP运营模式，引导工矿企业投资旅游业，实现企业转型。鼓励和引导农民企业家办旅游，发展家乡旅游业。推进段园葡萄园、塔山石榴、尤家花园、双楼花海不老莓、生态庄园等品牌化经营，打造一批品牌旅游庄园。

十三　开创旅游市场营销

（一）旅游市场营销模式

打破传统旅游营销模式，紧跟时代前沿，创新旅游营销模式，打造多元化营销模式、差异化营销模式、精准化营销模式、联动化营销模式。

1. 多元化营销模式

顺应移动化、社交化、视频化发展趋势开发适合新媒体传播的优质内容，利用微博、微信等新媒体平台进行旅游广告宣传。拓展旅游电子商务渠道，建设旅游营销信息发布、旅游产品在线预订和交易支付平台,发展线上营销网络。注重与各大中小旅游社合作营销,发力报纸、公交车身、露天广告牌等传统宣传媒介,夯实线下营销基础,形成皖北多元化、立体化旅游目的地营销体系。

2. 差异化营销模式

依托皖北多元文化、和谐生态的特色旅游资源,加大皖北休闲农业、文化创意、会议会展、节事节庆、康体养生等新业态旅游产品的投资和建设,打造充分体现皖北优秀文化、展示皖北特色形象的优质旅游产品体系。加强与国际国内知名媒体的战略合作,策划制作影视娱乐类及其他非新闻类旅游节目,讲好皖北故事,树好皖北形象。

3. 精准化营销模式

建立与国家、省、市、县旅游局信息平台的数据交换和共享机制,加强与大型网络搜索引擎和大型电商品牌合作,有效整合各方面涉旅数据,推进皖北智慧旅游大数据平台建设。开展智慧旅游大数据研究,精准定位客源市场,实时监控流量信息,预测游客消费行为,针对性提供满足不同消费者需求的旅游产品和服务。

4. 联动化营销模式

积极发挥皖北旅游营销联盟作用,联动周边重点客源市场共同策划推出区域旅游精品线路。加快旅游网站的相互链接和信息互动,建立统一的旅游信息交换和共享机制。组建跨区域联合营销联盟,定期开展联合促销活动,建立客源地市场互换与合作互惠的联合推广机制,加速推动皖北旅游信息与国际国内市场接轨。

(二)旅游市场推广体系

依托旅游市场营销模式,在巩固和发展现有市场的基础上,顺应旅游市场需求和交通格局等变化,完善皖北旅游市场推广体系。

1. 入境市场推广

深度挖掘港澳台市场、日韩市场、澳大利亚及其他欧美市场等海外市场潜力,开设直航包机航线,推进与海外旅行社、旅游贸易商、旅游代理商等建立利益共享合作关系。根据不同国家市场的群体偏好,定期组织皖北重点旅游企业前往海外举办旅游宣传推介会。

2. 周边市场推广

加强与合肥经济圈、中原经济区、淮海经济区、南京经济圈等周边客源市场的旅游联动,组建跨省联合体,推出旅游精品线路,开展景区联票活动。发挥距离优势和交通优势,以自驾游、自助游、家庭游为营销重点,坚持政企联动、城市联手和区域联合,形成营销合力,共同推广皖北旅游。

3. 内生市场推广

注重皖北内生市场调研,加强内生市场定向营销。依托皖北旅游营销联盟,加强城市间旅游合作,开展"生态皖北""田园皖北""人文皖北"等系列活动,以主题游、特色游、家庭游、自驾游为营销重点,积极发挥皖北人口红利优势,释放皖北内生市场活力。

4. 高铁专项市场推广

加强与京沪高铁、合蚌高铁、郑徐高铁等沿线客源市场联动,在高铁站、高铁车厢投放旅游宣传广告。开展"高铁优惠游"等系列活动,以文化游、观光游、休闲游、精品游为营销重点,推出定时、定点、定线高铁旅游专列。

第四篇 | 提升篇

十四 推进旅游生态文明建设

(一) 强化旅游生态环境及灾害防护

1. 加强旅游生态环境保护

按照《中华人民共和国环境影响评价法》的要求,皖北地区各级环境保护和旅游行政主管部门要做好旅游规划和开发的环境影响评价的审查、指导、督促工作。加强旅游景区生态环境保护监管,加强对旅游区、旅游项目的生态环境监察,加强对旅游区、旅游项目开发建设施工期间的环境监管,防止因施工造成环境污染和生态破坏。加强生态敏感旅游区、旅游项目生态环境监测,及时发布旅游生态环境信息。

加强旅游业生态环境保护宣传教育。积极开展旅游生态环境保护的宣传、教育与培训。加强旅游科普工作,提高旅游者、旅游管理者和旅游活动其他各方的生态环境保护意识,倡导文明、科学、健康的旅游行为。加强舆论监督,做好旅游生态环境保护的宣传工作。

大力推进旅游绿色发展。健全皖北地区旅游环境预防体系,推动皖北旅游重点领域和重点产业节能减排,探索旅游绿色循环低碳旅游发展新模式,努力建成人水和谐、绿色共享的流域综合治理示范区和生态文明建设先行示范带。推进旅游污染防治。健全皖北跨区域旅游污染防治协调机制。严禁在旅游区及周边地区新批污染环境的项目,已建项目不符合环境功能要求的,要限期关、停、迁、转。旅游区的污水、烟尘和生活垃圾处理,必须与旅游开发同步进行,实现达标排放。

2. 加强旅游自然灾害防护

设立旅游自然灾害防护机构。负责本地的气象、地质、旱涝等灾害普查、防御规划及旅游应急预案编制、防御知识普及、气象灾害监测和应急处置等工作。建立灾害预警制度。深入分析、评估可能造成的影响和危害,及时通过有效途径或方式发布预警信息,开展隐患排查,做好启动应急响应的准备工作。增强游客的旅游防灾意识。各级旅游行政主管部门要向旅游者宣传预防和避免、减轻相关自然灾害损害的常识,公布咨询、求助电话和应急避险场所的具体地址、到达路径,以及应急安全撤离的通道、线路。

（二）推进旅游生态文明建设示范工程

1. 皖北塌陷区生态旅游利用和推广工程

利用皖北采煤塌陷区开发生态旅游，建设一批精品生态旅游产品和项目。综合利用工程和生物措施，改造采煤塌陷区水面、洼地、坡地，建成集现代农业观光旅游园区、旅游度假区、水上活动中心等多功能于一体的生态休闲旅游和湿地公园，完善城市湿地生态系统功能。

2. 皖北旅游生态文明示范区建设与优化工程

优化皖北国土空间开发格局，健全旅游生态文明制度体系。统筹推进资源节约循环高效利用、环境治理、海绵城市建设、山水林田路综合治理，加大皖北旅游区自然生态系统修复和生态基础设施建设力度，推进水环境保护，加强噪声和土壤污染防治，建设一批旅游生态文明示范区，形成可复制可推广的皖北旅游生态文明建设模式。

3. 皖北田园生态旅游示范区工程

培育皖北生态旅游市场。深入实施皖北乡村旅游优化工程，大力推进农旅融合，建设以流域综合治理和耕地利用为核心的皖北田园生态旅游示范区。

4. 皖北湿地自然保护区和湿地公园管理体系工程

完善皖北湿地旅游区保护管理体系，推进湿地旅游区保护制度建设。建立健全以湿地自然保护区、湿地公园为主的湿地旅游区保护体系。推动实施湿地旅游区生态效益补偿、退耕还湿和湿地保护奖励等制度，将湿地旅游区保护管理纳入"生态皖北"考核内容，实施皖北湿地旅游区生态修复工程。加强湿地旅游保护管理机构队伍建设，成立皖北湿地旅游区保护管理中心，探索湿地旅游合理利用新模式，加大湿地旅游区保护宣传力度。

5. 皖北生态文化旅游品牌示范工程

以阜阳市颍上县八里河景区、淮南市凤台县焦岗湖景区、六安市霍邱县临淮岗景区等旅游景区为依托，发展皖北水生态旅游，融合区域内文化、农业、工业、体育、美丽乡村等资源，塑造、提升"皖北水乡"生态旅游品牌。

十五　传承创新优秀文化

（一）强化旅游文化遗产传承与保护

1. 传承弘扬传统文化

发挥皖北文化优势，传承亳州市及阜阳市剪纸、宿州市埇桥马戏、宿州市书画、宿州市灵璧奇石、蚌埠市双墩文化、阜阳市阜南柳编、淮南市寿县正阳关抬阁肘阁、寿州锣鼓、淮南市寿州紫金砚、滁州市凤阳花鼓灯等文化品牌，传承、活化利用淮北市梆子戏、淮北市花鼓戏、亳州市二夹弦、亳州市华伦五禽戏、亳州市老子传说故事、宿州市坠子戏、宿州市泗州戏、阜阳市嗨子戏、淮南市豆腐传统制作技艺等非物质文化遗产，培养一批非物质文化遗产传承人。支持《淮南子》申请"世界记忆遗产"，支持寿州古城联合全国春秋战国遗址开展文化传承活动，发起成立"中国春秋战国遗址联盟"，并以"中国春秋战国国都遗址"为名称，申请加入中国世界遗产备选名录。支持淮南豆腐制作技艺申请加入人类非物质文化遗产。支持成语典故文化淮南建设。

2.加强文化遗产保护与利用

加强皖北红色文化保护，开发红色旅游资源。加强皖北国家重点文物保护单位、国家考古遗址公园、国家历史文化名城名镇名村和街区等历史文化遗产保护，提升柳孜、泗县大运河世界文化遗产保护与利用水平。加大非物质文化遗产保护力度，举办中国（皖北）非遗传统技艺大展等文化传承活动，建设非物质文化遗产皖北传习基地（所），建立皖北民间传统文化资源数据库。积极开展非物质文化遗产的传播、教学和宣传展示，鼓励皖北优秀传统文化进乡土文化教材，加强国学教育皖北基地建设。实施皖北地方戏曲振兴工程，支持皖北旅游演艺剧目的编排和演出，塑造皖北旅游演艺品牌。

3.落实文化遗产载体建设

实施大运河遗址、蚌埠市双墩遗址保护与利用、淮南市寿县寿州古城、滁州市凤阳县明中都国家考古遗址公园等项目。加入大运河文化旅游论坛联盟，建立皖北历史文化遗产资源保护经验交流、学术研究平台，设立皖北文化研究院，举办皖北历史文化遗产保护学术论坛。办好涡阳、蒙城的老子、庄子大典。设立非物质文化遗产传习基地，推进亳州市华佗中医药博物馆、蚌埠市国家级文化产业示范园区等设施建设。打造中医药文化产业园、健康养生基地、新农村实验区等文化旅游基地。定期举办非物质文化遗产传统技艺大展、中医药文化旅游节等品牌旅游节庆项目。

4.强化法规制度保障

建立健全皖北文化生态保护组织协调机制和监测机制，依法履行管理和监督责任。根据不同部门管理职权，进一步明确文化遗产在类型划分、评估体系、保护对策、管理分工等方面职责，建立清晰明确、协调统一的保护制度，有效保护和管理文化遗产资源，制定适合皖北实际的文化资源保护与利用相关法规的实施细则。规范管理文化遗产认证、文化遗产保护。

（二）推动优秀文化旅游利用与创新

1.合理利用传统文化资源

充分利用历史遗迹、红色遗存等文化遗产，丰富城市内涵，提升文化品位。发挥传习基地的作用，积极利用非遗项目，开发具有皖北特色的文化旅游产品。建成一批非物质文化遗产展示、传承、体验的文化旅游景点，推动非物质文化遗产与旅游融合。建设休闲农庄/牧场，推动特色小镇、乡村旅游建设，促进农业资源的保护与利用。

2. 推动优秀文化创新发展

运用"互联网+"推动文化创新。广泛运用现代科技手段，创新历史文化旅游宣传营销方式，开发创新皖北文化旅游产品。建设一批集文化、康体、养生于一体的文化休闲养生基地，建设一批以弘扬优秀传统文化为主题的文学、影视、演艺精品。加快发展动漫游戏、网络视听、移动多媒体、数字出版等新兴产业，推动互联网与文化旅游产业领域融合发展。

开发文化旅游创意产品，打造高品质文化旅游品牌。扶持一批国家级、省级和市级非物质文化遗产代表性传承人、工艺美术大师；打造高品位文化旅游新地标，鼓励依托皖北文化建设博物馆、美术馆、图书馆、纪念馆、非物质文化遗产保护中心等文化旅游设施，依托皖北老庄文化和淮河文化等，推动传统文化与旅游演艺业融合发展，提升旅游演艺产品的艺术性和观赏性，创新文化遗产保护和旅游利用新模式。依托皖北丰富农业资源，开发集田园生态、林果休闲、现代牧业与一体的特色养生、度假、休闲文化旅游产品，建设皖北田园旅游综合体，创新皖北乡村发展模式。

十六　提升旅游惠民共享

（一）推进旅游扶贫建设

以旅游产业为载体，以增加宜游贫困村群众收入为核心，以改善贫困地区生产生活条件为重点，实现贫困地区共享发展。建立皖北地区旅游扶贫村数据库，做好贫困村与贫困户摸底调查工作，确定重点宜游贫困村，建设100个乡村旅游扶贫重点村，开展建档立卡旅游扶贫村乡村旅游资源普查。选取50个村作为旅游扶贫脱贫观测点，实施动态跟踪、评估旅游脱贫成效。

加强旅游扶贫村基础设施建设，调整完善整村建设规划，加强村容村貌整治，推进道路交通、供水供电、网络通信和环卫等公共服务设施建设。建设旅游标志标识、停车场库、旅游信息化系统等设施，开展"厕所革命"，支持有条件的重点村建设综合性游客服务中心。实施皖北乡村旅游优化工程，大力推进农旅融合，建设皖北田园旅游综合体，创新皖北宜游贫困村旅游扶贫模式。

（二）实施旅游惠民计划

全面贯彻《国民旅游休闲纲要（2013—2020年）》，开发一批以"温馨安徽"为主题的皖北家庭旅游休闲产品，以"悠闲安徽"为主题的皖北老年人旅游休闲产品，以"婉约安徽"为主题的皖北女性旅游休闲产品，以"研学安徽"为主题的皖北青少年旅游产品。

实施旅游双创惠民计划，搭建皖北旅游创业创新平台，建设皖北旅游双创基地，发展旅游众创空间。实施皖北旅游创业就业计划，积极引导大学生、农民工、退役士兵、留学回国人员等群体返乡就业创业。

推动旅游业发展成果共享。健全旅游从业人员社会保障体系，实施基本医疗保险、生育保险、养老金计划。完善旅游从业人员薪酬制度，建立和完善劳动报酬分配办法。形成合理的社区居民参与旅游发展的利益分配机制，加强社区居民的旅游服务培训，维护当地居民合法权益和切身利益。健全旅游业劳动合同制度，加大旅游业劳动合同执法监察力度，监督旅游企业签订、变更、解除劳动合同等行为。

第五篇 | 保障篇

十七 加强旅游发展实施保障

围绕皖北地区旅游发展目标要求，按照五大战略任务部署，深化旅游业改革，重点从组织保障、机制保障、法制保障、要素保障、人才保障、平台保障等方面，完善皖北地区旅游体系发展的政策体系。

（一）深化体制机制改革

1. 加强组织领导与协调

建立皖北地区旅游6+4（6市4县）联席会议制度，形成常态化、轮值化、专题化协商机制，共同推进皖北旅游规划编制、旅游项目、区域旅游品牌、旅游营销、旅游公共服务、旅游市场监管、旅游人才建设等一体化建设。探索组建皖北旅游投资集团，培育皖北旅游开发和管理重要市场主体。

各市、县（区）党委、政府要高度重视旅游业改革发展工作，进一步加强组织领导与统筹协调。条件具备的市、县（区）成立促进旅游业改革发展领导小组，由党委、政府主要领导任组长，将旅游业发展纳入当地经济社会发展的总体规划。鼓励支持有条件的市、县（区）建立综合性旅游发展委员会，增强旅游部门的综合统筹与协调能力。支持旅游行政管理部门成为市、县（区）规化委员会成员单位。强化考核督查。要将旅游规划、旅游设施和项目建设、旅游市场营销和旅游区域合作等工作纳入市县政府目标考核范围，作为评价相关部门推动旅游工作的重要内容。

2. 深化景区管理体制改革

深化景区体制机制改革，加强市、县（区）分级、分类指导，以重点旅游景区改革为突破口，重点推进旅游景区所有权、管理权、经营权相分离的改革。解决景区资源权属、跨界整合等方面问题。

3. 依法监督，促进市场规范有序

将旅游市场环境治理纳入城市综合治理范畴，推进地区间、部门间、行业间的联动。推广"1+3+N"旅游综合执法模式，成立旅游警察、旅游法庭、工商旅游分局及其他联合执法机构，加大执法检查和惩处力度。建立旅游经营者和从业人员的信用评价制度和黑名单制度，加强旅游从业人员的教育、培训、管理。建立健全导游准入退出管理机制，推动导游管理体制改革，提高专业化旅游服务水平。倡导文明旅游，遏制旅游不文明行为，营造良好的旅游市场环境。推进导游体制机制、景区治理体制等改革创新。

（二）强化政策保障机制

1. 强化土地政策保障

进行旅游用地改革创新，年度土地供应适当增加旅游业发展用地，积极争取旅游建设用地增减挂钩指标。通过城乡建设用地增减挂钩等方式，满足乡村旅游项目用地需要。加强规划衔接，各地在编制和调整土地利用总体规划、城乡规划时，要充分考虑旅游用地，保证列入全省旅游业发展规划的重大旅游项目用地。落实旅游业差别化用地政策，对利用荒山、荒地、荒滩建设的旅游项目，优先安排新增建设用地指标。优先保障旅游公共服务配套设施建设用地。积极盘活乡村旅游用地，严格控制旅游项目的非旅游用地现象。

2. 强化旅游项目建设鼓励政策

从旅游项目建设用地指标、土地流转等方面对重大旅游项目、特色旅游项目、创新性旅游项目予以倾斜扶持。

3. 强化旅游奖补政策

对成功创建4A级以上旅游景区、国家和省生态旅游示范区、国家和省级旅游度假区、五星级饭店、旅游特色城镇和乡村旅游示范村、乡村特色客栈与民宿、旅游营地等给予引导性奖励资金。对在皖北地区旅游包机、旅游专列等方面做出突出贡献的个人、企业给予奖励。

4. 落实税费优惠政策

进一步落实国家给予旅游企业的税费优惠政策，推动旅游企业与一般工业企业同等的用水、用电、用气价格。

5. 落实带薪休假制度

支持企业结合自身实际与传统节日、地方特色活动相结合，安排错峰休假、弹性作息，激发本地内生市场的旅游需求。

（三）落实资金保障机制

1. 加大财政投入

皖北市、县（区、市）级财政要加大对旅游设施建设、旅游规划编制、旅游公共服务体系建设、旅游形象推广和旅游人才培养等方面的支持力度。各市建立旅游发展专项资金并逐年递增，各县区在财政预算中要有专项资金用于旅游业发展。对于部分旅游资源丰富、旅游业相对发达的县区鼓励设置旅游营销专项资金，支持旅游业发展。

2. 组建战略投资平台

组建战略投资平台，作为承接政策性金融机构贷款和皖北地区旅游重大项目的投融资平台。有条件的市可以先行一步，参照省产业基金的融资办法，选择皖北有实力的企业，结合区外投资者以及银行，组建旅游融资担保公司和旅游投资公司，为皖北旅游开发注入多元资金。

3. 引导金融机构和社会资本投入

用好国家专项建设资金、产业基金和政策性银行贷款支持旅游发展。支持企业通过政府和社会资本合作（PPP）模式投资、建设和运营旅游项目。引导旅游企业科学利用债务融资工具，发展旅游项目资产证券化产品，开展旅游项目特许经营权、景区门票收费权抵押等方式融资。支持皖北旅游企业在主板、中小板、创业板、新三板上市。支持开发旅游消费信贷产品，成立消费金融公司，发展互联网金融。引导金融机构加大对皖北旅游企业和旅游项目融资支持。利用财政贴息方式支持皖北重大旅游项目开发、公共基础设施建设融资。

4. 加大旅游扶贫投入

加强扶贫资金整合。深入推进各层面涉农资金整合，综合利用现行各项扶贫政策，统筹安排项目资金，集中投入，形成扶贫工作合力。实行股权式投入，推行"权益到户、资本到户"模式，将分配到户的扶贫资金集中用于支持旅游龙头企业发展，明确贫困户享有股权，定期分红，监督使用，提高扶贫资金使用效益。

（四）提升人才保障机制

1. 加强旅游发展智库建设

皖北各市、县（区）应组建由政府、企业、院校和科研院所旅游专家组成的旅游发展智库，建立旅游官方智库、民间智库、高校智库"三位一体"的旅游智库体系。完善旅游智库发展机制，建设现代新型旅游智库。

2. 强化旅游人才队伍建设

充实旅游行政管理人员队伍，选准配强旅游部门领导班子，切实按照综合协调、经济发展要求加强旅游部门干部队伍建设；优选使用德才兼备的旅游管理干部，使一批有能力、有干劲的干部充实到旅游行政管理队伍。

加强皖北旅游经营管理人才、专业技术人才、服务技能人才、教学科研人才、乡村文化旅游人才、导游人才和"非遗"传承人才等高素质旅游人才队伍建设。

3. 完善旅游人才培育机制

在5年内，分批组织培训500名旅游企业负责人、1000名旅游部门负责人，1000名营销、创意、规划、咨询等旅游创新人才，2000名乡村旅游带头人。培训10000名非遗传承人和旅行社、饭店、农家乐等旅游企业员工。

4. 完善旅游人才引进机制

探索人才流动机制，鼓励用人单位以特设岗位、项目聘用和人才租赁等方式引进旅游人才。建设旅游领军人才团队，重点加大对国家级非物质文化遗产代表性传承人、工艺美术大师等特殊人才的支持力度，遴选一批旅游领域的杰出人才，解决引进人才任职、社会保障、户籍、子女教育等问题，简化来华人才签证、居留程序，落实相关待遇。

5. 完善旅游人才激励机制

加大皖北旅游人才创业创新支持力度。以财政资金为引导，旅游企业和社会组织投入为主体，积极支持皖北地区旅游人才创业创新，以多种形式支持鼓励旅游企业和社会力量参与皖北旅游人才队伍建设。健全旅游人才激励保障机制，完善人才奖励制度，推行期权、股权等中长期激励办法，建立以政府奖励为导向，用人单位和社会力量奖励为主体的皖北旅游人才奖励体系。

6. 完善旅游人才交流管理机制

推动皖北地区与省内外旅游企业、旅游院校、科研机构开展产学研深度合作，加强与联合国教科文组织、世界旅游组织等联系交流。建立省内旅游院校与皖北地区各市、县（区、市）旅游行政管理部门、旅游企业年度双向交流机制。逐步建立皖北旅游人才资源网，构建旅游从业人员教育培训、考核评价、人才交流等信息网络中心，建设皖北旅游人才数据库。

后 记

1979年7月，一代伟人邓小平在安徽黄山发表了著名的"黄山讲话"，拉开了中国现代旅游业发展大幕。作为中国现代旅游业发祥地的安徽有着丰富的旅游资源，改革开放40年来旅游业发展取得了巨大的成绩。丰富的旅游资源和旅游业发展的实践为旅游理论研究及其成果的应用提供了难得条件和机遇。安徽师范大学旅游发展与规划研究中心教师们在老一辈学者卢村禾教授、韩也良教授等带领下，自20世纪80年代初就开始了安徽省旅游资源调查、评价和开发研究工作，先后主持和参与了全省和各地市旅游规划项目数百项，积累了大量的理论素材和实践经验。安徽师范大学旅游发展与规划研究中心获国家旅游规划设计甲级资质，为安徽省旅游发展做出了一定的贡献。

2015年11月、2016年10月安徽师范大学旅游发展与规划研究中心分别参与了《安徽省"十三五"旅游业发展规划》《皖南国际文化旅游示范区旅游发展规划》和《安徽省"十三五"文化旅游发展规划》《安徽省"十三五"旅游小镇发展规划》《安徽省"十三五"山地旅游发展规划》《安徽省"十三五"温泉旅游发展规划》《皖北文化生态旅游区旅游发展规划》项目的竞标，有幸中标。为了高质量的完成规划任务，在安徽省旅游发展委员会（时称安徽省旅游局）领导下，我们组建了由数十位教授、博士和规划师组成的规划编制团队，本人担任规划编制团队组长。

规划编制过程中，规划编制团队对全省各个地市开展了详细实地考察和资料收集，参加了安徽省旅游发展委员会召开的省直相关部门和各地市的全省"十三五"旅游业发展规划编制座谈会，与省直相关部门、各地市和各区县的旅游分管领导及旅游行政管理部门领导进行了交谈和沟通，认真听取了意见，同时认真听取了省政府召开的安徽"十三五"旅游发展高端论坛专家和规划评审专家意见。规划编制团队在安徽省旅游发展委员会领导下，在全省各地市和各区县旅游行政管理部门支持下，顺利通过了省旅游发展委员会组织的评审。《安徽省"十三五"旅游业发展规划》已由安徽省人民政府办公厅发文颁布。《安徽省"十三五"文化旅游发展规划》《安徽省"十三五"旅游小镇发展规划》《安徽省"十三五"山地旅游发展规划》《安徽省"十三五"温泉旅游发展规划》和《皖南国际文化旅游示范区旅游发展规划》《皖北文化生态旅游区旅游发展规划》等专项规划已由安徽省旅游发展委员会发布。

规划编制过程中，安徽省旅游发展委员会万以学主任自始至终给予关心和指导，提出了许多真知灼见，出席了《安徽省"十三五"旅游业发展规划》《皖南国际文化旅游示范区旅游发展规划》评审会。王云波副主任与规划编制团队进行了数十次的交流，提出了许多富有价值的意见，并主持了《安徽省"十三五"旅游业发展规划》《皖南国际文化旅游示范区旅游发展规划》《安徽省"十三五"文化旅游发展规划》《安徽省"十三五"旅游小镇发展规划》《安徽省"十三五"山地旅游发展规划》《安徽省"十三五"温泉旅游发展规划》《皖北文化生态旅游区旅游发展规划》评审会。规划处时任处长范星宏，综合处时任处长、规划处现任处长杨柳等相关职能处室领导认真组织协调编制过程中的实地考察、资料收集和座谈会等事宜，尽心尽力。同时，结合自身工作提出了许多好的意见和建议。

陆林教授、杨兴柱教授负责《安徽省"十三五"旅游业发展规划》编制，编制组骨干成员有杨效忠教授、杨钊教授、姚国荣教授、包善驹博士、王朝辉教授、张宏梅教授、卢松教授和张伟老师。

路幸福副教授和陆林教授负责《安徽省"十三五"文化旅游发展规划》编制，编制组骨干成员有杨效忠教授、杨钊教授、杨兴柱教授、王朝辉教授、姚国荣教授和包善驹博士。

包善驹博士和陆林教授负责《安徽省"十三五"旅游小镇发展规划》编制，编制组骨干成员有杨兴柱教授、杨钊教授、姚国荣教授、杨效忠教授、王朝辉教授、张伟老师和路幸福副教授。

杨效忠教授和陆林教授负责《安徽省"十三五"山地旅游发展规划》编制，编制组骨干成员有杨兴柱教授、杨钊教授、姚国荣教授、陈浩副教授、王朝辉教授、张伟老师和路幸福副教授。

杨钊教授和陆林教授负责《安徽省"十三五"温泉旅游发展规划》编制，编制组骨干成员有杨兴柱教授、姚国荣教授、陈浩副教授、王朝辉教授、张伟老师和路幸福副教授。

陈浩副教授、王朝辉教授和陆林教授负责《皖南国际文化旅游示范区旅游发展规划》编制，编制组骨干成员有杨效忠教授、杨钊教授、杨兴柱教授、姚国荣教授和包善驹博士。

杨兴柱教授、陈浩副教授和陆林教授负责《皖北文化生态旅游区旅游发展规划》编制，编制组骨干成员有杨效忠教授、杨钊教授、王朝辉教授、姚国荣教授、包善驹博士、路幸福副教授和张伟老师。

陆林教授负责规划的统稿、审核及编辑出版工作。

参加《安徽省"十三五"旅游业发展规划》等规划编制工作的还有安徽师范大学、安徽农业大学的部分教师和近100位博士研究生和硕士研究生。

《安徽省"十三五"旅游业发展规划》等规划凝聚了众人的心血和汗水，得之不易。《安徽省"十三五"旅游业发展规划》和《安徽省"十三五"文化旅游发展规划》《安徽省"十三五"旅游小镇发展规划》《安徽省"十三五"山地旅游发展规划》《安徽省"十三五"温泉旅游发展规划》《皖南国际文化旅游示范区旅游发展规划》《皖北文化生态旅游区旅游发展规划》汇集出版是非常有意义的事，不仅用于指导安徽省旅游业的发展，还可以作为旅游管理等专业的案例教材，用于培养旅游管理人才。

中国特色社会主义进入新时代，中国旅游业迎来了发展的大好机遇，对我们从事旅游研究、旅游规划的工作者提出了许多新要求。我们要以更高的境界、更强的本领、更优的作风、更好的精神状态，投入到旅游业发展中去，力争创造无愧于新时代的新成就。

安徽师范大学旅游发展与规划研究中心主任　陆林
2017 年 11 月

《安徽省"十三五"旅游业发展规划及专项规划》编制大事记

1. 规划招标。安徽省旅游发展委员会积极谋划，于2015年9月，委托安徽合肥公共资源交易中心（安徽省政府采购中心），进行"安徽省'十三五'旅游业发展规划及皖南国际文化旅游示范区旅游发展规划项目"国内公开招标。

2016年11月，安徽省旅游发展委员会积极谋划，委托安徽合肥公共资源交易中心（安徽省政府采购中心），进行"皖北生态文化旅游区和全省文化旅游、山地旅游、旅游小镇、温泉旅游5个专项规划编制"国内公开招标。

2. 规划竞标。2015年10月9日，"安徽省'十三五'旅游业发展规划及皖南国际文化旅游示范区旅游发展规划项目"经过全国公共招标，安徽师范大学旅游发展与规划研究中心竞标成功。

2016年11月23日，"皖北生态文化旅游区和全省文化旅游、山地旅游、旅游小镇、温泉旅游5个专项规划编制"招标采取单一来源方式采购，安徽师范大学旅游发展与规划研究中心为唯一供应商。

3. 规划编制。

（1）全省"十三五"旅游业发展规划编制座谈会。为科学编制"十三五"旅游发展规划，2015年12月17日，在芜湖市，安徽省旅游发展委员会召开全省"十三五"旅游业发展规划编制座谈会。规划编制单位详细介绍规划总体思路，各市旅游局（委）和省旅发委规划处负责人发言，省旅发委万以学主任讲话，要求充分论证规划编制大纲，将规划做精做细做实，实现科学性和可操作性相统一。座谈会后，编制单位结合座谈情况和专家建议，对"安徽省'十三五'旅游业发展规划及皖南国际文化旅游示范区旅游发展规划"大纲进行了修改完善。

（2）大规模实地调查。在省旅发委的精心组织下，2015年12月至2016年1月，规划编制单位组织50余人规划团队，由10位教授领衔对全省16个地市开展了全面、详细的大规模参与式实地调查，实地调查时间持续2个月。调查范围涉及安徽省16个地级市，以及广德、宿松县。在16个地市均召开了一次大型座谈会，参会人员有分管市领导，市旅游局（委）、市发改委、交通局、国土局等职能部门，县区（县级市）分管领导及旅游局（委）负责人，相关行业协会负责人，重要景区、旅行社、酒店、重点乡村旅游企业等行业代表。收集了大量的相关资料，初步形成了规划编制主要内容。

（3）初稿编撰。2016年2月至3月，在汇总基础资料并深入研究分析基础上，完成初稿编制。

（4）征询意见。2016年4月，在省旅发委组织下，将初稿发给省促进旅游业改革发展领导小组办公室部分成员单位和16个地市以及广德、宿松县的旅游主管部门进行了广泛的书面意见征求。规划编制组根据修改意见，进行了认真修改。

（5）中期评估。2016年4月14日，省旅发委王云波副主任在合肥市主持召开了《安徽省旅游业发展"十三五"规划及皖南国际文化旅游示范区旅游发展规划》中期评估会。会议听取了规划编制单位的汇报，省促进旅游业改革发展领导小组办公室部分成员单位以及全省16个地市旅游局（委）的领导和专家参加了会议。会议认为规划前期调研深入，工作扎实，对规划成果给予充分肯定，同时对规划的定位、结构、内容等方面提出了建设性修改意见。编制组充分吸纳参会各方意见建议，进行修改完善。

（6）省旅发委领导及处室论证。2016年7月12日，省旅发委召开了规划论证会。省旅发委万以学主任、王云波副主任及相关处室负责人提出了建设性修改意见，编制组进一步修改、完善规划。

（7）落实省领导指示精神。按照省领导对规划具体要求精神，2016年9月22日，在省旅发委会议室，规划编制组汇报规划进展和修改情况，省旅发委万以学主任传达省领导指示精神，万以学主任、王云波副主任及相关处室负责人提出了具体的修改意见，规划组进行了认真修改完善。

（8）规划评审。2016年10月13日省旅发委在合肥市组织召开"安徽省'十三五'旅游业发展规划及皖南国际文化旅游示范区旅游发展规划"评审会，省旅发委王云波副主任主持会议，万以学主任出席会议，并作重要讲话。来自国家旅游局规划财务司和全国知名大学、旅游规划企业的领导、专家评审了规划成果。与会领导、专家对规划给予了高度评价，一致同意通过规划，同时提出了修改意见。规划组根据修改意见，修改完善了规划成果。

（9）省旅发委领导及处室再论证。2016年10月21日，在省旅发委会议室，规划编制组汇报了规划修改情况，万以学主任、王云波副主任及相关处室负责人提出了具体的修改意见，规划编制组进行了认真修改完善。

（10）全省"十三五"旅游发展高端研讨。2016年11月18日，省旅发委精心安排，省促进旅游业改革发展领导小组办公室，组织召开全省"十三五"旅游发展高端研讨会，邀请了国家旅游局原副局长吴文学等13位国内旅游行业知名专家领导参加会议并作研讨发言。省政府副省长张曙光出席会议并作重要讲话，省政府副秘书长赵振华主持会议。省政府办公厅及相关省直部门领导，省旅发委领导班子全体成员，省旅发委各处室及直属机构负责人，全省16个地市政府分管旅游工作的副市长，皖南国际文化旅游示范区各市旅游部门负责同志，省内重点旅游企业高管及部分媒体代表参加会议。

与会专家围绕规划文本，谈思路、言观点、提建议，为我省"十三五"旅游发展把脉问诊、指点迷津、建言献策。规划组根据建议，进一步修改完善了规划成果。

省旅发委再次组织征求规划成果意见，将规划文本发给相关省直部门，通过书面形式征求意见。规划组根据建议，进一步修改完善了规划成果，形成规划成果最终稿。

（11）2016年11月中下旬，在省旅发委组织下，规划编制组对全省进行了专项规划的调研。

（12）2016年12月16日，省旅发委在合肥市组织召开了皖北生态文化旅游区和全省文化旅游、山地旅游、旅游小镇、温泉旅游5个专项规划评审会，王云波副主任主持会议，并作重要讲话，来自省促进旅游业改革发展领导小组办公室部分成员单位和省内外大学、旅游企业专家评审了5个专项规划成果。与会领导、专家对规划给予了高度评价，同意通过规划，同时提出了修改意见。规划组根据修改意见，修改完善了专项规划成果，形成专项规划成果最终稿。

4. 规划发布

（1）《安徽省"十三五"旅游业发展规划》发布。2017年3月31日，安徽省人民政府办公厅发布了《安徽省"十三五"旅游业发展规划》，发文号皖政办〔2017〕21号，要求全省各市、县人民政府，省政府各部门、直属机构认真贯彻执行。

（2）旅游发展专项规划发布。2017年在安徽省旅游发展委员会网站上陆续发布旅游发展专项规划。

责任编辑：谯　洁
责任印制：冯冬青
封面设计：中文天地

图书在版编目（CIP）数据

安徽省"十三五"旅游业发展规划及专项规划 / 安徽省旅游发展委员会，安徽师范大学旅游发展与规划研究中心编. -- 北京：中国旅游出版社，2018.11
　　ISBN 978-7-5032-6107-7

Ⅰ. ①安… Ⅱ. ①安… ②安… Ⅲ. ①地方旅游业－旅游业发展－安徽－2016-2020 Ⅳ. ①F592.754

中国版本图书馆CIP数据核字(2018)第221045号

书　　名：	安徽省"十三五"旅游业发展规划及专项规划
作　　者：	安徽省旅游发展委员会　安徽师范大学旅游发展与规划研究中心编
出版发行：	中国旅游出版社
	（北京建国门内大街甲9号　邮编：100005）
	http://www.cttp.net.cn　E-mail:cttp@mct.gov.cn
	营销中心电话：010-85166503
排　　版：	北京旅教文化传播有限公司
经　　销：	全国各地新华书店
印　　刷：	北京明恒达印务有限公司
版　　次：	2018年11月第1版　2018年11月第1次印刷
开　　本：	889毫米×1194毫米　1/16
印　　张：	22
字　　数：	551千
定　　价：	168.00元
ＩＳＢＮ	978-7-5032-6107-7

版权所有　翻印必究
如发现质量问题，请直接与营销中心联系调换